Rasche · Der Zwang zum Erfolg

Bernd Rasche

Der Zwang zum Erfolg

Kulturgeschichtliche Untersuchungen eines modernen Leidens an amerikanischer Kurzprosa des 20. Jahrhunderts

M&P
VERLAG FÜR WISSENSCHAFT
UND FORSCHUNG

CIP-Titelaufnahme der Deutschen Bibliothek

Rasche, Bernd:
Der Zwang zum Erfolg: kulturgeschichtliche Untersuchungen eines modernen Leidens an amerikanischen Kurzprosa des 20. Jahrhunderts / Bernd Rasche. –
Stuttgart: M und P, Verl. für Wiss. und Forschung, 1991
(M&P) Schriftenreihe für Wissenschaft und Forschung)
Zugl.: Paderborn, Univ., Diss., 1990
ISBN 3-476-45005-8

ISBN 3-476-45005-8

"**M & P** Verlag für Wissenschaft und Forschung
ein Verlag der J. B. Metzlerschen Verlagsbuchhandlung und
Carl Ernst Poeschel Verlag GmbH in Stuttgart"

Druck + Bindung: Dissertations Druck Darmstadt GmbH
Printed in Germany

Inhaltsverzeichnis **Seite**

I. LITERARISCHER ERFOLGSTOPOS, ERFOLGSDISKURS UND ARBEIT: ZUR BEDEUTUNG VON INDIVIDUELLEM FREIRAUM UND GESELLSCHAFTLICHEM ZWANG IM AMERIKA DES ZWANZIGSTEN JAHRHUNDERTS

1. Zwischen Erfolg und Scheitern. Einige kultur- und literaturgeschichtliche Wegmarken

> Now for heaven's sake, don't repeat this to your mother, or she'd remove what little hair I've got left, but practically, I've never done a single thing I've wanted to in my whole life! I don't know's I've accomplished anything except get along.[1]

Die politischen Ereignisse in Ost-Europa und die deutsche Wiedervereinigung haben der Rede vom Zwang zum Erfolg eine unverhoffte Konjunktur beschert. Stichworte wie Leistung, ökonomische Einschränkungsbereitschaft oder sozialer Integrationswille des einzelnen zum Wohle eines großen Ziels auf der einen und Ängste, besonders der ehemaligen DDR-Bürger, um die eigene persönliche Identität gegenüber dem machtvollen Anspruch einer spätindustriellen Marktwirtschaft nach westlichem Muster auf der anderen Seite bestimmen die öffentliche Diskussion.

Auf diesem Hintergrund bietet es sich aus zwei Gründen an, einen Blick auf die amerikanische Kulturgeschichte zu werfen: zunächst, weil in Amerika materieller und beruflicher Erfolg für die Individuation des einzelnen schon immer konstitutiv gewesen sind und weil daher der Auseinandersetzung mit *success* und *failure* die Bedeutung eines gesellschaftlichen Topos zukommt. Die Jagd nach dem Erfolg und die sich daraus unweigerlich ergebenden Konsequenzen für den gleichwohl versprochenen individuellen Freiraum spielen eine wichtige Rolle im amerikanischen Selbstverständnis. Ein anderer - aktueller - Grund besteht in der gegenwärtigen wirtschaftspolitischen Situation Amerikas, das nach der *Reaganomics*-Ära von einer massiven Rezession und den Niedergang des Dollars als Weltleitwährung

---

1 Sinclair Lewis, *Babbitt* (New York: 1961 [1922]), S. 319.

bedroht ist. Während die europäischen Staaten derzeit eine wirtschaftliche Aufbruchsstimmung erleben, befinden sich die amerikanischen Leistungs- und Erfolgsvorstellungen in einer tiefen Krise.

Die Auseinandersetzung mit Individualität, Erfolg oder Selbstbehauptung, mit einer Begrifflichkeit, die zudem noch durch die spezifisch amerikanische *frontier*-Mentalität[2] semantisch aufgeladen ist, erhält im urbanen Amerika des zwanzigsten Jahrhunderts eine im Vergleich zu Europa weitaus emphatischere Dimension. Es ist üblich, daß sie von neu gewählten Präsidenten für die jeweils eigenen politischen Ziele eingesetzt und uminterpretiert wird. So bezieht sich in den sechziger Jahren Präsident Kennedy, der damalige Hoffnungsträger einer jüngeren Generation von Amerikanern, in einem im Vergleich zu den fünfziger Jahren liberaler eingefärbten politischen Klima auf diese Erfolgssemantik. Er gruppiert seinen Wahlkampf um den Begriff der *new frontier* in Technologie, Produktion und Kultur:

> We dare not forget today that we are heirs of that first revolution. Let the word go forth from this time and place, to friend and foe alike, that the torch has been passed to a new generation of Americans. [...] Together let us explore the stars, conquer the deserts, eradicate disease, tap the ocean depths, and encourage the arts and commerce.[3]

So wie in Kennedys ist aber auch in den meisten anderen Inaugurationsreden amerikanischer Präsidenten der jüngeren Vergangenheit, die ja wichtige Gradmesser des öffentlich verhandelten nationalen Selbstverständnisses sind, gerade die Berufung auf den in der Verfassung verankerten *pursuit of happiness* zentral - eben auf die engstens mit der historischen Folie der Erfolgsethik verknüpfte Garantie von Glück und materiellem Erfolg für jedermann. Das darin aufgehobene 'amerikanische Credo' stellt eine wesentlich an Besitz oder Status orientierte Überzeugung dar, die sich parteiübergreifend auch unter so reformfreundlichen demokratischen Politikern wie Prä-

---

2 Vgl. dazu von Richard Slotkin, *Regeneration Through Violence* (Middletown/Conn.: 1973) und *The Fatal Environment* (Middletown/Conn.: 1985).

3 Vgl. dazu John F. Kennedy, "Inaugural Address: January 20, 1961," in: *Inaugural Addresses of the Presidents of the United States* (Washington/D.C.: 1974), S. 267 und 269.

sident Woodrow Wilson[4] fortsetzt und etwa auch von Lyndon B. Johnson fünfzig Jahre später auf dem Hintergrund des Rassenkonflikts in seiner berühmten *Great Society*-Rede aus dem Jahre 1964 aufgegriffen wird: "The Great Society rests on abundance and liberty for all. It demands an end to poverty and racial injustice, to which we are totally committed in our time."[5] Es kann daher nicht verwundern, daß *success* oder *failure* auch in der Literaturgeschichte - und hier vor allem im zwanzigsten Jahrhundert - ein zentrales nationales Thema sind.

In Sinclair Lewis' *Babbitt* (1922) spricht die Hauptfigur - literarische Verkörperung der typischen Erfolgsmatrix aus der Mittelschicht - das Unbehagen am Erfolgszwang aus, welches die mit Autoren wie Hemingway, Faulkner, Fitzgerald oder Anderson die Schwelle zur Modernität überschreitende amerikanische Literatur in den folgenden Dekaden vielfach variiert aufnehmen wird. Während sich George F. Babbitt am Ende des Romans mit seinem Sohn unter vier Augen über dessen Zukunft unterhält, gesteht er ihm offen ein, trotz der Position als angesehener Immobilienhändler in der prosperierenden Stadt Zenith eine individuelle und ihn befriedigende Lebensgestaltung nie erreicht zu haben: "But the Babbitt whose god was Modern Appliances was not pleased."[6] Das Zitat transportiert *ex negativo*, im gänzlich unpathetischen Ton einer entzauberten amerikanischen Angebotsgesellschaft von 'Modern Appliances,' die gescheiterte Hoffnung auf freientfaltete Individualität, mit der die

---

4 Seine Einführungsrede des Jahres 1913 enthält neben sozialem Pathos eine Hommage an die vertrauten Werte wie Besitz und individuelles Recht. Vgl. dazu Woodrow Wilson, "Inaugural Address: March 4, 1913," in: *Inaugural Addresses*, S. 203: "These are some things we ought to do, and not leave the others undone, the old-fashioned, never-to-be-neglected, fundamental safeguarding of property and of individual right."

5 Lyndon B. Johnson, "The 'Great Society' Speech (1964)," in: Richard D. Heffner (Hg.), *A Documentary History of the United States* (New York: 3.Aufl., 1976), S. 342.

6 *Babbitt*, S. 8.

'Neue Welt' den Anspruch der europäischen Aufklärung einzulösen und fortzuführen versucht hat.[7]

Warren G. Hardings Antrittsrede von 1921 spiegelt in einigen ihrer Passagen etwas von dem vorherrschenden Gründerzeit-Klima dieses zweiten '*Gilded Age*' wider, durch dessen Dynamik die eigentlich schon überholte republikanische Ideologie des hemmungslosen und staatlich uneingeschränkten Wirtschaftswachstums in den zwanziger Jahren eine weitere, modernisierte Blütezeit erlebte:

> Today, as never before, when peoples are seeking trade restoration and expansion, we must adjust our tariffs to the new order. We seek participation in the world's exchanges, because therein lies our way to widened influence and the triumphs of peace. We know full well we cannot sell where we do not buy [...] Opportunity is calling not alone for the restoration, but for a new era in production, transportation and trade.[8]

Der Versuch, die in der 'Alten Welt' mißlungene Befreiung des Individuums aus beengenden Traditionen auf dem Boden der 'Neuen Welt' unbehindert durchzusetzen, erhielt in dieser Dekade der 'Goldenen Zwanziger' neuen Auftrieb - der Phase, während der sich die Vereinigten Staaten zu einer modernen Industriegesellschaft der Massenproduktion entwickelten und Konsumgüter einer breiteren Öffentlichkeit zugänglich wurden. Babbitts resignierendes Resümee über sein Leben erhält erst vor diesem kulturgeschichtlichen Hintergrund seine Bedeutung.

In dieser sich auch auf die tradierten Erfolgsvorstellungen auswirkenden Zeit der sozialen und wirtschaftlichen Veränderung, welche noch von einem vor Optimismus und geschäftstüchtiger Aufbruchsstimmung förmlich strotzenden öffentlichen Reden über die

---

7 So dokumentiert etwa Benjamin Franklins politisches Engagement für die *Neuf Soeurs* von 1779-1782 im Frankreich am Vorabend der Revolution die Eingebundenheit der amerikanischen Vorstellungen über Gesellschaft in europäisches Gedankengut. Vgl. dazu Reinhart Koselleck, *Kritik und Krise* (Frankfurt: 3.Aufl., 1979), S. 148f. Im neunzehnten Jahrhundert wird dies am Beispiel des amerikanischen Transzendentalismus besonders deutlich, der in Emersons idealistisch inspirierten Kulturreflexionen oder auch in Thoreaus Schrift *On the Duty of Civil Disobedience* (1849) seinen bekanntesten Ausdruck findet.

8 Warren G. Harding, "Inaugural Address: March 4, 1921," in: *Inaugural Addresses*, S. 213.

Erfolgsmöglichkeiten des einzelnen begleitet wird, setzt die Untersuchung der historischen Reihe von erzählenden Kurzprosatexten ein. Sie endet in den durch gesellschaftlichen Protest geprägten sechziger Jahren. Damit deckt sie einen Zeitraum ab, dessen Anfang und Ende jeweils durch eine kulturgeschichtliche Schwelle markiert ist - das durch Umbruch geprägte 'Jazz Age' und die in der zweiten Hälfte der sechziger Jahre zu beobachtende Phase einer beginnenden nationalen Identitätskrise[9]. In den Textanalysen wird der Abfolge von ausgewählten Beispielen des Scheiterns mit und am genuin amerikanischen Leistungscredo des *pursuit of success* nachgegangen. Im wesentlichen geht es darum, die literarischen Texte anhand einer für die Kultur Amerikas zentralen Kategorie der Individualisierung auf ihren kulturgeschichtlichen und lebensweltlichen Orientierungsgehalt zu befragen.

Dabei bestimmmen zwei wichtige Paradigmen der im zwanzigsten Jahrhundert gültigen Erfolgsvorstellungen die literarischen Konfliktsituationen: außer dem noch aus dem achtzehnten Jahrhundert stammenden, insbesondere von Benjamin Franklin säkularisierten Modell der ursprünglich religiös motivierten *character ethic*[10], welches ne-

---

9 Vgl. dazu auch die Stimmungsbeschreibung zum Jahre 1967 durch die langjährige *FAZ*-Korrespondentin Sabina Lietzmann, *Das amerikanische Dilemma* (Bergisch Gladbach: 1989), S. 123 und 124, zum politischen Klima in Amerika im Jahre 1967: "Die Nation bekommt zu fühlen, daß etwas nicht in Ordnung ist, wenn sie wahrnimmt, wie ihr Außenminister das Treffen mit einem auswärtigen Besucher absagen muß, um vor der Zeit, von Demonstranten unbemerkt, unter starkem Polizeischutz durch den Hintereingang sich in ein Hotel zu stehlen, wo er den Festvortrag hält; [...] wie Städte von den eigenen Bürgern angezündet werden [...]."

10 Vgl. dazu etwa die Untersuchung von Richard M. Huber, *The American Idea of Success* (New York: 1971), S.94 ff: Huber arbeitet mit dem Begriff *character ethic*; das damit angesprochene Erfolgskonzept, die nach innen gerichtete Disziplinierung des Charakters, hat sich seiner Meinung nach im Verlaufe der *Jacksonian Democracy* als endgültig ausdifferenzierte Erfolgsvorstellung etabliert. Schon in Franklins Schriften ist die Herausbildung von *character* ein wichtiges Thema. Vgl. dazu Benjamin Franklins *Autobiography* und "The Way to Wealth", sein Vorwort zu der Ausgabe von *Poor Richard's Almanac* im Jahre 1758. In diesem Essay erwähnt Franklin mit 'frugality' (Sparsamkeit), 'industry' (Fleiß) und 'prudence' (Anpassungsfähigkeit) die typischen bürgerlichen Tugenden der Charakterethik, die bis in die zwanziger Jahre unseres Jahrhunderts noch bestimmend bleiben werden. Vgl.

ben Sparsamkeit, tugendhaftem Charakter und disziplinierter Strebsamkeit noch die Perfektionierung der individuellen Disziplin in den Vordergrund stellt, wird die sich seit den dreißiger Jahren dieses Jahrhunderts durchsetzende Erfolgsstrategie einer *personality ethic* für die Untersuchung wichtig. Durch dieses historisch neuere Handlungsmuster werden soziales Auftreten, kommunikative Gewandtheit und der Aufbau einer nach außen wirkenden persönlichen Ausstrahlung als neue Insignien erfolgsorientierten Agierens propagiert. Auch der Begriff *personality ethic* ist wie der der *character ethic* etablierter Bestandteil der Forschungsliteratur und leitet sich direkt aus den Schriften der 'Erfolgsapostel' ab.[11] Parallel zum steten Bedeutungszuwachs des zwischenmenschlichen und sich am Gegenüber orientierenden Handelns wird in der Untersuchungsreihe die Frage nach der immer wieder neu zu konkretisierenden Bedeutung der dabei gleichzeitig zu beobachtenden Aufwertung des Privaten gegenüber dem Arbeitsleben zu stellen sein.

Noch während die USA mit einer Öffentlichkeit, die der *Progressive Era* überdrüssig ist und nur nach konservativer Normalität verlangt, den Übergang zur modernen *Corporate Society* schwungvoll vollziehen, macht die amerikanische Literatur in ihrer sogenannten 'klassischen Moderne'[12] die Gegenrechnung auf. So scheinbar gegensätzliche Werke wie die Komödie *The Adding Machine* (1923) von Elmer Rice oder der Roman *The Great Gatsby* (1925) von F. Scott

dazu auch Brigitta Koch-Linde, *Amerikanische Tagträume* (Frankfurt: 1984), S. 17: "Ursprünglich zugeschnitten auf den Bedingungsrahmen einer vorindustriellen, agrarischen Gesellschaftsstruktur, erlebte das Erfolgsrezept der *character ethic* gerade im neunzehnten Jahrhundert, in einer Zeit tiefgreifenden sozialen Wandels [...] einen nie dagewesenen Aufschwung, der sich besonders in der zweiten Hälfte des Jahrhunderts manifestierte [...]"

11 Vgl. dazu Huber und Koch-Linde, die den Begriff *'personality ethic'* an den Schriften Dale Carnegies belegen.

12 Vgl. dazu etwa Walter F. Schirmer, *Geschichte der englischen und amerikanischen Literatur* (Tübingen: 5., neubearb. Aufl. 1968), S. 807. Er läßt diese Entwicklung der Literatur zu einem erstmals nicht mehr nur regional, sondern national wirkenden kulturellen Beitrag in der Aussage anklingen, daß alle Autoren nach Hemingway und Faulkner "vorwiegend die Kunst und Thematik der Meister weitergeführt [...] haben."

Fitzgerald bezeugen die Verluste alter Erfolgs-Ideale.[13] In ihnen zeigen sich die ersten Auswirkungen einer beginnenden Dienstleistungsgesellschaft, in der nicht mehr die seit dem achtzehnten Jahrhundert tradierten Werte einer führungsgewohnten aber verbrauchten *WASP*-Schicht, sondern neue Strategien das erfolgsorientierte Handeln bestimmen werden.

Die geschichtlich sich wandelnde Bedeutung der ursprünglich aus einem puritanischen Erbe stammenden Werte und jeweils propagierten Erfolgsmaßstäbe nimmt dabei außerhalb der Literatur und der Politik vornehmlich in einer Tradition von erfolgsethischen Selbsthilfeschriften, der *success literature*, sprachliche Gestalt an.[14] Eine bis

---

13 Jim Gatz scheitert und stirbt in jener korrupten Gesellschaft von neureichen Emporkömmlingen, die neben der alternden *WASP*-Schicht entsteht und in die er sich nach seinem Kriegseinsatz in Europa hineingedrängt hat, nur um sich seinen unschuldigen Traum vom Glück - seine Jugendliebe zu Daisy - erfüllen zu können. Gatsby, der sich selbst auf illegalem Wege bemüht, alle sozialen und erfolgsethischen Attribute der *WASP's* zu erlangen, nur um der verwöhnten Daisy näher zu kommen, wird ein Opfer der dekadenten Lebenslaune dieser abdankenden Elite. Der langgediente Angestellte in *The Adding Machine* wiederum, Mr. Zero, der nach der Entlassung durch die Einführung einer Rechenmaschine aus Wut seinen Chef umbringt und daraufhin zum Tode verurteilt wird, verweist mit seinem Opferschicksal innerhalb einer auch noch im Himmel allmächtigen modernen Bürokratie auf das Ende der alten Überzeugungen von Tugend und Tüchtigkeit.

14 Vgl. dazu auch Emily Stipes Watts, *The Businesman in American Literature* (Athens/Ga.: 1982), S. 17-21: Hier argumentiert sie, daß die so lange unangefochtene These Max Webers, der Geist des Puritanismus habe den Kapitalismus und das Geschäftsleben befördert, falsch sei. So weist sie darauf hin, daß die zwischen 1674 und 1729 niedergeschriebenen Aufzeichnungen eines so typischen Puritaners wie Samuel Sewall zeigen, wie sein Leben als Geschäftsmann und Gemeindemitglied voneinander getrennt existieren. Ein puritanischer Lebenswandel, so Emily Stipes Watts, sei eher auf ängstliche Selbstverleugnung denn auf Akkumulation materieller Güter ausgerichtet. Abgesehen davon, daß gerade diese disziplinierte und nach den Mechanismen des Bedürfnisaufschubs funktionierende Einstellung lange Zeit **das** ideale Rüstzeug für ein berufliches Aufstiegsstreben abgegeben hat, verfehlt diese Kritik in ganz anderer Weise den Kern der Sache - die so fruchtbare Synthese zwischen puritanischer Spiritualität und weltlichem Erfolgsethos stellt viel weniger ein empirisch-historisch zu beweisendes Ereignis als ein diskursives Phänomen dar. Erst durch die lange Überlieferungskette von Aussagen über den Weg zum Erfolg ist die Verbindung von *success* und *salvation* - später

ins achtzehnte Jahrhundert zurückreichende Reihe essayistischer, literarischer und populärpsychologischer Äußerungen erlaubt es daher, von einem etablierten Diskurs[15] zu sprechen, dem Erfolgsdiskurs. Dieser säkularisierte und von seinen puritanischen Anfängen emanzipierte Diskurs soll als historische Folie dienen, an der sich die Untersuchung der Kurzprosatexte orientiert.

Er setzt sich aus den unterschiedlichsten Teilnehmern zusammen, zu denen auf soziologischer Seite auch Max Weber mit seiner theoretischen Analyse der Beziehungen zwischen protestantischer Ethik und kapitalistischer Wirtschaft zu zählen ist. Neben politischen und kulturkritischen Stellungnahmen sind dem Erfolgsdiskurs ebenso (Auto)-Biographien von erfolgreichen Künstlern oder Unternehmern[16] zuzurechnen. Der eigentliche Kern des Diskurses besteht jedoch aus einer langen Tradition von 'Erfolgsaposteln', welche der auf praktische Selbsthilfe abzielenden Textsorte *success literature* in Amerika zu großer Popularität verholfen haben. Hierzu gehören der 'Klassiker' Benjamin Franklin im achtzehnten, Horatio Alger, Charles Butler oder Orison Swett Marden im neunzehnten und schließlich Bruce Barton, Dale Carnegie und Norman Vincent Peale im zwanzigsten Jahrhundert. Ihnen allen ist ein sich geschichtlich wandelnder Grundtypus von Aussage gemein, der materiellen Erfolg, religiöse Rechtfertigung und persönliches Glück komplementär verbindet. Wer jedoch in diese leistungsorientierten Normen und Ziele der amerikanischen Kultur verstrickt ist, an ihnen leidet und in Konflikt mit ihren Anpassungszwängen gerät, für den ergeben sich in der 'Neuen Welt' restriktive Bedrohungen eben genau jener von ihr versprochenen Selbstentfaltung. Diese Kehrseite der den Diskurs bestimmenden so-

säkularisiert als *success* und *happiness* - im amerikanischen Bewußtsein zur faktischen Realität geworden.

15 Zur weiteren Erörterung des von Michel Foucault übernommenen Begriffs 'Diskurs' vgl. die Bemerkungen zum methodischen Vorgehen im übernächsten Abschnitt der Arbeit.

16 So etwa in jüngster Zeit die Memoiren des Chryslergeschäftsführers und des ehemaligen Präsidenten beim Autohersteller Ford Lee Iacocca. Iacocca, der Sohn einer italienischen Einwandererfamilie, schreibt einen mit Erfolgsratschlägen angereicherten Karriere-Rückblick, der sich wie eine Demonstration der 'Wahrheit' der *success literature* liest: Lee Iacocca, *Iacocca. An Autobiography* (New York: 1984).

zialen und materiellen Erfolgsgarantien schlägt sich in den für die Untersuchung ausgewählten Kurzprosatexten nieder.

Als künstlerische Entwürfe schreiten die literarischen Figuren das Feld eines kulturhistorisch virulent gebliebenen und zugleich uneingelösten Versprechens auf Erfolg und unbeschädigte Identität zwischen den Polen von Resignation und Widerstand ab. Sie setzen den Erfolgsdiskurs damit auch in seiner gleichsam inoffiziellen Funktion der Disziplinierung und Kompensation angesichts von Erfahrungen des Mangels ins Bild, gegen die der einzelne permanent eingeschworen werden muß.[17] Das tradierte Ideal eines Gesellschaftsbildes in Frage stellend, welches Wohlstand und Freiraum für jeden postuliert, bewegen sich die Erfolg suchenden Figuren zwischen Eigenverantwortung und Hilflosigkeit, allgemeiner Wohlstandsgarantie und individuellem Scheitern. Damit wird eine zentrale Erfahrung angesprochen, welche die Literatur durchgängig aufgreift und die in einem Spannungsverhältnis zu der bis heute wirkenden Suggestion steht, mit einem je neu angepaßten Verhaltensprofil seien persönliches Glück und materieller Wohlstand allen Tüchtigen sicher.

Der in den achtziger Jahren in Mode gekommene exklusive Lebensstil der 'Yuppies' schließlich, welche bezeichnenderweise auch *workaholics* genannt werden, und demgegenüber das Phänomen der 'Neuen Armut' beleuchten hier nur die neueste Spielart des amerikanischen *pursuit of success*: beide Erscheinungen sind Hinweise auf eine sich in allen westlichen Demokratien unaufhaltsam durchsetzende Zweidrittelgesellschaft der *winners* und *losers*, die sich seit der neokonservativen Ära Reagans und ihrer Wiederbelebung des *rugged individualism*-Konzeptes[18] in den Vereinigten Staaten besonders krass abzuzeichnen beginnt: "Die Zahlen sind da. Aber man weiß nicht, wo

---

17 Vgl. dazu die Aufsätze von Wolf Wagner und Klaus H. Köhring in: *Englisch Amerikanische Studien*, 3 (1979).

18 Vgl. dazu Herbert C. Hoover, "Rugged Individualism," in: Heffner, S. 260-267. Gegen allzu großen Einfluß des Staates auf die marktwirtschaftlich organisierte Gesellschaft gerichtet erklärt Hoover, S. 264: "Business progressiveness is dependent on competition. New methods and new ideas are the outgrowth of the spirit of adventure, of individual initiative, and of individual enterprise; it spreads the spirit of submission into our daily life and penetrates the temper of our people [...]".

die Menschen sind. Es gibt Spuren. Das abgemeldete Telefon. Der überraschende Austritt aus dem Club. Aber sie verweisen nur noch einmal auf die Mauern des scheinbar Vorläufigen, mit dem sich die neue Armut auch dort noch umgibt, wo sie endgültig geworden ist."[19]

Erfolg und die Vorstellung vom 'guten Leben', der *pursuit of success* und der *pursuit of happiness*, sind in der amerikanischen Kultur schon sehr früh eine kaum mehr auseinanderdividierbare Symbiose eingegangen.[20] Individuelles Glück und eine auch dem Gemeinwohl nutzbringende Persönlichkeit haben schon bei Benjamin Franklin den materiellen Wohlstand als eine ihrer wichtigsten Voraussetzungen, denn nur der den Zwängen des bloßen Existenzkampfes enthobene einzelne ist in der Lage, sich frei und im Dienste der Allgemeinheit zu entfalten.[21] Gerade die amerikanische Literatur des zwanzigsten Jahrhunderts ist dabei aber in ihrer Aufnahme des Erfolgstopos bemüht, den Trennlinien der beiden - ideellen und materiellen - Versprechungen nachzugehen und das Schicksal des sich dazwischen an Widersprüchen aufreibenden *common man*[22] auszuloten.

Eine literarische Aufnahme der Erfolgsvorstellungen ist zwar auch im letzten Jahrhundert zu belegen. Wenn jedoch in der ersten Hälfte des neunzehnten Jahrhunderts in den literarischen Werken von Autoren wie Cooper und Poe *success* oder *failure* eine Rolle spielen, dann kann man hier noch nicht von einem ausdifferenzierten literari-

---

19 Ulrich Beck, *Risikogesellschaft* (Frankfurt: 1986), S. 149.

20 Vgl. dazu auch Lewis H. Lapham, *Money and Class in America* (London: 1989), S. 29: "Ask an American what money means, and nine times in ten he will say that it is synonymous with freedom [...] No matter what their income, a depressing number of Americans believe that if only they had twice as much, they would inherit the state of happiness promised them by the Declaration of Independence."

21 Vgl. dazu auch Koch-Linde, S. 17: "Für Franklin war das materielle Wohlergehen lediglich eine *notwendige Voraussetzung* zur Vervollkommnung der Persönlichkeit in moralischer und intellektueller Hinsicht. Denn nur das von materiellen Nöten befreite Individuum kann sich höheren Zielen widmen." Hervorhebung von mir.

22 Vgl. die entsprechenden Kapitel zum *common man* bei Hartmut Keil, *Die Funktion des 'American Dream' in der amerikanischen Gesellschaft* (München: 1968).

schen Thema oder von einem Erfolgstopos sprechen. Erst nach der *Jacksonian Democracy* (1829-1837) mit der sich daran anschließenden endgültigen Merkantilisierung und Industrialisierung der amerikanischen Gesellschaft im letzten Drittel des vorigen Jahrhunderts hat sich die Auseinandersetzung mit den Schattenseiten des Erfolgszwangs als abrufbares kulturhistorisches Element in der amerikanischen Literaturgeschichte etabliert.[23] Der Zweifel an dem vor allem materiell und vom Sozialprestige her begründeten Glücksversprechen an das Individuum ist der Literatur unseres Jahrhunderts schließlich geradezu zum Anathema geworden: "Antisuccess has been perhaps the strongest strain in American literature of the past half century."[24]

Insofern stehen die ausgewählten Kurzprosabeispiele in einer längeren Traditionslinie. Wenn man die literarischen Bearbeitungen von Erfolg und Scheitern im Verlaufe des neunzehnten Jahrhunderts im Anschluß an die Phase der *Jacksonian Democracy* betrachtet, so überwiegt auch hier noch - wie im außerliterarischen Erfolgsdiskurs - die Beschäftigung mit dem unabhängigen und charakterfesten Unternehmer, dem klassischen *Entrepreneur*. Sowohl Franklins Stellungnahmen zu Erfolg und Tugend als auch die der 'Erfolgsapostel' des neunzehnten Jahrhunderts zeigen, daß sich die amerikanische Gesellschaft damals noch im Prozeß der Etablierung einer von Europa unabhängigen bürgerlichen Identität befand.[25] Hauptadressat der *success literature* waren der 'young man' und die nachrückende Generation von Kaufleuten, die auf das noch nicht genügend gefestigte Verhaltensmuster einer Charakterethik eingeschworen werden mußten.

---

23 Vgl. Joseph Epstein, *Ambition. The Secret Passion* (New York: 1980), S. 75: "Certainly no major American literary figure has failed to get in his word on the subject of success, and most have not spoken kindly of it. James Fenimore Cooper, Nathaniel Hawthorne, Edgar Allan Poe, Hermann Melville, William Dean Howells, Mark Twain, Robert Herrick, Frank Norris, Henry James - through the nineteenth century, from Cooper's distrust of the self-made man to Jame's deliciously sneering reference to his countrymen's 'grope of wealth' - viewed success in America in terms from equivocation to condemmnation."

24 Epstein, S. 75.

25 Das wird etwa auch in den Essays der Transzendentalisten Emerson und Thoreau deutlich.

Dies geschah ohne jeden aristokratischen Gegenpol, also ohne die Möglichkeit, sich gegen ein anderes, in Amerika ausdifferenziertes Lebensmodell abzugrenzen. Es ging im Erfolgsdiskurs vornehmlich darum, ein Selbstverständnis zu festigen, das im Aufbau einer funktionierenden Handels- und Industriegesellschaft gründete und das deshalb noch vorrangig auf eine ökonomische und soziale Elite abzielte, auch wenn die Aussagen eine für jeden Bürger geltende Aufstiegsmöglichkeit in Aussicht stellten. Der demokratische Gestus in der zeitgenössischen politischen Rhetorik und in den Aussagen der *success literature* darf hier nicht überbewertet werden.[26] Die Moral des Händlers und des Geschäftsmanns, die Erziehung der nachfolgenden Generation im Geiste eines tugendhaften und dem Gemeinwohl verpflichteten Aufstiegsstrebens bildeten das Hauptinteresse von SelbsthilfeAutoren wie Charles Butler[27] oder William Alexander Alcott[28]; diese Inhalte waren ebenso in Schulbüchern wie in den *McGuffey Readers* zu finden, die für einen großen Teil der amerikanischen Schüler jener Jahre die Hauptlektüre bildeten.

Mit der unter Präsident Andrew Jackson zu beobachtenden Wende der Politik hin zu einer merkantilen Gesellschaft der *middle class* entwickelte sich aber nicht nur die *success-literature* der 'Erfolgsapostel', sondern auch die literarische Aufnahme der in ihr propagierten Erfolgsvorstellungen zunächst zu einem Forum für die Herausbildung einer genuin amerikanischen bürgerlichen Identität.[29] Während die klischeehaft konstruierten Erfolgsgeschichten Horatio

---

26 Vgl. dazu die Studie von Horst Dippel, *Die Amerikanische Revolution: 1763-1787.* (Frankfurt: 1985).

27 Vgl. Charles Butler, *The American Gentleman* (1836) in: Horst Kruse, Hg., *From Rags to Riches* (München: o.J.), S. 18-25.

28 Vgl. William Alexander Alcott, *Familiar Letters to Young Men On Various Subjects* (1850) in: Kruse, S. 49-56.

29 Demgegenüber steht in Europa die Entwicklung einer Diskursivierung von Sexualität, welche hier die Funktion der Distribution einer bürgerlichen Identität gegenüber dem Adel übernahm. Ein neues Liebesverständnis, Treue und der Aufbau eines Kults um den eigenen Körper im Diskurs über Sexualität waren die Mittel der Selbsterhaltung und der Disziplinierung des Bürgertums in dessen politischer Abgrenzung von der Aristokratie. Vgl. dazu *Die Sorge um Sich*, den dritten Band von Michel Foucaults *Sexualität und Wahrheit* (Frankfurt: 1989).

Algers über verarmte Jugendliche noch auf der Grenze von eigenständiger literarischer Bearbeitung des Erfolgstopos und direkter Propaganda nach dem Muster der eigentlichen *success literature* liegen, zeigen die Kurzgeschichten und Romane von Mark Twain[30], William Dean Howells[31] oder Henry James[32] schon eine distanziertere, teils ironische Reflexion der herrschenden Erfolgsgläubigkeit. Dennoch überwiegt auch hier die Auseinandersetzung mit den Vor- und Nachteilen eines Verhaltensmusters, das sich zwar wie in *The Rise of Silas Lapham* in idealer Weise in der Figur des Unternehmers personifiziert - das aber zugleich als Wertehorizont für den unbescholtenen 'kleinen Mann' gelten soll und noch eingeübt werden muß.[33]

Wie sehr die im neunzehnten Jahrhundert vorherrschende literarische Modellierung von materiellem Erfolg oder Scheitern, von Tugend oder Korruption noch Medium einer spezifisch amerikanischen Identitätsfindung und deren Festigung ist, dokumentiert die Funktionalisierung des aristokratischen Milieus. Dieses kann wie in James' Roman *The American* auf der Folie des *international theme* durch eine 'echte' europäische Adelsfamilie repräsentiert sein;[34] in *The Rise of Silas Lapham* wiederum nehmen die in Boston lebenden Coreys mit ihren an die Aristokratie angelehnten Manieren diese Rolle ein. Obwohl sie es lieber sehen würden, daß Tom ein Mädchen aus seinem sozialen Milieu heiratet, müssen die Coreys schließlich der Ehe ihres Sohnes mit einer der 'bürgerlichen' Lapham-Töchter zustimmen -

---

30 Vgl. Mark Twain und Charles Dudley Warner, *The Gilded Age* (1874); oder etwa Mark Twains Kurzgeschichten "The Man That Corrupted Hadleyburg" (1899) und "The 1,000,000 Bank Note" (1897).

31 Vgl. *The Rise of Silas Lapham* (1885) und *A Hazard of New Fortunes* (1890).

32 Vgl. "In the Cage" (1898) und *The American* (1877).

33 Vgl. "The Man That Corrupted Hadleyburg" und "The 1,000,000 Bank Note", in denen die gesamten Einwohner von Hadleyburg und ein im Minengeschäft tätiger Angestellter zu ironisierten Trägern der *character ethic* werden.

34 Vgl. dazu Henry James' Story "In the Cage". Hier wird der Konflikt einer einfachen Postangestellten dargestellt, die sich nicht für die Heirat mit einem ehrgeizigen Metzger entscheiden kann, weil sie mit ihrer Eheschließung den durch ihren Beruf bedingten Kontakt zur Adelsschicht verlieren würde.

mehr noch, der aristokratisch erzogene Tom wird sogar noch Mitarbeiter in Colonel Laphams Farbunternehmen.

In jedem Fall beruht das Sujet in den genannten Textbeispielen auf der Opposition zwischen einem typischen Vertreter der Mittelschicht und den Exponenten einer feudalen Lebensweise. Der für die europäische Kultur lange Zeit prägende Konflikt des Bürgertums mit dem Adel wird so in Amerika zumindest auf der literarischen Ebene in den zentralen Erfolgstopos 'importiert'. Damit ist es möglich, daß auch das spezifische Selbstverständnis einer amerikanischen *middle class* an dem (konstruierten) Gegenpart 'Aristokratie' thematisiert werden kann. In *The American* und in *The Rise of Silas Lapham* erfahren die jeweils dem *character ethic*-Ideal nachempfundenen Hauptfiguren durch die Begegnung mit den dekadent gezeichneten aristokratischen Antagonisten eine deutliche Aufwertung ihrer Position; trotz aller kritischen Untertöne erweist sich die Figur des erfolgsorientierten Mittelschicht-Amerikaners schließlich gegenüber den adeligen Figuren, die andere Wertmaßstäbe einhalten, als moralisch überlegen.

Diese Autoren können hier nur stellvertretende Repräsentanten für das Ende einer langen historischen Entwicklung sein, in der die idyllische Utopie einer agrarisch orientierten Gesellschaft langsam aus den amerikanischen Erfolgsvorstellungen verschwand. Das Bild des nur sich selbst versorgenden Farmers aus Hector St. John de Crèvecoeurs *Letters from an American Farmer* (1782), das Ideal des einfachen *husbandman*, wurde Ende des neunzehnten Jahrhunderts endgültig durch den Handel treibenden Geschäftsmann des *Gilded Age* abgelöst.

In Amerikas 'Garten' hatten sich die Maschine, die Industrie und das städtische Leben ausgebreitet.[35] Der amerikanische Bürger wurde mit neuen Anforderungen konfrontiert, die sich aus Arbeits-

---

35 Zur metaphorischen Opposition zwischen Maschine und Garten vgl. Leo Marx, *The Machine in the Garden* (New York: 1964); Henry Nash Smith, *Virgin Land* (New York: 1957); einen informativen Überblick zur Entwicklung der Erfolgsethik als einer der wesentlichen Konstituenten des fragwürdig gewordenen *American Dream* gibt auch Peter Freese, *'America': Dream or Nightmare?* (Essen: 1990).

bedingungen als Lohnabhängiger in unüberschaubar werdenden Firmenkonglomeraten ergaben; damit ging ein drastischer Wandel der Wertmaßstäbe und Verhaltensanweisungen innerhalb des *pursuit of success* an der Wende vom neunzehnten zum zwanzigsten Jahrhundert einher. Die bisherige Diskursivierung von Erfolg und der bisherige literarische Erfolgstopos verloren nun allmählich ihre Funktion, das grundsätzliche Selbstverständnis eines amerikanischen Bürgertums am Idealbild des Unternehmers abzustecken. Diese Aufgabe hatten sie erfüllt. Zukünftig würde es im Erfolgsdiskurs nur noch um die Ausdifferenzierung und Verfeinerung eines sich wandelnden Qualifikationsprofils für den erfolgreichen Bürger gehen, während der literarische Erfolgstopos zunehmend das vom *pursuit of success* beschädigte Individuum wahrnimmt.

Gutman[36] beschreibt anhand der 'prämodernen' Phase bis etwa 1910, wie der leistungsbezogene Diskurs der Erfolgsethik während der Jahre des amerikanischen Aufstiegs zur Industrienation im wesentlichen durch eine ständige Assimilierung der Arbeitskräfte an die neuen Tätigkeitsabläufe und die urbane Existenz geprägt war. Die überwiegende Zahl der zeitgenössischen Stellungnahmen in der politischen Theorie, den Sozialwissenschaften oder auch im kirchlichen Protestantismus betonte, ganz im Sinne eines Denkens der *middle class*, "[that] interference with the entrepreneur's freedom violated 'divine' or 'scientific' laws."[37] Neben dem unabhängigen Unternehmer, der zentralen Figur des bisherigen Redens über Erfolg, richtete sich der Blick im Erfolgsdiskurs, wie etwa in Elbert Hubbards berühmtem Essay "A Message to Garcia", in zunehmendem Maße nun auch auf den dienstbeflissenen Angestellten: "My heart goes out to the man who does his work when the 'boss' is away, as well as when he is at home. [...] his kind is so rare that no employer can afford to let him go."[38]

Die Literatur verarbeitete diesen sozio-kulturellen Wandel in ihrer als 'naturalistisch' bezeichneten, kurzlebigen Erscheinungsform; die

36 Vgl. Herbert G. Gutman, *Work, Culture and Society in Industrializing America* (New York: 1976), S. 3-78.

37 Gutman, S. 81.

38 Elbert Hubbard, "A Message to Garcia," in: Kruse, S. 151.

hier stark ausgemalten sozialen Räume, die an Zola angelehnten und von *race, milieu* und *moment* bestimmten Figurenkonzeptionen codierten die Ängste und Unsicherheiten gegenüber den neuen, sich ausbreitenden urbanen Formen individueller Existenz. Die für alle fühlbare Macht industrieller Unternehmen und das Überleben im Großstadtdschungel - dem agrarischen Ideal diametral entgegengesetzt - formten die Themen der Romane von Frank Norris, Theodor Dreiser oder Upton Sinclair.[39] Mit dem frühen zwanzigsten Jahrhundert, insbesondere aber den zwanziger Jahren, einer Zeit, während der sich erstmals ein überregionaler Buchmarkt[40] etablierte, und zugleich einer Phase der nationalen kulturellen Identitätsausbildung zur bereits erwähnten 'klassischen amerikanischen Moderne', übernahm die Literaturproduktion endgültig die Funktion, ein Ort der künstlerischen Auseinandersetzung mit jenen national verbreiteten Erfolgsvorstellungen zu werden, die durch eine unübersehbare Menge von *success advocates* und deren Kritikern noch heute reproduziert werden.

Seitdem rückt die Literatur den für die amerikanische Gesellschaft so zentralen Anspruch auf Erfolg und Glück in immer wieder neuen Beispielen der Verunsicherung und Behinderung in den Mittelpunkt. Dabei wird eine Konflikterfahrung in Szene gesetzt, welche bis in die Gegenwart hinein am konkreten Leiden des einzelnen orientiert ist. Sie widerspricht der abstrakten Behauptung vieler postmoderner Kulturtheoretiker, daß die westlichen Gesellschaften mit den fünfziger Jahren in die Phase einer 'posthumanen' Geschichte eingetreten sind, in der sich das historische Individuum in einem Geflecht von gleich-

---

39 Vgl. Frank Norris, *The Octopus* (1901); Die Romantrilogie von Theodore Dreiser, *The Financier* (1912)/ *The Titan* (1914)/ *The Stoic* (1947); Upton Sinclair, *The Jungle* (1906). Vgl. auch die Studie von Kenneth S. Lynn, *The Dream of Success* (Boston: 1955), in der diese literarische Entwicklung des endenden neunzehnten und beginnenden zwanzigsten Jahrhunderts an Romanen von Theodore Dreiser, David Graham Phillips, Frank Norris und Robert Herrick beschrieben wird.

40 Das Phänomen eines kommerziellen Buchmarktes mit nationaler Bedeutung ist an Äußerungen aus den Briefen Hemingways abzulesen - so etwa der Brief an Maxwell Perkins, den Verleger, gesammelt in Carlos Baker (Hg.), *Ernest Hemingway. Selected Letters 1917-1961* (New York: 1981), S. 447-449.

sam subjektlos bleibenden (In-)Differenzen aufgelöst sieht und zu existieren aufhört.[41]

Die amerikanische Literaturgeschichte besitzt damit in der Evolution der Erfolgsvorstellungen und den daraus resultierenden Verhaltensstrategien einen ihrer wesentlichen zeitgeschichtlichen Bezugshorizonte. In ihr geht es vor allem auch um jene widersprüchliche Erfahrung, die sich aus der Unvereinbarkeit des vom *American Dream* versprochenen selbstbestimmten Individualitätsideals mit einer dieses Ziel im Alltag beständig konterkarierenden Lebenspraxis ergibt. Auch jungen Schriftstellern bietet dieses Thema mit dem in den achtziger Jahren wieder zu beobachtenden Trend der Aufwertung von Luxus und karriereschnittigem Einzelkämpfertum einen nach wie vor noch aktuellen literarischen Stoff. Tama Janowitz' Short-Story-Sammlung *The Slaves of New York* (1986) über die vielen erfolglos dem 'großen Wurf' hinterherlaufenden Künstlerexistenzen kann dafür als ein Beispiel aus der jüngsten Zeit stehen.[42]

2. Die Bedeutung von Arbeit, Aufstieg und Erfolg als sozialübergreifend wirkende Ideologie der *middle-class*

Das Hadern mit den einschränkenden Konsequenzen des Leistungs- und Erfolgsethos, das von der Hauptfigur in Sinclair Lewis' Roman *Babbitt* schon 1922 während einer ihrer seltenen einsichtsvollen Momente ausformuliert worden ist, bleibt so wie in der Literatur des neunzehnten auch in der des zwanzigsten Jahrhunderts an den dafür zentralen Lebensbereich der Arbeit gebunden. Als Vergesellschaftungskategorie schlechthin und Kulminationspunkt der für die amerikanische Kultur zentralen Erfolgsethik haben daher in der Untersuchung Arbeit oder Arbeitslosigkeit und die damit verknüpfte

---

41 Aus der Fülle der Titel zur Debatte um die Postmoderne und deren Verabschiedung des Individuums vgl. die Beiträge von Andreas Huyssen; Klaus R. Scherpe in: Dies., (Hg.), *Postmoderne. Zeichen eines kulturellen Wandels* (Reinbek: 1986).

42 Vgl. dazu Bernd Rasche, "Tama Janowitz: 'Großstadtsklaven,'" *Englisch Amerikanische Studien*, 3/4 (1987), S. 521.

Frage nach Identität sujetkonstituierende Funktionen. Sie bilden auch das wesentliche Auswahlkriterium für die insgesamt achtundzwanzig berücksichtigten Kurzprosatexte, die sowohl von weniger bekannten als auch von prominenten Autoren stammen.[43] Entscheidend für die Auswahl ist allerdings nicht die formale Zugehörigkeit zu einem von der Kritik definierten literarischen Kanon, sondern die inhaltliche Orientierung an Grenzsituationen literarischer Figuren, die sich zwischen *success* und *failure* im Arbeitsleben bewegen. Der allein schon aus quantitativen Gründen begrenzte Textkorpus kann und soll nicht repräsentativ für die gesamte Entwicklung der erzählenden Literatur im analysierten Zeitraum sein. Vielmehr ist das Ziel der diachronen Reihenuntersuchung, die für die literarische Aufnahme des Erfolgsdiskurses wichtigen literatur- und kulturgeschichtlichen Umbrüche zu beschreiben, welche an den variierenden Modi der Verarbeitung von Konfliktmomenten ablesbar sind. Des öfteren wird dennoch auch auf Romanbeispiele verwiesen werden, um die mögliche Gültigkeit der an der Evolution des literarischen Erfolgstopos in diesem Jahrhundert gewonnenen Ergebnisse auch über die Stories hinaus anzudeuten. Um zu signifikanten Aussagen über Veränderungen und Entwicklungen des literarisch aufbereiteten Erfolgsverständnis kommen zu können, ist es von Vorteil, Situationen zu betrachten, in denen die Normalität verletzt und somit auch schärfer ausgeleuchtet wird.

Diesen Regelverletzungen wird die Untersuchung über einen Zeitraum verfolgen, der mehr als vierzig Jahre umfaßt und der sowohl für die Entwicklung des literarischen Erfolgstopos als auch für die Umbrüche in der diskursiven Folie wesentliche Veränderungen bietet. So vollzieht sich innerhalb des außerliterarischen Erfolgsdiskurses ein Paradigmenwechsel von der traditionellen Charakter- zur modernen Persönlichkeitsethik, welche erst für die Jahrzehnte nach dem Zweiten Weltkrieg bestimmend wird. Parallel dazu zeigt die Literatur in ihrer Aufnahme der Erfolgsvorstellungen eine ab den dreißiger

---

43 Vor allem die Texte der unbekannteren Autoren sind den beiden traditionsreichen und jährlich erscheinenden Kurzprosasammlungen *Best American Short Stories* (Erfassungszeitraum seit 1915) und *O.Henry Memorial Award Prize Stories* (Erfassungszeitraum seit 1919) entnommen.

Jahren zunehmende Komplizierung der Sujetstruktur, die als eine Reaktion auf den diskursiven Umbruch zur Persönlichkeitsethik zu werten ist. Dies führt schließlich zu einer stärkeren Eigendynamik der literarischen Bearbeitung gegenüber den herrschenden Erfolgsvorstellungen: hier ist vor allem auf die im neunzehnten Jahrhundert noch nicht vorhandene Bedeutung des Privaten hinzuweisen, die nun für die Konstruktion der Protagonisten konstitutiv wird. Eine wachsende Psychologisierung der Figurenentwürfe, welche sowohl die Innenwelt als auch die kommunikativen Probleme der Protagonisten stärker berücksichtigt, läßt zwar Affinitäten zum neuen Erfolgsparadigma der *personality ethic* und dessen Betonung der stärkeren intersubjektiven Eingebundenheit des einzelnen erkennen. Gleichzeitig aber dokumentiert die literarische Verarbeitung des Zwangs zum Erfolg in den analysierten Texten ab den Jahren der Wirtschaftskrise eine größere Unabhängigkeit von den zweckrationalen Vorgaben des Erfolgsdiskurses, indem die gegenüber dem Arbeitsleben aufgewertete private Welt der Figuren - die in den Strategien des Erfolgsdiskurses unwichtig bleibt - gößeres Gewicht erhält.

Die auf kleinstem und überschaubarem Raum verdichtete narrative Struktur des Genre 'Kurzprosa' bietet dabei den Vorteil, Veränderungen in der künstlerischen Realisierung des untersuchten Sujets im Vergleich zum Roman präziser dokumentieren zu können. Anders als der Roman bietet diese Textsorte schon allein aufgrund ihrer kürzeren Produktionszeit den Vorteil, daß sie auf zeitgeschichtliche Einflüsse unmittelbarer und schneller reagiert. Der Oberbegriff 'Kurzprosa' dürfte hierbei der angemessene sein, da es mit Blick auf die literarischen Entwicklungen des zwanzigsten Jahrhunderts wenig gewinnbringend erscheint, sich in die starren theoretischen Definitionsgefechte um den Terminus 'Kurzgeschichte' einzumischen.[44]

---

[44] Aus der Fülle der Arbeiten zur Entwicklung der Kurzgeschichte, die nicht dem normativen Definitionsdrang anhängen, vgl. etwa Günter Ahrends, *Die amerikanische Kurzgeschichte* (Stuttgart: 1980), oder Peter Freese, "Die Story ist tot, es lebe die Story: Von der Short Story über die Anti-Story zur Meta-Story der Gegenwart," in: Hans Bungert (Hg.), *Die amerikanische Literatur der Gegenwart* (Stuttgart: 1977), S. 228-251.

Eine eingehende Aufarbeitung der theoretischen Diskussion über das Genre Short Story ist außerdem nicht Aufgabe dieser Arbeit, sie trägt auch nicht zur Erkenntniserweiterung ihres spezifischen Untersuchungsvorhabens bei. Hier sei nur auf Autoren wie Hemingway und Anderson verwiesen, die ab den zwanziger Jahren als Kronzeugen für die Auflösung der klassischen Short Story-Form gelten. Seit jener Zeit sind in dem Genre Tendenzen zu einer größeren formalen Variation zu beobachten. So bewirkt die Darstellung komplexerer Handlungszusammenhänge und eine flexiblere Handhabung der bis dahin zumeist zahlenmäßig begrenzten Figurenkonstellation eine größere Nähe zum Roman, die es sogar ermöglicht, daß Autoren Kapitel ihrer noch nicht veröffentlichten Romane in Form von Kurzprosatexten als Vorabdruck in Zeitschriften erscheinen lassen. Im folgenden werden daher die Begriffe 'Kurzprosa', 'Short Story', 'Kurzgeschichte' und 'Erzählung' synonym gebraucht.

Literarische Figuren, die entweder durch den Verlust ihrer Anstellung oder innerhalb des Berufslebens mit dem invidualistischen Erfolgsdiktat zu kämpfen haben, erhalten die Rolle einer je anders aufbereiteten literarischen Fallstudie. Sie spielen in den Beispielen der Textreihe Erfahrungen des Scheiterns, aber auch des trügerischen Erfolgs, in Situationen durch, in denen verinnerlichte Normen und Verhaltensweisen des Erfolgsdiskurses mit dem Erlebnis von Arbeitslosigkeit oder von einengenden Zwängen kollidieren, welche von der Arbeit ausgehen. Durch die verschiedenen literarischen Darstellungsmodi der Verfehlungen von *success* und *happiness* ergeben sich Rückschlüsse auf die Wandlung der Norm. Statt der die Unterschiede harmonisierenden Kontinuitäten geraten so die Diskontinuitäten und Übergänge in den Blick. Sie demonstrieren eine Dynamik kulturgeschichtlicher Entwicklungen, die sich auch in dem erfolgsorientierten amerikanischen Selbstkonzept niederschlägt. Eine solche Betrachtungsweise verhindert, daß die Unterschiede in den Textbeispielen zugunsten einer konstruierten Einheit vernachlässigt werden.

Unabhängig von sozialen Lagen handeln die Figuren aus einem belasteten Verhältnis zu einem Projektionshorizont von Erfolg, welcher durch Verhaltenscodes und Wertschätzungen wie Moralität, Eigenverantwortung, Bildung, materiellen Wohlstand und privates Glück geprägt wird. Da die amerikanische Literatur sich immer schon mit einem universale Gültigkeit besitzenden Ideal des 'guten Lebens' auseinandersetzt, das der *middle class* entspringt, ist der *blue collar worker* allerdings sowohl in den hier untersuchten als auch in den meisten anderen amerikanischen Stories kaum zu finden; eine aus der Arbeiterschaft heraus entwickelte selbständige Klassenideologie konnte sich in der amerikanischen Gesellschaft zu keiner Zeit behaupten: "Bürgerlichkeit war dagegen ein wesentliches Prinzip der Amerikanischen Revolution. [...] Die Amerikanische Revolution strebte [...] bewußt die Überwindung merkantiler Produktions- und Handelshemmnisse an [...]."[45] Das Symbol des Unternehmers im neunzehnten und das des *white collar*-Angestellten im zwanzigsten Jahrhundert schließt eine soziale Zielvorstellung und die Qualität einer Lebenspraxis ein, die für jeden Gültigkeit besitzen sollen und die im Aufstiegsstreben des puritanischen Erbes ihre Wurzeln haben:

> [The Puritan heritage] permeated the rising tradesmen class, stimulated its ambition, and gave it an ethics precisely fitted to its needs [...] It rejected the older conception of work for the sake of a livelihood, of production for consumption, and substituted the ideal of work for its own sake.[46]

Ein dem Erfolgsdiskurs von Anfang an eigenes Aufstiegsverhalten ist daher mit Personen der Mittelschicht verbunden. Besonders deutlich wird das im ausgehenden neunzehnten Jahrhundert, als sich, in C. Wright Mills' Terminologie, eine 'new middle class' von ehrgeizigen kleinen Angestellten zumeist mit der besitzenden 'old middle class'

---

45 Vgl. Dippel, S. 118.

46 Vernon L. Parrington, *Main Currents in American Thought*, 1 (New York: 1928), S. 267-268. Crosby, der Autor des Artikels "Acres of Diamonds," *American Mercury*, 14 (1928), S. 106, geht auf die Erfolgsbotschaft des 'Erfolgsapostels' Russell H. Conwell ein und demonstriert an einem Ausspruch Conwells die genuin mittelschichtsspezifische Ideologie der Erfolgsethik: "The middle-class was the flowering of God's handicraft and the hope of the nation. 'After all [so Conwell], the great government of this country is going to be borne triumphantly through all its difficulties by the even balance of the middle-class of people, which is an honor to America and which has maintained so grandly the honor of the American flag.'"

solidarisch fühlte und deren Positionen anstrebte.[47] Der Adressat des Erfolgsgedankens, der *common man*, erscheint daher in der Literatur des zwanzigsten Jahrhunderts auf der Folie einer Dienstleistungsgesellschaft vornehmlich in Gestalt von kleinen Bankangestellten, Rechtsanwälten, Bürobediensteten oder arbeitslosen Regionalvertretern. Schon die so beliebt gewordenen Protagonisten des Erfolgsmythos aus Horatio Algers Texten und die bis in die Zeit nach dem Zweiten Weltkrieg reichende Anziehungskraft seiner Romane bestätigen die Wirksamkeit jenes Wertekanons, dessen dominierender Einfluß der Mittelschichtwelt entstammt: "Alger's ideal differs in other important respects from the realities of the time. His heroes are never the children of workers. They are generally impoverished through the death of their father, who was of the middle-class."[48]

Das bei der Wende zum zwanzigsten Jahrhundert mit den elitären Statussymbolen des *country club* und der *ivy-league*-Ausbildung ausstaffierte Pantheon des 'gemachten Mannes', das über lange Zeit allein für die kastenähnliche *WASP*-Schicht reserviert gewesen ist, erfährt in den zwanziger Jahren eine zunehmende Öffnung für eine breitere Öffentlichkeit. Die Pforten konnten auf Dauer nicht verschlossen bleiben, "when hordes of middle-class Babbitts were joining clubs, deriding differences and denouncing dissent."[49] Mit der zur Chiffre des Kleinbürgers schlechthin gewordenen Figur des Babbitt geht unweigerlich eine Degradierung aber auch Universalisierung des Erfolgsgedankens der 'old middle class' einher. Der lite-

---

47 Vgl. C. Wright Mills, *White Collar* (New York: 1975; Nachdruck von 1951), S. 242: "In the latter nineteenth century, the foreman, the salesclerk, and the office man were widely viewed, and viewed themselves, as apprentices or assistants to old middle class people. Drawing upon their future hopes to join these ranks, they were able to borrow the prestige of the people for whom they worked."

48 Richard Weiss, *The American Myth of Success* (New York und London: 1969), S. 58. Algers Figuren verbleiben in der Tradition der *genteel tradition*; vgl. auch Freese, *'America': Dream or Nightmare?* S. 100: "His heroes never make a fortune but they always find or inherit it, and the intriguing gospel which their stories preach is no longer that of virtue resulting in material reward but that of luck never coming to the wicked."

49 E. Digby Baltzell, *The Protestant Establishment* (New York: 1966), S. 218.

rarische Erfolgstopos der amerikanischen Moderne verbindet sich mit diesen Wertvorstellungen, die seit den zwanziger Jahren durch ein Aufstiegsstreben ergänzt werden, das größere Breitenwirkung erreicht; auch die Politiker und die Erfolgsapostel entdecken eben genau jene 'Horden von Mittelklasse-Babbitts', unter denen sich der Immobilienhändler ebenso wie der kleine Buchhalter befindet: "But by the 1920's in America a democracy of status vision had come about, the area of prestige was truly national; now the bottom could see the top - at least that version of it that was put on display."[50]

3. Literarische Texte, Diskurs und Semantik: Literaturwissenschaftliche Interpretationsarbeit als kulturgeschichtlicher Beitrag und funktionale Synthese verschiedener Erkenntniszugriffe

Der Versuch, anhand einer diachronen Reihe von Kurzprosatexten die literarische Aufarbeitung und Gestaltung des für den *common man* häufig mit Scheitern und Desillusionierung verbundenen Erfolgsdogmas zu verfolgen, verbindet das literaturwissenschaftliche mit dem kulturgeschichtlichen Erkenntnisinteresse. Das literarische Medium bietet hier mit der ihm eigenen doppelten Eigenschaft von *fait social* und künstlerischer Autonomie[51] eine Wahrnehmungserweiterung, die bewirkt, "daß man [...] Möglichkeiten der Anspielung erblickt, Dinge, die gesagt werden müssen, Sagbares, schon Gesagtes, das aufgefrischt wird und wieder verdeckt wird, die bisher entweder unbeachtet oder vergessen worden waren."[52] Innerhalb eines begrenzten, knapp fünfzig Jahren umfassenden Zeitraums des zwanzigsten Jahrhunderts ist es so möglich, zugleich den evolutionären Entwicklungs-

50 Mills, *White Collar*, S. 254.

51 Zum Doppelcharakter der Kunst als 'autonom und *fait social*' vgl. Theodor W. Adorno, *Ästhetische Theorie* (Frankfurt: 4. Aufl. 1980), S. 334-341.

52 Umberto Eco, "Die ästhetische Botschaft," in: Dieter Heinrich und Wolfgang Iser (Hg.), *Theorien der Kunst* (Frankfurt: Suhrkamp, 2.Aufl. 1984), S. 422.

prozeß der Literatur[53] und den eines zentralen Themas des amerikanischen Selbstverständnisses zu beschreiben - und zwar jenseits aller jüngsten theoretischen Grabenkämpfe um die Etikettierung von 'Moderne' und 'Postmoderne'. Damit sind literaturimmanente Entwicklungen, also etwa die Bearbeitung und Veränderung des künstlerischen Stoffmaterials oder der Einsatz von literarischen Konstruktionsverfahren, auf ihre kulturhistorische Folie applizierbar; das Spiel der sich auftuenden Differenzen zwischen der von Umbert Eco als ästhetische Codierung[54] bezeichneten Qualität eines Werkes und der zeitgenössischen kulturellen Kommunikation kann auf diese Weise sichtbar gemacht werden; der literarische Erfolgstopos präsentiert sich so als eigenständige Reflexion auf die Inhalte des Erfolgsdiskurses, welche ihrerseits einen wesentlichen Einfluß auf die amerikanische Kultur- und Demokratiegeschichte ausgeübt haben.

Dabei macht sich die Einbeziehung strukturalistischer Untersuchungskriterien lediglich die unbestreitbare Praktikabilität dieses Instrumentariums für die Erfassung des internen Aufbaus von Literatur zunutze. Eine solche an Erkenntnisse der strukturalen Semiotik angelehnte Erzähltextanalyse begreift Literatur - im Sinne von Mukarovsky - als ästhetisches Zeichen mit kommunikativen Funktionen.[55] Dessen Besonderheit ergibt sich aus dem Zusammenwirken

---

53 Einen Überblick zum Begriff der literarischen Evolution gibt Hans Günther, "Die Konzeption der literarischen Evolution im tschechischen Strukturalismus," *Alternative*, 80 (1971), S. 183-200. Vgl. auch Jurij Tynjanov, "Über die literarische Evolution," in: Jurij Striedter (Hg.), *Russischer Formalismus* (München: 3. Aufl., 1981), S. 434-464.

54 Zum Begriff der ästhetischen Botschaft und des ästhetischen Codes als Mittel der Erkenntnis vgl. Eco, S. 4o4-428.

55 Zur Text-Kontext-Relation und der Beziehung von Kunst als kommunikativem Zeichen zum außerästhetischen Bereich vgl. auch Jan Mukařovský, *Kapitel aus der Ästhetik* (Frankfurt: 4.Aufl., 1982), hier besonders die Kapitel "Der Standort der ästhetischen Funktion unter den anderen Funktionen" und "Die Kunst als semiologisches Faktum". Vgl. insbesondere S. 129: Abweichend von Mukařovský muß die dem ästhetischen Zeichen aufgrund seines komplexen Aufbaus zugesprochene universale Fähigkeit, auch Projektion einer Gesetzmäßigkeit der gesamten Wirklichkeit zu sein, abgelehnt werden; auf dem Hintergrund einer im zwanzigsten Jahrhundert durch die Medien explosionsartig zunehmenden Diversifikation der Weltbilder ist eine solche Annahme nicht zu halten.

verschiedenster literarischer Strukturelemente, welche ein sekundär modellierendes Sprachsystem, eben einen im jeweiligen Werk zu beschreibenden ästhetischen Code, entstehen lassen.

Durch diesen transformieren die hier ausgewählten literarischen Texte Momente eines bestehenden Verständigungszusammenhangs in ihr poetologisches System, in diesem Falle den des individualistischen Erfolgsgedankens. Sie treten dazu nicht in eine abbildhafte, sondern rearrangierende und damit auch reflektierende Beziehung. Für die auf die Entwicklung des literarischen Erfolgstopos in den ausgewählten Kurzprosabeispielen ausgerichtete Untersuchung bedeutet dies im wesentlichen: zunächst der sich wandelnden Bedeutungsfunktion und Gewichtung von Privatem (Familie, Ehe, 'Zuhause') und öffentlichem Arbeitsleben nachzugehen, da die unterschiedliche Darstellung von Erfolg und Leistung nur als einer der beiden Teilräume der jeweiligen literarischen Modelle[56] erscheint und da sie erst in ihrem Verhältnis zum Privatleben, zur Reproduktionssphäre der Figuren an Profil gewinnt. Damit verknüpft ist der Versuch zu belegen, wie die spezifischen Formen des Scheiterns schon in den Figurenentwürfen verschlüsselt sind, wie sie sich je nach Diskursstand verändern und durch den Einsatz der Erzählperspektive 'entschärft' oder zugespitzt werden können. Als übergreifende Blickrichtung kann schließlich die Entwicklung des literarischen Erfolgstopos in seiner Funktion als kulturgeschichtliches Substrat in den Blick kommen.

Dafür bietet die Einführung eines sich an Foucault orientierenden Diskursbegriffes der literaturwissenschaftlichen Arbeit die Möglichkeit, einen überprüfbaren und erkenntnisfördernden Ansatz bei der Berücksichtigung der immer nur sprachlich vermittelten gesellschaftlichen Kontexte zu verwenden. Als Konglomerat verschiedenster um ein bestimmtes Thema gruppierter Interessenspositionen und Äuße-

---

Das ästhetische Zeichen ist ebensowenig lediglich Widerspiegelung von etwas, sondern es schafft eine 'zweite Wirklichkeit'.

56 Zum Modellbegriff von Literatur vgl. Jurij M. Lotman, *Die Struktur literarischer Texte* (München: 2.Aufl., 1981): hier besonders das Kapitel "Zur Komposition des Wortkunstwerks", in dem Lotman erläutert, wie in der Prosaliteratur dem Einsatz von räumlichen Strukturen immer auch semantische Funktionen zukommen, welche wiederum das Profil der handelnden Figuren beeinflussen.

rungsabsichten gehorcht ein Diskurs der Ordnung von historisch wandelbaren Selbstdeutungsmustern der Beteiligten.[57] Der kulturgeschichtliche Informationswert literarischer Texte wiederum beruht darauf, daß sie qua ihres künstlerischen Modellcharakters Reflexion sowohl auf unmittelbare Lebenswelt als auch auf Geschichtlichkeit enthalten: darin sind sie der synchronen und damit enger begrenzten Logik der herrschenden Diskurse überlegen. Nicht primär durch den Rückgriff auf Arbeitslosenzahlen, Statistiken und positivistische Faktenauswertung kann deshalb die Lösung der Text-Kontext-Problematik erreicht werden, sondern durch die Frage nach dem 'Wie' der intersubjektiv vermittelten Wirklichkeitsrezeption - genau das aber leistet der Diskursbegriff auch im Zusammenhang mit den Erfolgsvorstellungen; es macht ihn anschließbar an deren Aufbereitung in der Literatur.

Im Sinne der von Foucault beschriebenen Formationsregeln[58] weist die bis in die Gegenwart andauernde öffentliche Rede über den Erfolg wesentliche Merkmale eines Diskurses auf. Zu diesen Merkmalen gehören etwa bestimmte 'Gegenstände'[59] wie der *common man*, *success*, *happiness*, *character* oder *personality*, und deren Beziehungen untereinander; eine von verschiedenen Individuen einnehmbare Subjektposition des Redens, etwa durch Erfolgsapostel, Politiker oder Kulturkritiker; diverse Äußerungsformen wie Literatur, Politikerreden, kulturkritische Essays, und, gleichsam als Kern, die *success literature*; schließlich die Varianten der Aussagestrategien, so etwa erfolgsverklärende und kritische Positionen, oder auch die in der Charakterethik und der Persönlichkeitsethik enthaltenden Verhaltensanweisungen. Erst so erhält der Erfolgsdiskurs seine für die literarische Aufnahme relevante 'Wirklichkeit': "die diskurse schaffen

---

57 Vgl. dazu auch den Kommentar zu Foucaults Konzept von Bernd Rasche, "Postmoderne und Neostrukturalismus," *Englisch Amerikanische Studien*, 2 (März: 1988).

58 Vgl. dazu Michel Foucault, *Archäologie des Wissens* (Frankfurt: 1981), die Kapitel über die Formation der Gegenstände, der Äußerungsmodalitäten, der Begriffe und der Strategien.

59 Diskursgegenstände sind nach Foucaults nicht nur die Objekte im traditionellen Sinne. Dazu zählen etwa auch bestimmte die diskursive Praxis bestimmende Aussagen, Inhalte und Strategien der Rede.

ihre 'gegenstände' (z.b. durch definitionen, durch die syntax von kriterien [...]) und haben die macht, menschen in solche gesellschaftliche 'gegenstände' zu verwandeln."[60]

Das Erkenntnisinteresse einer literaturwissenschaftlichen Untersuchung entlang einer diachron angelegten Reihe von Kurzprosatexten richtet sich dabei allerdings vornehmlich auf die Beschreibung der literarischen Auseinandersetzung mit dem Erfolgsgedanken im Sinne eines künstlerisch gebrochenen SpielRaums.[61] Als solcher besitzt Literatur die Qualität einer ästhetisch verdichteten Diskursivität ihres kulturellen Kontextes. Genau an dieser Stelle muß eine literaturwissenschaftliche Analyse aber den Blick Foucaults modifizieren.

Seine grundsätzlich 'poststrukturalistische' Position, dem Medium Literatur keine besondere Existenz im Ensemble der Aussagen zuzugestehen, es innerhalb eines Diskurszusammenhangs nicht literarischen Sprachformen gleichzustellen und sich für seine 'Literarizität' nicht zu interessieren, verliert die etwa vom Strukturalismus dargelegte und unabweisbare spezifische Organisation literarischer Texte aus den Augen. Ebenso wie die Verwertung von Ergebnissen der strukturalen Semiotik wird hier daher auch Foucaults Diskursverständnis nur in der Funktion eines heuristischen Instrumentes und als *approach* Verwendung finden. Er selbst erklärt in seiner *Archäologie des Wissens*:

> Ich werde davon ausgehen, daß ich kein strenges theoretisches Modell errichtet habe, sondern daß ich ein kohärentes Beschreibungsgebiet freigesetzt habe [...] Es handelt sich weniger darum, direkt eine Theorie zu *gründen* [...] es handelt sich im Augenblick darum, eine Möglichkeit *herzustellen*.[62]

---

60 Jürgen Link, "Nocheinmal: Diskurs. Interdiskurs. Macht," *Kulturrevolution*, 11 (Februar 1986), S. 4 und 5.

61 Zur aktuellen Rezeption des Diskursbegriffs in der Literaturwissenschaft vgl. Jürgen Fohrmann; Harro Müller (Hg.), *Diskurstheorien und Literaturwissenschaft* (Frankfurt: 1985). Foucault stellt in der *Archäologie*, S. 261, die universale Präsenz von Diskursen quer durch alle Ausdrucksformen - also auch die literarische - fest : "Das Wissen [eines Diskurses] ist nicht nur in Demonstrationen gehüllt, es kann auch in Fiktionen, in Überlegungen, in Berichten, institutionellen Verordnungen, in politischen Entscheidungen liegen."

62 Foucault, *Archäologie*, S. 167.

Die über die Jahre bis zu seinem Tode beständig weiterentwickelte und prinzipiell unabgeschlossene Konzeption[63] gibt der Foucaultschen Denkfigur den Charakter des offenen und deshalb umso wertvolleren Erkenntnissystems. Literarhistorische Arbeit wird in diesem methodischen Vorgehen zu einer "genealogical historiography" und zu einem "open program with much room for play in methodological innovations as well."[64] So wie es Foucault in der Diskursanalyse nicht darum geht, "[...] unterhalb dessen, was manifest ist [...], das halbverschwiegene Geschwätz eines anderen Diskurses"[65] zu entdecken, geht es auch in dieser Arbeit nicht um die Suche nach neuen 'Wahrheiten' und nach der 'eigentlichen', hinter den Texten verborgenen Bedeutung. Die gängige Landkarte der untersuchten literaturgeschichtlichen Zeitspanne soll lediglich in ihrer Vertrautheit in Frage gestellt, das Mißtrauen in bestehende unzulängliche Wahrnehmungsraster und vermeintliche Kontinuitäten geweckt werden, um "Familiäres seiner Selbstverständlichkeit, seines ideologischen Scheins zu entkleiden und das Bekannte als das Unbekannte zu entdecken."[66]

Im Vorwort zu *Reconstructing American Literary History* wird diese Notwendigkeit, eingedenk der 'Postmoderne'-Debatte, auch gerade für den amerikanischen Raum betont: "During the past two decades, consensus of all sorts has broken down - left and right, political and aesthetic - broken down, worn out or at best opened up."[67]

---

63 Vgl. dazu auch Michel Foucault, *Schriften zur Literatur* (Frankfurt: 1988). Mit der Ausnahme des Aufsatzes "Was ist ein Autor?" sind Foucaults *Schriften zur Literatur* schwer zugänglich und eher assoziativ.

64 Harro Müller; Nikolaus Wegmann, "Tools for a Genealogical Historiography," *Poetics*, 14 (1985), S. 237.

65 Foucault, *Archäologie*, S. 43: "Man sucht unterhalb dessen, was manifest ist, nicht das halbverschwiegene Geschwätz eines anderen Diskurses; man muß zeigen, warum er nicht anders sein konnte als er war, worin er gegenüber jedem anderen exklusiv ist, wie er inmitten der anderen und in Beziehung zu ihnen einen Platz einnimmt, den kein anderer besetzen könnte."

66 Harro Müller, "Einige Giftpfeile wären nicht so schlecht," *Delfin*, 4 (Dez. 1984), S. 83.

67 Sacvan Berkovitch (Hg.), *Reconstructing American Literary History* (Cambridge und London: 1986), S. vii.

Durch die verstärkte Rezeption der französischen diskursanalytischen und franko-amerikanischen dekonstruktivistischen Konzeptionen um Derrida, Paul de Man oder Hartman ist wieder Bewegung in die Auseinandersetzung um Geschichte und Literatur gekommen: steht doch das Kulturverständnis der Poststrukturalisten quer zu allen unhinterfragt gebliebenen Begrifflichkeiten abendländisch-hermeneutischer Tradition. Statt sich um die semantisch unendlich aufgeladenen und vor allem Homogenität suggerierenden Termini wie Subjekt und Individuum oder Geschichte und Kontinuität zu kümmern, richten sie ihr Augenmerk auf die Dezentrierung des Subjektes und auf die Prozeßhaftigkeit von kulturellen Entwicklungen mit deren Brüchen und Diskontinuitäten. Trotz aller mehr oder weniger geistreichen Scharmützel um bloße Etikettenverteilung ist aber gerade auch literaturwissenschaftliche Arbeit herausgefordert, Stellung zu beziehen.

Wer sich mit Odo Marquards ebenso programmatischem wie aber auch bequemem 'Abschied vom Prinzipiellen'[68] und der daraus folgenden Zuweisung einer schöngeistigen Kompensationsfunktion[69] an die Geisteswissenschaften nicht zufrieden geben möchte, der muß die Möglichkeiten von Literaturgeschichte als Teil von Kultur- und Gesellschaftsgeschichte erneut erwägen. Auf diese Veränderungen hat sich die bestehende Forschung oft noch nicht genügend eingestellt. Eine gewisse Orientierungslosigkeit, die sich zwischen den so vertrauten historischen Fassaden auf der einen und den dekonstruktivistischen 'Neubauten' auf der anderen Seite einstellt, ist in Büchern wie *Reconstructing American Literary History* unübersehbar.

---

68 Vgl. dazu Odo Marquard, *Abschied vom Prinzipiellen* (Stuttart: 1981). Darin bes. der gleichnamige Aufsatz.

69 Vgl. dazu Odo Marquard, "Die Unvermeidlichkeit der Geisteswissenschaften," *Universitas*, 1 (1987), S. 18-25.

4. Historische Reihenuntersuchungen: Der amerikanische Erfolgstopos in der neueren Forschungsliteratur

Von der neueren Forschungsliteratur, soweit sie überhaupt eine diachron angelegte Betrachtung des literarischen Erfolgstopos über einen begrenzten Zeitraum hinweg zu ihrem Forschungsinteresse macht, seien nur einige der wichtigen Titel kurz erwähnt und besprochen:

Elisabeth Longs *The American Dream and the Popular Novel* (1985) behandelt eine thematisch nicht eindeutig definierte Auswahl von Romanen, deren Analyse unter dem inhaltlich nicht näher bestimmten Etikett des *American Dream* unscharf bleiben muß; zudem ist ihr Bezug auf die sogenannte *popular novel* problematisch, da er lediglich an den Bestsellerlisten orientiert ist und nur die von einer breiten Öffentlichkeit favorisierten Titel einschließt. In der gesellschaftlichen Kontextualisierung ihrer genannten Beispiele verliert Long häufig, wie etwa für die Dekade nach 1945, den konkreten Aspekt der Aufbereitung von *success* aus den Augen. Stattdessen wird nach einem vermeintlich direkten Einfluß politischer Ereignisse (Kalter Krieg, *Red Scare*) gefragt, indem die einzelnen Werke als Steinbruch für in ihnen gleichsam versteckte gesellschaftskritische Positionen dienen; diese Herangehensweise muß als Folge der Orientierung an dem schwer auf den Begriff zu bringenden und verschiedenste kulturelle Phänomene vereinenden Konstrukt *American Dream* angesehen werden.

So beobachtet Long in ihrem Kapitel "Bestselling Novels from 1945 - 1955" zu Beginn der Dekade eine Beschwörung des alten Unternehmer-Ideals von Erfolg in den literarischen Darstellungen. Sie begründet dies mit einer Art rückwärtsgewandten Utopie-Sehnsucht angesichts der zunehmend komplexeren Wirtschaftswelt, um dann wiederum ein plötzliches Weichen jener literarischen Verarbeitungsweise vor einer realitätsnäheren Spielart zu konstatieren: eine Wende, die Long nun mit einer Angleichung der Literatur an die Vorstellung von schwer zu erlangendem Erfolg in einer technologischen Gesellschaft erklärt. Dieser Schritt ist jedoch in den Äußerungen der 'Erfolgsapostel' und auch innerhalb der Literatur schon längst vor dem Zweiten Weltkrieg vollzogen worden; mit Beginn des zwanzigsten Jahrhunderts hat der Unternehmer seine Stellung nicht nur als vorbildliches Beispiel, sondern auch als Repräsentant eines vergangenen goldenen Zeitalters sowohl in der Literatur als auch in der *success literature* endgültig verloren. Longs Analyse bleibt eben nur der Fabelebene verhaftet, nimmt die Romane jeweils 'beim Wort' und setzt die Analyse der einzelnen *plot*-Varianten mit der Beschreibung eines lediglich literarisch verpackten *American Dream* gleich - nur so kann sie etwa zu dem Ergebnis gelangen, die Auflösung des Ideals vom integren und sozialverantwortlich handelnden Unternehmer vollziehe sich im Medium der Literatur erst nach 1945.

Rudolf Miemitz' Dissertation *Individuum und Organisation im amerikanischen Unternehmensroman* (1981) konzentriert sich ausschließlich auf den Unternehmensroman, eine von ihm als spezielles Genre der amerikanischen Literatur herausgestellte Erscheinung, welche lediglich in den fünfziger und sechziger Jahren eine größere Rolle spielt, aber auf die weitere literarische Entwicklung keinen nennenswerten Einfluß hatte. Mit der Beschränkung auf eine zeitlich eng begrenzte thematische Auswahl einer literarhistorisch untergeordneten literarischen Form kann jedoch die Rückbindung an vorhergehende Jahre nicht geleistet werden, da es diese Art des Romans vorher in vergleichbarer Weise nicht gegeben hat und sie erst nach 1945 aufkam. Ein anderer bedenklicher Aspekt liegt jedoch in Miemitz' grundsätzlichem methodischen Vorgehen: für ihn hat der Unternehmensroman keine literarische Qualität, er ist lediglich ein soziales Dokument, "eine soziologische Abhandlung in Romanform"[70]. Dagegen ist einzuwenden, daß aber auch der Unternehmensroman Teil einer literarischen Tradition ist und deren künstlerisches Material verarbeitet - ob dies nun in einer Weise geschieht, der man 'Kunstcharakter' zubilligt, ist wieder eine gänzlich andere Frage. Obwohl Miemitz zwar die Forschungsliteratur anführt, die den 'fehlenden Kunstcharakter' der *business-novel* konstatiert, kommt auch er nicht umhin, interpretatorische Aussagen über diese Art des Romans zu machen. So

---

70 Rudolf Miemitz, *Individuum und Organisation im amerikanischen Unternehmensroman* (Mannheim: Diss., 1981), S. 18.

werden bei ihm immer wieder Ergebnisse der literarischen Interpretation mit der Analyse von Aussagen aus nicht-literarischen Textsorten der zeitgeschichtlichen Situation einfach gleichgesetzt. Wenn aber schon eine bestimmte Art des Romans nur als zeitgeschichtliches Dokument gelten soll, so muß man fragen, warum in diesem Falle überhaupt noch Literatur als Untersuchungsobjekt herangezogen wird, da sie sich in Miemitz' Untersuchung nur als ein Quellenmaterial unter anderen präsentiert.

Der schließlich in Martha Bantas Studie *Failure and Success in America* (1978) angestrebte Überblick über Erfolg und Mißerfolg in der literarischen Debatte leidet, bei aller Belesenheit und Sachkenntnis, an seinem historisch gesehen zu wenig systematisierten Ansatz. Banta bewegt sich innerhalb eines wegen der großen Länge viel zu unübersichtlichen Zeitraumes von dreihundertundfünfzig Jahren und trägt die Äußerungen bekannter Autoren aus den unterschiedlichsten zeitlichen Perioden - ähnlich einem imaginären Gespräch und losgelöst von chronologischen Erwägungen - in einem ahistorisch konstruierten Forum zusammen. Es entsteht so der Eindruck von zeitloser Gleichzeitigkeit, und die Untersuchung kommt häufig in die Gefahr, die Grenze zum Eklektizismus zu überschreiten:

> It is not a review of what one closely knit group has had to say on the subject during a specifically limited period of American life. Instead, *Failure and Success in America* [...] moves over a span of three hundred and fifty years of discussion; it chooses to shift back and forth seeking out conceptual bedfellows no matter where they lie.[71]

Der Untertitel des Buches, "A Literary Debate," ist außerdem mißverständlich - Banta bezieht sich auf literarische Texte **und** kulturtheoretische Veröffentlichungen. Ebenso wie Miemitz unternimmt sie so eine nicht zulässige Nivellierung, indem zwei Ausdrucksformen, die literarische und die nicht-literarische, gleichrangig behandelt werden. Das ästhetische Medium beinhaltet jedoch immer schon ein uneigentliches Sprechen, das eine Decodierungsleistung verlangt. Die

---

[71] Martha Banta, *Failure and Success in America* (Princeton/N.J.: 1978), S. 4.

gleiche Kritik muß auch an die Adresse von James Jefferson Clark[72] und seiner schon älteren Dissertation gerichtet werden; in seiner Arbeit über den Erfolgsgedanken werden die literarischen Werke zudem nur als bloße Widerspiegelungen und Wiederholung erfolgsethischer Positionen - als reine historische Quellen also - benutzt.

Äußerst faktenreich und historisch übergreifend mit Quellenangaben, die für die literarische Bearbeitung des Erfolgstopos gezielte Orientierungen innerhalb der *success literature* bis in die achtziger Jahre bieten, sind die Studien von Brigitta Koch-Linde, *Amerikanische Tagträume* (1984), von Richard M. Huber, *The American Idea of Success* (1971) und von Richard Weiss, *The American Myth of Success* (1969). Wertvolle Anregungen und Ergebnisse für die Zeit der Wirtschaftskrise unter besonderer Berücksichtigung von *magazine stories* liefert Charles R. Hearn in *The American Dream in the Great Depression* (1977).

72 James Jefferson Clark, "The Theme of Success in American Literature 1914 - 1929" (New York: Maschinenschriftl. Diss., 1958).

II. DIE GOLDENEN ZWANZIGER JAHRE: DER *COMMON MAN* UND DER LANGSAME ABSTIEG DER CHARAKTERETHIK

> The rewards are for everybody, and all can win. There are no favorites - Providence always crowns the career of the man who is worthy. And in this game there is no 'luck' - you have the fun of taking the chances but the sobriety of guaranteeing certainties. The speed and the size of your winnings are for you alone to determine [...][1]

The golden twenties: eine prosperierende Wirtschaft unter konservativen Regierungen, beginnende Massenproduktion, erstarkendes Vertrauen in den für jedermann erreichbaren Wohlstand und die Zeit des 'go-getters'. Zugleich erlebt diese Ära aber auch den Höhepunkt und allmählichen Führungsverlust der elitären *WASP*-Kaste, während mit der unaufhaltsamen Ausbreitung des Dienstleistungsgewerbes gleichsam 'von unten' eine neue breite Angestelltenschicht entsteht - die typisch amerikanische *middle class*. Der dadurch ausgelöste kulturelle und soziale Mentalitätenwandel bewirkt die nachhaltige Demokratisierung und damit einhergehend unweigerlich ebenso die Veränderung der von den aristokratiegleichen *WASPs* hochgehaltenen Aufstiegsethik. Dabei erfahren die bestimmenden gesellschaftlichen Vorstellungen über Erfolg eine entscheidende Dynamik. Die Zeitspanne bis zum Börsenkrach wird sowohl von der Fortschreibung als auch von der Auflösung der ehrwürdigen *character ethic* durch andere Strategien, wie etwa die der *mind power ethic*, bestimmt.[2]

Diese kulturgeschichtlichen Markierungen bilden den wesentlichen Hintergrund für den amerikanischen *pursuit of success* während jener Dekade der als 'golden' empfundenen zwanziger Jahre.

---

[1] Edward E. Purinton, "Big Ideas from Big Business," *Independent* (1921, April 16), S.375-376.

[2] Vgl. Hearn, S.53. Der Autor geht hier in seinem Kapitel "The Dream in the Great Depression: The 192o's" auf die sich abzeichnende Tendenz zur Auflösung der *character ethic* ein: "The growing pressures toward conformity to the corporation encouraged the newer emphasis on self-manipulation and adjustment to others, and yet the inner-directed rugged individualist could still be venerated as the creator of prosperity."

Gerade in einer solchen Zeit des Umbruchs dokumentiert der amerikanische Erfolgsdiskurs, daß ihm eine jenseits aller sozialen Grenzen liegende Bewußseinsmächtigkeit zukommt. Diese wird in der Kurprosa aber auch in Romanen an deren sowohl aus der wohlhabenden Oberschicht als auch aus dem Milieu des kleinen Mannes stammenden literarischen Figuren in Szene gesetzt. Erfolg und ein *happy ending* oder Mißerfolg und Mangel nehmen innerhalb der Aussagen der allgemeinen Erfolgsethik - zu denen die Literatur gleichsam im Verhältnis eines neu arrangierenden und reflektierenden Mediums steht - die disziplinierende Funktion von Ansporn und Drohung ein. So repräsentieren die Erfolgsapostel der einschlägigen Handbücher und die nur am Rande erwähnten klischeehaft konstruierten *magazine stories* ebenso wie in den folgenden Dekaden eine durchweg optimistisch-verklärende Aussageform, die neben der differenzierteren und kanonisierten literarischen Verarbeitung des Erfolgstopos besteht.[3] Die jedem Diskurs jedoch immer schon eigene Ordnung von Aussagen oder Gegenständen, die sich oft nicht an die Linien der vorgegebenen Konstruktionen von geschichtlicher Kontinuität hält, erfährt in diesen literarischen Texten noch eine zusätzliche Brechung, da deren ästhetische Codierung häufig historisch Ungleichzeitiges aufbereitet und die verschiedensten diskursiven Segmente durch das Erzählen einer konkreten Geschichte zu einer 'zweiten Wirklichkeit' erhebt.[4]

---

3 Vgl. dazu Hearn, S. 34: "The magazine stories supplied the popular mind with a mythology of success different in some details but similar in basic outlook to the orthodox gospel of success preached by [...] Benjamin Franklin, Russel Conwell [...] and in the twenties, Roger Babson and Bruce Barton. The outlook is one of comfortable optimism and bourgeois materialism. That America is a land of opportunity where everyone's dream can be fulfilled is never questioned. That virtue, ambition, industry and ability rather than self-interest, superior strength, and cunning are the keys to success is piously believed."

4 Vgl. Foucault, *Archäologie*, S. 236ff, zum Verhältnis von Diskurs und Geschichte.

Nicht aber die für den schnellen Konsum konzipierten Geschichten und deren automatisierte Ästhetik,[5] sondern die hier ausgewählten, vom literarischen Modell her komplexeren Kurzprosatexte können einer literaturwissenschaftlichen Arbeit kulturgeschichtlich wertvolle Orientierungen und Einsichten bieten. Da sich in ihnen der etablierte Erfolgsdiskurs in einer weniger kommerziellen und standardisierten Form verarbeitet zeigt, geben sie die Gewähr auf einen höheren und daher auch erwartungswiderständigen Informationsgehalt. In den meisten populären *magazine stories* und den Bestsellern der nach dem 'How-to' gestrickten Muster der *success literature* erscheinen die Erfolgsprobleme und Ängste ihrer Leserschaft zumeist auf eine Weise incodiert, die sich parallel zu den rein zweckorientierten Meinungen und Äußerungen des offiziellen Erfolgsdiskurses bewegt. Hier ist daher keine darüber hinausgehende Ebene der Reflexion auf die Folgen für die Individualisierungsleistung des einzelnen in seiner alltäglichen Lebenspraxis zu erwarten.

Dagegen sind die im folgenden behandelten literarischen Modelle abseits von kommerzorientierten Verkaufszahlen und gleichsam zwischen den Zeilen der gängigen Lesart des Erfolgsgedankens lokalisiert, sie schließen dessen historische Dimension mit ein. Was im außerliterarischen Erfolgsdiskurs nicht erzählt wird, die Geschichte der je wieder neuen Versuche, sich mit den konkreten Bedingungen und Möglichkeiten des *pursuit of success* zu arrangieren, ist das Thema der ausgewählten Textbeispiele. Die Subjektpositionen im Figurenpersonal konstituieren sich im wesentlichen durch die Ehefrau oder die Geliebte, das erfolgreiche Vorbild, eine nicht unmittelbar auftretende Machtfunktion von Erfolg und schließlich durch den Handlungsträger, den *common man*. In ihrem erzählerischen Aufbau konstruieren die Textbeispiele der zwanziger Jahre eine Gewichtung von privatem und öffentlichem Raum, die Arbeit oder Erfolg eindeutig

---

[5] Diese automatisierte ästhetische Darstellungsform zielt auf schnelle, durch keine Autoreflexivität des Textes in Frage gestellte Identifikation des Lesers mit den jeweils gängigen Erfolgsvorstellungen ab, vgl. dazu Hearn, S.32: "In a substantial majority of the popular stories, the fulfillment of the dream of success - ambition, hard work, money, mobility - are taken for granted."

vor Liebe und Familie rangieren läßt - eine Rezeptionsvariante, die den in den Erfolgsvorstellungen jener Jahre unausgesprochen gültigen, identitätsstiftenden Primat des Arbeitslebens in die literarische Konstruktion eingehen läßt.

Obwohl die Hauptfiguren auch in privaten Handlungsbezügen - mit dem Ehepartner, in der Familie - dargestellt werden, konstituiert sich ihr Charakterbild allein über beruflich-materielle Erfolgs- oder Mißerfolgsbewertungen, nach denen wiederum ihre sämtlichen Beziehungen zu anderen Figuren funktionieren. Dem Privatraum kommt hierbei einzig die Funktion einer sekundären, institutionalisierten Ergänzung eines geglückten Arbeitslebens zu. Das 'Zuhause' wird nur in dem Maße problematisch, wie der Handlungsträger die im Erfolgsdiskurs (noch) dominierenden Vorstellungen von *self-reliance*, *hard work* oder *virtuous character* nicht erfüllt. Entsprechend dominiert in den literarischen Modellen der zwanziger Jahre der 'eindimensionale' Figurentypus, der im Unterschied zu den veränderten Entwürfen mit Beginn der Wirtschaftskrise außerhalb des Sinnhorizonts von beruflichem Erfolg, in privaten Lebenszusammenhängen, keine individualitätsformende Existenz aufweist - einem Leben nach der Arbeit kommt als eigenständiger, selbst wieder individualisierender Handlungsraum keine Bedeutung zu. Der literarische Erfolgstopos der 'Twenties' reflektiert damit nur den seit dem *Gilded Age* - einer wichtigen Entwicklungsschwelle in der Evolution des Erfolgsdiskurses - vorerst unveränderten Stand der gültigen Vorstellungen: Arbeit und Leistung sind nach wie vor die unhinterfragten Garanten für gelungene Selbstverwirklichung und unbeschnittene Individualität im Rahmen der überkommenen Charakterethik.

Der Konflikt des Protagonisten mit den Anforderungen der Erfolgsethik ist zwar häufig erst durch eine Liebesbeziehung und das Auftreten der Ehefrau motiviert oder wird dadurch zumindest verschärft - dennoch bleibt das Privatleben allein auf seine positive oder negative Funktionalität für die materiellen Erfolgsmöglichkeiten der Hauptfiguren perspektiviert und erhält nur insofern Relevanz, als die Frauenfiguren das zunächst einmal abstrakte Moment des gesellschaftlich versprochenen Wohlstands durch ihre Forderungen nach Konsumgütern in die (be)greifbare alltägliche und individuelle Lebenswelt übersetzen; durch sie wird der materielle Imperativ und bedrückende Zwang, der dem aufstiegsoptimistischen Geist des *Keeping-up-with-the-Joneses* erst auf den zweiten Blick innewohnt, unmittelbar deutlich, indem sie ihren sozialen Status in Frage stellen und Forderungen stellen. Ehe und Familie nehmen im literarischen Modell der Erzählungen daher die Rolle einer Instanz ein, die das Leistungsstreben zugleich nachträglich vollendet und motiviert. Sie übermitteln den Hauptfiguren einen (zumeist mit den Frauen verbundenen) Anspruch auf Wohlstand und erfolgreiche Arbeitsleistung, veranlassen sie zum Handeln oder bilden auch eine Behinderung für das Fortkommen. Anders als etwa in den von Hearn untersuchten populären Magazingeschichten ist der literarischen Figur des kleinen Mannes in den ästhetisch komplexer codierten Kurzgeschichten die Verwaltung des Mangels als Normalzustand aufgegeben - eben darin bilden diese Texte, und das natürlich nicht nur während der zwanziger Jahre, ein Anathema zu den im Geiste der erfolgsbeschwörenden Erfolgsethik gemachten Äußerungen.

1. Der heimkehrende Soldat und der berufliche Erfolg. Zwei literarische Modellsituationen für den Anpassungszwang an das Neue

F. Scott Fitzgerald, "May Day" (1920)

Die oft angeführte Einordnung von Fitzgerald als Chronist des *Jazz Age* erhält nur insofern ihre Berechtigung, als seine Werke die Sphäre der etablierten *WASP*-Schicht in Szene setzen und den *common man* als jenseits aller sozialen Grenzen verstandenen Adressaten des Erfolgsdiskurses weitgehend ausblenden. Diese allein der Fabelebene verhaftete literarhistorische Etikettierung des Autors unterstellt jedoch eine vermeintliche milieuorientierte Begrenzung des Settings auf die exklusive Auseinandersetzung mit der Lebenswelt einer bestimmten gesellschaftlichen Sphäre. Dabei wird übersehen, daß die Werte und Normen eines Gordon Sterrett oder eines Philip Dean in "May Day" prototypisch für eine Vorstellungswelt von Erfolg stehen, welche, vermittelt über den Diskurs der Erfolgsethik, gerade mit Beginn der 'goldenen Zwanziger' über alle sozialen Lagen hinweg angeboten wird: Die glitzernden Auslagen in den Schaufensterreihen des reichen New Yorks - " [...] purses and strings of pearls [...] laces and silks of expensive dresses [...] man's silk pajamas [...]" (10)[6] - erhalten eine erstmals in den zwanziger Jahren aufkommende Gültigkeit, die auch für den 'einfachen Mann auf der Straße' bestimmt ist und prinzipielle Zugänglichkeit signalisiert. Der *common man*, der nun die einfachen "working girls" (1o) in der Mittagspause auf der *Fifth Avenue* ebenso wie das ständig anwachsende Heer der Angestelltenkultur umfaßt, ist nun um die demokratisierende Effekte ausübende Facette des Konsumenten erweitert. Mit Sinclair Lewis' Roman ist er zur literarischen Chiffre der Figur des kleinbürgerlichen *Babbitt* geronnen, die mit einem konformistischen *Elk*- und *Rotary Club*-Eifer ausgestattet einzig 'nach oben' will und die glei-

---

6 Seitenangaben im Text beziehen sich auf den Abdruck von "May Day" in: Arthur Mizener (Hg.), *The Fitzgerald Reader* (New York: 1963), S. 3-53.

chen Standards anstrebt wie die Divers in *Tender is the Night* (1934) oder die Buchanans in *The Great Gatsby* (1925):

> By the 1920's in America a democracy of status vision had come about; the area of prestige was truly national [...] For those on the bottom, the top presented was real and it was dazzling [...] In the media the life styles of the top levels are displayed to the bottom in a way and to an extent not previously the case.[7]

Genau diese Demokratisierung des amerikanischen Erfolgsideals in der sich erstmalig ausbildenden modernen Konsumgesellschaft bestimmt den kläglichen sozialen Abstieg von Gordon Sterrett, dem Mitglied der *WASP*-Elite und Yale-Absolventen. Vergeblich bemüht er sich, nach seiner Rückkehr aus dem Krieg in Europa wieder den Anschluß an das ihm angestammte soziale Milieu zu finden. Der Handlungsablauf in "May Day" läßt jedoch keinen Zweifel daran, daß 'seine' Schicht sich auf dem moralischen Abstieg befindet. Sie steht in Gefahr, ihren seit langer Zeit geltenden Führungsanspruch einzubüßen - und mit diesem auch den Einfluß eines Erfolgsverständnisses, das sich ursprünglich aus puritanischen Sittlichkeitsansprüchen entwickelt hat und das auf das von England 'importierte' Ideal der Charakterethik[8] zurückgeht. Der Zerfall dieser noch im vormodernen Amerika gründenden Werteordnung und der Sturm einer Massengesellschaft auf den für alle versprochenen Wohlstand gibt den chaotischen nächtlichen Ereignissen ihre Atmosphäre im Verlauf dieses erzählten Ersten-Mai-Feiertags: eines Abends, an dem ein radikalisierter Mob von Unterprivilegierten durch die Straßen zieht,[9] während eine Gruppe aus der dekadenten *WASP*-Schicht sich wieder ein-

---

7 C. Wright Mills, *White Collar*, S. 254.

8 Vgl. Huber, S. 93 ff.

9 Gerade der Mai-Feiertag in seiner Eigenschaft eines seit 1890 eingerichteten internationalen Demonstrationsdatums der Arbeiterbewegung hat für Amerika besondere Bedeutung - hier eskalierten die Ereignisse im Gefolge des am 1. Mai 1886 landesweit durchgeführten Generalstreiks für den achtstündigen Arbeitstag drei Tage später in Chicago und endeten mit Schüssen, Gerichtsurteilen und vier Hinrichtungen. Mit dieser zeitgeschichtlichen Lokalisierung der Ereignisse wird der in "May Day" geschilderte Abstieg einer Elite und der sich darin auch ankündigende gesellschaftliche Wandel umso pointierter herausgestellt.

mal zu einem rauschenden Fest trifft. An dessen Ende wird einer ihrer Vertreter - Sterrett - seinen Freitod suchen und damit in symbolischer Weise das Ende einer Ära andeuten.

Noch ganz im Rahmen des erst allmählich an Wichtigkeit verlierenden Erfolgsparadigmas der *character ethic* angelegt, scheitert Gordon Sterrett daran, wieder Eintritt in seine Generation der jungen wohlhabenden und auf Eliteuniversitäten erzogenen Kommilitonen zu erhalten.[10] Wie in den meisten Erzählungen und Romanen jener fortschrittseuphorischen Jahre, deren Selbstverständnis von Präsident Coolidge in dem Satz "Economy is idealism in its most practical form"[11] auf den Punkt gebracht wurde, bekommt das gesamte Privatleben der arbeitslosen Hauptfigur einzig durch den Bereich der Arbeit und die dort einzulösenden (materiellen) Erfolgsmöglichkeiten seine Bedeutung. Frauen und partnerschaftliche Beziehungen repräsentieren hier nur Gratifikationen der erfüllten Erfolgsnorm. Sie sind konventionalisierte Folgeerscheinungen eines gelungenen Arbeitslebens und dürfen damit in keiner Weise kollidieren. Der Grund für Sterretts Entlassung aus der ersten Anstellung in einer New Yorker Exportfirma - eine dubiose Affäre mit dem aus einfachen Verhältnissen stammenden Mädchen Jewel - signalisiert daher schon eine eklatante Verfehlung 'seines' Verhaltenskodexes der *character ethic*: "'That's one reason I lost my job - she kept calling up the office all the time.'" (7)

Das Private und die Liebe bleiben gesellschaftlich institutionalisiertes Beiwerk zur Leistung im Beruf. Sie sind Teil eines Lebensprinzips, das sich der für seinen Urlaub im renommierten Biltmore Hotel logierende vormalige Studienkollege Philip Dean offensichtlich zu Herzen genommen hat, wenn er den ihn verzweifelt um Geld bittenden Sterrett kühl rügt: "'You've got to look at things as they

---

[10] Vgl. dazu Baltzell, S. 209, in seinem Kapitel "Caste and Campus": "In a rapidly developing, managerial society, the proper college degree became the main criterion for potential elite status. [...] More important here was the fact that it was during the twenties that certain institutions of high prestige, such as Harvard, Yale and Princeton [...] became all important as upper-class-ascribing institutions."

[11] Calvin Coolidge, "Inaugural Address. March 4, 1925," in: *Inaugural Addresses*, S. 220.

are. If you haven't got money you've got to work and stay away from women.'" (8) Diese Eingangsszene, das morgendliche Gespräch Sterretts mit Dean in dessen Hotelzimmer, hat in "May Day" gleichsam expositorische Funktion. Sterrett wird als Figur dargestellt, die sich im Rahmen der in der zeitgenössischen Erfolgsethik noch virulenten Maximen[12] von *self-reliance*, *ambition* und *virtuous character*[13] bewegt. Mißerfolg wird dem einzelnen automatisch als untrügliches Zeichen für den Zustand eines moralischen Verfalls zugeschrieben. Diese positiven und negativen Implikationen der *character ethic* abrufend, setzt schon allein das äußere Erscheinungsbild die beiden Akteure in ein kontrastives Verhältnis von Scheitern und Erfolg. Gordon Sterrett trägt einen teuren aber abgetragenen Schlips und Anzug,[14] während in Philip Deans Zimmer dagegen der Wohlstand in Form von seidenen Hemden und anderen Bekleidungsutensilien ausgebreitet liegt: "[...] a family of thick silk shirts [...] amid impressive neckties and soft woolen socks." (4) Der erfolgreiche Philip: "blond, ruddy and rugged" (4), spricht das Urteil über Sterrett, dessen Augen von Müdigkeit[15] gezeichnet sind, noch bevor die Erzählung wirklich begonnen hat. Ganz im Sinne einer ursprünglich religiös motivierten Erfolgsvorstellung, die Sittlichkeit und Wohlstand sich gegenseitig bedingen sieht, kommentiert er den Zustand seines Freundes: "'You seem to be sort of bankrupt - morally as well as financially.'" (8)

---

12 So heißt es im Hotelzimmerdialog zwischen Dean und Sterrett in geradezu heroischem Duktus: "Gordon paused [...]'I'm on my own now'" (7)

13 Die Begriffe orientieren sich in den folgenden Textanalysen an Chenoweths Untersuchungen von zeitgenössischen Beiträgen zum Thema Erfolg und Arbeit in der *Saturday Evening Post* und dem *Reader's Digest*. Vgl. Chenoweth, S. 179 ff. Vgl. auch James J. Clark, "The Theme of Success in American Literature 1914 - 1929" (New York: 1958), S. 178: er beschreibt das von Sterrett verkörperte Verhalten so: "He [...] is 'job-minded' rather than 'people-minded' and proceeds, in the extreme, relentlessly to his goal. This person is placed on his own, and he knows that his own success and failure depends on his own efforts."

14 "[...] a well-cut, shabby suit." (4); "His tie, of former glory [...]" (5).

15 "[...] blue semicircle of ill health" (4).

Sterretts ängstliche Nachfrage[16] zu der niederschmetternden Feststellung seines Freundes demonstriert nochmals, wie stark er im gänzlich moralisch fundierten Koordinatensystem des von Philip Dean exemplarisch repräsentierten Erfolgsethos verankert ist:[17] "'You've got to buckle down if you want to make good,' suggested Dean with cold formalism." (7)

Der Handlungsablauf läßt die Hauptfigur an jenem Verständnis von Tugendhaftigkeit und Disziplin scheitern, das in Horatio Algers Erfolgsgeschichten zur unabdingbaren Voraussetzung für den *selfmademan* wird. Den Erfolgsdiskurs des neunzehnten Jahrhunderts fortsetzend muß der Verhaltenscodex gerade für eine in der wohlhabenden *WASP*-Schicht situierte Figur als Leitmotiv gelten. Diese Wertewelt wird mit Philip Dean, Gordon Sterrett und Peter Himmel allerdings von Protagonisten vertreten, deren Werdegang schon von der karriereorientierten *ivy-league*-Ausbildung und dem ersten Konsumbewußtsein bestimmt ist, da sie den veränderten Erfordernissen einer *managerial society* nachempfunden sind.[18] Die Erzählung gerät damit aber zu einer Umkehrung der Horatio-Alger-Story. Nicht ein armer Junge erlebt den überraschenden Aufstieg, sondern ein Yale-Absolvent, der vom familiären Hintergrund her wohl etabliert zu sein scheint, erleidet den unverhofften Abstieg: "'I've bled the family until I'm ashamed to ask for another nickel.'" (7) Sterrett gehört innerhalb der in "May Day" aufgebauten sozialen Rangordnung zu der für das Erfolgsstreben (noch) trendsetzende *WASP*-Schicht. Mit seinem verzweifelten Selbstmord verkörpert er jedoch die sich in Auflösung befindliche Exklusivität jener gesellschaftlichen Elite und markiert zugleich die langsam einsetzende Erosion einer tradierten Erscheinungsform der Erfolgsethik;[19] das Ideal der charakterstarken,

---

16 "'Don't they usually go together?'" (8).

17 Vgl. Clark, S. 178: "He must live up to certain rigid ideals, the puritan ideal to be 'good' and the Renaissance ideal to be 'great.'"

18 Zur 'Modernisierung' und Anpassung der überkommenen *WASP*-Ideologie an die Erfordernisse einer Industriegesellschaft vgl. Baltzell, S. 206 ff.

19 Wie sehr das Moment des Ausgeliefertseins und der hilflosen Passivität der Hauptfigur von Bedeutung für die Handlung in "May

dsiziplinierten und moralisch integren Führungselite erfährt in Sterrett seine personifizierte Demontage:

> But while the immigrants and their children concentrated on climbing, the sophisticated urban blue bloods as well as, and especially, the Protestant middle classes did not give in without a fight. This was the story of the 192o's, the decade of the dying Anglo-Saxon.[20]

Just eine Figur, die ihrer Herkunft nach auf das engste mit den eigentlichen Repräsentanten des amerikanischen Erfolgsethos verbunden ist, zeigt somit trotz der ansonsten *booming twenties* idealtypische Züge des inneren und äußeren Verfalls und deutet das Ende einer Ära an. Die beiden in der Erzählung aufeinandertreffenden Varianten von auktorialer Erzählperspektive - eine mythisch verklärende und eine realistische, der rauhen Atmosphäre New Yorks näherstehenden Instanz - markieren die der Erzählung eigene Opposition von Illusion und Wirklichkeit. Dieser selbst schon von keiner souveränen und eindeutigen Weltsicht mehr getragene erzählerische Rahmen dokumentiert den Verlust einer 'aufgehobenen Weltsicht', welche sich in den verschiedenen begrenzten Binnensichten der beteiligten Figuren fortsetzt: Key und Rose, die beiden gerade entlassenen Soldaten, erleben die geschilderten nächtlichen Ereignisse als Teil des gesellschaftlichen Abschaums und denken nur daran, mit einer möglichst billig erstandenen Flasche Schnaps das Erlebnis frustrierter und orientierungsloser Auslieferung ans zivile Leben zu vergessen. Jewel dagegen geht es darum, sich der Liebe eines Mitgliedes aus der besten Gesellschaft zu versichern und ihr Glück zu finden, während Sterretts Freunde nur ein weiteres rauschendes Fest durchtanzen. Die Gemeinschaft der Individuen ist angesichts des hektischen und in eine urbanisierte Massengesellschaft eintretenden

---

Day" ist, dokumentieren Fitzgeralds eigene Veränderungen an der Erzählung bei ihrer Aufnahme in die Sammlung *Tales of the Jazz Age* im Jahre 1922 nach deren erstem Erscheinen zwei Jahre zuvor im *Smart Set*. So erscheint Sterretts Verhältnis zu Jewel jetzt passiver gestaltet, sein Selbstmord und die damit verbundenen Umstände werden stärker in den Mittelpunkt gerückt. Vgl. dazu Colin S. Cass, "Fitzgerald's Second Thoughts about 'May Day': A Collation and Study," in: Bruccoli, J. Matthew und C. E. Frazer, (Hg.), *Fitzgerald/Hemingway Annual 197o* (Washington: 197o), S. 69-82.

[20] Baltzell, S. 178.

Jazz Age längst der vereinzelten Sicht von Betroffenen gewichen.[21] So setzt "May Day" mit dem märchenhaften Einleitungstableau[22] eines Chronisten ein, dessen Blickwinkel durch die folgenden Ereignisse und den Fall des Protagonisten in seiner Scheinhaftigkeit entlarvt wird:[23]

> There had been a war fought and won and the great city of the conquering people was crossed with triumphal arches and vivid with thrown flowers [...] day by day, the foot-soldiers trod jauntily the highway [...] and the young women of the land were virgins and comely both of face and of figure. (3)

Die dann wirklich auftretenden Figuren und die tatsächlich geschilderten Ereignisse stehen gegenüber dem einführenden erzählerischen Es-war-einmal-Gestus in krasser Spannung. Weder der wirkliche 'High Way', die Fifth Avenue oder der Broadway, noch Edith oder Jewel und insbesondere die zurückkehrenden Soldaten entsprechen aber diesem harmonisch-feudalen Bild der Stadt New York. Das Skandalon von "May Day" liegt denn auch in den unübersehbaren äußeren Ähnlichkeiten zwischen dem zunehmend desolater werdenden Zustand Sterretts und den heruntergekommenen Kriegsheimkehrern Key und Rose. Inmitten des politisch unruhigen 1. Mai 1919[24], der erzählten Zeit in "May Day", sind sie nur vom *pursuit of*

---

21 Zur historischen Einordnung der auktorialen und personalen Erzählperspektive vgl. den theoretischen Exkurs von Herbert Kraft in seinem Buch *Um Schiller Betrogen* (Pfullingen: 1982), S. 48 ff.

22 Für den Begriff des Tableaus vgl. Gerhard Hoffmann, *Raum, Situation, erzählte Wirklichkeit* (Stuttgart: 1978), S. 446-447; besonders auch S.525-526, die Exemplifizierung eines typischen Einleitungstableaus am Beispiel einer Stierkampfbeschreibung in Hemingways *The Sun also Rises.*

23 "In dem der Stadt immer schon inhärenten Muster von Schein und Sein, Erwartung und Desillusionierung, Geheimnis und Enträtselung, läßt sich beides, die Queste des Einzelnen und die Bestandsaufnahme der wahren Verhältnisse, vereinen [...]" (Hoffmann, S. 401).

24 Der überdeutliche Rekurs auf den historischen Tag des 1. Mai 1919, der von gewerkschaftlicher Radikalisierung und auch von Massenaufläufen mit Plünderungen geprägt wurde, zeichnet den in der Erzählung verarbeiteten Abstieg der bisher in uneingeschränkter Exklusivität lebenden Elite um so schärfer. Die Soldaten Key und Rose bilden die unterste Stufe der in "May Day" mit den auftretenden Figuren hergestellten sozialen Hierarchie

success ausgeschlossene Komparsen in der anonymen Großstadt, während die Hauptfigur kurz davor steht, selbst in die gleiche Situation zu geraten.

Die beiden nur am Rande auftretenden Nebenfiguren, die gemäß einem naturalistischen Menschenbild von *race, milieu* und *moment* angelegt sind,[25] unterscheiden sich von dem gegen Ende der Erzählung völlig betrunkenen Sterrett äußerlich in keinerlei Hinsicht. Dessen Augen sind nach einer langen Nacht in New York trübe und blutunterlaufen, das Hemd, das er trägt, ist unterdessen dem eines Mannes aus der Gosse würdig geworden: "He wore a dinner coat with a dishevelled tie and shirt swollen by spillings of water and wine. His eyes, dim and bloodshot, roved unnaturally from side to side." (43) Sterrett selbst bringt sein einzig aufs Materielle ausgerichtes Erfolgsethos im Verlauf der turbulenten nächtlichen Ereignisse, beim Wiedersehen mit seiner Jugendfreundin Edith während des mondänen Balls der *ivy-league*-Privilegierten, auf einen Nenner: "'I'm a failure. I'm poor as hell.'" (27)

Als neben der Arbeit wichtigster Ort für die Präsentation der geglückten Erfüllung von *perseverance* und *discipline* hat der Lebensbereich Partnerschaft und Liebe in "May Day" einzig und allein statusbestätigende Bedeutung - ja, Sterretts vergebliche Abwehr des für ihn so kompromittierenden Liebesanspruches von Jewel und das enttäuschende Erlebnis, von Edith aufgrund seines desolaten Zustandes abgelehnt zu werden, machen den Liebestopos in "May Day" zur bloßen Funktion von Erfolg oder Scheitern an einer vollständig auf materiellen Reichtum ausgerichteten Erfolgsethik.[26] Wie überhaupt in "May Day" alle Figuren allein durch die in naturalistischer Manier

---

und strafen die heile *WASP*-Welt von Gordon Sterrett, Philip Dean oder Edith Bradin Lügen.

25 "[...] ugly, ill-nourished [...] poor, friendless, tossed as driftwood from their births." (13)

26 Das im Vergleich zur folgenden Dekade der Wirtschaftskrise auffallend aggressive und ungebrochen optimistische Vertrauen auf 'amerikanische' Werte und auf den Wohlstand für jedermann klingt auch in einem Leitartikel der *Saturday Evening Post* von 1919 an: "'Work or starve. Save or want. Play together or you'll play hell. Be a good American or get out.'" (Zitiert nach Chenoweth, S. 53).

eingesetzte Überzeichnung ihres Äußeren einer sozial konnotierten Sphäre zugewiesen werden,[27] so markieren die beiden Frauen aus der Sicht der Hauptfigur die Grenzen seines Bewegungsspielraums im gesellschaftlichen 'Oben' und 'Unten' von "May Day". Während Jewel aus einer in Gordons Verständnis armen Familie stammt,[28] ist die verwöhnte Edith Bradin, eine vergangene Romanze von Sterrett, mit der Eliteaura der Collegejahre in Boston assoziiert: "It was Edith's face that he had cherished through college with a sort of detached yet affectionate admiration." (11) Die auf dem Tanzabend der Yale-Elite umschwärmte und perfekte Schönheit wird für Sterrett zum Symbol der letzten Hoffnung, wieder Eingang in sein angestammtes Milieu zu erlangen, nachdem Philip Dean bereits in dessen Hotelzimmer das Ersuchen um finanzielle Unterstützung abgelehnt hat: "Her bare arms and shoulders were powdered to a creamy white [...] The hairdressing had been a success [...] She was a complete, infinitely delicate, quite perfect thing of beauty." (21-22)[29]

Dagegen tritt die Antagonistin von Edith, die um Sterretts Zuneigung kämpfende Jewel, mit dem allein schon durch die Ironie ihres Namens aufscheinenden Makel des Billigen auf. Gegenüber ihrer überlegenen Rivalin kann sie nur Bitterkeit empfinden: "The overrouged young lady followed her with a brief, bitter glance." (33) Die soziale Differenz zwischen den beiden Frauen wird um so deutlicher, wenn Jewel der Eintritt zu Delmonico's, dem mit der gesellschaftlichen Elite assoziierten Treffpunkt für das Tanzereignis, von einem

---

27 Vgl. dazu die Ausführungen von Brian Way, *F. Scott Fitzgerald and the Art of Social Fiction* (London: 1980), S. 79. Die Begrenzung der Darstellung von Ort und Zeit auf einen Tag in einer großen Stadt kann sicherlich, wie Way es bemerkt, als literarisches Mittel der naturalistischen Erzählweise bezeichnet werden. Das reine Konstatieren von narrativen Strukturen jedoch, etwa der vermeintliche Ausdruck eines über die literarische Form in "May Day" vermittelten sozialen Chaos, bleibt aber ohne jeden Erkenntniswert, wenn nicht nach den Funktionen dieser einzelnen Elemente im literarischen Modell gefragt wird.

28 "'Lived here in New York - poor family.'" (6)

29 Schon in "May Day" deutet sich damit der gerade für Fitzgeralds *Great Gatsby* so typische Einsatz des Liebestopos an, den Hearn, S. 185, beschreibt als "[...] romantic yearning for the Golden Girl [...]."

Kellner verwehrt wird.[30] Sie muß vor dem Eingang auf Sterrett warten. Selbst in Jewels Sprache reproduziert sich die eben auch zu Gordon Sterrett hin bestehende Trennlinie, indem sie die Feiernden als ihr entrückte und fremd bleibende Personen mit "they" umschreibt: "'You just ask anybody for Gordon Sterrett and they'll point him out to you. They all know each other, those fellas.'" (34)

Sterrett, der Jewel in seinem morgendlichen Hotelzimmertreffen mit Philip Dean noch abfällig als zweitklassiges, nicht mehr 'reines' Wesen dargestellt hat,[31] versucht sich unterdessen im Tanzsaal vor Edith in respektvollen Avancen und entschuldigt sich ihr gegenüber für seine Trunkenheit.[32] Gänzlich im Einklang mit dem im neunzehnten Jahrhundert beheimateten und zunehmend anachronistisch werdenden Erfolgsparadigma der *character ethic* verbindet die Hauptfigur die wohlhabende Edith, und nicht Jewel, mit der zeitgenössischen Vorstellung einer dem Manne kraftspendenden Quelle der *womanhood*[33]. Seine Haltung reproduziert die an das verklärende romantische Liebesideal anknüpfende Huldigung der Frau, die auch aus Sterretts während der gemeinsamen Collegezeit angefertigten zahllosen Zeichnungen von ihr spricht.[34] Der in Ediths Erinnerung mit

30 Über den räumlichen Aufbau der Erzählung wird die in den zwanziger Jahren herrschende Vorstellung von der sozialen Wirklichkeit reproduziert, um an Gordons Fall nach 'unten', in die Nähe der Soldaten Key und Rose, die Brutalität des damit eng verknüpften Erfolgsethos sichtbar werden zu lassen. Vgl. dazu die an Jurij M. Lotman angelehnten Ausführungen von Gerhard Hoffmann, S. 42-46, zum Raum in seiner Funktion als Erzählelement.

31 "'She used to be 'pure,' I guess, up to about a year ago.'"(6)

32 "'I'm sorry I cut in on you - it's unfair to you. You're a pure women - and all that sort of thing.'" (26)

33 Zum romantischen Liebesideal und den von der partnerschaftlichen Verständigung her eher distanzierten Verhältnissen zwischen Mann und Frau in den zwanziger Jahren vgl. Robert S. Lynd und Helen M. Lynd, *Middletown* (New York: 1929), S. 114-130.

34 Nur in der Analyse ihrer innertextlichen Funktion erhalten Oppositionen von Textelementen einen Aussagewert, so etwa die zwischen Jewel und Edith - nicht jedoch in einer allein dem *New Criticism* verpflichteten *tour de force* durch den Text, welche das eifrige Aufspüren möglichst vieler narrativer Kontrastrelationen mit Textanalyse verwechselt. Vgl. etwa Anthony J. Mazzella, "The Tension of Opposites in 'May Day,'" *Studies in Short Fiction*, 14 (1979), S. 379-385.

dieser Vorstellung korrespondierende Wunsch, eine leidenschaftliche Beziehung zu dem Mann ihrer Träume[35] einzugehen, besitzt für sie aber nur so lange Wirkung, wie sich ihr 'Objekt des Begehrens' gemäß den Regeln des Erfolgscodes der *character ethic* bewegt.[36] Ihre seit Jahren bestehende Bereitschaft, dem immer schon etwas labilen Gordon zur Seite zu stehen, endet,[37] sobald sie erkennt, daß er die Werte jenes auch für sie bestimmenden Erfolgsverständnisses verletzt hat: "For years she had seen men in various stages of intoxication, from uncles all the way down to chauffeurs, but here for the first time she was seized with a new feeling - an unutterable horror." (25-26) Mit der Bestätigung ihres Eindrucks von Gordons Äußerem durch dessen Selbstanklage ist er für sie erledigt.[38] Einer geglückten Liebesbeziehung und dem romantisierten Status des Weiblichen kommt in dem von ihnen beiden geteilten Wertesystem lediglich die Bedeutung einer Gratifikation für Leistung zu, es sind lediglich Rituale des vorgegebenen gesellschaftlichen Codes einer führenden Schicht. Entsprechend der durch die beiden Frauenfiguren repräsentierten sozialen Alternativen bleibt Gordon nur noch die Möglichkeit einer Beziehung zu Jewel. Obwohl sie zwar als ebenso schön wie Edith dargestellt wird, kann sie dennoch das Stigma der sozialen Zweitklassigkeit nicht verbergen: "She was pretty, with dark eyes and feverish high color." (43) Doch ausgerechnet sie, die dem Status nach gerade auch moralisch abgewertete Antagonistin der reichen Edith Bradin, demonstriert ein von echter Zuneigung geprägtes Verhältnis der Solidarität zur Hauptfigur und wartet am Eingang von Delmonico's auf Sterretts Erscheinen; es geht ihr letztendlich nicht um eine erpresserische Geldforderung, die Sterrett vor Dean erwähnt: "'Haven't I just been saying that doesn't matter? I wanted to see **you**, Gordon, but you seem to prefer your somebody else.'" (35)

35 "[...] her new-born riot of dreams about Gordon." (22)

36 Vgl. Huber, S. 95: "The way to wealth was by building within yourself specific personal virtues [...] Negation of these virtues spelled certain failure."

37 "There was a quality of weakness in Gordon that she wanted to protect." (22)

38 "Something was wrong." (25); "'I've become a damn beggar, a leech on my friends. I'm a failure.'" (27)

Das mit Jewel verbundene Konzept der Liebe ist im Unterschied zu Edith Teil eines anderen Selbstverständnisses, das sich nicht an die kastenähnlichen Gesetze der abdankenden *WASP*-Schicht hält. Es erinnert stattdessen an die ursprüngliche bürgerliche Utopie der Gleichheit, die Liebe über Stand setzt. Am nächsten Morgen in einem billigen Hotelzimmer aufzuwachen und zu erkennen, Jewel während der Nacht zuvor im Zustand völliger Trunkenheit geheiratet zu haben, ist deshalb jedenfalls für Gordons Statusverständnis mit eben jenem Abstieg gleichbedeutend, den er bereits vor Philip Dean beschworen hatte: "'And Phil, I can't stand being poor.'" (7)

Nach der inneren Logik des in "May Day" von Sterrett und seinen ehemaligen Freunden gelebten Erfolgsverständnisses bleibt dem Handlungsträger kein Ausweg mehr. Sein bald darauf folgender Selbstmord ist nur die konsequente Reaktion einer Figur, die ihre Identität im sozialen Niemandsland verloren hat. Sterrett hat den Fall aus dem ihm eigenen Milieu, dem identitätsspendenden Olymp der *WASP*-Schicht, erfahren. Somit muß aus seiner Perspektive der Schritt von Jewels Position, die in "May Day" auf der gesellschaftlichen Stufe der auf der *5th Avenue* flanierenden Arbeitermädchen situiert ist, zum verwahrlosten Mob auf der Straße - den Soldaten Key und Rose - als nicht mehr weit erscheinen. Erst auf dem Hintergrund dieser für das verwöhnte Figurenensemble so spannungsgeladenen und gewaltsamen Ereignisse entfaltet der programmatische Titel von Fitzgeralds Kurzgeschichte seine mehrdeutige semantische Dimension. Er bezieht sich nicht nur auf den in der Story geschilderten 1. Mai 1919, das Jahr der Dritten Internationalen, das sich durch Proteste und gewerkschaftliche Radikalisierung auszeichnete und das damit im vorliegenden literarischen Modell zeitgeschichtlichen Verweischarakter für den Untergang einer bestimmten erfolgsethischen Ideologie hat. Darüberhinaus evoziert "May Day" über die phonetische Qualität des Wortes den französischen Rettungsruf *m'aidez*: einen Hilferuf, den das Ende der Erzählung mit der Schilderung des anbrechenden neuen Tages vor den großen Scheiben des Restaurants *Child's* am Columbus Circle zu einem Gemälde des Malers Maxfield Parrish gerinnen läßt:

> The great plateglass front had turned to a deep creamy blue, the color of a Maxfield Parrish moonlight [...] Dawn had come up in Columbus Circle, magical, breathless dawn, silhouetting the great statue of the immortal Christopher, and mingling in a curious and uncanny manner with the fading yellow electric light inside. (46)

Das Bild der aufgehenden Sonne und des Morgengrauens, das in der literarischen Tradition ursprünglich die Bedeutung des Aufbruchs und Neuanfangs transportiert, erfährt hier eine Umcodierung in sein genaues Gegenteil: während sich das Tageslicht an der pathetisch eingeführten Statue des Christopher Columbus bricht - des Entdeckers Amerikas und damit zugleich auch der Symbolfigur für alle amerikanischen Hoffnungen auf gesellschaftlichen Neuanfang - begeht Gordon Sterrett Selbstmord. Ihm und seinem verzweifelt aufrechterhaltenen elitären Erfolgsethos, das auch in Fitzgeralds Roman *Tender Is the Night* (1934) eine zentrale Rolle spielt, gilt der Sonnenaufgang nicht mehr.[39] Kurz nachdem ihm die unerträgliche Gewißheit der noch in der Nacht geschlossenen Ehe mit Jewel bewußt geworden ist, fährt Sterrett in sein kleines angemietetes Zimmer und erschießt sich dort, irgendwo in New York.

Dieser Selbstmord wirft im historischen Kontext einer abdankenden *WASP*-Kaste ein bezeichnendes Licht auf die in allen Werken Fitzgeralds angelegte kulturpessimistische Botschaft:

---

[39] Dick Diver, die Hauptfigur in Fitzgeralds Roman *Tender is the Night* (1934), weist mit seinem bis zur amerikanischen Revolution zurückgehenden Familienstammbaum auf diese mit der *WASP*-Welt verbundene aber nun degenerierende Aura der tradierten Werte hin. So schreibt Robert Hirshfield in seiner Dissertation "The Success Ethic in America and Its Effect upon Four American Novelists" (University of Nebraska: 1974), S. 149: "One of Dick's ancestors is Mad Anthony Wayne, a hero of the American Revolution. Wayne and others like him made it possible for the United States to emerge as an independent nation, a nation founded upon the dreams of many courageous men. Dick is the last son of this line, the last hope [...] of these early dreamers." Ebenso wie die Buchanans in *The Great Gatsby* (1925), wird Diver in seinem Exil an der französischen Riviera unter reichen und snobistischen Exilamerikanern zum Opfer eines Prozesses von unaufhaltsamer moralischer und physischer Demontage. Das gleiche Bild des Niedergangs gilt auch für Anthony Patch in *The Beautiful and the Damned* (1922), zu dem Hirshfield bemerkt: "He is essentially a romantic, interested in recapturing the past, especially accounts of the Civil War. Moreover, he wants to preserve General Lee's home." (S. 135)

> The 1920's marked the last decade in American history in which the members of the *WASP*-establishment, protected by countless caste barriers from the rest of the people, had everything more or less their own way.[40]

Der in "May Day" sich zu Wort meldende moralisierende Impetus kann zwar "als eine Vision des Untergangs"[41] gelesen werden; trotzdem vermittelt aber die darin aufgehobene Kritik eine wehmütige und rückwärtsgewandte Perspektive auf die vergehende Ära eines Erfolgsparadigmas und auf dessen nicht mehr funktionierende Werthaltungen. Mit der Ausnahme von Sterrett sieht man die zu Beginn des Abends elegant gekleideten und in bester Laune ausgehenden *WASP*-Komparsen einem zerstreuten Häuflein gleich ins gemeinsame Hotel zurückkehren. Alle Figuren aus der saturierten Welt der *Yale*-Elite haben im Durcheinander der nächtlichen Ereignisse erhebliche Blessuren ihres elitären Selbstbildes erhalten und geben ein untrügliches Zeichen für das morbide Endstadium ihres Milieus ab: der im Verlauf des Abends geschilderte Sturm einer aufgebrachten Menge auf das Redaktionsgebäude der sozialistischen Zeitschrift *The New York Trumpet*[42], in der Ediths Bruder Henry als geläuterter Sozialist arbeitet, führt dazu, daß diesem bei dem nächtlichen Redaktionsüberfall durch eine Menge patriotisch aufgeputschter Protestierender das Bein gebrochen wird; Edith selbst, die den Tanzabend kurz verlassen hat, um ihren Bruder im nahegelegenen Redaktionsgebäude zu besuchen und daraufhin auch in den Tumult gerät, erreicht das Biltmore frühmorgens in derangiertem Zustand:" [...] a very pale young beauty with dark circles under her eyes, attired in a much-rumpled evening dress" (51); Peter Himmel und Philip Dean schließlich, die sich inzwischen zum feuchtfröhlichen 'Mr. In-und-Mr. Out-Duo' umbenannt haben, nehmen bei ihrer Rückkehr nach einer alkoholisierten und lautstarken Odyssee durch das nächtliche New York die Umgebung im Foyer des Hotels nur noch durch einen verwirrenden Schleier wahr: "But to Mr. In and Mr. Out this event was merely a particolored iridescent segment of a whirring, spinning

---

40 Baltzell, S. 217.

41 Ahrends, S. 145.

42 Die Zeitung ist wohl der zeitgenössischen sozialistischen Publikation *The Call* auf der Pearl Street nachempfunden.

world." (52) Beide Figuren erinnern mit ihrer verzerrten Wahrnehmung von New York an jenen verklärenden Blickwinkel auf ein vergehendes Zeitalter, den Mencken in seinen kulturkritischen Essays zwar ebenso aufgreift aber nicht zu teilen vermag; stattdessen enkleidet er in seinen Kommentaren zum Zeitgeist der Nation hohl gewordene Ansichten über die Tatkraft der Amerikaner stets schonungslos ihres Pathos:

> It seems to me that this inferior Anglo-Saxon is losing his old dominance in the United States - that is biologically. But he will keep his cultural primacy for a long, long while, in spite of the overwhelming inrush of men of other races, if only because those newcomers are even more clearly inferior than he is.[43]

Ernest Hemingway, "Soldier's Home" (1925)

Ebenso wie Sterrett in "May Day" ist Krebs, die Hauptfigur in Hemingways Kurzgeschichte, direkt vom College als Soldat in den Ersten Weltkrieg gegangen, um im Jahre 1919 aus Europa zurückzukehren und sich mit den Forderungen des amerikanischen Erfolgsethos nach Wiedereingliederung in ein geglücktes gesellschaftliches (Arbeits)Leben konfrontiert zu sehen. Wenn sich auch die strukturelle Ähnlichkeit in der biographischen Ausgangsposition der beiden Protagonisten bis hinein in die Zugehörigkeit zu einer studentischen Verbindung zeigt, so signalisiert die soziale Situierung von Hemingways Erzählung dagegen die Merkmale eines kleinbürgerlichen Milieus der *middle class*. Krebs hat nicht eine der Eliteuniversitäten der urbanen Ostküste besucht, sondern ein kleines College im Mittleren Westen: "a Methodist College in Kansas." (89)[44] Statt des hektischen und als vergnügungssüchtig verschrieenen *Jazz Age* in New York mit seiner trendsetzenden Schicht der *WASPs* bildet eine Kleinstadt, Krebs' "hometown in Oklahoma" (89), den Ort der Handlung. Nicht um die fragwürdig gewordene Wertewelt der wohlhabenden *WASP*-Kaste, sondern um den Anpassungsdruck, den die Lei-

43 H. L. Mencken, "On Being an American," in: Ders., *Prejudices. Third Series* (New York: 1922), S. 35.

44 Seitenangaben in Klammern beziehen sich auf Ernest Hemingway, *In Our Time* (New York: 1925), S. 89-101.

stungsideologie der sich konstituierenden modernen Gesellschaftsorganisation auf die individuellen Bedürfnisse ausübt, zentriert sich der Konflikt in "Soldier's Home". Fünf Jahre nachdem Sterrett aus Verzweiflung an den brutalen Konsequenzen einer erstarrten Charakterethik Selbstmord verübt hat, nähert sich das tradierte Ethos im vorliegenden literarischen Modell an die neuen Verhaltensanforderungen einer Dienstleistungsgesellschaft an.

Deren Ansprüche rücken in dem Augenblick ins Zentrum der Erzählung, da Krebs eigentlich nur die im *pursuit of happiness* angelegte Garantie auf selbstbestimmte und uneingeschränkte Individualität verwirklichen will. Sein Versuch, sich in die persönlichen Erfolge der zurückliegenden soldatischen Taten zurückzuziehen, ist nichts weiter als der Wunsch, das mit Kampf und Überleben gepaarte Moment von existentieller Selbstverantwortung und Individualismus als Enklave gegen die konformistischen Bedürfnisse des sozialen Lebensalltags zu verteidigen. So fühlt Krebs sich in der ersten Zeit nach seiner Rückkehr aus dem Krieg noch verunsichert und enttäuscht über die von Kriegsgeschichten schon übersättigten, sensationshungrigen Einwohner seiner Stadt: "His town had heard too many atrocity stories to be thrilled by actualities [..] A distaste for everything that had happened to him in the war set in because of the lies he had told." (80) Schließlich aber geben ihm die neu erscheinenden Dokumentationen über die vergangenen Kampfhandlungen die im Krieg erlebte persönliche Stärke wieder zurück und stabilisieren sein Selbstwertgefühl zunächst: "He had been a good soldier. That made a difference." (95) Diese Veränderung zum Positiven in Krebs' Gemütslage wird durch einige optimistische gedankliche Reflexionen wie "[...] now when things were getting good again" (94) eingeleitet, die seine Zufriedenheit mit dem von ihm praktizierten Rückzug auf das einfache Nichtstun ausdrücken. Nachdem 'good' zuerst in dieser semantisch umfassenderen Verbindung mit 'things' (in der Bedeutung 'gegenwärtige Lage', 'aktuelle Lebenssituation') erscheint, zeigt der unmittelbar darauf folgende Abschnitt das Adjektiv dann in auffälliger Rekurrenz bei solchen Überlegungen, die Krebs zu seiner Rolle im vergangenen Krieg und zur Güte der aktuellen und noch ausstehenden Kriegsliteratur anstellt.[45] Die so hergestellte syntaktische und semantische Verknüpfung zwischen soldatischer Vergangenheit und gegenwärtigem Leben dokumentiert, daß seine psychische Wiederherstellung einzig in der nachträglichen Bestätigung einer positiven Rolle im vergangenen Krieg gründet - einem Handlungsfeld also, das für ein männlich besetztes Einzelkämpfertum *par excellence* steht: " The times so long back when he had done the one thing, the only thing for a man to do." (90)[46]

Der daraus resultierende radikale Individualismus, den Krebs zur Schau trägt, ist seinerseits nur Ausdruck eines auf die Spitze getriebenen Ideals von konsequent gelebter Freiheit im *pursuit of happiness*.[47] Indem Krebs tagelang untätig zu Hause sitzt und auf der Terrasse liest oder faulenzt, kollidiert er aber mit der Realität einer längst auf berufliches Glück reduzierten Erfolgsethik, die über die Forderungen und das Wertverständnis der beiden Elternfiguren konkret wird. Gordon Sterrett oder Philip Dean in "May Day" können in ihrer Eigenschaft als Mitglieder der urbanen und arrivierten Ostküstenelite auf die christliche Religion in ihrer disziplinierenden und alles Aufstiegsstreben anspornenden Rolle verzichten; ihre Sorge gilt lediglich noch der Wahrung des einmal erreichten Status. Dagegen wird durch den in der Figur von Krebs' Mutter incodierten Rückgriff auf das religiöse Erbe gezielt jene mit Bruce Barton in den zwanziger Jahren so populär betriebene materialistische und erfolgsbezogene Funktionalisierung des Christentums abgerufen. Die Orientierung an göttlichem Wohlgefallen und christlich begründetem Ehrgeiz wie sie Bartons Bestseller eingesetzt ist fungiert eben als eine soziale Disziplinierung, die nur den 'nach oben' Strebenden begleitet, solange ihm das Zeichen der Gnade, der materielle Erfolg, noch fehlt.

---

45 " [...] good feeling [...] good histories [...] good detail maps [...] He had been a good soldier." (95)

46 Genau hier liegt auch das Moment von Krebs' Heilung, das ihn mit der Figur des Nick aus den Nick-Adams Stories verbindet, und nicht etwa im Rückzug auf das Billardspiel und den Verhaltenscodex des Sports, wie John J. Roberts in seinem Aufsatz "In Defense of Krebs," *Studies in Short Fiction*, 13, No. 4 (Fall 1976), S. 515-518, betont.

47 "He wanted to live along without consequences." (93)

Da Krebs nach einem Monat des Müßiggangs im Elternhaus[48] und im örtlichen Billardraum[49] noch keinerlei Anstalten für eine Rückkehr in ein 'geregeltes' Leben macht, trägt Mrs. Krebs ihm dann auch ihre im Unterschied zum Vater religiös motivierten Sorgen über seinen Lebenswandel vor: "'God has some work for everyone to do,' his mother said. 'There can be no idle hands in His Kingdom.'" (98) Krebs' störrische Antwort[50] darauf ist der Versuch einer für Hemingway typischen, dem *subjective code* verpflichteten literarischen Figur, sich Vereinnahmungen durch gesellschaftliche Zwänge zu entziehen: in diesem Falle einer religiösen Funktionalisierung des Arbeitsethos, die einzig auf Absicherung jeden Erfolgsstrebens abzielt und die in Aussagen der zeitgenössischen Erfolgsethik Positionen des neunzehnten Jahrhunderts wiederbelebt. Allerdings wird jetzt zwischen christlichem Dienen und geschäftlicher Wendigkeit nicht mehr unterschieden: "Great progress will be made in the world when we rid ourselves of the idea that there is a difference between **work** and **religious work.**"[51] Die ans Pathetische grenzenden Erfolgsvorstellungen der Eltern erfahren zwar durch den Kontrast zu Krebs' nüchterner Haltung eine deutliche Ironisierung; dennoch bricht "Soldier's Home" nicht aus der für die zwanziger Jahre typischen, noch eng an der Macht des Diskurses ausgerichteten literarischen Modellierung des Erfolgsgedankens aus: der literarische Konflikt bleibt beherrscht von der Notwendigkeit einer möglichst humanen und glückversprechenden Anpassung des einzelnen an neue Gegebenheiten.

---

48 "[...] sleeping late in bed, getting up [...] to get a book [...] reading on the front porch until he became bored [...]" (91)

49 "He loved to play pool."(91)

50 "'I'm not in His Kingdom.'" (98)

51 So Bruce Bartons Standpunkt in seinem Bestseller *The Man Nobody Knows* (Indianapolis:1925), S. 179, in dem er das Leben Jesu zum christlichen Paradigma unternehmerischen Geistes umdeutet.

Die Äußerung von Charles Brodie Patterson, einem weiteren 'Erfolgsapostel' der zwanziger Jahre, streicht die identitätsspendende Wichtigkeit von Arbeit heraus: "'Work is a necessity to life,' instructed one popularizer, 'and if we are not working - if we are not expressing, then we are not fulfilling life.'" (Zitiert nach Chenoweth, S. 145.)

Für die Mutter bedeutet der Dienst in der Gesellschaft zugleich die eigentlich wichtigere Arbeit an Gottes Reich auf Erden. Der Vater dagegen verkörpert mit seinen Ansprüchen auf Ehrgeiz, Lebensziel und gute Anstellung die rein säkularen Inhalte des sich während der *golden twenties* auch dementsprechend verweltlichenden Erfolgsverständnisses. Mr. Krebs' Vorstellungen, die der Sohn allein durch die Mutter vermittelt bekommt, bezeugen die beginnende Ablösung der *character ethic* durch die *personality ethic* und sind mit der an Virulenz gewinnenden Idee einer wirtschaftlich verstandenen Gemeinnützigkeit (*service*) des einzelnen verbunden. Der nur durch Mrs. Krebs sprechende Vater vertritt in seiner Botschaft an den Sohn jenes neue Erfolgsverhalten, das sich auf den Umgang mit Personen innerhalb einer beginnenden Dienstleistungsgesellschaft ausrichtet und das den christlichen Dienst am Nächsten auf die Gesellschaft überträgt:

> 'Your father is worried, too,' his mother went on. 'He thinks you have lost your ambition, that you haven't got a definite aim in life. Charley Simmons, who is just your age, has a good job and is going to be married. The boys are all settling down; they're all determined to get somewhere; you can see that boys like Charley Simmons are on their way to being really a credit to the community [...] All work is honorable as he [the father] says.' (99)

Doch auch die 'weltliche' Akzentuierung in der Argumentation des Vaters, daß jede Form der Arbeit zu ehren sei, findet mit Blick auf das zeitgenössische Reden über Erfolg in Bruce Bartons öffentlichkeitswirksam propagierten Interpretation des Neuen Testaments als Leitfaden für das Arbeitsleben ihre - auf die göttliche Vaterfigur - bezogene religiöse Rechtfertigung. So heißt es programmatisch in *The Man Nobody Knows*: "Thus all business is his father's business."[52] Beide Elternfiguren zeichnen somit gerade durch die ironische Überspitzung ihrer Aussagen in stereotyper Weise eine Vorstellungswelt nach, die sich im Umbruch zwischen überkommener protestantischer Moral und säkularem Profitstreben befindet:

---

52 Barton, S. 18o. Schon im Jahre 1926 wird Bartons Buch zum meistverkauften Titel unter den aktuellen Sachbüchern. Vgl. dazu Huber, S. 209.

> By the 192o's service was the supreme justification - whether interpreted with secular support (as in B. C. Forbes) or a religious vindication now centered on the teachings of Christ rather than the Old Testament (as in Bruce Barton).[53]

Die zwischen den beiden Eltern bestehenden Rollenzuweisungen knüpfen dabei ebenso wie in "May Day" an das romantisierende und idealisierende Frauenbild an. Der in den Beschreibungen anklingende ironische Unterton hat allerdings weniger mit fundamentaler Kritik als mit den Eingliederungunsicherheiten einer Hauptfigur zu tun, die dem zumeist unpolitischen Gefühl der *lost generation* nachempfunden ist. Die Mutter, die nach dem Vorstellungsmuster des überkommenen *womanhood*-Ideals stilisiert ist,[54] hält die Kommunikation zum Sohn aufrecht. Sie ersetzt Ediths Erscheinung des *golden girl* durch das ergänzende Pendant einer religiös geläuterten Kraftquelle für den (arbeitenden) Mann, indem sie auf der vorgefertigten Folie des Weiblichen in "Soldier's Home" die Rolle als 'good mother'[55] einnimmt: "'I know how weak men are [...] and I have prayed for you.'" (98) Dagegen besetzt der Vater die im Diskurs der Erfolgsethik für das männliche Geschlecht reservierte Machtstelle auch ohne sein konkretes Erscheinen im Text.[56] In diesem nach genau festgesetzten Kon-

---

53 Huber, S. 223. Herbert C. Hoover, der schon in den Kabinetten von Harding und Coolidge das Amt des Handelsministers innehatte, versicherte, ganz im Sinne jener neuen Dienstleistungsmentalität für die Gemeinschaft: "'We shall safeguard to every individual an equality of opportunity to take that position in the community to which his intelligence, character, ability, and ambition entitle him.'" (Zitiert nach Chenoweth, S. 55. Das Zitat stammt aus Hoovers 1922 erschienenem sozialphilosophischen Buch *American Individualism.*)

54 Was die Sicht des Vaters in Richard B. Hoveys Untersuchung *Hemingway: The Inward Terrain* (Seattle and London: 1968) betrifft, so verkennt er dessen tatsächliche Machtposition in der Erzählung, wenn er, S. 41, sagt: "His weak father is unimportant, out of the picture."

55 Vgl. dazu auch Huber, S. 117-123: er beschreibt hier das noch aus dem elisabethanischen Erbe übernommene weibliche Bild der 'guten Mutter', das sich auch die Autoren der tradierten, zu Anfang des zwanzigsten Jahrhunderts noch wirksamen *success literature* zu eigen machen.

56 In der Erzählung "May Day", deren Handlung im Milieu der traditionsreichen *WASP*-Schicht spielt, wird diese Autoritätsstelle für die Hauptfigur von der Institution der Familie besetzt. In

ventionen funktionierenden Rahmen existieren Liebe und Ehe wiederum nur entsprechend dem zeitgenössischen 'Gratifikationsmodell' und verdammen die individualistische Verweigerungshaltung des Sohnes von vornherein zur Aussichtslosigkeit. Trotz seiner heldenhaft-soldatisch antrainierten Abwehrhaltung gegenüber aller Sehnsucht nach dem bedrohlichen Weiblichen[57] meldet sich die fatale Einsicht in die Abhängigkeit der Liebe von Arbeit sogar in Krebs' sprachlicher Ausdrucksform zu Wort: "Vaguely he wanted a girl but he did not want to have to work to get her." (92-93) Das Verb 'to work' verweist hier im Sinne von 'beruflich arbeiten' und 'sich anstrengen' gleichzeitig auf berufliches Tätigsein und auf das Liebeswerben um eine Frau. Krebs hat durch seine Abwesenheit während des Kriegseinsatzes den Anschluß an die gesellschaftlichen Veränderungen in seiner Heimatstadt verloren; eine Situation, die die Erzählung vermittels eines *pars pro toto*, des Erscheinungsbildes der Frauen, andeutet: "Nothing was changed in the town except that the young girls had grown up." (92)

Wie stark Krebs' Entfremdung sein muß, deutet die in dem Vorspann zu "Soldier's Home" beschriebene Perspektive eines um sein Leben fürchtenden Soldaten an, dessen innere Ängste und religiöse Anwandlungen während eines Bombenhagels jede Bedeutung verlieren, sobald er Ausgang und Kontakt mit dem zivilen Leben hat. Die durch das Kriegserlebnis entstandene subjektive Entfernung vom normalen Alltag ist einfach zu groß, als daß Krebs die Tragweite der Veränderungen richtig einschätzen könnte. Sein statischer Blick auf den Ist-Zustand der Stadt nimmt die subtilen Entwicklungen, die die innere Uhr der Einwohner betrifft, nicht wahr; das väterliche Auto ist immer noch das gleiche und suggeriert vermeintliche lebensweltliche Kontinuität: "Now, after the war, it was still the same car."(92) In der Zeit des Erwachsenwerdens der Mädchen, die Krebs nicht

---

Hemingways "Soldier's Home" dagegen kann in einem als kleinbürgerlich gestalteten Setting mit seiner fehlenden Familientradition nur das jeweilige Familienoberhaupt zur verpflichtenden Instanz funktionalisiert werden.

57 "You did not need a girl unless you thought about them. [...] When you were really ripe for a girl you always got one. You did not have to think about it. [...] He had learned that in the army." (93)

miterleben konnte, hat sich aber deren Alltag dennoch gewandelt.[58] Die mit dieser Entwicklung einhergehende zeitliche Dimension wird durch ein mehrfach erwähntes modisches Accessoire, den Kragen, markiert. Im Unterschied zu den daran gewöhnten Einwohnern sind diese recht äußerlichen Veränderungen für Krebs wiederum erkennbar. So sieht der Leser zu Beginn der Geschichte den Handlungsträger, der vor dem Krieg Mitglied einer studentischen Verbindung war, auf einem Gruppenfoto unter Kommilitonen stehen: " [...] all of them wearing exactly the same height and style collar." (89) Harold Krebs gehörte somit vorher ebenfalls einer Mode, einem gesellschaftlichen Muster an und sieht sich nun nach seiner Rückkehr mit einer neuen Ordnung konfrontiert, die sich unmerklich in den Rundkrägen und Haarschnitten der Frauen äußert:[59]

> Most of them had their hair cut short. When he went away only little girls wore their hair like that or girls that were fast. They all wore sweaters and shirtwaists with round Dutch collars. It was a pattern. (92)

Im Sinne jener über die Figurenkonstellation zwischen den Eltern vorgegebenen Rollenverteilung betrachtet er die Mädchen wie idealisierte Bilder der 'reinen Frau'. In der sicheren Distanz kommt den Frauen nahezu Exponatcharakter zu, sind sie für Krebs Objekte des ästhetischen Begehrens und werden über das Wort 'pattern' mit der äußeren Fassade der Mode identifiziert:

> He liked to look at them from the front porch as they walked on the other side of the street [...] They were such a nice pattern. He liked the pattern. It was exciting. (94)

---

58 "But the world they were in was not the world he was in."(94)

59 Erst mit dieser Beschreibung des 'subjektiven' und 'objektiven' Zeitfaktors erhält auch die Information zu Anfang der Erzählung, daß Krebs erst 'Jahre nachdem der Krieg zu Ende war', heimgekehrt sei, eine plausible Einordnung für die Bedeutung des Zeitfaktors in "Soldier's Home": "People seemed to think it was rather ridiculous for Krebs to be getting back so late, years after the war was over."(89) Krebs' Rückkehr liegt *de facto* im Sommer 1919 ja nur wenige Monate nach dem tatsächlichen Kriegsende vom November 1918. Diese Diskrepanz in der Wahrnehmung der zeitlichen Dimension ist nicht nur Ausdruck der subjektiven Einschätzung der Stadtbewohner, vielmehr beschreibt sie zugleich das Ausmaß von gesellschaftlicher Desintegriertheit, das Krebs schon nach zwei Jahren in Europa aus seiner Binnenperspektive heraus erlebt.

Seine Idealisierungen stimmen jedoch nicht mehr, wenn nunmehr alle jüngeren Frauen plötzlich erotisch besetzte Seidenstrümpfe[60] oder kurze Haare tragen - Kriterien, die Krebs aus seiner vor dem Krieg liegenden Erfahrung nur mit dubiosen Frauen verbunden hatte. Aus der Entfernung, auf der anderen Straßenseite, ist es Krebs noch möglich, seine Projektionen einer vermeintlich abstrakten und interesselosen Ästhetik der heranwachsenden Mädchen aufrechtzuerhalten; aus der Nähe jedoch wirken sie auf ihn fremd und erscheinen ihm 'zweckgebunden' in ihrer interessegeleiteten Welt:

> But they lived in such a complicated world of already defined alliances and shifting feuds [...] He did not like them when he saw them in the ice cream parlor. He did not want them themselves really. They were too complicated. (92)

Krebs' ausführlich geschilderten Reflexionen über seine Hemmungen gegenüber Frauen sind daher nur besonders augenfällige Schwierigkeiten mit einem allgemeineren sozialen Code, der zwischenmenschlichen Umgang und kommunikative Fähigkeiten abverlangt - eben Verhaltensweisen, die mit den einfachen, auf innere Tugendhaftigkeit ausgerichteten Handlungsoptionen einer *character ethic* nicht mehr adäquat zu bewältigen sind. Sobald Krebs seine selbstgewählte Isolation aufgibt und in das öffentliche Gemeinleben eintritt, indem er ein Arbeits- oder Liebesverhältnis eingeht, muß er sich jener Welt von komplizierter Soziabilität stellen, die ihm anstrengend und bedrohlich vorkommt: " [...] Krebs did not feel the energy or courage to break into it." (92)

In der Wertehierarchie der Eltern rangiert dabei das (erfolgreiche) Arbeitsleben **vor** jeglicher Beziehung zu den Mädchen der Stadt und ist wie in Fitzgeralds "May Day" dessen Bedingung. Krebs kann also dem Zwang, sich den neuen Anforderungen zu stellen, weder im privaten noch im öffentlichen Leben entkommen: "If you want to take some of the nice girls out riding with you, we are only too pleased. We want you to enyoy yourself. But you are going to have to settle down to work, Harold." (99) Das Familienauto gerät zur in Aussicht gestellten Belohnung für die von Harold Krebs noch zu erbringende Integrationsleistung. Es ist männlich besetztes Symbol der Macht und

60 "silk stockings" (92)

zugleich Belohnung für die individuelle Disziplinierung zu Gunsten von Arbeit und Leistung, das die Mutter ihrem Sohn wie ein Stück Zucker anbietet: "'Your father does not hamper your freedom. He thinks you should be allowed to drive the car.'" (99) Indem der Vater, ein Makler, den Forderungen einer durch Arbeit begründeten Identität vollauf genügt, wird er durch die in der Figurenkonstellation aufgebaute Autoritätsverteilung mit dem alleinigen Verfügungsrecht über den Wagen ausgestattet:

> His father was in the real estate business and always wanted the car to be at his command when he required to take clients out [...] The car always stood outside the First National Bank where his father had an office [...] (91-92)

Krebs muß daher erst die Erlaubnis erhalten, das Auto zu benutzen, das gleichsam zur mobilen Schnittstelle von Arbeit und Liebe wird, da in ihm sowohl Geschäftskunden des Vaters als auch mögliche Frauenbekanntschaften des Sohnes fahren. Damit übernimmt der Lebensbereich Liebe auch in "Soldier's Home" die Funktion eines stellvertretenden Initiationsrituals ins (erfolgreiche) Arbeitsleben. Dieses jedoch repräsentiert einen Bewährungsraum, der für eine Hauptfigur Hemingwayscher Provenienz nicht nur mit gesellschaftlicher Eingliederung, sondern zugleich auch mit dem Verlust der persönlichen Freiheit schlechthin verbunden ist. Krebs versucht sich denn auch erst einmal jeder Vereinnahmung zu entziehen: "He did not want any consequences." (93) Abweichend zu den von Sterrett in "May Day" erfahrenen Belastungen einer Figur, die noch gänzlich nach den Vorstellungen des überkommenen Paradigmas der *character ethic* im Kreise von wohlhabenden Freunden aus der etablierten *WASP*-Schicht handelt, spielen in Harold Krebs' Schwierigkeiten schon Elemente der sich im zeitgenössischen Diskurs erst allmählich durchsetzenden *personality ethic* eine Rolle: Entwicklungen übrigens, die auch den Blickwinkel auf den privaten Raum, etwa den der Liebe, beeinflussen. Krebs' unbeholfene Reflexionen über die Notwendigkeiten im Umgang mit Frauen, wie etwa "courting", "intrigue" oder "politics" (93), kreisen um Verhaltensweisen, die für die *personality ethic* neue Wichtigkeit erlangen, aber bei der mit dem zivilen Leben unvertrauten Hauptfigur nur Befremden auslösen.

Auf diesem Hintergrund eröffnet Krebs' wehmütige Erinnerung an seine Frauenabenteuer während des Krieges in Europa eine über bloße männliche Schwerfälligkeit hinausreichende Dimension: "There was not all this talking. You couldn't talk much and you did not need to talk." (94) Zu Hause ist dieser (Ausnahme)Zustand beendet: "But here at home it was all too complicated." (94) In einer Feldstudie, die die Lynds innerhalb ihrer Untersuchung *Middletown* (1929) durchführten, wird genau diese in der Figur des Krebs stilisierte männliche Kommunikationsverweigerung von Frauen beklagt, die sich im Verhältnis zum männlichen (arbeitenden) Geschlecht eben nicht als gleichwertige Partnerinnen wahrgenommen fühlen - ein für die zeitgenössischen Erfolgsvorstellungen und deren Rollenverteilung wesentliches Moment: "'I never have one to talk to,' or, 'My husband never goes any place and never does anything but work [...] I like to talk and be sociable, but I can hardly ever get anything out of him.'"[61] Die Ehe oder das Privatleben bleibt der Arbeit und den dort herrschenden Bedingungen untergeordnet, ihnen kommt kein eigener Wert zu.

Obwohl Krebs nur zu Hause sitzt und keiner Tätigkeit nachgeht, folgt er dem gleichen Verhaltensmuster, denn der Krieg und das erfolgreiche Soldatentum - seine bisherige Form Arbeit - gehen ihm auch über alles andere. Wenn überhaupt das dem Begriff *lost generation* anhängende und mit den vielen jungen Kriegsheimkehrern verbundene Pathos eine Bedeutung hat, dann ist es im Falle von Hemingways literarischen Charakteren sicherlich häufig - wie etwa bei Krebs - der recht banale Ausdruck einer an der Welt kränkelnden Männlichkeitspose. In "Soldier's Home" spitzt sich diese Befindlichkeit noch auf die Sehnsucht nach einer versorgenden aber möglichst stumm bleibenden Mutter zu und bahnt sich in abstrakter Gesellschaftskritik ihren Weg.

---

61 Lynd, *Middletown*, S. 120. Die Lynds kommentieren dies mit der Feststellung: "In general, a high degree of companionship is not regarded as essential for marriage [...] The men and women frequently [...] gravitate apart into separate groups to talk men's talk and women's talk." (S. 118) Diese Konfiguration im Geschlechterverhältnis bestimmt die gesamte Figurenkonstellation in "Soldier's Home".

Krebs, der 'gute Sohn', beugt sich schließlich den an ihn gerichteten Erwartungen aus Mitleid seiner Mutter gegenüber. Er vollzieht die notwendigen Schritte in ein Arbeitsleben, innerlich unberührt, als lästiges Ritual: "Still, none of it had touched him." (1o1)[62] Mit dem gegen Ende der Erzählung von ihm gefaßten Entschluß, der Schwester trotz seines ersten Zögerns nun doch beim Softball-Spiel zuzuschauen, wird die (berufliche) Integration in das öffentliche Leben schließlich auch im privaten Bereich durch einen symbolischen Gestus gegenüber seiner Schwester vollzogen. Während der Frühstücksszene - der des Morgens, an dem die Mutter Harold zur Aufnahme einer Arbeit auffordert - fragt Helen ihren Bruder, halb spielerisch, halb ernsthaft, ob er vor den Freundinnen nicht ihr Liebhaber sein könne: "'I tell them all you're my beau. Aren't you my beau, Hare?'" (97)

Damit erweist sich die Figur der Schwester unweigerlich als zu jener komplizierten Welt der subtil ausbalancierten zwischenmenschlichen Beziehungen gehörig, die Krebs so sehr fürchtet. Im erzähltechnischen Aufbau der Geschichte stellt die Szene entsprechend ihrer Bedeutung für den folgenden Umschwung in der Entwicklung der Hauptfigur eine Nahtstelle zwischen dem 'alten' und 'neuen' Krebs dar. Sie erfüllt die Funktion eines erzählerischen Wendepunktes zwischen der noch in Krebs' Schlafraum von der Mutter ausgesprochenen ersten 'Autoofferte' und deren Wiederholung am Frühstückstisch, mit dem Angebot, 'nette Mädchen' ausfahren zu dürfen, falls er zu arbeiten beginne. Helens 'Liebesspiel' fügt sich genau zwischen die beiden Erzählsequenzen von "Soldier's Home" ein, in deren Zentrum jeweils die Isotopien[63] 'Liebe' (die jungen Frauen der

---

62 Sprachlich codiert erscheint diese Haltung in dem futurisch eingesetzten und auf konventionalisiertes Handeln verweisenden "would". Im letzten Abschnitt der Kurzgeschichte wird diese Hilfsverbform daher mit allen zukünftigen Schritten des Handlungsträgers verbunden: "He would go to Kansas City and get a job and she would feel all right about it [...] He would not go down to his father's office. He would miss that one." (101)

63 Vgl. dazu Jochen Schulte-Sasse und Renate Werner, *Einführung in die Literaturwissenschaft* (München: 4., unveränd. Aufl. 1986), S. 63-85: Der Begriff Isotopie gehört der für die Literaturwissenschaft wichtigen strukturalen Semantik von Greimas an. Er bezeichnet die Wiederholung einer dominanten Bedeutungsebene eines

Stadt) und 'Arbeit' (die Sorgen der Eltern) stehen. Allein die Tatsache, daß Helen noch sehr jung ist, läßt ihren Wunsch für Krebs unverdächtig erscheinen und erlaubt es ihm, auf ihr symbolisches Liebeswerben einzugehen, um sich damit auch unweigerlich den herrschenden gesellschaftlichen Konventionen auszuliefern; er folgt dem Wunsch seiner Schwester, ihr beim Softball-Spiel in der Rolle eines vermeintlichen Verehrers zuzuschauen: "'I tell them all you're my beau. [...] Couldn't you be my beau, Hare, if I was old enough [...] If you loved me, you'd come over and watch me play indoor.'" (97)[64]

Krebs läßt sich also schließlich auf ein neues Muster zwischenmenschlichen und erfolgsorientierten Handelns ein, welches Fähigkeiten erfordert, die auf kommunikatives Handeln abzielen und dem *subjective code* des Hemingwayschen Einzelgängers geradezu entgegengerichtet sind.[65] Dieses Moment des Übergangs und der Differenz im Vergleich zu den bisherigen und noch aus dem neunzehnten Jahrhundert stammenden Inhalten des Erfolgsdiskurses spielt die Erzählung in der Spannung zwischen den Handlungsmotiven durch, welche die Mutter im Sinne einer göttlichen Verpflichtung zu Arbeit vertritt, und denen, die im privaten Bereich von Liebe und amourösem Werben wichtig sind. Mrs. Krebs zeugt mit ihrem vorwiegend religiös motivierten Arbeitsethos noch von der ursprünglichen Tradition der einzelkämpferischen *character ethic*; in der Liebe dagegen sieht sich Krebs Anforderungen gegenüber, die das persönliche Auf-

---

Textes. Isotopien werden durch Wörter konstituiert, die über (ein) gleiche(s) semantische(s) Merkmal(e) - auch Sem genannt - verbunden sind.

64 Die semantische Funktionalisierung der Bruder-Schwester-Beziehung ist in der Forschung bisher nicht korrekt herausgearbeitet worden. Vgl. dazu etwa die Ausführungen von Lynn, S.258,in denen er die für den Integrationsakt der Hauptfigur zentrale Beziehung zur Schwester als " [...] quasi incestuous byplay [...]" verkennt.

65 Linda W. Wagners Beobachtung in der von ihr herausgegebenen Sammlung *Ernest Hemingway. Five Decades of Criticism* ([East Lansing:] 1974), S. 2 und 3, bestätigt diese Übergangsdynamik in "Soldier's Home": "It became Hemingway's role to record first, the disbelief, and then the acceptance of his own realization that nineteenth century concepts no longer would suffice. From 'Indian Camp' and 'Soldier's Home' to *The Sun Also Rises*, Hemingway shares his disillusion and grows to a kind of ironic affirmation."

treten und das soziale Verhalten betreffen - Zwängen mithin, die sich mit der erst allmählich durchsetzenden *personality ethic* in der Dienstleistungsgesellschaft abzeichnen. Als Figur, die einem Milieu der *new middle class*[66] zugeordnet ist, welches wiederum der konformistischen und kleinbürgerlichen Ideologie der Babbitts nacheifert, liefert sich Krebs, wenn auch widerwillig, schließlich den Herausforderungen der Erfolgsethik aus. Der Selbstmord der Hauptfigur in "May Day" dagegen - Mitglied einer erfolgsverwöhnten Elite, deren Leistungsethos sich unmittelbar aus schal werdenden Traditionen des neunzehnten Jahrhunderts speist - stellt der Wahrnehmung einer unter Verfallserscheinungen leidenden *WASP*-Schicht deren symbolischen Tod zur Seite. Anders als Sterrett, dem nichts anderes übrig bleibt als sich zu erschießen, muß der kleinbürgerliche Krebs, ein bisher noch erfolgloser *common man*, das Rennen im *pursuit of success* erst noch aufnehmen - auch gegen seinen Willen, wie das in Hoovers Bemerkungen zum Leistungsethos der zwanziger Jahre anklingt, nachdem dieser die prinzipielle staatliche Verantwortung für den Schutz des Individualismus postuliert hat, um den amerikanischen Bürger sofort danach aber dazu aufzufordern, nun auch seinen Teil beizusteuern: "While he in turn must stand up to the emery wheel of competition."[67] "Soldier's Home" wird damit mit seinem nach dem *subjective code* konstruierten typischen Hemingwayschen Protagonisten zu einer Parabel von der Macht der neuen sozialen Bedingungen, welche weder für einzelkämpferische *frontier*-Mentalitäten noch für die Nachwirkungen des Kriegserlebnisses Platz haben.

[66] C. Wright Mills benutzt diesen Begriff in seiner 1951 erschienenen Studie *White Collar*.

[67] Zitiert nach Richard Hofstadter, *The American Political Tradition* (New York: 1948), S. 293.

2. *Keeping up with the Joneses* - und immer noch ein Schritt zum Wohlstand

Die Geschichte über den eher zögerlich in den *pursuit of success* eintretenden Kriegsheimkehrer aus einer Kleinstadt des Mittelwestens zeugt einmal mehr davon, daß die von Henry James noch Ende des neunzehnten Jahrhunderts geäußerte Klage über fehlenden attraktiven amerikanischen Erzählstoff für den ambitionierten Schriftsteller des frühen zwanzigsten Jahrhunderts endgültig der Vergangenheit angehört;[1] die dem kosmopolitisch gesinnten James schnöde Hatz des amerikanischen Bourgeois nach dem Mammon und der gerade darin gründende Erfolgsgedanke sind seitdem längst zum zentralen Thema der literarischen Auseinandersetzung geworden. So wird in Fitzgeralds durch den Maifeiertag symbolisch aufgeladener Story "May Day" der Verfall einer sozialen Führungsschicht und damit auch das Ende einer gesellschaftlichen Ära gezeichnet. Selbst für ein Mitglied der *WASP*-Schicht bedeutet die Wiedereingliederung in das zivile Leben nach den Kriegsjahren in Europa, sich neuen Bedingungen im *pursuit of success* zu stellen und den als aristokratisch zu charakterisierenden und gleichsam vererbten Anspruch auf Wohlstand und Erfolg aufgeben zu müssen. Im phonetischen Spiel mit dem französischen Rettungscode *m'aidez* und dem englischen Wort 'May Day' erscheint das Schicksal des verwöhnten Sterrett auf den Punkt gebracht; sein Hilferuf ist Resultat eines Orientierungsverlusts im sich verändernden Koordinatensystem einer anbrechenden 'Corporate

1 Vgl. dazu Henry James, *Hawthorne* (London: 1879), S. 43 und 85: seine inzwischen berühmt gewordenen Klagen über eine kaum entwickelte amerikanische Kultur, die im Vergleich zu der langen Tradition Europas außer einer endlosen Natur keinen nennenswerten erzählerischen Stoff anbietet: "It takes such an accumulation of history and custom, such a complexity of manners and types, to form a fund of suggestion for a novelist [...] one might enumerate the items of high civilization, as it exists in other countries, which are absent from the texture of American life, until it should become a wonder to know what was left. [...] In the United States, in those days, there were no great things to look out at [...] life was not in the least spectacular; society was not brilliant; the country was given up to a great material prosperity, a homely *bourgeois* activity."

Society', in welcher 'Standesunterschiede' zwischen 'oben' und 'unten', zwischen der Yale-Studentin Edith Bradin und der einfachen Jewel Hudson allmählich ihre tradierte Selbstverständlichkeit verlieren. Der Unternehmer und der Geschäftsmann entwickeln sich zu den populärsten Gestalten[2] im Zeitgeist der Dekade, und die *WASPs* müssen sich die *Country Clubs* nun auch mit Aufsteigern teilen, wie es Sinclair Lewis' Babbitt einer ist.

Dagegen kristallisiert sich im narrativen Genre wie dem der Kurzprosa und auch im Drama der Versuch heraus, das Ungleichgewicht zwischen den wohlstandstrunkenen Hoffnungen auf das 'große Geld' für jedermann einerseits und den tatsächlichen Möglichkeiten des amerikanischen Durchschnittsbürgers andererseits aufzubereiten, um es - in allerdings zumeist entschärfender Weise - auszubalancieren. Die mitten im Alltag der kleinen Leute spielenden Theaterstücke eines Eugene O'Neill transportieren in dem ihnen häufig zugrunde liegenden Thema einer gott- und transzendenzlosen modernen Gesellschaft ohne überzeitliche Werte den äußerst säkularen Konflikt um unerfüllte materielle Wünsche und deren Auswirkungen auf das persönliche Glück.[3] Mit Krebs, der Hauptfigur in Hemingways "Soldier's Home", befindet sich die in dieser Reihenuntersuchung unternommene historische Reise entlang der Metamorphosen des literarischen Erfolgstopos dann auch in jener Welt der vielen mehr oder weniger wichtigen *white collar*-Berufspositionen, deren Lebensentwürfe sich

---

2 Vgl. dazu Huber, S. 186: "The businessman ran on a platform of prosperity [...] The 1920s was his period of conscious triumph. 'It was no accident that men like Mellon and Hoover and Morrow found their wealth an asset rather than a liability in public office,' Frederick Lewis Allen remarked, 'or that there was a widespread movement to make Henry Ford President in 1924. The possession of millions was a sign of success, and success was worshipped the country over.'"

3 In *Desire Under the Elms* (1924) entspinnt sich auf der kargen Neuengland-Farm des alten Cabot ein Drama um Erbansprüche, Liebe und den Traum vom großen Schatz in den Goldfeldern Kaliforniens. *The Hairy Ape* (1922) inszeniert ebenfalls eine Variante des Gegensatzes von Arm und Reich. Hier wird Smith, der bisher mit seinem dreckigen Leben im Schiffsbauch zufriedene Heizer, durch die Begegnung mit einem reichen und naiven Collegemädchen aus seiner gewohnten Welt herausgerissen, um schließlich halb wahnsinnig den Tod zu finden.

vom alles bestimmenden Mittelschichtsbewußtsein herleiten. Dieses von C. Wright Mills in *White Collar* als 'neue Mittelklasse' bezeichnete Milieu ist spätestens im zwanzigsten Jahrhundert zum universalen Setting der amerikanischen Literatur avanciert. Die folgenden Stories erzählen die Geschichte von Figuren wie Harold Krebs nach deren 'Eintritt in die (Arbeits)Gesellschaft' in immer anderen Variationen fort. Noch bis in die dreißiger Jahre hinein wird in den literarischen Texten und ihrer Verarbeitung des erfolgsethisch legitimierten Erfolgszwangs ein Figurentypus überwiegen, der im Spannungsfeld zwischen den beiden Polen der überkommenen *character ethic* und der sich erst allmählich konstituierenden *personality ethic* Gefahr läuft, den Anschluß an die neuen Bedingungen der aufkommenden technokratischen Ära zu verpassen. Immer wieder erleiden die Protagonisten Schiffbruch mit den tradierten Normen einer Charakterethik, die sich seit dem achtzehnten Jahrhundert Tugend, harte Arbeit und einzelkämpferisches Standvermögen auf ihre Fahnen geschrieben hat. Der Erfolgstopos in den Short Stories der zwanziger Jahre reflektiert insofern hauptsächlich nur die im öffentlichen Reden über Erfolg und in der *success literature* nicht transparent werdenden Umbrüche und Widersprüche eines sich langsam und kaum merklich vollziehenden Paradigmenwechsels. Das, was der zeitgenössische außerliterarische Diskurs (noch) nicht leistet: den einzelnen auf Enttäuschungen vorzubereiten und ihn in die Lage zu versetzen, sich trotz des grassierenden Optimismus mit Zwängen und Einschränkungen zu arrangieren, dokumentiert die literarische Aufnahme.

Auf der kulturgeschichtlichen Folie der im Umbruch zur kommenden *personality ethic* stehenden Erfolgsvorstellungen agieren mit Collinson in "The One Hundred Dollar Bill" (1923) und Canby in "Vienna Roast" (1926) auffällig hilflose und 'zwischen den Zeiten' verlorene Figuren, die sich im Übergang zu den Imperativen der durchorganisierten *white collar*-Gesellschaft entweder mit dem aufkommenden *personality ethic*-Ideal des geschickten Umgehens mit anderen oder mit der Furore machenden *mind power*, der mentalen Selbstsuggestion nach Art eines Emil Coué, schwer tun. In den Stories "The Jew" (1928), "Episode in a Machine Age" (1927) und

"Mendel Marantz - Housewife" (1922)[4] wird der Konflikt um Erfolg und Leistungsbereitschaft wie schon in "Soldier's Home" durch das Arbeitsethos der modernen Dienstleistungsgesellschaft motiviert, dessen *service*-Ideal von dem Erfolgsapostel Bruce Barton mit der Geschichte Jesu ebensogut wie mit zeitgenössischer Werbung untermauert wird:

> 'We are great because of our service,' the advertisements cry. 'We will crawl under your car oftener and get our backs dirtier than any of our competitors. Drive up to our service stations and ask for anything at all - it will be granted cheerfully. We serve: therefore we grow.'[5]

Mit Ausnahme der Erzählung "The Jew" kommen die folgenden literarischen Modelle aber über ein mitleidvolles 'So-ist-der-Lauf-der-Welt' nicht hinaus. Ihr Grad von ästhetischer Tiefenschärfe erschöpft sich in der Sensibilität eines larmoyanten Verweises auf die kalte Eigengesetzlichkeit der sich ständig verändernden Erfolgsinhalte. Deren grundsätzliche, allerdings in der *success literature* selber nicht explizit ausformulierte Prämissen, etwa den Primat der Arbeit vor jeder privaten Existenz, teilen die Stories ohne jede Differenz. Die Protagonisten leiden im Unterschied zu den Entwürfen der Nachkriegszeit in erster Linie an dem 'Wie' und nicht an dem 'Daß' des amerikanischen Erfolgsgedankens. Dessen noch ungebrochene Faszination verhindert es, ihre 'Identität' als auch außerhalb der Vergesellschaftungskategorien Arbeit und Leistung bestehend in den (literarischen) Blick zu bekommen. Nicht das ideelle Ziel des in der Verfassung für jeden amerikanischen Bürger verbürgten *pursuit of happiness*, sondern die möglichst für alle gleich zugänglichen Chancen im Erlangen der materiellen Früchte des *pursuit of success* bestimmen das Konfliktgeschehen der Stories; die Goldgräberstimmung des *Gilded Age* erlebt in den *booming twenties* lediglich einen zweiten, nun aber modernen Aufguß mit anderen Problemen.

Dennoch verbürgt allein schon die dem Medium Literatur eigentümliche Fähigkeit zur nacherlebbaren Konkretion abstrakter Gegeben-

---

4 Auf die beiden letzten Kurzgeschichten wird noch bei der Interpretation von "The Jew" näher verwiesen.

5 Barton, S. 165.

heiten und zur Verbildlichung von ansonsten Unausgesprochenem - wie etwa dem nirgendwo explizierten gesellschaftlichen Konsens in der Gewichtung von Arbeit und Privatem - den kulturgeschichtlichen Orientierungswert dieser Kurzprosatexte. Das Private gerät den literarischen Figuren dabei zum Abziehbild des ausbleibenden Glücks in den öffentlichen Bezügen von Leistung und Karriere. Nur derjenige, der erfolgreich ist, erlebt Harmonie und Sicherheit in der Liebe und in der Ehe. Daran dokumentiert sich sehr augenfällig, daß der Selbstentwurf des amerikanischen Individuums noch hauptsächlich in den übermächtigen Notwendigkeiten und Prioritäten einer unablässigen Produktion im Dienste der Erhöhung des allgemeinen Lebensstandards und der Demokratisierung von konsumptivem Genuß verstrickt ist. Die integrierende Ideologie der amerikanischen Gesellschaft und der Tenor der *success literature* bleiben dem vor der Wirtschaftskrise noch ungebrochenen Versprechen auf unbegrenzte Möglichkeiten der sozialen Mobilität und des materiellen Konsums verhaftet - demgegenüber insistiert die der Sujetorganisation der Erzählungen innewohnende Konstruktion von alltäglicher Lebenswelt lediglich auf den mangelhaften Chancen zur Verwirklichung dieses offiziellen Konsenses, nicht aber auf dessen prinzipieller Fragwürdigkeit und den Folgen für den einzelnen außerhalb seiner vergesellschafteten Daseinsformen als Arbeitnehmer und Konsument. Erst in den dreißiger Jahren, in denen die amerikanische Öffentlichkeit durch den ökonomischen Kollaps nachhaltig gelähmt wird, werden daher Erfolg und Leistung im Arbeitsleben nicht mehr ausschließlich die literarische Aufbereitung der Diskursinhalte bestimmen können.

Booth Tarkington, "The One Hundred Dollar Bill" (1923)

Mit Collinson, dem kleinen, in einer größeren Kanzlei angestellten Rechtsanwalt ohne Karriereaussichten, dokumentieren die Erzählungen der hier untersuchten historischen Textreihe das Leiden und die Mißerfolge des arbeitenden 'kleinen Mannes', des hauptsächlichen Adressaten und zentralen Gegenstands der erfolgsethischen Tradition. Ein kleines Preisschild an einem lustigen Spielzeug für seine

Tochter in "one of these oases of illumination"[6] (212) stürzt den Protagonisten in das Dilemma, das sich zwischen den Verlockungen des ersten massenhaften Konsumangebots der Schaufenster und der Einsicht in die eigenen beschränkten Mittel auftut. Das durch Collinsons Ehefrau gleich einem Wohlstandsgift in die kleine Familie hereingelassene Syndrom des *Keeping-up-with-the-Joneses* verschafft der Story wiederum die notwendige Dynamik, mit der die vermeintliche Solidität einer in Wahrheit zunehmend zweifelhafteren Charakterethik gegen die Neigung zur Neuorientierung verteidigt werden soll - so läuft die Aussage der Story auf die Verrechnung der bohrenden Erfahrung des Mangels mit den eigentlichen Meriten moralischer Standhaftigkeit hinaus.

Schon die kurze Episode zu Anfang der Erzählung steckt das Problemfeld der im Text verhandelten Spannungen und Widersprüche ab. Inhaltlich in den *plot* einführend, setzt sie zum einen den Leser davon in Kenntnis, wie der unscheinbare achtundzwanzigjährige Collinson[7] in den vorübergehenden Besitz des Hundert-Dollar-Geldscheins kommt, den er dann bald darauf in einem Pokerspiel wieder verlieren wird. Auf der Folie des sich auflösenden, ursprünglich puritanisch-asketisch motivierten Paradigmas der *character ethic* und der mit dem *New Thought* verbundenen neueren populärpsychologischen Mode, der *mind power*,[8] dokumentiert der Einstieg in die Fa-

---

6 Seitenangaben in Klammern beziehen sich auf *O'Henry Memorial Award Price Stories of 1923* (Garden City/N.Y.: 1924), S. 211-228.

7 "[...] already of the slightly harried appearance that marks the young husband who begins to suspect that the better part of his life was his bachelorhood." (212)

8 Der *New Thought*, Abkömmling vom idealistisch inspirierten amerikanischen Transzendentalismus, bezieht im Amerika des frühen zwanzigsten Jahrhunderts Position gegen den dominierenden Positivismus und dessen materialistisch begründete Überzeugung, den Menschen vornehmlich als Funktion von physiologischen Prozessen zu sehen. Stattdessen verkünden die Anhänger des insbesondere von Emil Coué propagierten und während der zwanziger Jahre populären *New Thought*, daß der einzelne durch seine mentale Einstellung seine Lebensbedingungen positiv zu verändern vermag und sich Selbstvertrauen schaffen kann. Die im Verständnis dieser Denkrichtung sich äußernden 'Erfolgsapostel', wie etwa schon Russell Conwell Ende des neunzehnten Jahrhunderts, betreiben gleichzeitig die Säkularisierung der vormals religiös begründe-

bel zum anderen aber auch ein abstrakteres, ideologisches Problem: das der sittlichen Bedeutung von Geld und der 'richtigen' mentalen Einstellung dazu. Die schon in jungen Jahren resignierte und traurige Figur des Collinson geht mit ihrem moralischen Punktsieg über die Verlockungen des Materiellen insofern auch schließlich als eigentlicher Sieger aus der Erzählung hervor. Sie wird zu einem mahnenden Beispiel dafür, am Altbewährten festzuhalten, um sich angesichts der *de facto* nicht für jeden erreichbaren und in den Schaufenstern ausgestellten Waren auch mit weniger zufrieden zu geben.

Im Gegensatz zu dem lebenslustigen "first individual owner of the new one hundred dollar bill" (211), dem Collinson in der Eingangssequenz auf seinem Weg nach Hause überraschend begegnet und dem er gleich darauf das ganze Geld sofort wieder abverlangt, das dieser der Firma des rechtschaffenen Rechtsanwaltes zu zahlen hat, wird die Hauptfigur von semantischen Merkmalen wie 'thrift' und 'frugality' bestimmt - somit Kennzeichen, die einem Verhaltenscode der Charakterethik entsprechen. Die Figur des braven Collinson ist der des verschuldeten Lebemanns kontrapunktisch entgegengestellt; sie verweist auf den dem *plot* der Geschichte zugrundeliegenden Gegensatz von diszipliniertem Einfügen in unabänderliche Sachzwänge und aufbegehrendem *go-getterism.* Der auktorial-kommentierende Erzähler, der neben der Figurenperspektive sich zu Wort meldet, läßt jedoch in seiner äußeren Beschreibung von Collinson keinen Zweifel daran, daß dieser für letztere Lebenseinstellung ohnehin nicht das adäquate, eben genügend ehrgeizige und selbstbewußte Persönlichkeitsprofil an den Tag legt:

> His dark, ready-made clothes, his twice soled shoes and his hair, which was too long for a neat and businesslike aspect, were symptoms of necessary economy; but he did not wear the eager look of a man who saves to 'get on for himself.' (212)

Nahezu idealtypisch besitzt Collinson nämlich alle Eigenheiten jener Spezies, die an jedem einzelnen verdienten Dollar verkrampft festhält und die Russel Conwell in *Acres of Diamonds* so trefflich verspottet;

---

ten *character ethic* und eine Aufwertung des rein materiellen Strebens. Vgl. dazu Weiss, S. 128-149; 170-171; 180-185; und Alfred W. Griswold, "New Thought: A Cult of Success," *The American Journal of Sociology*, 40 (1934), S. 309-318.

eine 'richtig' verstandene Charakterethik des Erfolgs muß Collinson daher verfehlen: "The man that worships the dollar instead of thinking of the purposes for which it ought to be used [...] that man who hugs the dollar until the eagle squeals has in him the root of all evil."[9] Der säumige Schuldner dagegen, der sich mit den hundert Dollar eine schönen Abend machen wollte, zeigt in seinem Äußeren alle Momente einer Persönlichkeit, die der ursprünglich christlich-asketischen und genußskeptischen Lebensmaxime der Charakterethik zuwider läuft. Seine jedoch nicht im mindesten negative, vielmehr wohlwollende Figurenbeschreibung durch den bewertenden Erzähler ruft überdeutlich den einstmals von Russell Conwell verfochtenen und besonders in den *booming twenties* noch wirksamen Trend zur Säkularisierung der *character ethic* ab. Über lange Zeit einzig religiös motivierte Vorbehalte gegen die allzu absolut gesetzte Jagd nach Geld und Konsum verlieren ihre Wirksamkeit:

> For the twinkle between his eye puffs hinted of liquor in the offing and lively women impressed by a show of masterly riches [...] For money gives power, and power is loved; no doubt he would be loved. (211 und 212)[10]

Mit dem Stichwort 'Liebe' ist im Zusammenhang von materiellem Erfolg und privatem Glück zugleich der Lebensbereich benannt, an dem sich für Collinson die Auswirkungen seiner nur mittelmäßigen beruflichen Position unmittelbar niederschlagen: in der kriselnden Ehe mit einer beständig unzufriedenen Partnerin, von der er nicht wirklich geliebt wird. Gerade weil insbesondere Rechtsanwälte aber in der materiellen Statushierarchie der zeitgenössischen öffentlichen Meinung sich bis zum Ende der Dekade einen Platz 'ganz oben' erobern können,[11] weist Collinsons aussichtslose Position eines unbe-

---

9 Zitiert nach Huber, S. 60.

10 Die Anspielung auf Conwell ist hier überdeutlich, wenn man seine eigene Position in *Acres of Diamonds* mit dieser Passage vergleicht: "Love, for example, 'is the grandest thing on God's earth, but fortunate the lover who has plenty of money. Money is power, money is force [...]'" Zitiert nach Huber, S. 60. Die von Huber angegebene Ausgabe des Buches aus dem Jahre 1915 ist, wie er anmerkt, die am meisten benutzte: ein Umstand, der auf die Popularität dieses Titels auch zu Beginn des zwanzigsten Jahrhunderts verweist.

11 Vgl. Vance Packard, *The Status Seekers* (London: 1959), S.100.

deutenden Angestellten in einem großen Unternehmen nur um so krasser auf die Differenz zwischen dem vor Optimismus sprühenden Erfolgsklima und der gegenläufigen individuellen Erfahrung des darin handelnden *common man* hin:

> An employed man he was, indeed; a lawyer without much hope of ever seeing his name on the door or on the letters of the firm that employed him, and his most important work was the collection of small debts. (212)

Wie so oft in den literarischen Texten der zwanziger und dreißiger Jahre ist der private Raum, das Eheleben, nur der stellvertretende 'Austragungsort' und Nebenschauplatz für den eigentlichen Konflikt mit der Erfolgsethik in Arbeit und Beruf; auch Collinsons eheliche Beziehung wird einzig durch die Belastungen und Spannungen regiert, die sein geringes Einkommen auslösen:

> [...] his wife, pretty and a little frowzy was as usual, and as he had expected. That is to say, he found her irritated by cooking, bored by the baby, and puzzled by the dull life she led. (213)

Mrs. Collinsons Klagen über den ärmlichen Lebensstandard, den fehlenden Luxus oder ihre gelegentlichen Rendezvous mit dem lebensfrohen und beruflich erfolgreichen Junggesellen Charlie Loomis[12] spielen im Figurentableau der Erzählung auf die von Conwell oder auch von Orison Sweet Marden in dessen Buch *Prosperity: How to Attract It* (1922) vertretenen Positionen im Verhältnis zum Erfolg an:

> If you are not getting what you want, though working hard for it, you are just as foolish as the prince who, believing that he was poor, lived like a pauper in the midst of his father's limitless wealth.[13]

So fordert sie ihren Ehemann zornig dazu auf, das in den zwanziger Jahren hochgehaltene Erfolgsethos des *go-getter*[14] zu erfüllen, damit er sich endlich einen größeren Wagen kaufen kann und sie in den

---

12 "[...] at thirty-three, he had already done well enough in business to take things easily." (219)

13 Zitiert nach Horst Kruse, (Hg.), *From Rags to Riches* (München: o.J.), S. 182 und 183.

14 "These were the days of the 'go-getter' with the persistence of a pneumatic drill. The 'self-starter's attack was foot-in-the-door, the chatter was always fast, and the pen ever poised to close the deal." (Huber, S. 190)

Besitz des langersehnten Pelzmantels kommt: "'Then go out and get'em' she said fiercely. 'Go out and get'em!'" (213)

Zusammen mit dem erfolgreichen und lebensfrohen Junggesellen Loomis nimmt Mrs. Collinson die Stelle des Gegenpols zu ihrem sparsamen Mann ein, der nach dem disziplinierten Verhaltensmuster der *character ethic* zu leben versucht und durch seinen besser gestellten Freund deshalb stets an seine eigene Lage erinnert wird. Loomis, der es sich mit Wissen des eifersüchtigen Collinson zeitlich leisten kann, dessen Ehefrau sogar nachmittags ins Kino auszuführen, ist nicht nur der Pokerpartner des kleinen Rechtsanwalts beim wöchentlichen Männerabend - vielmehr wird er zum unfreiwilligen Antagonisten in der ehelichen Gunstzuteilung, da seine Person all die Großzügigkeiten zu versprechen scheint, die Mrs. Collinson im Alltag anderer Eheleute erkennt:

> Other women, it appeared, had happy and luxurious homes, and during the malnutritious dinner she had prepared she mentioned many such women by name, laying particular stress upon the achievements of their husbands. (213)

Im zeitgeschichtlichen Kontext eines in die Ära der Massenproduktion von (Luxus)Gütern eintretenden amerikanischen Erfolgsgedankens[15] inkorporiert die Figur der nörgelnden Ehefrau damit jenes ungeniert gepriesene Streben nach Geld und Reichtum, das durch die materialistischen Zielvorgaben von Erfolgsaposteln wie Bruce Barton, Emil Coué oder Russell H. Conwell für den endgültig verweltlichten Erfolgsdiskurs des frühen zwanzigsten Jahrhunderts 'salonfähig' gemacht wird. Das seit den 'goldenen Zwanzigern' zum geflügelten Wort gewordene Sozialverhalten des *Keeping-up-with-the-Joneses* schwebt drohend wie ein Damoklesschwert über der jungen Ehe:

> 'Keeping up with the Joneses' was determined by the things money could buy - the house you lived in, the luxury of a maid, the automobile you drove, your wife's clothes [...] It was a game whipped to competitive intensity by what the French observer, Lucien Romier,

[15] Mills konstatiert in *White Collar* für die zwanziger Jahre "[that...] mass media, primarily movies and radio, have further enlarged the whole prestige area and the means of status expression."(253).

> saw in the 1920's as 'the dominant and sometimes crushing obligation to make money [...]'[16]

Es erfährt seine komödienhafte, ans Boulevardtheater erinnernde Inszenierung während eines Streits zwischen den Eheleuten, bei dem Collinson sich durch die neidische Aufzählung von anderen, großzügigeren Ehemännern unter Vergleichsdruck gesetzt fühlt und auf wütende Distanz zum Einstieg in das gerade erst erstarkende Konsumkarussell geht: "'My goodness!' he said. 'You talk as if I had sedans and sealskin coats and theatre tickets **on** me! Well, I haven't; that's all!'" (213)

Die latente Spannung zwischen den beiden semantischen Isotopien 'möglicher materieller Wohlstand' und 'individuelle Erfolgshaltung', die die ästhetische Codierung der Erzählung bestimmen, lassen den folgenden Pokerabend bei Loomis - vom Setting her zum Klischee einer solchen Spielrunde stilisiert - zur exemplarischen Versuchung der persönlichen Integrität und Überzeugungen der Hauptfigur werden:

> Mr. Loomis and his guests sat about the round table under the alabaster drop light; their coats were off; cigars were worn at the deliberate poker angle; colourful chips and cards glistened on the cloth; one of the players wore a green shade over his eyes; and all in all, here was a little poker party for a lithograph. (219)

Das durch diese Szene in die Handlung eingeführte Moment von Glück oder Zufall, das im fortschritts- und leistungsgläubigen Erfolgsdiskurs der zwanziger Jahre als Kriterium keine wichtige Rolle spielt und weit hinter Verhaltensnormen wie *diligence* oder *virtuous character* rangiert,[17] deutet schon auf den zweifelhaften Charakter eines solchen Versuchs, sich endlich auch einen Anteil am *pursuit of success* der *roaring twenties* zu sichern. Vor allem aber liegt es quer zu dem von Collinson gelebten ursprünglichen Erfolgscode einer *character ethic*, die jedem allzu säkularen und kruden Materialismus

---

16 Huber, S. 187: "It was the 1910s and 1920s which endowed American speech with 'keeping up with the Joneses.' The phrase described an ancient game, but the choice of words was appropriately twentieth century. [...] In the twentieth century, everybody seemed to be playing the game in competition with the commonest name in America."

17 Vgl. Chenoweth, S. 180, Chart II.

ablehnend gegenübersteht; spekulatives Glücksspiel ist dieser Überzeugung gleichbedeutend mit moralischer Verfehlung:

> A speculating, get-rich-quick attitude was sharply criticised as not practical [...] the theme of evil and disaster inherent in the love of money was strong [...] wealth itself was seldom cherished as the final goal of life.[18]

In dieser vom auktorialen Erzähler mit deutlicher Ironie beleuchteten Atmosphäre wächst sich der Kartenabend in der Binnenperspektive der Hauptfigur zunächst einmal zu einer kleinen Katastrophe aus. Der klassischen Dramenstruktur von Exposition, Komplizierung, Klimax und Auflösung folgend, erreicht die Erzählung mit dem Pokerspiel ihren Höhepunkt.[19] Durch den Silberdollar, den einer der Spieler überraschend auf den Tisch legt und zum vorübergehend eingesetzten Gewinnziel der Runde erklärt, wird der übliche Gang des Spiels gesprengt. Die aufgeregte Jagd nach der glänzenden Münze, die sich daraufhin unter allen Beteiligten ausbreitet, nimmt für Collinson unversehends die Bedeutung eines Lehrstücks im angemessenen Verhältnis zu Besitz und Mammon an:[20] "'What kind of a thing **is** this life?' Collinson mumbled to himself, finding matters wholly perplexing in a world made into tragedy at the caprice of a little oblong slip of paper." (227) Doch erst durch den Aufschrift des Geldstücks, *Luck hurry back to me*, wird der Pokerabend noch um eine weitere subtile Ebene erweitert; er verwandelt sich in Collinsons Sicht von einem Kampf um bloßen Geldgewinn zum symbolischen Ringen mit Loomis um die eigene Ehefrau, die aus ihrer Bewunderung für den flotten Junggesellen noch nie ein Hehl gemacht hat: "'He

---

18 Huber, S.95 und 96.

19 Die Story setzt sich aus drei aufeinanderfolgenden und szenisch klar abgegrenzten Erzählsequenzen zusammen: die einführende 'Schuldnerepisode', der eheliche Disput zwischen den Eheleuten, der Pokerabend und die Auflösung des Konfliktes auf dem Heimweg nach Collinsons Geldverlust.

20 John G. Cawelti, *Apostles of the Self-Made Man* (Chicago und London: 1965), S. 185, erkennt in den Aussagen eines Bruce Barton in *The Man Nobody Knows* (1925) oder Orison Sweet Marden in *Prosperity: How to Attract It* (1922) den spitzfindigen Versuch, das materielle Erfolgsstreben angesichts eines ökonomischen Klimas des Aufschwungs mit den tradierten religiösen Vorstellungen in Einklang zu bringen und so akzeptabel zu machen.

wants it for luck with the dames', rankled in Collinson's mind: somehow it seemed to refer to his wife." (222) Wie schon bei den zuvor untersuchten Textbeispielen, kommt der Liebesbeziehung auch hier keine unabhängige Bedeutung neben der unter dem Leistungsverdikt stehenden Arbeit zu, da Ehe und Familie in der zeitgenössischen Literatur lediglich als institutionalisierte Verlängerungen des erreichten Erfolgsgrads erscheinen. Während Collinson mit einem Freund, der die eigene Frau hofiert, um das Silberstück und damit auch um das eheliche Glück pokert, nimmt der Liebestopos[21] daher die Bedeutung einer Kompensation spendenden Trophäe an, die, aus Collinsons Perspektive, den so schmerzlich empfundenen Unterschied zu Charlie Loomis sozialem Prestige wettmachen soll. Loomis' Angewohnheit, die jeweils umgarnte Ehefrau eines Freundes mit "girlie" (217) anzureden und seine ebenso gewählte liebkosende Bezeichnung des Silberdollars,[22] während das so heiß begehrte Metall zwischen den beiden hin und her wechselt, läßt Mrs. Collinsons Zuneigung und Respekt durch die zweifache Semantisierung des Spitznamens in Collinsons düsteren Gedanken zum unausgesprochenen Wanderpreis werden: "Her need of money was the true foundation of the jealousy that had sent him out morose and reckless tonight; of the jealousy that had made it seem [..] as though they really gambled for luck with her." (226)

Alleine schon wegen der fundamentalen Regelverletzung 'seines' Charakterethik-Erfolgscodes, Reichtum eben doch über Glücksspiel und ähnliche tugendgefährdende 'Abkürzungen' zu erlangen, verliert der verzweifelte Collinson die Runde um den Silberdollar, muß sie verlieren. Er verspielt nahezu die gesamten einhundert Dollar, die er am nächsten Morgen im Büro wieder abliefern muß, an seinen im engsten Sinne des Wortes zu verstehenden Gegenspieler, dessen materielle Erfolgsaura sich bis in die häusliche Ausstattung fortsetzt - so präsentiert sich Loomis' Apartment, der Treffpunkt des Pokerkreises,

21 Vgl. dazu Jutta Greis, "Drama Liebe. Untersuchungen zur Pathogenese eines sozialen Problems - Untersuchungen zur Liebessemantik an den Dramen des achtzehnten Jahrhunderts" (Münster: Diss., 1989), S. 20-24.

22 "'You're home where you belong, girlie!'" (223)

von den Wandbildern bis zum Teppich als idealtypischer Spiegel des erstmals massenhaft zugänglichen Katalogluxus, den die Arbeitermädchen in Fitzgeralds "May Day" nur hinter den glitzernden Schaufenstern bewundern können:

> The gay Mr. Charlie Loomis called his apartment 'the shack' [..] but he regarded it as a perfect thing, and in one way it was: for it was perfectly in the family likeness of a thousand such 'shacks.' It had a ceiling with false beams, walls of green burlap, spotted with coloured 'coaching prints,' brown shelves supporting pewter plates and mugs, 'mission chairs,' a leather couch with violent cushions [...] and, of course, the final Charlie Loomis touch - a Japanese manservant. (218 und 219)

Die durch persönliche Rankünen und gesellschaftliche Normen derart semantisch aufgeladene Spielszene steigert die nach dem Disput zwischen Collinson und seiner Ehefrau eingangs der Erzählung geschaffene Spannung auf ihre dramatische Spitze. Indem durch die lebensphilosophisch eingefärbten Reflexionen des Mitspielers Smithie[23] auch explizit Gedanken und Verhaltensrezepte aus der sogenannten *mind power ethic* in die Unterhaltung einfließen, wird Collinson zu alledem auch noch mit der Notwendigkeit der rechten inneren Einstellung gegenüber jeglichem Erfolgsehrgeiz konfrontiert. So bringt der Text den Umbruch des sich während der zwanziger Jahre in Auflösung befindlichen Konsenses über Erfolgsstrategien auf das allgemeinverständliche Niveau eines Stammtischgesprächs. Collinson, Smithie und Loomis - literarische Entwürfe des *common man*, die für des 'Volkes Stimme' stehen - eifern damit innerhalb eines dreidimensionalen Bezugsrahmens um (materielles) Glück, Liebe und schließlich um die 'Wahrheit' eines Erfolgsstrebens, das sich bei Bewahrung der tradierten Verhaltensmuster der *character ethic* mit dem neuen Trend zur mentalen Selbstbestärkung auseinanderzusetzen hat.[24] Als Figur konzipiert, die im Unterschied zu den anderen nach

---

23 "The philosophic Smithie [...]" (220)

24 Diese von Kontinuität und Diskontinuität zugleich ausgezeichnete Ausformung des Redens über Erfolg ist an den Schriften von Orison Sweet Marden gut nachzuverfolgen. So etwa auch in seiner populären Arbeit *Prosperity: How to Attract It*, die in jedem Kapitel andere Akzente setzt: "For some twenty years, from the mid-19oo's to 1924, Orison Sweet Marden switched back and forth

den überkommenen Vorstellungen des vornehmlich auf *thrift* und *self-reliance* beruhenden Erfolgsethos handelt, bewertet der nach der fieberhaften Dollarjagd ernüchterte Collinson am Ende des Abends dann auch Geld als Wurzel allen Übels:[25]

> And Smithie's romancing again came back to him: 'In one person's hands money'll do good, likely, in another's it'll do harm.' It was the money that did harm or good, not the person; and the money in his hands had done this harm to himself. (227)

Sein Fazit ist jedoch eine völlige Umkehrung und sofort erkennbare Mißdeutung der von Smithie vorgebrachten Meinung über 'die Mittel zum Geld', denn diesem zufolge ist es eben gerade allein die Verfassung der betreffenden Person, die über das pekuniäre Wohl und Wehe entscheidet. Aufgrund der vom erfolgsideologischen Standpunkt her parteiisch konstruierten Logik der Erzählung wird diese Verdrehung der Aussage im weiteren nur deshalb nicht aufgelöst, da mit dem reumütig scheiternden Anti-Helden Collinson die Überzeugungen einer *character ethic* gegenüber denen der moralisch indifferenten *mind power*-Strategie eines Emil Coué oder auch Orison Sweet Marden favorisiert werden.[26] Wie Weiss[27] richtig bemerkt, ist diese den Erfolgsgedanken der zwanziger Jahre wesentlich beeinflussende Denkrichtung sicherlich auch Reaktion auf eine veränderte Arbeitswelt. Die beginnende Rationalisierung und eine zunehmend kompliziertere Bürokratie lassen dem einfachen Angestellten die einzelkämpferische Horatio-Alger-Aufstiegsvision immer unwahrscheinlicher erscheinen. So wird dann die von Coué verkündete mentale Konzen-

---

between character and mind power as a means to success, frequently within the same book." (Huber, 158).

25 Zum ursprünglichen Prinzip der Tugendhaftigkeit schreibt Huber in seinem Kapitel "The Gospel of the Character Ethic", S. 99: "Those men who somehow amassed a fortune by crooked means were either scorned as unworthy exemplars of right conduct or ignored. Making money was a holy thing."

26 Die durchschlagende Wirkung, die Coué mit seiner berühmten Formel 'Day by day, in every way, I am getting better and better' bewirkt hatte, wird in einer in *Current Opinion*, 73 (Nov. 1922), abgedruckten Kolumne mit dem Titel "Growing Better with Monsieur Coué" erkennbar. In ihr wird der magische Satz des Franzosen gepriesen "which has become the stock phrase of the country almost overnight."

27 Vgl. Weiss, S. 128ff.

tration auf das persönliche Befinden und Auftreten auch symptomatisch für das kommende, von der *personality ethic* getragene Reden von Erfolg sein. Ganz im Sinne der in den zwanziger Jahren so populären Mentalsuggestion kann Smithie so erklären:

> 'Nobody knows exactly what luck is, but the way I guess it out, it lays in a man's **believin'** he's in luck, and some little object like this makes him kind of concentrate his mind on thinking he's goin' to be lucky, because of course you often **know** you're goin' to win, and then you do win. You don't win when you **want** to win, or when you need to; you win when you believe you'll win.' (22o-221)[28]

Dennoch bleiben die in der Erzählung aufgebauten Sympathien auf Seiten des Rechtsanwalts. Der die Rolle des rechtschaffenen, aber auch verängstigten Kleinbürgers spielende Collinson scheitert so kläglich, da ihm jenes von Smithie angesprochene und durch Loomis - "The debonair Charlie Loomis" (217), "The gay Mr. Charlie Loomis" (218) - vorgelebte Auftreten des selbstbewußten Erfolgsmagneten einfach nicht gelingen will und auch nicht soll. Nach Smithies Worten wird nur demjenigen, der sich die Sicherheit des Gewinners zu eigen macht, Geld nicht zum Verhängnis: "'I don't know who it was that said, <Money's the root of all evil>; but I guess he didn't have **too** much sense!'" (221) Diese mit dem Gestus des gesunden Menschenverstandes vorgebrachten Weisheiten lassen den Eindruck entstehen, als säße Russell H. Conwell persönlich in der Runde, wenn der unbedarft sinnierende Smithie kurz darauf auch noch - im Gegensatz zur unsicher und nervös gewordenen Hauptfigur - den schnöden Mammon von allen Zügen des Bösen freispricht:

> '[...] in one person's hand money'll do good, likely, and in another's it'll do harm. We all **want** money; but some say it's a bad thing, like that dummy I was talkin' about.' [...] Good people have had it and bad people have had it.' (221)[29]

---

28 So heißt es in Mardens *Prosperity: How to Attract It*: "Whatever your business, your profession or occupation, or your circumstances, your mental attitude will determine your success or failure." (Zitiert nach Kruse, *Rags*, S. 184).

29 In Conwells *Acres of Diamonds* liest sich diese biblisch begründete und von Huber wiedergegebene Entdämonisierung so: "'In the hands of good men and women it could accomplish, and it has accomplished, good.' The Bible does not tell us that >money is

Die beiden in Smithies Rede eingeflochtenen Wortreihen von 'good people', 'a millionaire's house' und 'it'll do good' gegenüber 'bad people', 'burglar's flat' und 'it'll do harm' rufen die den gesamten Erfolgsgedanken bestimmende Grundannahme des selbstverantworteten Glücks oder Unglücks ab, nach der sich Reichtum und Erfolg unweigerlich bei der 'rechten' Person einstellen und nur hier segensreich wirken werden. Jeder ist allerdings nun mit Hilfe des inneren Selbstbewußtseins und nicht, wie bisher üblich, unbedingt durch harte Arbeit seines eigenen Glückes Schmied. Geld an sich hat demnach, im Unterschied zu den Ansichten der überkommenen *character ethic* und den Überzeugungen von Collinson, keine moralische Qualität mehr, es ist neutral: "'Why for years and years it'll go on from one pocket to another, in a millionaire's house one day, in some burglar's flat the next, maybe [...]'" (221)

Der direkte physische Kontakt mit dem Hundert-Dollar-Schein bestätigt Collinsons aufstiegshemmende Ausstrahlung, die sogar den äußeren Zustand der Note affiziert, und verbildlicht damit die von der *mind power ethic* vertretene Annahme, daß die dem Geld eigene Qualität ihm immer nur 'von außen', durch den Besitzer, zukommt. In dem Augenblick, da die Hauptfigur den gerade frisch von der Bank abgehobenen Dollarschein bei dem lebensfrohen Schuldner eintreibt, ist er noch mit den semantischen Merkmalen einer optimistischen Frühjahrsmetapher verbunden: "The new one hundred dollar bill, clean and green, freshening the heart with the colour of springtime, slid over the glass of the teller's counter [...]" (211) Bald danach aber verwandelt er sich in Collinsons Hosentasche und schließlich auf dem Pokertisch in ein unansehnliches und verknülltes Stück Papier - eine allmähliche Metamorphose qualitativer Natur, deren Signalwirkung in ihrer syntaktischen Plazierung als Apposition hervorgehoben ist:

> This latter walked away thoughtfully with the one hundred dollar bill, not now quite so clean, in his pocket [...] Collinson's nostrils distended a little, but he said nothing, fumbled in his pocket, and then tossed the one

---

the root of all evil.< It does state an absolute truth:'>The love of money is the root of all evil.< He who tries to attain unto it too quickly, or dishonestly, will fall into many snares, no doubt about that.'" (Zitiert nach Huber, S. 60).

> hundred dollar bill, rather crumpled, upon the table. (212 und 224)[30]

Das Urteil über die Erfolgsaussichten der Hauptfigur ist gefällt; jetzt aber, da der tradierte Erfolgskodex der *character ethic* angesichts des damit so kläglich versagenden Collinson jeglicher Glaubwürdigkeit beraubt zu sein scheint,[31] bietet die Erzählung die Erlösung an. Sie führt ihre niedergeschlagene Hauptfigur[32] am Ende des Pokerabends auf dem nächtlichen Heimweg einer tröstenden Epiphanie zu, die alles bisher Geschehene relativiert. Dabei überschreitet der an den *deus ex machina* auf der Theaterbühne erinnernde erzählerische Eingriff mit seiner eindringlichen naturhaften Aufbruchs-Symbolik die Grenze zum Kitsch:

> Of itself the thing that happened was nothing, but he was aware of his folly as if it stood upon a mountain [...] The smoke had cleared, and the air was clean with a night wind that moved briskly from the west [...] (228)

Wie schon bei seiner Rückkehr nach Dienstschluß, zu Beginn der Kurzgeschichte, geht Collinson auch nun wieder an dem hell erleuchteten Schaufenster vorbei, in dem ein mit 35 Cents ausgezeichneter Spielzeugaffe steht, der auf Kommando an einem Strick entlang klettert. Erschien dieser ihm beim ersten Mal als Geschenk für seine kleine Tochter zu teuer, so suggeriert die Schlußszene nach dem Pokerdesaster die Relativität, ja, Unwichtigkeit von Geld. Collinsons Tragödie, die des verhärmten *common man*, wandelt sich schließlich zur versöhnlichen Komödie: "He stared and stared. 'Thirty-five cents!' he said to himself. 'Thirty-five cents!' Then suddenly he burst into loud and prolonged laughter." (228)

---

30 Unterstreichungen von mir.

31 In den Klagen der Ehefrau über die zu langsame Gehaltssteigerung ihres Mannes, die sie in ihrer negativen Sicht auch nur 'abwärts' verfolgen kann, dokumentiert sich das typische Moment von Disziplin und Durchhaltevermögen: "'In six long, long years it's been going on now! I ask you how much you've got, and you say, >nine dollars,< or >seven dollars,< or >four dollars,< and once it was sixty-five cents!'" (214)

32 "He had to deliver a hundred dollars at the office in the morning somehow [...] The one hundred dollar bill had cost him the last vestiges of mastery in his own house." (227)

Die leitmotivische Wiederholung der Schaufensterszene mit dem mechanischen Affen in der ersten und letzten Erzählsequenz soll der Hauptfigur den Spiegel vorhalten. Die dadurch angedeutete Kreisstruktur der Story schließt sich mit einer effektvollen 'Vorher-Nachher'-Demonstration vor dem Schaufenster und erreicht mit dem *happy ending* die von Collinson sogar noch als Triumph wahrgenommene Einübung in den Mangel. Während er fasziniert die Bewegungen des Tieres verfolgt, meint er bestürzt sich nun selbst als den eben noch beim Pokern willenlosen Automaten wiederzuerkennen: "[...] it appeared to Collinson that he had been an automaton [...] and so he gathered knowledge of himself and a little of the wisdom that is called better than happiness." (227 und 228) Das Schlußbild des ohne jeden Ärgers und wohlgemut zu seiner Familie zurückkehrenden Rechtsanwalts birgt die der Erfolgsideologie ohnehin auch gleich mitgegebene aufmunternde Botschaft an den Verlierer. Dem Erlebnis von materiellem Mangel wird, trotz des versprochenen Wohlstands, immer noch ein vermeintlich Besseres zum Ausgleich angeboten: *true success*, moralische Überlegenheit als Trost.[33]

Harold W. Brecht, "Vienna Roast" (1926)

Mit Mr. Canby, dem Buchhalter, tritt nach dem erfolglosen Rechtsanwalt Collinson eine weitere typische Figur aus den Reihen der ab den zwanziger Jahren zunehmend an Bedeutung gewinnenden Angestelltenschicht auf. Inmitten einer auf dem Höhepunkt angelangten republikanischen Ära des wirtschaftlichen Optimismus erzählt diese Figur die im Vergleich zum Erfolgsdiskurs so gänzlich andere Geschichte fort, die nicht aus dem märchenhaften Stoff besteht, aus dem der amerikanische Traum gemacht wird. Auch Canbys Vehaltensweise ist nach dem Paradigma einer sich auflösenden *character ethic* konstruiert und verfehlt den Wohlstand, der in der neu erwachten Goldgräbermentalität dieser Jahre als unbegrenzt und für jeden erreichbar dargestellt wird. Der Protagonist der Erzählung "The One Hundred Dollar Bill" erlebt seinen Konflikt mit dem *pursuit of*

---

33 Vgl. Huber, S. 1o5-106.

success durch die Versuchung, Handlungsidealen nachzueifern, die am 'letzten Schrei' des Erfolgsstrebens, dem *New Thought* und der *mind power*-Strategie orientiert sind. Die literarische Verarbeitung des Erfolgstopos in "Vienna Roast" dagegen zeigt, wie Canby, der ein weiterer später, aber idealer Repräsentant jenes erstmals von Benjamin Franklin popularisierten und auf *thrift*, *discipline* und *perseverance* schwörenden Verhaltenscodes ist, gerade deshalb scheitert, weil die Charakterethik mittlerweile ihren Zenith überschritten hat. Überdies sehen sich Canby und die anderen Figuren der Story mit noch weiteren Anforderungen konfrontiert, die zwischenmenschliches Taktieren, aber nicht unbedingt persönliche Integrität notwendig werden lassen.

Ort der Handlung ist über etwa ein Jahr, vom Frühjahr bis zum Dezember, das tägliche Essen während der Mittagspause in "Mike's Arcadia Café, on Sixth Street, Philadelphia" (59)[34]: einem billigen Restaurant, das eine Art hoffnungslose Sammelstelle für die vielen, schlecht bezahlten und karrierelosen Bürobediensteten aus der näheren Umgebung ist:

> But it was always crowded [...] a flotsam of underclerks, janitors, and bookkeepers tossed up to bolt their lunches between twelve and one, and then disappear. They were harrassed, shabby little men [...] Everything about them spoke of low wages and a dejected struggle for existence; there was an almost tangible atmosphere of mediocrity and failure. (59)

Die Atmosphäre dieses Alltags-Settings, die von sozialdeterministischen Vorstellungen eines naturalistischen Wirklichkeitsmodells[35] durchsetzt ist, straft die Fähigkeiten geradezu Lügen, welche jedoch nach Menckens Einschätzung den echten 'Boobus Americanus'[36], den

---

34 Folgende Zahlen in Klammern im Text beziehen sich auf Edward J. O'Brien, (Hg.), *The Best Short Stories of 1927 and the Yearbook of the American Short Story* (New York: 1927), S. 59-71.

35 Diese naturalistische Einfärbung äußert sich in Worten wie "flotsam", "tossed up", "harrassed" oder "dejected struggle" - in einer Begrifflichkeit also, die das Moment von Objekthaftigkeit und Ausgeliefertsein konnotiert.

36 Vgl. dazu Mencken, S. 16: "The *boobus Americanus* is a bird that knows no closed season - and if he won't come down to Texas oil stock, or one-night cancer cures, or building lots in

typischen zeitgenössischen Mittelklasseamerikaner, auszeichnet. Das mittägliche Tellergeklapper der vielen mißmutig dasitzenden *white collar*-Amerikaner 'von nebenan' spricht dem von Mencken in seinem satirischen Essay "On Being an American" kritisierten materialistischen Fetisch eines sozialdarwinistisch entgleisten und grenzenlos optimistischen Zeitgeistes Hohn:

> Here the business of getting a living [...] is enormously easier than it is in any other Christian land - so easy, in fact, that an educated and forehanded man who fails at it must actually make deliberate efforts to that end. Here the general average of intelligence, of knowledge, of competence, of integrity, of self-respect, of honor is so low that any man who knows his trade [...] and practices the common decencies stands out as brilliantly as a wart on a bald head.[37]

Insbesondere die amerikanische Arbeitswelt stellt sich in "Vienna Roast" aber eben nicht als das 'promised land' dar, als das sie etwa in Bruce Bartons biblisch überhöhtem Erfolgscredo, der führenden Stimme in der zeitgenössischen *success literature*, dargestellt wird.

Auf einer kulturhistorischen Folie, die von dem mit amerikanischen Nationalstolz veredelten Glauben an das Postulat des ausnahmslos geltenden *pursuit of success* regiert wird, erinnert nur noch die symbolisch aufgeladene Anordnung der Wanddekoration in der tristen Gaststätte - [...] a United States flag and a Greek flag crossed on the wall" (59) - an die Utopie der Neuen Welt. Während der Name der Kneipe, 'Arcadia', einen etablierten literarischen Topos abruft, der mit Idylle, Frieden und zwanglosem Leben identifiziert ist, präsentiert dagegen die tatsächliche Atmosphäre in dem Restaurant das genaue Gegenteil; die Besucher bleiben selbst hier, in der freien Zeit der Mittagspause, völlig beherrscht von den beruflichen Zwängen und vornehmlich materiellen Unzufriedenheiten. Die gekreuzten Nationalfahnen machen diese Differenz zwischen der mit Griechenland verbundenen arkadischen Utopie eines geglückten Lebens und den Schattenseiten des amerikanischen *survival of the fittest* in symbolträchtiger Weise augenfällig. Damit scheint in der Eingangsszene zwar der besonders während der zwanziger Jahre beschworene Pa-

---

Swampshurst, he will always come down to Inspiration and Optimism."

[37] Mencken, S. 13.

triotismus auf; diesem wird aber zugleich, inmitten des vom 'kleinen Mann' besuchten 'Arcadia', jenes von Calvin Coolidge in seiner Antrittsrede beschworene patriotische Erfolgspathos auch sofort wieder genommen:

> We believe that we can best serve our own country and most successfully discharge our obligations to humanity by continuing to be openly and candidly, intensely and scrupulously, American. If we have any heritage, it has been that." [38]

Das an keinem Tag an Brisanz verlierende ständige Gesprächsthema beim Essen - das eigene zu geringe Einkommen und die angeblichen sagenhaften Erfolge anderer Mitbürger - charakterisiert demonstrativ das gesamte Figurenpersonal allein durch den unzureichenden Erfolg im Arbeitsleben:

> We would look from one to another, not seeing the ordinary, familiar faces nor the food on the heavy white plates, our minds busy with visions of what we could accomplish with a little capital, of stores [...] of power and of wealth. (60)

Selbst der Ich-Erzähler, durch dessen Mittagspausenfreundschaft mit Canby, der eigentlichen Hauptfigur, der Leser etwas von dessen Schicksal erfährt, bleibt eine namenlose Figur ohne Privatleben. Indem auch er Teil des allein durch beruflichen Erfolg oder Neid regierten Alltags ist, nimmt er die Rolle des mitbetroffenen und damit nur in gebrochener auktorialer Funktion auftretenden Erzählers ein, der im kollektiven 'we' der Erfolglosigkeit aufgeht: "We would speak of men who had made great sums of money quickly and easily, and by comparing ourselves to them we could see that they were our superiors only in luck. [...] we talked enviously of big money and rich men, of power and wealth." (6o und 70)[39] Der im Diskurs der Erfolgsethik optimistisch verklärte *common man* ist in diesem literarischen Modell ganz unter sich und wird von keiner übergeordneten

---

[38] Calvin Coolidge, "Inaugural Address, March 4, 1925", in: *Inaugural Addresses of the United States* (Washington/D.C.: 1974), S. 216.

[39] Wie anders klingt dies wiederum in regierungsamtlichen Äußerungen des Erfolgsdiskurses, wenn Calvin Coolidge 1925 in seiner Antrittsrede, S. 221, erklärt: "This country believes in prosperity. It is absurd to suppose it is envious of those who are already prosperous."

verfälschenden Instanz mehr auf ein vergoldetes Podest gehoben. Schon allein der Titel der Kurzgeschichte signalisiert den Kontrast zum erfolgsethisch verordneten Dogma der Möglichkeit zum Reichtum für jedermann. 'Vienna Roast', das Gericht, das Canby jeden Samstag aus Sparsamkeit bestellt, stellt nichts weiter als "a horrible unpalatable mixture of scrapings and left-overs which cost only twenty cents" (61) dar. Damit ist Canby nur eine weitere zeitgenössische literarische Version des braven Bürgers und dessen mühseliger Erfolgsanstrengungen. Diese werfen ein deutliches Licht auf jenes Moment von Illusion und Wirklichkeit, welches in den Handlungsanweisungen der populären Erfolgshandbücher immer nur als stilles Echo auf das ausbleibende Glück im alltäglichen Leben anklingt. Mit den in der Antrittsrede des Präsidenten Coolidge so rosig dargestellten Erfolgsmöglichkeiten haben weder der auf seinen erfolgreichen Pokerfreund eifersüchtige Collinson in "The One Hundred Dollar Bill", noch Harold Krebs in "Soldier's Home" oder schließlich der ärmlich aussehende Buchhalter aus dem 'Arcadia Café' etwas gemeinsam.

Die Fabel, in deren Verlauf sich Canby zum bemitleidenswerten Anti-Helden entwickelt, intensiviert diese Diskrepanz, indem in ihr das von dem Erfolgsapostel Russell Conwell in *Acres of Diamonds* verwendete Schatzmotiv leicht abgewandelt aufgegriffen wird.[40] Anders aber als in Conwells Anekdote, in der ein eigentlich zufriedener Farmer seinen Besitz verkauft, um sich auf seiner fernen Suche nach dem unvergleichlichen Wert von Diamanten zu ruinieren, welche sich unter seinem eigenen Land verbergen, vertraut Canby dem Ich-Erzähler an, daß er seit Jahren auf den Kauf einer Farm hin spart, unter deren Grund er Marmor vermutet. Die während der *golden twenties* immer noch geglaubte und einstmals noch populärere Botschaft von *Acres of Diamonds*, daß Reichtum und Erfolg buchstäblich vor den eigenen Füßen liegen, trifft jedoch auch auf den in "Vienna Roast" einmal mehr idealtypisch dargestellten Durchschnittsamerikaner wie Canby nicht zu; im Philadelphia des zwanzigsten Jahrhunderts, der ehemaligen Wirkungsstätte des Pastors und Erfolgspredi-

---

40 Zum Schatzmotiv in *Acres of Diamonds*, vgl. Huber, S. 55-61.

gers Russell Conwell, herrschen für den Buchhalter inzwischen gänzlich andere Umstände:[41] "'But there ain't no chance for me where I am now, in the office, I mean to say; and so what it's come down to is that this is, you might say, my only hope.'" (66)[42]

Die Hoffnung auf weit entfernt von der Großstadt im ländlichen Vermont verborgenen Marmor erscheint wie ein Märchen, das für Canbys Ehefrau die Züge einer Fata Morgana annimmt: '"I know there's marble in that land, but she don't take no stock in it, see, she thinks it's just a crazy air castle of mine as you might say.'" (66) In Canbys kleinem Geheimnis vermischen sich der *agrarian dream* und der Erfolgsmythos des amerikanischen Traums vom Glück schlechthin; und obwohl in seine Sehnsucht nach materiellem Erfolg zwar die tradierten Klischees von eigener Anstrengung, ehrlichem Charakter und naturverbundenem Leben eingehen, steht sie dennoch nicht in Einklang mit Russel Conwells Botschaft, die den zu Hause und mit den eigenen Händen erreichbaren Reichtum verkündet und auf zweierlei hinausläuft: den einzelnen mit dem ihm zugewiesenen (Arbeits)Platz zu versöhnen und zugleich die Leistungsbereitschaft zu steigern.[43] Ebenso wenig ist Canbys Verhaltenscode aber noch zu vereinbaren mit der urbanen *white collar*-Welt und der Gesetzlichkeit ihrer Bürohierarchien, die er mit seinem kleinen Geheimnis umgehen möchte. Es ist dies eine Wirklichkeit, in der nach Ansicht des Ich-Erzählers die Verhaltensideale der *character ethic* wie 'ambition', 'thrift' oder 'hard work' längst nicht mehr funktionieren und andere

41 Vgl. dazu den Aufsatz von W. C. Crosby, S. 104: "Before the World War the Rev. Dr. Russell H. Conwell of Philadelphia and his lecture 'Acres of Diamonds,' were as standard and staple a part of the American scene as Anheuser-Busch beer [...] When, in March 1923, a crowd gathered in Philadelphia to see him receive the Edward W. Bok medal as the town's 'most valuable citizen,' he was already decayed to the estate of a mere legend."

42 Huber zitiert S. 59 aus Conwells Rede: "'I say then, you ought to have money. If you can honestly attain unto riches in Philadelphia, it is your Christian and godly duty to do so.'"

43 So berichtet W. C. Crosby, S. 105, über Conwells Botschaft: "'Where can I get rich?' This question rose in volume to the platform, and Conwell thundered oracularly, 'Right where you are. At home. Not somewhere else.'" Canby versucht demnach das genaue Gegenteil in die Tat umzusetzen, eben weil er 'zu Hause' keine Chancen hat.

- von ihm als unlauter wahrgenommene - Fähigkeiten zunehmend wichtiger werden. Unter dem wachsenden Heer von Angestellten verliert das tradierte einzelkämpferische Verhaltensinstrumentarium seine gepriesene Durchschlagskraft. Derjenige, der im *pursuit of success* bestehen will, muß sich nun auch Einsichten aus der Populärpsychologie stellen. Ohne daß in "Vienna Roast" die grundsätzliche Legitimationsfrage nach Sinn oder Unsinn des Erfolgsfetisch formuliert ist, wird aber der erfolgsethische Umbruch in den Anforderungen an Canbys Schicksal plastisch durchgespielt:

> We were forced to consider ourselves as victims, cheated of our opportunities. 'There's no use in our working for anything where we are now,' we would say, because our employers, oblivious of our efforts, were influenced only by favoritism and pull. (60)[44]

Der kleine Rechtsanwalt in "The One Hundred Dollar Bill" sieht sich in seinem Glauben an *thrift* und *virtuous character* durch das neu aufkommende Erfolgscredo der mentalen Selbstmanipulation verunsichert. Canby wiederum ist ebenso in einem Arbeitsleben situiert, das nicht mehr allein nach den Normen der *character ethic* funktioniert und das im historischen Kontext der *corporate society* immer dringender die Fähigkeit des *human engineering* abverlangt.[45]

---

44 Bruce Bartons Begegnung mit dem erfolgreichen und diszipliniert arbeitenden George W. Perkins zeigt im Vergleich zu dieser, von einer literarischen Figur geäußerten Klage, wie die zwanziger Jahre gleichzeitig noch von Überzeugungen der *character ethic* und einer schon vom geschickten Umgang mit anderen orientierten Handlungsmaxime bestimmt sind. Kontinuität und Diskontinuität existieren nebeneinander. Während führende Stimmen des Erfolgsdiskurses, wie Barton, zwar schon das Service-Ideal einer Dienstleistungsgesellschaft erkennen lassen, es aber gleichzeitig an die alten Maximen von *hard work* anbinden, deutet sich im literarischen Erfolgstopos schon der allmähliche Übergang zur *personality ethic* an. So berichtet auch Barton in *The Man Nobody Knows* (1925), S. 166: "George W. Perkins was talking about the reasons why men succeed and fail. 'I am amazed by some of the young men who ask me to use my influence to get them better propositions or increases in salary,' he said. 'Such an attitude on their part shows an absolute failure to understand the fundamentals of success.'"

45 In der zweiten Hälfte der zwanziger Jahre gewinnt der sich auf Frederick Winslow Taylor stützende sogenannte *human relation*-Ansatz in der Soziologie der Arbeit - die einer der dem Erfolgsdiskurs benachbarten Diskurse ist - an Gewicht. Auch daran ist das Zurückweichen der allein auf Disziplin und Arbeitskraft ver-

Ähnlich wie in Tarkingtons Short Story und wie überhaupt in der Literatur der zwanziger Jahre kommt dabei dem Eheleben auch bei Canbys Konflikt mit der Erfolgsethik keine gegenüber dem öffentlichen Bereich des Berufes unabhängige Funktion zu. Aus der bewertenden Sicht des Erzählers heraus wird das Verhältnis zwischen Mr. und Mrs. Canby einzig durch deren kränkelnden Zustand regiert, der seit Jahren ihren Ehemann daran hindert, endlich die Summe für den Farmkauf vollständig anzusparen: "'I was irritated also by the way he had let himself be victimized, as it seemed to me, by his wife. Owing to her he had spent practically a lifetime in getting enough money together to buy his farm.'" (68) Wie schon in "The One Hundred Dollar Bill", übernimmt die Ehefrau innerhalb des Figurenensembles die Position eines literarischen Versatzstückes, das den Erfolg signalisierenden Zugang zu den erstmals massenhaft feilgebotenen Konsumgütern an die Figur der zu verwöhnenden Frau bindet.[46] Canbys Gattin, die der Erzähler während eines kurzen Treffens in einem teuren Laden kritisch und mit deutlicher Abneigung beschreibt, setzt ihren Mann dem Kaufverlangen in einer Weise aus, die ihn weit überfordert:

> We found Mrs. Canby on Chestnut Street, in a shop which was entirely too expensive, I am sure. She was a large woman with many bracelets [...] She looked at me carefully, rather disappointed, I am afraid [...] and transferred her gaze to the expensive goods on the counter, which she surveyed in a blasé manner. 'I just love shopping,' she went on, laughing. 'I'm going to make John buy me these. They're marked down.' (67)

Jedoch erst über diesen wertenden Kommentar des Erzählers wird in der Erzählung auf eine im Verhältnis der Eheleute zueinander

---

trauenden Charakterethik abzulesen. Vgl. dazu auch den evolutionshistorischen Exkurs von Heinz-Guenter Vester, *Die Thematisierung des Selbst in der postmodernen Gesellschaft* (Bonn: 1984), S. 216-219.

46 Gerald N. Grob und George A. Billias weisen in ihrem Aufsatz "The 1920's. Decade of Decline or Destiny?," in: Dies., *From Progressivism to the Cold War: Historical Interpretations*, Bd. 3 (New York: 1972), S. 152, auf die Konsummöglichkeiten dieser Zeit hin und erklären, daß die folgenden Depressionsjahre auch die Folge einer zu großen Schere zwischen Produktion und allgemeiner Kaufkraft, "[...] a fundamental maladjustment of productivity and purchasing power", waren.

bestehende latente Oppostion hingewiesen, die Canby aus seiner begrenzten Binnenperspektive als *virtuous common man* und Versorger verborgen bleibt, wenn er seinem Freund erklärt: "'No, you mustn't be hard on Mrs. Canby. She don't think there's marble in the land, and of course, her health.'" (71) Die tatsächlichen Gründe für sein Scheitern liegen aber nicht etwa in Mrs. Canbys konkreten Luxusansprüchen und deren überraschend ärztlich verordnetem teuren Aufenthalt in Florida, der Canby im entscheidenden Augenblick wieder einmal das gesamte gesparte Geld kostet. Vielmehr bleibt die Figur der Ehefrau in "Vienna Roast" lediglich ein austauschbares Beispiel für jene schicksalhafte Züge annehmenden Beschwernisse, welche die Gäste des 'Arcadia' *per se* verbindet - ein unausweichlicher, durch gleichsam zu viele banale persönliche Hürden schon vorab determinierter Zustand des Versagens, der in den Reflexionen des Erzählers zum Ausdruck kommt, kurz bevor dieser durch den niedergeschlagenen Freund von Mrs. Canbys erneuter Erkrankung erfährt: "Ours were minor lives, filled with petty difficulties, difficulties like having a wife who was sick and domineering." (70)

Die gemeinsame Erfahrung eingeschränkter Erfolgsmöglichkeiten und nicht zuletzt die zweifelhafte Rolle der Ehefrau lassen damit eine sympathisierende Allianzbeziehung der Erzählerfigur zu Canby entstehen: "There was gradually built up between us a sort of wordless understanding, as though we two were the only ones with sufficient fortitude to accept existence without repining." (60) In den Augen seines Freundes erhält der sogar noch an seinen Zigarren sparende Canby von der ersten Begegnung in dem tristen Lokal an bis schließlich zur Schlußszene mit der Nachricht von den bevorstehenden Unkosten der Kur Mrs. Canbys die Rolle eines Hoffnungsträgers für den 'kleinen Mann', der entgegen allen Hindernissen die Verwirklichung von Wohlstand wahrzumachen versucht: "But one of us could disregard them and plod steadily ahead, a mediocre champion, perhaps, but a champion, the champion of weak men whose cause was lost from the beginning. Might he be successful, at last!" (70) Canbys verbissenes Festhalten an seinem 'Marmortraum' verweist unmittelbar auf Russell Conwells ehemals von Philadelphia ausgehende allegorisch verschlüsselte Botschaft, die den Reichtum 'im eigenen

Garten', sprich, am eigenen Arbeitsplatz, zu Hause, und im unablässigem Leistungseinsatz versteckt sieht.

Das damit angesprochene auf Standhaftigkeit und auch Sparsamkeit beruhende Erfolgsethos der *character ethic* hatte aber seinen Höhepunkt in den zwanziger Jahren längst erreicht und sollte durch den Eintritt Amerikas in eine *white collar*-Dienstleistungsgesellschaft allmählich an Bedeutung verlieren. So steht der 'Champion des Durchschnitts' allein schon deshalb auf verlorenem Posten. Zudem verletzt auch noch der Weg, den Canby zum Wohlstand gewählt hat - ebenso wie etwa Collinsons Pokerspiel - seinen eigenen ihm durch die Charakterethik diktierten Verhaltenscode, welcher den 'schnellen Dollar' als moralisch zu verdammende Abkürzung zum Erfolg diskreditiert: "a-get-rich-quick scheme" (65), wie es der Erzähler ironisch und skeptisch zugleich gegenüber Canbys Plan anmerkt, ist den Tugenden der Ausdauer und des harten Arbeitens diametral entgegengesetzt. Von vornherein stellen also allein schon rein erfolgstechnische Gründe - die im Abdanken begriffene Charakterethik und der Einsatz von *thrift* und *perseverance* für ein zweifelhaftes Vorhaben - den endgültigen Triumph in Frage.

Als eine schon beim ersten Eindruck des Erzählers im abtretenden Verhaltensparadigma der *character ethic* angelegte Figur kann Canby seinen Traum vom Glück darum nur verfehlen. Er ist so einem unlösbaren Dilemma ausgesetzt, da er, ähnlich wie der angestellte Rechtsanwalt Collinson in "The One Hundred Dollar Bill", in seiner Position eines unscheinbaren Buchhalters mit keiner noch so guten Leistung Aussicht hat, befördert zu werden. Neue Fähigkeiten, eben geschicktes Auftreten und damit just die beklagten Strategien von 'favoritism' und 'pull', sind das Gebot der Stunde einer kommenden Generation von *white collar*-Angestellten. Sie repräsentieren Handlungsoptionen eines auf Abhängigkeit von anderen ausgerichteten Berufs- und Alltagslebens, die an dem alternden, fünfundvierzig Jahre alten Canby vorbeigehen: "'I'm getting, as you might say, pretty well on in years, and its harder to save money, what with everything goin' up, and all. I get scared sometimes no matter how careful I've planned something may turn up the last minute. You can never tell.'" (69) Während die durch *success literature* und republikanische Wirtschaftseuphorie bestimmte öffentliche Meinung sich in einer optimistischen Goldgräbermentalität einrichtet, dokumentieren die Konflikte der literarischen Figuren dagegen auf verschiedene Weise eine unterhalb der offiziellen Wahrnehmungsschwelle manifeste Orientierungslosigkeit im Umbruch zur *corporate society.*

Dem Erholungsurlaub von Mrs. Canby im sonnigen Florida, der alles mühsam ersparte Geld ihres Mannes aufzehrt, kommt hier lediglich die Bedeutung einer auf der Fabelebene greifbar individualisierten und im Figurenentwurf festgeschriebenen Erscheinungsform des Scheiterns zu. Dieses ist jedoch nur das Symptom eines strukturellen und gesellschaftlich übergeordneten Wertewandels, dem gegenüber persönliches Handeln von einzelnen machtlos bleibt. In "The One Hundred Dollar Bill" ist es der erfolgreiche, im Vergleich zur Charakterethik aber anderen Verhaltensregeln gehorchende Pokerfreund, der den sparsam lebenden Rechtsanwalt Collinson verunsichert. Auch Canbys auf Sparsamkeit und Disziplin aufbauendes Selbstverständnis wird in Frage gestellt - in seinem Falle durch den Gesundheitszustand seiner Frau, der von Jahr zu Jahr kostspielige Kuren notwendig macht: "'It was Mrs. Canby,' Mr. Canby said, speaking in an odd, strained voice unlike his usual tone. 'The doctor ordered her to Florida for the winter.'" (71) In der Perspektive des Erzählers, der die eingeschränkte Binnensicht der Hauptfigur 'von außen' erweitert und objektiviert, stellt sich die Rolle Mrs. Canbys dabei einzig wieder über das Kriterium der Nützlichkeit für das materielle Wohlergehen ihres Mannes dar. In "Vienna Roast" reproduziert die so gewichtete Bedeutungszuweisung zwischen Arbeits- und Privatleben damit die für den literarischen Erfolgstopos der zwanziger Jahre kennzeichnende Sujetstruktur, die suggeriert, daß individuelle Anstrengungen, die von der 'Reproduktionssphäre' möglichst unbehelligt bleiben, in der 'Produktionssphäre' unweigerlich zum Erfolg führen. Sobald die private Sphäre wie etwa in "The One Hundred Dollar Bill" oder in "May Day" (negativen) Einfluß auf die Hauptfigur hat und sich nicht den Anforderungen der Arbeit unterordnet, ist das berufliche Fortkommen in Frage gefährdet.

Bis zur enttäuschenden Nachricht über den ärztlich angeratenen Kuraufenthalt unterstreicht Canbys mehrmals erwähnte typische

Handbewegung beim Essen daher selbst gestisch seine ungebrochene und 'aufrechte' Entschlossenheit: "Pleased, he smiled at me, his knife, held in his fist, resting upright on the table." (64) Nachdem Canby sich der bitteren Einsicht in die Notwendigkeit einer Kur für seine Frau stellen muß und auf den so lange herbeigesehnten Reichtum nun noch einmal warten muß, hält die Erzählung für den Protagonisten zwar nicht ein mit dem Mangel versöhnendes 'Dennoch' parat. Kein *deus ex machina*-Effekt glättet das Erlebnis des Mangels. Dafür weist das literarische Modell der Erzählung aber die Lösung des als Problem erkannten tiefgreifenden Umbruchs im Erfolgsgedanken weiterhin der überkommenen, vom Handlungspotential des einzelnen überzeugten Weltsicht zu. Während Canby wieder vor dem Freund sitzt und seiner Enttäuschung Luft macht, überträgt sich nicht mehr Optimismus, sondern Resignation auf seine Gestik. Statt die Gabel aufrecht zu halten, fällt seine Hand jetzt nur noch schwer auf den mittäglichen Tisch im 'Arcadia', in dem der Erzähler seit Tagen gespannt darauf gewartet hat, den von ihm zum 'Champion des *common man'* ernannten Kollegen nicht weiter anzutreffen. Der Zwang zum Erfolg - mit allen vom einzelnen nicht zu verantwortenden Schwierigkeiten - bleibt trotz des kritischen Untertons in "Vienna Roast" eine individuelle Bürde: "'Well, then, in six years, maybe ...' He seemed to sag forward suddenly, and let his hand fell heavily on the table." (71)

Edwin Seaver, "The Jew" (1928)

Die bisherigen Textbeispiele haben literarische Fallstudien eines durchweg im Rahmen der Charakterethik konstruierten *common man* gezeigt, der sich ausschließlich an der Erfahrung des mangelnden materiellen und beruflichen Wohlergehens aufreibt und als 'Fossil' eines veralteten Wertegefüges im Arbeitsleben auf der Stelle tritt. Ein Jahr vor dem Börsenkrach, der das amerikanische Erfolgsbewußtsein nachhaltig erschüttern soll, transzendiert die ästhetische Botschaft von Seavers Short Story die in literarischen aber auch nichtliterarischen Äußerungen bislang vorherrschende Erscheinungsform des Erfolgstopos. Die hier erkennbare Attacke auf das überkommene, sich auf dem Rückzug befindliche Erfolgsparadigma mit dem ihm eigenen rein individualistischen Leistungsethos und identitätstsiftenden Primat der Arbeit antizipiert einen Modus der literarischen Codierung, der sich erst während der kommenden Dekade in der wirtschaftlichen Depression durchsetzen wird.

Nicht mehr das 'Wie' der Jagd nach dem Geld, sondern der Zwang zum möglichst perfekten Rollenspiel und das weitaus grundsätzlichere Problem, ob die Erfüllung von bestimmten Erfolgskriterien allein das persönliche Glück ausmachen, charakterisieren die Sorgen der Hauptfigur in "The Jew". Der Widerspruch, der zwischen einem zugelegten 'Image' und dem eigenen 'Selbst' entsteht, gibt dem Konflikt mit dem Erfolg eine sujetbestimmende Qualität, die der literarischen Verarbeitung im euphorischen und geschäftsgläubigen Klima der zwanziger Jahre fremd ist - im Falle von *Babbitt* erscheint dieses Problem nur andeutungsweise am Ende des Romans und dann auch lediglich als nebulös geäußerte Abschlußreflexion im Zusammenhang mit den Plänen des Sohnes. Es ist sicherlich kein Zufall, daß es ausgerechnet ein Jude ist, dem in der vorliegenden Erzählung die Aufgabe zukommt, aus seiner Außenseiterposition unter den anderen Figuren heraus eine neue Qualität in die Verarbeitung des Erfolgstopos einzuführen. Ist in den bisher besprochenen Textbeispielen die Prämisse einer Einheit von beruflichem oder materiellem Erfolg und individueller Identität unangetastet geblieben, so eröffnet sich durch den Juden Aarons die Frage nach dem Bestehen von persönlichem Freiraum neben jeder leistungsabhängigen Tätigkeit.

The "Jew" setzt mit der überraschenden Kündigung Aarons', also mit der Schilderung vom Ende seines kurzfristigen, das Arbeitsklima unter den anderen störenden Aufenthalts in dem Redaktionsbüro einer Firma ein. Der somit schon allein durch den narrativen Aufbau gesetzte Akzent, der herausstreicht, welche Veränderung und Unruhe die Anwesenheit der Hauptfigur ausgelöst hat, betont um so mehr das Verlangen der anderen Redakteure nach der ungestörten und, vor allem, unbezweifelbaren Routine ihres Beruflebens. Gleichsam programmatisch steht darum die erleichterte Erklärung des Erzählers am Anfang: "After Aarons had left the office, we all felt much better." (258)[47] Allein die als Exposition vorweg erzählte Rückblende auf diesen Tag erstreckt sich über eine der insgesamt nur vier Seiten langen Erzählung. Mit ihrem euphorisch eingefärbten sprachlichen Duktus, der die von allen abfallende Spannung wiedergibt, stellt sie den atmosphärischen Kontrast zur folgenden zweiten und zentralen Erzählsequenz - Aarons' Zeit der Anwesenheit - her:

> Suddenly we all began talking and laughing at once. We actually became hilarious and laughed at each other's remarks [...] 'Hurrah for Aarons! There's one Jew less in the Company.' It was as if a load had suddenly dropped from our shoulders. The very atmosphere of the office seemed lighter now [...] Nothing so remarkable had happened in the office for years. [...] Before he came to the office, we all got along together fine. (258 und 259)

Aarons, der neue Mitarbeiter in der Redaktion der Presseabteilung eines großen Unternehmens, löst zwar durch seine Art, die redaktionelle Arbeit zu erledigen unter den Kollegen einen Wettbewerb um die Frage des 'richtigen' Weges zu Wohlstand und Reichtum aus und bringt mit seiner scheinbar spielerischen Leistungsauffassung die alten Überzeugungen durcheinander - insofern bewegt sich die Konfliktdarstellung noch auf der Ebene der vorangegangenen Modelle. Darüber hinaus kommt der allein schon wegen der jüdischen Herkunft zum Außenseiter gestempelten Figur aber die viel entscheidendere Funktion zu, die Grundfesten der tradierten Überzeugung von der Vorrangstellung der erfolgreichen Arbeitsleistung für ein gelungenes Leben zu erschüttern. Mit dieser Haltung wird eine grundsätzliche Verunsicherung angesprochen, die besonders die Verarbeitung der Erfolgsproblematik während der folgenden Wirtschaftskrise formen wird.

Wie schon in "Vienna Roast", erhält der Leser durch einen Ich-Erzähler, der als Mitbetroffner die Sicht und den Wertehorizont der anderen Mitarbeiter des Büros teilt, Einblick in die Geschehnisse um die Hauptfigur. Dieses Mal nimmt die erzählerische Instanz jedoch die feindselige Wahnehmungsperspektive der Mehrheit ein und teilt die nachhaltige Irritation, die das unerwartete und vom Gewohnten ab-

---

[47] Seitenangaben in Klammern beziehen sich auf Edward J. O'Brien, (Hg.), *The Best Short Stories of 1928 and the Yearbook of the American Short Story* (New York: 1928), S. 258-261.

weichende Verhalten des Kollegen Aarons hervorruft. Die dabei aufdringlich oft eingestreuten kommentierenden Bemerkungen haben beim Leser den Effekt, daß er das offenkundige Bemühen, den Rezipienten in eine Zustimmung erheischende Solidarität mit den im Büro geltenden Überzeugungen zu drängen, auch als ein solches entlarvt - der Gestus scheinbar unvoreingenommener und nicht zuletzt ethnischer Toleranz auf Seiten des Erzählers steht nämlich nicht nur in Kontrast zum tatsächlichen Verhalten der Mitarbeiter. Die auf die erzählten Ereignisse zurückblickenden resümierenden Äußerungen widersprechenden sich zudem sogar noch in sich selbst. So liest man einmal: "Not that Aarons was a bad sort. On the contrary, we all liked him a lot, even though he was a Jew." (258) Doch nur wenige Abschnitte später heißt es dann, wiederum aus der Blickrichtung des Erzählers: "When you come right down to it, I guess we didn't like Aarons so much, after all. He was a strange yid; we could never make him out. I suppose Aarons was what you might call a red. I mean he was a born trouble maker." (259)

Was also ist eigentlich, im Hinblick auf die Auseinandersetzung mit dem Erfolgstopos, geschehen? Die ethnische Außenseiterfigur des Juden, die insbesondere in der amerikanischen Literaturtradition als ambivalente Identität immer schon zwischen den beiden Polen von perfektem Leistungs- oder Integrationsstreben und Dissonanz mit dem herrschenden Kulturcode charakterisiert ist,[48] zeichnet sich zunächst einmal unter den anderen Angestellten der Redaktionsabteilung durch gute Arbeit aus: engagiert geschriebene Manuskripte gehen ihm leicht von der Hand. Die Short Story könnte damit in ein überraschendes Loblied auf die gelungene Integration in das amerikanische Leistungskarrussell einmünden und den *melting pot*-Effekt beschwören, wenn nicht paradoxerweise gerade erst mit diesem Erfolg der Konflikt entstehen würde, den Aarons durch sein Haltung des *detachment* heraufbeschwört. Indem er Distanz zu seiner Tätig-

---

48 Vgl. dazu auch George Harmon Knoles, *The Jazz Age Revisited* (New York: 1968, Nachdruck der Ausg. v. 1955), S. 65: "The United States represented the material but not the spiritual home of the Jew. The Jew found himself entirely at home in this 'wealth-producing, money-spinning country,' yet he lived his own life and thought his own thoughts."

keit behält, demonstriert Aarons eine von seinen Kollegen fundamental abweichende Arbeitsweise und berufliche Einstellung. Er stellt sich damit unbeabsichtigt auch gegen das im Büro zum unausgesprochenen Konsens erhobene Persönlichkeitsbild der *character ethic*, welches sich in den zwanziger Jahren eben (noch) durch das alte Ideal der harten Arbeit und (schon) durch jenes von Bruce Barton popularisierte *service*-Konzept[49] definiert; so heißt es in einem der auktorialen Kommentare zu Aarons' Arbeitseinstellung: "It seems to me a fellow owes something to the company that's hiring him. Deuce take it, if we don't like our jobs we know what we can do." (259) Diese das Geschehen immer wieder kommentierenden und zugleich reflektierenden Einschübe zwischen den in der Figurenrede gehaltenen Passagen rücken den gleichzeitig in der Maske des 'I' und 'we' auftretenden Ich-Erzähler überdies in die Nähe jenes von Identifizierung mit den Unternehmenszielen getragenen Arbeitsethos, dem der aufkommende 'Human-Relation'[50] Ansatz während der zwanziger Jahre seine wissenschaftliche Legitimierung gibt:

> As members of the editorial bureau, we felt that we were important factors in the company. After all, it was we who presented the company to the public; it was we who wrote the bosses' speeches for them. In our way, we were, as the vice-president - commercial relations - once said to us in conference, artists. (259)

Es ist dies eben ein Leistungsverständnis das - ganz so, wie es die Figur der Mutter in Hemingways "Soldier's Home" vor ihrem Sohn Harold vertritt - jegliches eigennützige Profitstreben im Zusammen-

---

49 Etwa, wenn Barton, S. 167, über die Arbeitshaltung des erfolgreichen George W. Perkins sagt: "What did Perkins mean if it wasn't that he and his friends buried themselves in their great undertaking, literally lost their lives in it?"

50 Der *Human-Relation*-Ansatz schenkte dem Arbeitsklima und dem darin existenten gruppenorientierten Zugehörigkeitsgefühl neue Aufmerksamkeit. So wurde als überraschender arbeitssoziologischer Nebeneffekt der 1927 in den Hawthorne-Werken durchgeführten sogenannten Hawthorne-Experimente entdeckt, daß soziale Beziehungen am Arbeitsplatz und menschliche Anerkennung durch Vorgesetzte und Kollegen die Produktivität des einzelnen deutlich steigern - eine Entdeckung des motivierenden *group factor* also. Vgl. dazu den Exkurs in Vester, S. 216-219.

hang mit dem kollektiven Funktionieren der Gemeinschaft[51] sieht und in den Kurzgeschichten "Mendel Marantz - Housewife" (1922)[52] oder "Episode in a Machine Age" (1927)[53] sogar eine befreiende Wirkung

---

51 Huber schreibt dazu S. 397: "The service concept cleansed the profit motive of gross selfishness. Individual success and business profits were a consequence of service *pro bono publico.*"

52 David Freedman, "Mendel Marantz - Housewife," in: Edward J. O'Brien, (Hg.), *The Best Short Stories of 1922 and the Yearbook of the American Short Story* (Boston: 1923), S. 151-170: Mendel, die männliche jüdische Hauptfigur wird in dieser Story als ein zwar erfindungsreicher aber völliger Nichtsnutz dargestellt, der regelmäßige Arbeit scheut. Die Familie steht wegen seiner zumeist unbrauchbaren Patente und für die Massenproduktion ungeeigneten Erfindungen kurz vor dem Ruin. Nachdem seine Frau aus lauter Verzweiflung selbst eine Tätigkeit annimmt, um den Unterhalt zu sichern, gelingt Mendel, der jetzt die Hausarbeit übernehmen muß, mit der Konstruktion eines "Combination House-Cleaner" (170) der 'große Wurf', der noch dazu sofort von den Rechtsanwälten einer großen Firma aufgekauft wird. Voller Bewunderung erklärt eine Nachbarin der erstaunten Ehefrau: "'It makes in five minutes what I do a whole day,' Rifke rambled along. 'They call it such a fancy name - Combination House-Cleaner. It cleans everything. The stranger is from a company which goes to make millions cans like this.'" (170)

53 Cambray Brown, "Episode in a Machine Age," in: *O' Henry Memorial Award Prize Stories of 1928* (Garden City/N.Y.: 1928), S. 134-147: In dieser sozialkritisch eingefärbten Short Story werden innerhalb der Figurenbeziehung zwischen Geoffrey Lane, dem überarbeiteten Schriftsteller, und dem Schreibmaschinenfachmann Mr. Kent, der seine Handarbeit nun durch eine von ihm nur noch monoton zu bedienende Maschine erledigt sieht, zwei zeitgenössisch brisante Konfliktmomente im Kontext von individueller Schaffenskraft und technisch rationalisierten Fertigungsweisen angesprochen. Einerseits leiden beide unter der deutlich gesteigerten Produktionsgeschwindigkeit einer rationalisierten Arbeitswelt, so daß etwa Lane Mühe hat, die von ihm verlangten Seriengeschichten für eine in kurzen Abständen gedruckte Zeitschriftenreihe zu schreiben; andererseits sind Kents und Lanes Schwierigkeiten unmittelbar verbunden mit der neuen Zauberformel 'service' einer Dienstleistungsgesellschaft, die ihre Produkte möglichst effizient und schnell anbieten möchte - daher beklagt sich Kent: "'They don't need men like me no longer [...] All they need is wops or just kids, to stand and feed their bloomin' machines. No use for brains. All the brains has gone into the machine. You just stand and feed it.'" (139) Die Erzählung endet mit einer symbolischen Geste der Solidarität des Schriftstellers. Indem Lane den zum Bandarbeiter degradierten Schreibmaschinen-Mechaniker bittet, sein Schreibgerät, das er durch einen wütenden Schlag auf die Typen 'schachmatt' gesetzt hat, kraft

auf die Protagonisten ausübt. Die in der Pressestelle der Firma mit dem Begriff 'artist' derart hochgehaltene Arbeitsmoral, die redaktionellen Tätigkeiten in der Eigenschaft von Künstlern zu verrichten, steht jedoch in diametraler Opposition zu Aarons' Leistungsethos. Seine Haltung beraubt die beruflichen Aufgaben jeglicher Verklärung oder ideeller Überhöhung und ordnet sie auf dem Niveau der bloßen täglichen Prostitution ein: "'When you're a harlot you have to know how, eh, boys?' he would say, banging away at his machine and talking all the time." (259) Eine der als programmatisch zu charakterisierenden inneren Monologsequenzen des Erzählers über den Einfluß des jüdischen Kollegen greift diesen Gedanken des individuell Menschlichen gegenüber der Erfolgsjagd dann zwar auch auf; doch kaum, daß hier die Unterscheidung zwischen eigener Selbstachtung und Wertschätzung der Arbeit in seinem Kommentar getroffen worden ist, wird sie aber auch schon im nächsten Satz mit dem beide Kriterien vereinenden und harmonisierenden Begriff 'self-respect' unmerklich wieder aufgehoben: "A man's got to feel some respect for himself and his work. Aarons robbed us of our self-respect. Every day we took our jobs more and more as joke." (259) Aarons, der innerhalb des Figurenensembles der Story die Position des provozierenden Antagonisten einnimmt, hält solcher ideellen Stilisierung des Arbeitslebens eine ungeschminktere Wahrheit entgegen, welche Leistung nicht mehr im traditionellen Sinne bewertet. Seine Selbsteinschätzung erinnert an Marxsches Gedankengut, indem er sich in der Rolle einer feilzubietenden Ware sieht. Die Arbeitskraft, die er anzubieten hat, macht gleichsam nur den 'öffentlichen' Teil seiner Individualität aus und bestimmt nicht ausschließlich sein persönliches Glück. Der Angestellte ist in den Augen Aarons nur die Hure des Unternehmens: eine Einstellung, die den gesamten bisher gültigen Wertekanon des Erfolgsdiskurses *ad absurdum* führt.

---

seiner handwerklichen Fähigkeiten zu reparieren, wird das Dienstleistungsprinzip in seiner menschenverachtenden industriellen Praxis verneint. Stattdessen erscheint es mit Lanes demonstrativer Anfrage nach Hilfe in seine eigentliche, dem einzelnen dienliche Funktion restituiert: "'You're an expert mechanic, aren't you?' Geoffrey reminded him. 'Then come over and fix this typewriter!'" (147)

Die offizielle *service*-Ideologie der Unternehmensleitung mit ihrer Verklärung des Berufs als künstlerischer und zweckfreier Profession oder Aarons Sicht der kommerziellen und zweckgebundenen Prostitution des Arbeitenden - größer könnte die Herausforderung für die Solidarität der Bürogemeinschaft nicht ausfallen: "It wasn't any one thing in particular that he did. I guess it was just the fact that he was among us upset the whole morale of the office." (259) Der Versuch der anderen Figuren, das trotz der wenig ernsthaften Berufsauffassung bestehende hohe Leistungsniveau ihres unorthodoxen Mitarbeiters auch in ihren Manuskripten zu erreichen, indem sie das vermeintlich unbekümmerte aber erfolgbringende Auftreten Aarons' imitieren, scheitert auf der ganzen Linie. Ihre Verbundenheit mit den überkommenen Normen der Charakterethik, die im historischen Kontext einer modernen *corporate society* zudem noch durch das Ideal von *service* und *commitment* verlängert wird, bleibt unüberwindbar. Eben weil sie im Koordinatensystem der *character ethic* handeln, sind sie unfähig, eine vom Arbeitszusammenhang unabhängige eigene Personalität wahrzunehmen, die nicht allein mit der Leistung steht und fällt. Erneut erscheint das existentielle Ineinssetzen von Arbeit und Selbstwert durch den Erzähler als sprachliches Sediment in seinen Aussagen, wenn das Selbstwertgefühl des Ichs untrennbar - 'ourselves and our jobs' - mit der des Berufes verknüpft ist:

> What I mean is, he made us all feel kind of foolish, and before we knew what had happened we were all playing up to him. [...] We made out to each other we were getting real reckless and didn't give a hang for anything or anybody, but underneath it all I think we were beginning to get scared of ourselves. You see, it was affecting our work. [...] It became harder and harder to write inspirationally, the way the boss wanted us to and we would sit for hours before our machines tearing up sheet after sheet of paper and cursing ourselves and our jobs. (259)

Den Höhepunkt und Umschlagspunkt der Erzählung bildet schließlich das für Aarons durch den Chef ausgesprochene und den Kollegen völlig unbegreifliche Lob:

> But the climax came one day when the boss called us into conference. What do you suppose he said? 'You could all take a lesson from Aarons,' the boss said. 'When he writes he puts his whole heart into it. [...] I

> want to see more of his conviction in your work hereafter.' (260)

Mit dem ob dieses Beifalls völlig ungerührt dasitzenden Kollegen wird die zunächst unversöhnliche Opposition zwischen Aarons als 'harlot' und den anderen Figuren als 'artists' aufgehoben. Die Hauptfigur ist selber - auf ihre Art - ein Künstler. Aarons spielt die geforderte berufliche Hingabe in Perfektion, identifiziert sich dabei aber nicht mit diesem Leistungsanspruch, der ihm nur äußerliche Attitüde bleibt: "But the more fun Aarons made of his work the better copy he turned out. [...] and he would grin down his long nose as if we were the big joke." (259) Die Ausdruckskette 'playing up to him', 'his long nose', 'as if we were the big joke' und schließlich Miss Childes neidvolle Bezeichnung von Aarons mit "old fool" (260) erinnern in diesem Zusammenhang an den ursprünglich mit der höfischen Tradition verbundenen Topos der Welt als ebenso tragischer wie komischer Bühne, auf der alle Beteiligten - mit Ausnahme des wissenden Narren - bewußtlose Marionetten sind.[54]

Diesen Part des langnasigen Narren übernimmt Aarons allein schon in seiner Eigenschaft eines jüdischen Außenseiters im Figurentableau des Büros. Er steht über den Dingen, da er sie durchschaut: "'There's no fool like an old fool, eh, Mr. Aarons,' Miss Childe said, sort of laughing". (260) Ähnlich dem Shakespearschen *fool*[55], der es sich leisten kann, über dem Ernst der Wirklichkeit zu stehen und die gesellschaftlichen Spielregeln zu persiflieren, ist Aarons' fröhlicher Sarkasmus aber zugleich auch eine extreme Form, in der bürgerlichen Leistungsgesellschaft zu überleben - für ihn hat diese Haltung jedoch nicht eine materielle, sondern eine seelische Dimension, die erst mit dem Beginn des wirtschaftlichen Kollapses der folgenden Jahre für die Codierung des Erfolgstopos an Brisanz ge-

---

54 Diese Beobachtung wird auch unterstützt durch den archaischen Begriff 'harlot' für Prostituierte(r), den Aarons explizit auf sich anwendet und dem eine in das Mittelalter zurückweisende Bedeutungskomponente zu eigen ist.

55 Vgl. dazu David M. Zesmer, *Guide to Shakespeare* (New York: 1976), S. 334: "The Fool is in the tradition of the prophetic madman who sees and speaks the truth, which he knows, to quote Enid Welsford's classic study, 'not by ratiocination but by inspired intuition.'"

winnt. Die demonstrative Anerkennung durch die Geschäftsleitung, die ausgerechnet Aarons eine an der Charakterethik orientierte idealistische Arbeitsmoral zuerkennt und die seine freiwillige Kündigung auslöst, stellt den Kontrast des gelungenen äußeren Auftretens zu seiner wirklichen Motivation deutlich heraus. Je perfekter Aarons nach außen das Bild des fleißigen und von der Arbeit überzeugten Mitarbeiters hervorkehrt, desto stärker entfremdet er sich von seinen wirklichen Bedürfnissen. Um so mehr mißt die in die Rede des Chefs eingehende Metapher vom 'whole heart' die qualitative Differenz zwischen dem Anspruch der selbstlosen Hingabe und dem kalkulierten Einsatz im Sinne der Prostitution aus. Gerade der Triumph nach dem geglückten 'Als ob' erinnert Aarons daher an die schmerzliche Einsicht, daß jedes Arbeiten sich verkaufen und damit sich seiner selbst begeben heißt: "He sat there, holding his head in his hands as if he had a headache. He had never been so quiet before." (260)

Die Schlußszene schließlich fügt der Figur des Juden Aarons nur noch jene tragische Qualität hinzu, die dem literarischen Vorwurf des wissenden Narren immer schon inhärent ist. Zur allgemeinen Überraschung bedient er sich nun einer Sprache, die die anderen Redaktionsmitglieder nur schwer verstehen können und mit seiner bisherigen Clownerie nicht in Einklang zu bringen vermögen. Zweimal muß Aarons anheben, um seine Niedergeschlagenheit verständlich werden zu lassen. Er versucht dies zuerst auf eine Weise, die dem für seine Kollegen als selbstverständlich erachteten Credo von harter Arbeit und notwendig garantiertem Erfolg fremd bleiben muß: "'Suppose you couldn't get a job, suppose, no matter how hard you tried, you couldn't fit in anywhere, would you let your wife walk the streets for you?' Mr. Mold was so surprised he actually turned pale." (260) Doch auch mit dem letzten Erklärungsanlauf, der an die ursprünglichen, aber uneingelösten Versprechungen der Erfolgsethik auf uneingeschränkte individuelle Freiheit und Zufriedenheit anknüpft, bleibt Aarons unverstanden:

> 'Don't get angry, please,' Aarons went on in that strange, pleading voice that was so new to us. [...] Suppose you didn't want another job, you just couldn't stick it any longer, see, and you knew you could never

> be satisfied with another job, would you let your wife and child go shift for themselves sooner than go on humiliating yourself?' (260)

Wie diametral diese Figurenaussage dem ansonsten vorherrschenden Selbstverständnis gegenübersteht, ist an dem von Mencken abgegebenen sarkastischen Kommentar zur zeitgenössischen Erfolgsmanie abzulesen, die den diskurs- und erfolgsgläubigen amerikanischen *common man* genauso wie auch die anderen Charaktere der Short Story bestimmt:

> Any man with a superior air, the intelligence of a stockbroker, and the resolution of a hat-check girl - in brief, any man who believes in himself enough [...] can cadge enough money in this glorious common wealth of morons to make life soft for him.[56]

Aarons' resignierter Gang zum Waschbecken besiegelt schließlich nur den abrupten Entschluß zu kündigen in nahezu feierlicher Manier, indem die Reinigung der Hände auf den jüdischen Reinheitsritus anspielt. Obwohl Aarons die äußerliche Integration perfekt gelungen ist und er die ihn zutiefst demütigenden Leistungsnormen erfüllt hat, kehrt er zurück in die ihm als Jude anhaftende Rolle des gesellschaftlichen Außenseiters und wäscht sich rein vom Stigma der Prostitution: "The Fool, having finished his work, mysteriously disappears from the play."[57]

Das Bemühen, seine für die Kollegen eben gerade deshalb so unbegreifliche Niedergeschlagenheit zu erklären, die ihn befallen hat, läuft auf eine Unterminierung des gängigen Erfolgscodes hinaus: es ist der für die *booming twenties* nahezu ketzerische Versuch, den identitätsstiftenden Primat der Arbeit für ein glückliches Leben anzuzweifeln. Lange bevor die Äußerungen eines Dale Carnegie, Lin Yutang oder Norman Vincent Peale in den dreißiger, vierziger und fünfziger Jahren die vernachlässigte Größe des 'nicht-öffentlichen' Ichs außerhalb des leistungsbezogenen Raums von Beruf und Arbeit erkennen lassen, weist schon der Erfolgskonflikt der Figur des Juden Aarons dem Privaten angesichts einer zunehmenden Bedeutung von zwischenmenschlichem strategischen Handeln den Status des ei-

---

56 Mencken, S. 18.

57 Zesmer, S. 335, zur Rolle des Narren bei Shakespeare im allgemeinen und in *King Lear* im besonderen.

genständigen und entlastenden (Gegen)Raums zu. Gleichzeitig läßt sein von Versorgungspflichtgefühl und Verantwortung geprägtes Verhältnis zur Familie die Aufwertung von Liebe und Ehe in Richtung einer Solidargemeinschaft erkennen. Die Figur Aarons' deutet mit ihrer für die Entwicklung des literarischen Erfolgstopos neuen 'Sorge um sich'[58] die erst den kommenden erfolgsethischen Stellungnahmen eigene, dort aber unausgesprochene Intention an, sich weniger um die geringer werdende Wahrscheinlichkeit von Karriere und Wohlstand als um die kleinen und großen seelischen Krisen des einzelnen bei Enttäuschungen zu kümmern. "The Jew" markiert damit allerdings eine Schwelle im herrschenden Diskursstand, für die es kurz vor dem historischen Ereignis des Börsenkrachs noch nicht 'an der Zeit' ist. Erst durch den Zusammenbruch einer als unfehlbar geltenden materialistischen Ideologie am 24. Oktober 1929 und durch die folgende Wirtschaftskrise erhält die Entwicklung im Reden über Erfolg die notwendige Dynamik für den endgültigen Paradigmenwechsel, auf den die Erzählung hindeutet. So sind perfektes Rollenspiel und auf Anpassung an vorgegebene Normen bedachtes Handeln wichtiger werdende Verhaltensweisen, die Aarons sich gleichsam spielerisch zu eigen macht. Sie weisen auf jenes Erfolgsgebaren hin, das erst in den folgenden Jahren stärkeres Gewicht erhält; in der Nachkriegszeit wird es dann als *counterfeiting* die Auseinandersetzung um Leistung und Erfolg beherrschen.

---

58 Vgl. dazu die kulturgeschichtliche Studien von Michel Foucault, *Sexualität und Wahrheit*, Bd. 3: *Die Sorge um Sich* (Frankfurt: 1989).

III. DAS ENDE ALLER TRÄUME: *YOU CAN'T KEEP A GOOD MAN DOWN.* DER ERFOLGSTOPOS IN DER WIRTSCHAFTSKRISE ZWISCHEN TROTZIGEM AUFBEGEHREN UND NÜCHTERNER SELBSTBESCHEIDUNG

> Thus, the legend of starting at the bottom, the world-diffused idea of the American hero, logically directed us to the Armageddon of the world - big business. We didn't know what to expect. That was part of the game. [...] To the youngster, the initials of our great corporations represent the highest American culture. What is he to do when he discovers that intrigue, bootlicking, "good fellowship," all the mores of clerkship, mean advancement in the pondrous organisations? [...] The great American game of starting from scratch is definitely out.[1]

Während der Wirtschaftskrise wird der sich seit den zwanziger Jahren andeutende Paradigmenwechsel von der *character* zur *personality ethic* endgültig vollzogen. Der Schock der Wirtschaftskrise beschleunigt dabei lediglich die seit längerem zu beobachtende Abkehr vom Glauben an den integren Charakter und *the gospel of hard work* als die alleinigen Garanten des Erfolgs:[2]

> With or without the depression, the personality ethic was inevitable in a nation which over the years was undergoing a shift from a scarcity economy to an economy of abundance, from a production economy to an economy of consumption.[3]

Lange bevor jedoch Dale Carnegie mit seinem 1936 erschienenen Bestseller *How to Win Friends and Influence People* - einem Buch, das nichts weiter als einen gezielten Verhaltenskatalog für den ge-

---

1 Pare Lorentz, "A Young Man Goes to Work," *Scribner's Magazine*, 89 (1931), S. 206 und 208.

2 Huber schreibt S. 274: "The shock of the Great Depression hastened the shift. In 1933 the number of unemployed exceeded the number in the armed services during World War II a decade later. [...] The bitter decade of the 1930's seemed to mock the equation of hard work equals success. [...] The depression forced a reexamination of the old route to wealth."

3 Huber, S. 275.

schickten erfolgsorientierten Umgang mit anderen anbietet -[4] die Schwelle der Veränderung im Erfolgsdiskurs nur noch explizit ausformuliert, zeugt der literarische Erfolgstopos schon vom Eintritt in die neue Phase. Das verzweifelte und niedergeschlagene gesellschaftliche Klima dieser Jahre scheint sich in einem dazu komplementären Figurentypus niederzuschlagen, der fast trotzig um Aufstieg und Anerkennung oder schlicht ums Überleben kämpft. In den Kurzgeschichten wird nun eine Version des *common man* in Szene gesetzt, die sich beim zwischenmenschlichen Taktieren in bürokratisierten Großunternehmen aufreibt und der das Bemühen, möglichst perfekt aufzutreten, und der Einsatz gezielter Bildungsmaßnahmen zur oft sogar ans Besessene grenzenden Verpflichtung werden.

Was das Beherrschen von Erfolgsstrategien betrifft, so hat das Leistungsstreben des literarischen 'kleinen Angestellten' im Vergleich zu seinem Vorgänger der vergangenen Dekade an Komplexität gewonnen. Die Figuren treten nicht selten wie ein lebendiges *patchwork* von verschiedenen, zeitgeschichtlich ungleichzeitigen Verhaltensoptionen auf, von denen die *character ethic* nur noch ein Teil, nicht aber mehr das bestimmende Prinzip ist. Dieser Wandel in der literarischen Codierung des Erfolgstopos läuft parallel zu den Auswirkungen eines in seiner Autorität schwer angeschlagenen Erfolgsdiskurses, der sich bei Äußerungen von 'Erfolgsaposteln', Industriellen und Politikern durch ein ständiges Schwanken zwischen dem ver-

---

4 Der Akzentwechsel in nicht-literarischen Äußerungen des Erfolgsdiskurses in Richtung auf das interpersonale Handlungsmuster wird sicherlich wesentlich durch die Dynamik einer sich ausbreitenden *white collar*-Dienstleistungsgesellschaft befördert. Doch auch der entstehende Druck, solidarische Reaktionen zu entwickeln und - wie die *New Deal* Reformen es verfolgen - mit anderen zu kooperieren bilden ein Beispiel für das, was Foucault in seiner *Archäologie des Wissens* unter den 'Bedingungen der Möglichkeiten' für eine Aussage versteht. Wenn Arthur Miller in seiner Autobiographie *Timebends* (London: 1987) rückblickend auf die dreißiger Jahre, S. 265, erklärt "that a new kind of hero had walked on the scene, a man whose self-respect demanded solidarity with his fellow men", dann bekommt ein Titel wie Dale Carnegies *How to Win Friends and Influence People* auf der zeitgenössischen Folie der mentalitätsgeschichtlichen Bedingungen seiner Aussagen eine Tiefenschärfe, die über den reinen erfolgsstrategischen Aspekt hinausgeht und eine neue Facette in das amerikanische Individualitätsverständnis einführt.

zweifelten Rekurs auf das Rezept der harten Arbeit und der Verkündung der neuen Idee eines Personalitätskultes auszeichnet.[5] *Discipline, self-reliance* und *hard work* als Verhaltensmuster haben ihre durchschlagende Überzeugungskraft eingebüßt und werden unaufhaltsam durch die von Carnegie ausformulierten Regeln der Imagepflege verdrängt, welche ein chamäleonartiges Anpassen der eigenen Persönlichkeit an jeweilige Gesprächspartner und Situationen verlangen. Als typischer zeitgenössischer Figurenentwurf korrespondiert diesem Verlust der sicher und eindeutig geglaubten Werte ein allseits 'aufgerüsteter' und sich für alle Eventualitäten trainierender Protagonist - der aber kommt lediglich als eine traurige Karikatur der aus den Reihen der offiziellen Geschäftswelt geäußerten Ansichten daher:

> 'They know they've **got** to be good, and they're not taking any chances by giving anyone else an unnecessary break.' They're fighting for every advantage and holding on to it like a vise when they get it.'[...] 'Our younger generation still believe there's a ladder to climb to a future, though they realize it's a tougher ladder.'[6]

Gerade die Figurenentwürfe, die sich 'on the job' in ihrem beruflichen Fortkommen neben einem eigenen Arsenal von *self-help-manuals* und anderen Bildungsmaßnahmen auf exzessiv-harte Arbeit verlassen und genau damit aber keinen Erfolg haben, beantworten die tiefe Unsicherheit und Angst jener Jahre auf ihre künstlerisch codierte Weise: mit der Entlarvung der Vergeblichkeit sämtlicher Erfolgsorientierungen; und zwar auch jener in traditioneller Manier auf Selbsthilfe zurückgreifenden Ratschläge, die selbst ein progressiver Politiker wie Roosevelt in einer Rede während der Präsidentsschaftskampagne von 1936 noch beschwört: "So, first of all, let me assert my firm belief that the only thing we have to fear is fear itself -

---

5 In seiner Autobiographie beschreibt Miller, S. 214, das vorherrschende verunsicherte gesellschaftliche Klima am Beispiel vom 'Mann auf der Straße' so: "People then had a way of looking movingly at one another on the streets, there always seemed to be a kind of question in their eyes - 'Are you making it? What are you doing that I could do? Are you in? How can I get in?'"

6 Lynd: S. 484 und 485: So der Kommentar zweier Geschäftsleute aus *Middletown* zu der ins Geschäftsleben strebenden Jugend.

nameless, unreasoning, unjustified terror which paralyzes needed efforts to convert retreat into advance."[7]

Vorstellungen der entthronten Charakterethik, des *New Thought* aus dem beginnenden zwanzigsten Jahrhundert und der neuen *personality ethic* bestimmen die Charakterprofile der Protagonisten simultan. Gerade diese bunte Mischung weist auf das Moment akuter gesellschaftlicher Orientierungslosigkeit hin; und nur so kann der Einfluß der zeitgeschichtlichen Situation, die verunsichernde wirtschaftliche Depression, im (narrativen) Spiel beschrieben werden. Diese jedoch schlägt sich in der differenzierteren literarischen Verarbeitung eben anders nieder als in den publikumswirksamen Aussagen der selbsternannten Erfolgsstrategen, welche - wie Roosevelt mit seinem *New-Deal*-Programm - nur Selbstsicherheit und Vertrauen in die überlieferten Überzeugungen verbreiten und aufrechterhalten wollen, also nur nach vorn blicken.[8] Doch die Figuren, die sich perfektionistisch in ein möglichst großes Spektrum von Strategien für den Beruf einüben, bilden lediglich eine Seite des zeitgenössischen literarischen Erfolgstopos. Demgegenüber besteht zu dieser Variante die Darstellung von zumeist recht jungen Ausgestoßenen und verzweifelt nach Arbeit Suchenden, die gerade noch am Rande oder bereits außerhalb der geheiligten Mittelschichtsexistenz lavieren - ent-

---

7 Roosevelts erste Antrittsrede - vgl. *Inaugural Addresses*, S. 235. Vgl. dazu auch die bei allem Reformwillen letzlich konservativ bleibende Konzeption des *New Deal*-Präsidenten: "The most serious threat to our institutions comes from those who refuse to face the need for change. Liberalism becomes the protection for the farsighted conservative ... 'Reform if you will preserve.' I am that kind of conservative because I am that kind of liberal." (Zitiert nach Baltzell, S. 235).

8 Vgl. dazu auch Erik H. Eriksons Analyse des vorherrschenden Zeitgeistes während der Wirtschaftskrise in *Dimensionen einer neuen Identität* (Frankfurt: 1975), S. 111: "Es war die Zeit des New Deal. Ein großes und wohlhabendes Land war in eine traumatische ökonomische Depression gefallen, die, wie ich heute sehe, das Gefühl bewirkt haben muß, die selbst geschaffene Identität sei gelähmt und ihre Erneuerung in Frage gestellt. In der tiefsten Phase der Depression erschien ein Führer, der selbst nicht auf seinen zwei Beinen stehen konnte, weil er von der Hüfte abwärts gelähmt war [...] und da seine Stimmung das Unglück, das ihm zugestoßen war, Lügen zu strafen schien, und seine Stimme sich schallend über jede emotionale Depression erhob, konnte er den Geist der Masse neu beleben."

weder als fragile Träumer, die apathisch in den Räumen des *YMCA* vegetieren, utopischen Hoffnungen auf ein 'anständiges Leben' nachsinnen und auf nahezu kafkaeskem Setting den Eingang in die Gesellschaft suchen, wie etwa in Saroyans "The Daring Young Man On the Flying Trapeze" (1934)[9]; oder aber als Kleinfamilien und Paare, die verbissen an ihrem Aufstiegswillen festhalten und selbst trotz der Sorge um die nächste fällige Miete hoffen, erneut erhobenen Hauptes auf die Straße gehen zu können.[10]

Anders als in den optimistischen *booming twenties* rückt dabei das Privatleben, insbesondere die Liebe und die Ehe, neben das bislang dominierende Arbeitsleben in seiner Funktion als eigenständiger Ort der individuellen Expressivität und Selbstverwirklichung auf. Im vorherrschenden Figurenpersonal des literarischen Erfolgstopos wird die Subjektstelle einer herausfordernden und Luxus einklagenden Ehefrau nun mit der Figur einer solidarischen Partnerin besetzt: eine Veränderung des literarischen Modells, welches in deutlichem Gegensatz etwa zu "Soldiers's Home" steht, wo der Hauptfigur Krebs die Heirat in Form einer rein institutionellen Ergänzung zu gelungener beruflicher Leistung zugewiesen wird. Damit löst das Bild des umsorgenden '*good wife*' das der hauptsächlich in der Rolle von zu umwerbender *womanhood* auftretenden (Ehe)Frau ab. Es verleiht so der Erfahrung eines aussichtslos erscheinenden *pursuit of success* Ausdruck in der Aufwertung der ehelichen Solidargemeinschaft und der Abwertung der Liebe als eines bloßen romantisierten Statussymbols neben dem beruflichen Erfolg. Selbst Romane wie John Steinbecks *The Grapes of Wrath* (1939) oder Henry Roths *Call It Sleep*

---

9 Gesammelt in Harry Hansen, (Hg.), *O'Henry Prize Stories of 1934* (Garden City/N.Y.: 1934), S. 45-51. Der in der Story auftauchende Hinweis auf Kafkas Roman *Das Schloß* ist, S. 47, überdeutlich, während der arbeitslose junge Schriftsteller - die namenlos bleibende Hauptfigur der Geschichte - auf die geschäftige Stadt zugeht und von einem Hügel aus sehnsuchtsvoll deren große Türme betrachtet: "From a hill he saw the city standing majestically in the east, great towers, dense with his kind, and there he was suddenly outside of it all, almost definitely certain that he should never gain admittance."

10 Nahezu paradigmatische Qualität besitzt hierfür Morley Callaghans im folgenden besprochene Short Story "The Blue Kimono" (1936).

(1934), deren im unteren sozialen Milieu situierte Figuren sich ständig mit dem puren materiellen Existenzkampf konfrontiert sehen, weisen dem Problem der Solidarität in der Familie und dem Gewicht eines privaten schützenden Gegenraums sujetorganisierende Bedeutung zu.

In den beiden hier nicht ausführlich behandelten Stories "I Can't Put Two and Two Together" (1936)[11] von William Saroyan und "Slow Death" (1932)[12] von Erskine Caldwell erhalten der Besitz oder das Fehlen eines 'Zuhauses' und die sich aus der Institution Ehe ergebende gegenseitige Verantwortlichkeit der Verheirateten ein fast ebenso großes Gewicht für die aussichtslose Lage der Hauptfiguren, wie deren Verlust von Arbeit und materieller Absicherung. Demgegenüber zeigt das offizielle Reden über Erfolg mit 'alternativ' zu nennenden Publikationen wie Lin Yutangs *The Importance of Living* (1937), Walter B. Pitkins *Life Begins at Forty* (1932) nur eher beiläufig und am Rande des Erfolgsdiskurses, daß jetzt die Privatsphäre als Gegengewicht zum unsicher gewordenen öffentlichen Bewährungsraum der Arbeit stärker wahrgenommen wird. In Dale Carnegies Verkaufsschlager, der die beruflichen Erfolgsvorstellungen der

---

[11] Vgl. dazu im folgenden die Interpretation der Kurzgeschichte "Fame Takes the J-Car ", in der auf diese Story von Saroyan verwiesen wird.

[12] Vgl. Erskine Caldwell, "Slow Death," in: Ders., *Jackpot. The Short Stories of Erskine Caldwell* (Garden City/N.Y.: 1943), S.245-252: Die Schilderung der unwürdigen Lebensbedingungen von zwei Arbeitslosen während der Wirtschaftskrise läßt Erzählung Caldwells zu einer flammenden Anklage gegen die fehlende soziale Absicherung und gegen Entsozialisierungstendenzen in einer Gesellschaft werden, die mit Scheitern und Mißerfolg nicht umgehen kann. Kern der Story ist der Tod des arbeitslosen Dave, der von einem Auto überfahren wird und unter den gleichen unwürdigen Bedingungen lebt wie sein Freund Mike, aus dessen Sicht der Leser von den Ereignissen erfährt. Dabei wird in der Story das Moment der unaufhaltsamen Vereinzelung und des sozialen Abstiegs von Dave besonders an dem Verlust jegweder Solidarität durch die Umwelt festgemacht. Minutiös erzählt Mike, wie nach Daves Entlassung aus der Fabrik der Vermieter die Wohnung wegen Zahlungsrückständen unaufhaltsam zerfallen läßt, die Ehefrau ihn verläßt und er schließlich beide Töchter verliert. Der Verfall des Privatraums wird hier gleichzeitig zur Chiffre des Verfalls von Schutz vor den brutalen Gesetzen des öffentlichen Lebens, wenn Dave nachher zusammen mit Mike unter einer Brücke in Kartons hausen muß.

personality ethic sozusagen auf ihren praktikablen und nachlesbaren Nenner bringt, findet man immerhin ein ganz am Schluß angehängtes Kapitel mit dem Titel "Seven Rules for Making Your Home Life Happier": "Many men [...] think nothing of barking at their wives. Yet, for their personal happiness, marriage is fare more important to them, far more vital, than business."[13] Der narrative Aufbau der Kurzprosatexte zeigt dafür um so deutlicher, wie bei den 'on the job' dargestellten Figuren Geld und materieller Wohlstand vor dem eher immateriellen Ehrgeiz zurücktreten, auf der beruflichen Statusleiter emporzuklettern und die jeweils besser angesehene Position zu erreichen oder zumindest nicht abzufallen. Die literarischen Texte weisen sogar schon in den zwanziger Jahren - lange vor den sozialkritischen Aussagen eines C. Wright Mills - das neue Setting von innerbetrieblichen Hierarchieleitern auf, mit und auf denen dann endgültig der *common man* der dreißiger Jahre seine Konflikte erlebt.[14] Das durchweg nahezu obsessive Züge annehmende Leistungsethos der Hauptfiguren erhält dabei aber jetzt durch die Andeutungen eines häuslichen Lebens sein Gegengewicht. Über die Frauenfiguren integriert die literarische Auseinandersetzung mit dem Erfolgsgedanken erstmals explizit auch Fragen des persönlichen Wohlergehens und der Freizeit, die innerhalb der Textbeispiele dem mit Leistung identifizierten öffentlichen Raum der Arbeit entgegenzustehen beginnen; die literarischen Modelle verkünden nun eher die Botschaft der Selbstbescheidung und mahnen das seelische Glück ebenso wie die Würde des einzelnen an, als daß sie noch die Ungleichheiten und die schlechte praktische Wirklichkeit im materiellen *pursuit of success* hervorheben.

---

13 Carnegie, S. 291f. Eine solche Aussage hätte zwanzig Jahre vorher in einem allein auf materielles Fortkommen ausgerichteten Reden über Erfolg - das mit Büchern à la Bruce Bartons *The Man Nobody Knows* (1925) sogar Jesus zum gründlich verkannten Geschäftsmann ausrief - keine öffentliche Aufmerksamkeit erregen können.

14 C. Wright Mills erklärt 1946 in "The Competitive Personality," *Partisan Review*, 13 (Sept.-Oct.), S. 436: "The new way up is the white collar way: to get a job within a governmental or a business bureaucracy and to rise, according to the rules that prevail, from one prearranged step to another."

James T. Farrell, "Omar James" (1931-1943)

Nathaniel James, genannt Omar, der verbissen um seinen Aufstieg in einer Chicagoer Expressgutfirma ringende Verwaltungsangestellte - "[...] Chief Wagon Dispatcher in the Wagon Call Department" (119)[15] - scheint nahtlos an das ungebrochene Streben nach beruflichem Erfolg anzuknüpfen, das den Figurenentwürfen während der zwanziger Jahre auf der Folie eines aufstiegsoptimistischen Erfolgsdiskurses zu eigen ist, der noch durchweg die Durchsetzungskraft des einzelnen betont. So haben der gestrauchelte Yale-Absolvent Sterrett, der schon rein äußerlich von blasser Mittelmäßigkeit gezeichnete kleine Rechtsanwalt Collinson oder schließlich Canby, der eisern auf seinen Marmorschatz hinsparende Buchhalter, zumindest noch durch befreundete Familien, persönliche Bekannte oder Berichte der Arbeitskollegen die Gewißheit von greifbar nahem materiellen Wohlstand. Sie alle scheitern vornehmlich, weil sie beim konsumorientierten *Keeping up with the Joneses* ihre verinnerlichten und der Charakterethik zugehörigen Erfolgsstrategien verfehlt haben oder weil sie schlicht nicht in der Lage sind, sich den neuen Gegebenheiten im *pursuit of success* anzupassen. Die Figurenentwürfe vermitteln jedoch in ihrer Mehrzahl den Eindruck, daß die Verwirklichung der Erfolgsmöglichkeiten als nach wie vor real greifbare allein auf dem nur 'richtigen' Einsatz der Fähigkeiten des einzelnen gründet.

Dagegen gerät das in der Hauptfigur von Farrells Erzählung zu beobachtende demonstrative Anklammern an *the gospel of hard work* zur traurigen Karikatur eines den *Poor Richard* beschwörenden Leistungsethos, wenn Omar sich noch spät abends zu Hause weiterbildet: "Omar devoted most evenings to what he called study." (123). Es ist dies ein Habitus, der durch Omars permanent überarbeiteten Zustand[16] und seinen schließlichen Zusammenbruch geradezu zu einer Konterkarierung jener eher trotzigen Stimmen der Erfolgsstrategen

---

15 Zahlen in Klammern beziehen sich auf die Short Story-Sammlung James T. Farrell, *To Whom It May Concern And Other Stories* (New York: 1944), S.119-138.

16 "Omar usually woke up tired." (125)

umschlägt, die sich während der krisengeschüttelten Depressionsjahre wider jedes bessere Wissen defensiv auf die traditionellen Werte berufen:

> Deprivation may have created some doubt in the validity of the dream of success, but it also created a need for secure faiths to cling to; and probably nothing was more firmly established as a faith worth holding to than the traditional ideology of success.[17]

In Farrells an übermäßiger Anstrengung zerbrechender und gerade deshalb auch erfolglos bleibender Hauptfigur wird einer rückwärtsgewandten Erfolgssehnsucht nach einzelkämpferischer Siegesgewißheit aber die verschwiegene Wahrheit vorgehalten; Omar folgt diesen zunehmend unzeitgemäßen Strategien bedingungslos bis zur letzten Konsequenz, der Selbstaufgabe:

> His gospel was one of efficiency, and he tried to implement it in the most rigid manner [...] And he believed, with unshakable faith, that he would one day be rewarded for all he did. (120f.)[18]

Während in allen bisherigen literarischen Modellen - bis auf "The Jew" - Ehe oder Familie als bloßes institutionalisiertes Anhängsel zum Primat des beruflichen Erfolgs figurierten, ist an Omar und den folgenden Figurenentwürfen eine entscheidende Veränderung zu beobachten. Heirat, Liebe und häuslicher Raum entwickeln sich im historischen Kontext der Irritationen eines unfehlbar geglaubten Leistungsdogmas allmählich zum Rückzugsraum der Protagonisten. Die Macht des verdrängten Eros und Omars mit Arbeitsdisziplin abgetötetes Verlangen nach unverbrauchter Zuwendung, das die Begegnung mit einer jungen Frau erneut zum Leben erwecken kann, beleuchten die Aufspaltung seiner Figur in ein privates und ein öffentliches 'Ich'.

Bereits im einleitenden der insgesamt sieben Abschnitte der Kurzgeschichte werden in der Darstellung des Arbeitsraumes die Akzente eines zeitgenössischen Erfolgsdiskurses abgerufen, der sich im we-

---

17 Hearn, S.79ff.

18 Chenoweth erwähnt, S. 83, Dorothea Brande, die in ihrem zwischen 1936 und 1941 vierundzwanzig Mal neu aufgelegten Buch *Wake up and Live* (New York: 1936) ihre Leser vor dem 'Willen zum Scheitern' warnt und ihnen den Rat gibt, sich so zu verhalten, als sei Mißerfolg unmöglich.

sentlichen durch trotzige Verteidigung der alten Optionen von harter Arbeit im Sinne der *character ethic* auszeichnet: der zugleich aber, bedingt durch die wirtschaftliche Notlage, weniger das Erreichen materiellen Wohlstands wie Auto, Schmuck oder Kleidung betont als die Erfüllung von beruflicher Integration und den ebenso geduldigen wie geschickten Umgang mit Menschen für den Aufstieg auf innerbetrieblichen Statusleitern.[19] Anders als in der literarischen Aufnahme des Erfolgsdiskurses der zwanziger Jahre gewinnt Omars Konflikt innnerhalb des Beziehungsgefüges zu anderen Figuren im Berufsleben an Gewicht. Er wird nun auch von Erwägungen des zwischenmenschlich-strategischen Handelns nach den Vorstellungen einer *personality ethic* bestimmt, welche Omar eklatant verletzt: "Almost from the beginning he was unpopular with the other wagon men. They considered him a boss's man who spoiled it for everyone else and [...] they thought he was trying to put on the dog." (119) Der Arbeitsplatz nimmt dabei für ihn Züge des Kampfes und der persönlichen Bedrohung durch andere Mitarbeiter an. Aus Angst vor Fehlern, die seine mittägliche Vertretung begehen könnte, zwingt er sich dazu, die Pause nicht mehr außerhalb des Gebäudes zu verbringen: "Then, if a complaint went to the Old Man, it would be on his record [...] Spurred on by his ambitions, Omar finally abandoned taking a lunch hour out." (121) Auch muß er es hinnehmen, daß seine in die Abteilung eingeführten ohrenbetäubenden Telefonsummer nach einem harten Disput auf Anordnung des Vorgesetzten wieder entfernt werden: "Omar James swallowed his defeat [...] And when he became even more harsh with the clerks and

---

19 Brandes Buch propagiert eher den in der Figur des Omar James' transportierten Rückgriff auf *the gospel of hard work* angesichts der nachhaltigen Erschütterung des Erfolgsglaubens - zu vergleichen etwa mit der von Chenoweth kommentierten Äußerung eines Autors: "One writer says, 'To one who has learned the lesson of hard work nothing is really impossible in America' [...] The value of work is exaggerated until talent, ability and economic circumstances are beside the point." (Hearn, S. 65). Dale Carnegies Position dokumentiert dagegen in seinem 1936 erschienenen Titel *How to Win Friends and Influence People* die Anpassung der Erfolgsstrategien an das zunehmend schwieriger werdende Fortkommen in dem auf interpersonellen Fähigkeiten beruhenden Arbeitsleben einer *corporate society*.

chauffeurs he was cursed and disliked on all sides." (120) Mit diesem Verhalten manövriert er sich innerhalb eines Arbeitsalltages, der vom Umgehen mit Kollegen und Vorgesetzten nach Maßgabe der *personality ethic* beeinflußt ist, noch stärker in eine völlige Außenseiterrolle. Im zeitgenössischen Kontext von Massenarbeitslosigkeit und einer Erfolgsethik, die deutlich hinter den ungehemmt optimistischen Tönen von Bruce Barton oder Emil Coué in den zwanziger Jahren zurückbleibt, deutet "Omar James" den zum neuen Erfolgskriterium avancierenden Zwang an, sich bedingungslos der Bewertung durch andere ausliefern zu müssen, um in einem von knappen Arbeitsplätzen belasteten *pursuit of success* bestehen zu können.[20] Die zunehmend wichtigere Anforderung, nach außen eine 'passende' Persönlichkeit aufzubauen und der tradierte Verhaltenskodex eines Einzelkämpfertums, das auf die innere Disziplinierung ausgerichtet ist, kollidieren im vorliegenden literarischen Modell.

Omar James' Erfolgsstreben richtet sich denn auch nicht auf Geld oder Konsumgüter, sondern vielmehr auf seine Autorität über Kollegen und einen qualifizierenden Titel, der ihm Respekt verschafft:

> His new position carried no increase in his pay, nor any change in his status, but nevertheless he prided himself in the honorific title of Chief. He [...] had authority over the department clerks who answered telephones and kept the wagon record sheets. (119)

Ganz im Sinne von Dorothea Brandes aufrüttelndem Appell in *Wake Up and Live*, die alten amerikanischen Tugenden zu ehren, stürzt sich Omar in seine Arbeit,[21] selbst Kinobesuche mit seiner Frau kommen für ihn nicht mehr in Frage: "For a while she had urged him to go with her, but finally she had given this up. She left home troubled and lonely". (124) Doch diese an Benjamin Franklins

---

20 So bemerkt Huber, S. 293, zu diesem neuen Akzent im Erfolgsdiskurs: "Your value is measured by the price others are willing to pay for you. Your sense of identity is defined by what others think of you."

21 Chenoweth kommentiert, S.83, diese schon bei in Brandes Titel auffindbaren Tendenzen zur Wiederbelebung des Glaubens an *the gospel of hard work* während der Depression: "Americans were to be 'constant workers' who limited the periods they spent with friends or on entertainement so that they would not be distracted from the goals they were to achieve."

Ratschläge erinnernde und ursprünglich Erfolg und Gesundheit gleichermaßen versprechende disziplinierte Arbeitshaltung nimmt innerhalb des großen hierarchisierten Expressgutunternehmens an der Figur des Omar James die Form einer Leib und Seele zerstörenden Plackerei an:

> He wanted responsibility and knew that unless a man accepted it, he could not climb up the ladder [...] With the passing months, he became more nervous. He became pasty faced and developed a chronic condition of spastic colitis. When he had served as Chief Dispatcher for a year, he was the most unpopular man in the entire wagon supervisions. (121)

Die von Symptomen der Gefühlsunterdrückung und Leistungsübersteigerung beherrschte Figur des Omar James reiht sich so in die während der dreißiger Jahre erstmals kollektive amerikanische Erfahrung des Scheiterns ein: als literarische Verkörperung des bisher ebenso sehr auf Disziplin und Durchhalten eingeschworenen wie nun auch in starrer Einsichtslosigkeit verharrenden 'kleinen Mannes', dem der Erfolgsdiskurs die Wirklichkeit einer desillusionierenden Depression auszureden bemüht ist. 'Ehrgeiz' (121), 'Willenstärke' (122) und 'Effizienz' (120) verlieren in Farrells Kurzgeschichte alle für die Erfolgsethik charakteristischen Einfärbungen und verwandeln sich an der Hauptfigur in ein Korsett der Abwehr von alptraumhaften Ängsten des Versagens - ein Zustand, der mit der auffälligen Einbeziehung der körperlichen Konstitution in Omars Figurenentwurf korrespondiert:

> But Omar was often anxious about his health. He took all kind of pills, and he would have gone to see a doctor but for the fear that he would be ordered to change his habits even at the expense of his ambitions [...] In his waking hours he was recurrently assailed by the fear that he might have a nervous breakdown. (122)

Ehemals offensive Begriffe wie "will power" (125) oder "force of will" (122), die während der zwanziger Jahre im Umfeld der *New Thought*-Bewegung dem einzelnen unmittelbar nach außen wirkenden Erfolg versprachen, verkehren sich bei Omar zu Mitteln defensiver Bewältigung innerer Unsicherheiten:[22] "Fears of ill health would

---

22 Vgl. dazu Hearn, S. 196. Er erklärt diesen subtilen Funktionswandel des auch in der Figur Omars aufscheinenden *New Thought*- und *mind power*-Gedankentums im Zusammenhang mit Napoleon Hills

even cut him like a razor. Then he would exert his will power." (125) Collinson, der kleine Rechtsanwalt in der 1923 erschienenen Short Story "The One Hundred Dollar Bill" läßt sich noch von einem seiner Freunde beim Pokern um den Glücksdollar über die gewinnsichernde Kraft des rechten Erfolgswillens aufklären. Dagegen verkommt Emil Coués[23] siegessichere mentale Formel aus den *booming twenties* - 'Day by day, in every way, I am getting better and better'- in "Omar James" zum ängstlichen Ansingen gegen einen dunklen Wald von Alpträumen, welche Omar den Schlaf kosten: "During his restless hours of sleep, he often had terrifying dreams of death." (122).

Im Anschluß an die den Arbeitsplatz und das Leistungsethos der Hauptfigur skizzierende Exposition wird der Leser in das Privatleben Omars, seine Ehe mit Sarah, eingeführt - ein Lebensbereich, der in der Erzählung für die Figurenkonzeption des Handlungsträgers nicht mehr nur, wie noch in der vorherrschenden Sujetorganisation der zwanziger Jahre, der Arbeit gegenüber untergeordnete Funktionen einnimmt. Stattdessen wird dieser Abschnitt mit einem ähnlichen programmatischen Duktus präsentiert wie die vorhergehende Beschreibung von Omars Stellung in seiner Abteilung. Gleich zu Anfang ist in ihm die das Eheleben charakterisierende ausschließlich negative Stimmung der beiden Figuren zueinander im institutionalisierten und offiziellen Raum der Liebe angesprochen:

> Omar lived in a frame house on Parnell Avenue near Thirty-fifth Street. It was a cheerless home but the rent was cheap [...] Sarah, his wife, was a plain and rather beefy woman, who wanted a nicer home than he would allow. She had long since given up trying to make their home more attractive [...] (122)

Innnerhalb der knapp zwei Seiten langen Erzählsequenz, die von der Isotopie 'Zerstörter Eheealltag' bestimmt wird, vermittelt das syntaktisch deutlich abgegrenzte Wechseln der Personalperspektive

Bestseller *Think and Grow Rich* von 1937: "While faith is maintained in the subtle manipulation of people, tacitly the focus on one's own mental condition represents an erosion of the legendary optimism of the rugged individualist who had boundless confidence in his ability to change the world [...] It was not appropriate to an age of complex corporate organisation, and certainly not to an age of dispiriting economic breakdown."

23 Vgl. Huber, S. 177 ff.

zwischen Omar und Sarah den jeweils hermetisch abgeschlossenen, kontrastiven Blickwinkel der Figuren. Die ausweglose Verständigungslosigkeit zwischen den beiden wird für den Leser unmittelbar erfahrbar. Gerade weil aber Liebe und Familie in Farrells Erzählung ausführlich in ihrer Qualität von trauriger Disharmonie zwischen den Eheleuten hervorgehoben werden und sich nicht an materiellen Unzufriedenheiten entzünden, erhält das Private eine weitaus wichtigere Bedeutung als in den bisherigen Textbeispielen. So ignoriert Omar etwa Sarahs ständige sorgenvolle Bemerkungen ob seines angespannten psychischen und körperlichen Zustands: "But he paid almost no attention to what she said [...] Heedless, in the main unaware of his wife's feelings, Omar worked away, night after night." (122 und 124) Sarahs Gedanken drehen sich dagegen nur um ein wohliges Zuhause und um ihren Wunsch, Omar als einen aufmerksamen und entspannten Ehemann erleben zu können. In direktem Anschluß an die egozentrische Binnensicht ihres Mannes auf die häusliche Situation, richtet sie sich deshalb in einer Haltung der inneren Verbitterung gegenüber dem so gänzlich unaufmerksamen und harten Omar ein:

> [...] she would silently condemm Nathaniel for having been the ruin of her life [...] a deep resentment slowly grew within her. Bitterly, she even told herself that she was merely her husband's second-hand automobile. She had no other importance in his life. (124)

Setzt allein die Existenz eines belastenden Raums von Privatem und Liebe soweit noch die vorherrschende ästhetische Codierung des (Miß)Erfolgstopos aus den materialistisch gesinnten *booming twenties* fort, so deutet sich jedoch an Sarahs Figur eine auffällige Umkehrung in der erzählerischen Funktionalisierung der Figurenstelle an, die bisher immer die unzufriedene Ehefrau innehatte. Es ist nicht so sehr der fordernde Imperativ an den beruflich wenig erfolgreichen Partner, der ihre unerfüllten Bedürfnisse ausmacht, als der Wunsch nach größerer Solidarität und nach einem privaten Leben, das neben der Arbeit als eigenständiger, gleichermaßen identitätsstabilisierender Lebensbereich besteht. So 'bremst' sie den Ehrgeiz Omars und trauert um die zerbrochene Utopie eines (häuslichen) Liebesideals:

> She didn't understand why he couldn't be satisfied with what he had already attained at the express company.

> Often she wished he were back on the wagons, doing a hard day's work each day without having to carry any responsibility on his shoulders. She had been happier then. (123)

Der Begriff 'hard work' erfährt dabei in Sarahs Gedanken eine Umcodierung seiner bisherigen Bedeutung, wenn sie "a hard day's work" mit Omars ehemaligem, einfache körperliche Anstrengung abforderndem Außendienst verbindet und eben nicht mehr mit seiner neuen Tätigkeit in der bürokratischen Organisation des Transports der Expressgutfirma. Damals nahm der Leistungsdruck aus der Sicht Sarahs nicht wie jetzt eine bis in das private Leben eindringende Macht an, und Omar erschien ihr zu dieser Zeit unbelasteter. Mit der Plazierung der Hauptfigur in einer von dem Erfolgsparadigma der *personality ethic* bestimmten Arbeitswelt, in der das zunehmend komplizierter werdende Fortkommen auch zwischenmenschliches Handeln erfordert und psychische Belastungen mit sich bringt, erhält das Private unweigerlich gößeres Gewicht in seiner Funktion des entlastenden Lebensbereichs.

Wie in den populären Magazingeschichten, deren stereotype Fabelkonstruktionen während der Depressionsjahre das kitschige *happy ending* auch im ehelichen Glück neben der Arbeitswelt entdecken, erhält das Bedürfnis nach partnerschaftlicher Solidarität und gegenseitiger Verbundenheit auch in der Figur Sarah - wenn auch *ex negativo* - eine in der Evolution des literarischen Erfolgstopos bis dahin fehlende Virulenz:

> In many stories of the thirties, by contrast [to the twenties], readers are expected to identify with characters who have become aware of the shallowness or precariousness of material success and are searching for something else [...] Similar cautionary tales stressing the evil of a fanatic devotion to work and success abound in the popular fiction of the thirties.[24]

Die heile Scheinwelt des Kinos, die angesichts der deprimierenden ökonomischen Erfahrung des kollektiven Versagens vornehmlich Reichtum und wenig Bedrückendes auf dem Spielplan hatte, wird für Sarah zum Fluchttraum: und dies nicht etwa vor einer drohenden

---

24 Hearn, S. 156 und 157.

Verarmung, sondern vor der Leere eines ehelichen Zusammenlebens mit dem arbeitsbesessenen Omar:

> Sarah went to see many movies [...] Once there, she fell into swooning reveries [...] she imagined herself loved frantically by such heroes as Wallace Reid, Charles Ray, and Patsy Gilbride. (124f.)[25]

Mit Sarah führt die Erzählung eine Frauenfigur ein, die der Ehe einen eigenständigen Wert beimißt und sich in der Rolle der 'guten Ehefrau' versteht. Sie entspricht eher dem partnerschaftlichen Anspruch auf *companionship* als dem romantischen Klischee einer verklärten, kraftspendenden Vorstellung von *womanhood* nach dem Bilde der schönen Edith in Fitzgeralds "May Day". Parallel zu dem wichtiger werdenden Erfolgsverhalten einer auf zwischenmenschlichem Umgang beruhenden *personality ethic* dokumentiert Sarahs Wunsch nach partnerschaftlicher Gemeinsamkeit damit auch einen Wandel in den literarischen Liebesbeziehungen, der nicht zuletzt durch die Erschütterung des tradierten Glaubens an den so lange geltenden *rugged individualism* nach Maßgabe der Charakterethik bedingt ist:

> She always had his supper ready for him when he came home from work [...] If all hopes of young love died as hers had, then what was the use of living? If all marriages ended this way, then marriage was awful [...] But she tried to be a good wife. (122f.)[26]

Omars ebenso verfehlte Hoffnungen[27] auf eine glückliche Ehe und die Verlängerung seines nüchternen Arbeitsethos ins gemeinsame Heim lassen der sich in Farrells Short Story nur scheinbar reproduzierenden Asymmetrie zwischen Arbeit und Liebe im Vergleich zu den

---

25 Hearn erklärt, S. 78, zu Frederick Lewis Allens Bemerkungen zum Kino der dreißiger Jahre in dessen Buch *Since Yesterday* "[...]that most films so successfully dodged the unpleasant realties of the day that they would not convey to later viewers the faintest indication that the nation experienced a crisis [...]."

26 "The personality ethic transferred the leverage factor in success from mother to wife. (The character ethic, of course, had always praised the 'good wife' - good defined as a strong moral character.) Tutors in the personality ethic dropped mother and increased the importance of the 'good wife'." (Huber, S. 285).

27 "He was afraid he was even beginning to hate her, and that sleeping with her was merely disgusting." (126)

ästhetischen Codierungen der bisherigen Textbeispiele eine neue Bedeutung zukommen:

> Omar worked away, night after night [...] It was his duty to see that the men working for him gave the company every minute of the time they were paid for [...] He would be recognized for such a service [...] Omar also read the dictionary [...] If he used good diction [...] he would gain the respect of his superiors and of the public [...] It would become easier to advance [...] He also admired newspaper articles written by H.G. Wells and George Bernhard Shaw. (124)

Als Teil jenes zweiten Abschnitts der Kurzgeschichte, der durch den deutlich markierten Wechsel zwischen der jeweiligen verbitterten Sicht der Eheleute deren gegenseitige Verständigungslosigkeit signalisiert, setzt diese ausführliche, nun wieder aus Omars Perspektive vorgenommene Schilderung seiner 'Heimarbeit' die Betonung der frustrierten häuslichen Situation konsequent fort. Die beiden der Passage unmittelbar vorhergehenden und nachfolgenden Bemerkungen aus Sarahs Sicht[28] plazieren den pedantischen Ehrgeiz Omars, zusammen mit seiner eigenen verkümmerten Sinnlichkeit, somit in einer Atmosphäre verletzter Emotionen. Leistung und Liebe stehen innerhalb des Verhältnisses der Eheleute zueinander in einem widerstreitenden Bedingungsverhältnis, da der Liebesbeziehung mit ihren nicht nach Leistung und Erfolgszwang funktionierenden Werten - im Unterschied zu den bisherigen Erzählungen - eine identitätsstiftende Qualität zukommt, die in Konkurrenz zu den Anforderungen des Arbeitslebens tritt. Omars Arbeitswut ist eben auch Konsequenz seiner brachliegenden sinnlichen Expressivität innerhalb seiner Ehe: ein Zusammenhang, der der Funktionalisierung von Liebe im literarischen Erfolgstopos der zwanziger Jahre fremd ist.

Auf diesem Hintergrund entschlüsseln sich mehrere Elemente der Fabel - Omars (Selbst)Erziehungsakt mit Hilfe eines eloquenteren Vokabulars, sein Faible für Shaw, seine Vorstellung vom Abendbrottisch als "man's filling station" (122) und schließlich Sarahs emotionale Ab-

---

28 So wird diese 'Arbeits-Passage', die Omars noch am Feierabend betriebene Fortbildungsversuche aufzählt, durch den Hinweis auf Sarahs Gefühl von Verbitterung und durch die Beschreibung ihrer melancholischen Kinobesuche umrahmt: "She felt trapped [...] Sarah went to see many movies." (124)

hängigkeit von ihm - als Anspielungen auf George Bernard Shaws Theaterstück *Pygmalion* (1913) und der darin verarbeiteten Pygmalionvorlage aus Ovids *Metamorphosen*. Anstelle Elizas, eines armen Blumenmädchens, dem der verbohrte Sprachwissenschaftler Higgins in einer Art Experiment den perfekten Wortschatz für ihren Eintritt in die feine Gesellschaft andressiert und das er zudem noch zwingt, ihm zu Hause zu Diensten zu sein, ist es in Farrells "Omar James" die Figur Sarah, die in ähnlicher Weise in ihren menschlichen Bedürfnissen mißachtet wird.[29] Allerdings ist es hier die männliche Figur, Omar selbst, der sich durch geschliffenere Ausdrucksfähigkeiten[30] eine Verbesserung seines sozialen Status erhofft; sein 'mechanistisches' Charakterbild wiederholt jedoch die emotionale Rücksichtslosigkeit und den Fanatismus, die Professor Higgins auszeichnen. Die Frage nach der Wichtigkeit und Ernsthaftigkeit von liebender Solidarität ist jedoch, ungeachtet der inhaltlichen Unterschiede, das verbindende Moment der Story und des Bühnenstückes.

In den *Metamorphosen* sind Arbeit und Liebe gemäß dem antiken Ideal noch nicht auseinandergetreten, da der König Pygmalion für die mit den eigenen Händen erschaffene Statue leidenschaftlich entbrennen kann; seine Tätigkeit ist noch direkter Ausdruck von Sinnlichkeit. Shaws und Farrells Aneignungen dieses Stoffes dagegen zei-

---

29 Professor Higgins antwortet Eliza im fünften Akt des Stücks, nachdem diese sich vor ihm über ihre dressurhafte Erniedrigung als fühlendes menschliches Wesen beklagt hat: "The question is not whether I treat you rudely, but whether you heard me treat anyone else better [...] You talk about me as if I were a motor bus." Worauf Eliza erwidert: "So you are a motor bus: all bounce and go, and no consideration for anyone." (Zitiert aus: George Bernard Shaw, *Pygmalion*, in seinen *Collected Plays with their Prefaces*, Bd. 4 (London: 1972), S. 774.

30 Diese 'Eigenheit' von Omar, den Aufstieg in eine bessere Position durch das Vokabular mitzubefördern, ist applizierbar auf die zeitgenössischen, teils soziologisch motivierten Bemühungen um den Erfolgsgedanken. Dafür kann etwa Johnson O'Connors *Human Engineering Laboratory* als Beispiel genannt werden. Connors fand in Tests heraus, daß gute Sprachkenntnisse nur von entsprechend hohen Berufsgruppen erzielt wurden. Er veröffentlichte seine Ergebnisse 1934 in der Zeitschrift *Atlantic Monthly* in dem Aufsatz "Vocabulary and Success" und trug so zu dem Interesse an dem seit der Wirtschaftskrise für das Erfolgsstreben wichtiger werdenden sprachlichen Auftreten bei. (Vgl. Huber, S. 349-351).

gen, daß die selbstverständliche Einheit von nicht zweckgerichteter sinnlicher Expressivität einerseits und instrumenteller Arbeit andererseits verloren gegangen ist. In ihren literarischen Modellen des *Pygmalion*-Stücks schließen sich ehrgeizige Arbeit und Emotionen gegenseitig aus, da sie jeweils anderen Regeln gehorchen. Dennoch wird in beiden modernen Texten kein Zweifel daran gelassen, daß Liebe und Zuwendung die 'wahren' und eigentlichen Werte sind.[31] Omars spätabendliches stoisches Auswerten von städtischen Straßenkarten, um kürzere Transportwege festzulegen, seine Bemühungen, Ausdrucksweise und Bildung zu verbessern, und schließlich sein an Bruce Bartons *Service*-Prinzip orientiertes Verhältnis zur Arbeit in der Expressgutfirma rufen die während der Wirtschaftskrise beschworene Tugend von *hard work* zwar ab; überdies wird er als eine Figur präsentiert, deren Aufstiegsstreben sich kaleidoskopartig aus den zeitgeschichtlich verschiedensten Erfolgsstrategien zusammensetzt - trotzdem bleibt die Vereinnahmung des Privaten, des Hortes für Liebe und Gefühle, durch die Arbeit wesentlich Ausdruck einer gescheiterten Vorstellung von Zweisamkeit und ist eben nicht, wie in den Jahren zuvor, ein 'normaler' Zustand.

Diese Akzentverschiebung gegenüber der tradierten Sujetstruktur des literarischen Erfolgstopos wird mit dem Auftreten des Telefonmädchens Violet endgültig manifest, das nicht weit von Omars Expressgutunternehmen arbeitet. Sie übernimmt die Funktion einer durch keine Vergangenheit belasteten Projektionsmöglichkeit für Omars unerfülltes Leben: "The girl became a part of Omar's life. He was stirred by a new sense of himself. Every morning he left home hoping to see her again." (127) Nach dieser expositorisch vorangestellten Beschreibung der neuen Lebenssituation setzt dann aber die rapide Demontage der diszipliniert und hart arbeitenden Hauptfigur ein, deren Figurenprofil in der Story innerhalb der ersten beiden Erzählsequenzen [Abschnitt I und II] im Verhältnis zu den Arbeits-

---

[31] So besteht der Höhepunkt des Theaterstücks in der Emanzipation Elizas, die am Ende mit dem gefühlskalten und nur an seinem Erziehungsexperiment interessierten Higgins abrechnet; sie demonstriert damit, daß nicht Drill und Bildung, sondern Selbstachtung sie zur Menschwerdung geführt und aus der Armut befreit hat.

kollegen und zur Ehefrau aufgebaut worden ist. Sind die beiden Lebensräume Arbeit und Ehe entsprechend der kapitelweise numerierten Abfolge des Erzählvorganges bisher noch deutlich voneinander getrennt gewesen, so gehen sie ab dem Beginn der dritten Sequenz [Abschnitt IIIf.] mit der zunehmenden verliebten Verwirrung Omars ineinander über - mehr noch, bis zu seinem schließlichen Nervenzusammenbruch und der Einlieferung in ein Sanatorium wird seine Arbeit nun durch verwirrende Liebesfantasien bestimmt. Violet weicht Omars mühsam aufrechterhaltenes Leistungsethos unaufhaltsam auf. Aus Omars Blickwinkel mit den semantischen Merkmalen einer romantischen Liebesutopie ausgestattet, bedeutet sie für ihn das Versprechen auf identitätsstabilisierende Geborgenheit, ausgelebte Sinnlichkeit und den Gegenpol zum Arbeitsleben:

> He built endless fantasies about her image. He pondered about her [...] At work, his mind often wandered from business [...] He found it difficult to read and study [...] He made mistakes himself, even giving addresses of shippers to drivers incorrectly [...] At times he [...] felt as if he were standing by as an impotent spectator watching a man named Nathaniel James lose all control of his will. (127f.)

Mit dem radikalen Verfall der sich starr an *the gospel of hard work* klammernden Figur des Omar James setzt Farrells Erzählung ein deutliches Zeichen für eine neue Gewichtung in der Darstellung von Privatem und Öffentlichem, die das bis dahin im literarischen Erfolgstopos dominierende Primat der Arbeit in Frage stellt. Violet kann die von Sarah schon aufgegebenen Hoffnungen auf geglückte Zweisamkeit in Omar zu neuem Leben erwecken. In ihrer Rolle als jüngere und begehrenswerte Frau hält sie eine verlockende Aussicht bereit, die in Sarahs Rückblicken auf die vergangenen Tage der ersten Liebe während der Hochzeitsreise mit Omar aufscheint: "She loved the memory of her feelings during their courting days and when they had gone to Niagara Falls on a honeymoon." (123)

Während die nichtliterarischen Aussagen im Reden über den *pursuit of success* im Verlaufe der Depressionszeit die kollektive Verunsicherung des Glaubens an die Validität der Erfolgskonzepte gleichsam nur 'zwischen den Zeilen' oder in veränderten Verhaltensoptionen verraten, zeichnet sich in der Entwicklung des literarischen

Erfolgstopos ab den dreißiger Jahren die Tendenz ab, den Protagonisten einen bisher vernachlässigten Raum für individuelle Expressivität anzubieten: das Private und die Solidarität spendende Beziehung in Liebe und Ehe.[32] Wie prekär die Lage des einzelnen im *pursuit of success* geworden ist und wie sehr die auf das Arbeitsleben ausgerichtete Form der Individualisierung ins Wanken geraten ist, zeigt erst die literarische Verarbeitung des durch die wirtschaftliche Krise beschleunigten Umbruchs zur Persönlichkeitsethik. Erst in der literarischen Produktion der Nachkriegsjahre wird sich allerdings zeigen, daß das bürgerliche Liebesideal und der Rückzug auf das Private im zwanzigsten Jahrhundert selbst schon gegenüber dem öffentlichen Leben zu brüchig geworden sind, als daß sie (noch einmal) die Projektion eines Ausgleichs für den einzelnen bieten könnten.[33] Doch Omar sieht in Violet ebenso eine Frau, mit der zusammen er seine geschwächte Arbeitskraft wiederherstellen kann: "If he could

---

[32] Walter B. Pitkins populärer Anti-Titel *Life Begins at Forty* (1932), in dem er Lebensqualitäten außerhalb des zumeist unhinterfragt akzeptierten *pursuit of success* betont, gehört zu den wenigen Büchern des zeitgenössischen Erfolgsdiskurses, die hier deutlich Stellung beziehen. Hearn erkennt in diesem Zusammenhang in einer Reihe von populären *magazine stories*, die er als "stories of resignation" bezeichnet, die Tendenz, das materielle Aufstiegsstreben abzuwerten und einen niedrigeren, aber dafür sichereren sozialen Status Quo schmackhafter zu machen. (Vgl. Hearn, S. 149-151 und 161).

[33] In diesem sich erst während der fünfziger Jahre voll entfaltenden Privat- und Häuslichkeitskult wiederholt die amerikanische Kultur eine als 'biedermeierlich' zu charakterisierende Lebensvorstellung, die in der europäischen Tradition - speziell der deutschen - seit dem Biedermeier mit einer konservativen und auf Harmonie bedachten bürgerlichen Ideologie verbunden wird. Vgl. dazu Jost Hermand, "Biedermeier und Restauration," in: Elfriede Neubuhr, (Hg.), *Begriffsbestimmung des literarischen Biedermeier* (Darmstadt: 1974), S. 287-312: Liebe, Ehe, und der häusliche Raum als Rückzugsraum vor "einer Welt der Canaille" (3o7) sind nur einige Stichworte, die diese Haltung umschreiben. Dieses Auftauchen restaurativer Einstellungen ist typisch für jede historische Phase des Umbruchs oder der Unruhe und trifft auch auf das Amerika der dreißiger Jahre zu. So bleiben während der *pink decade* sowohl alle reformerischen Bestrebungen der Roosevelt-Administration als auch das radikalistische Liebäugeln von vielen Intellektuellen mit dem Kommunismus letzlich motiviert durch die Entäuschung über den zerbrochenen *American Dream*; biedes bleibt Ausdruck des Wunsches nach Wiederherstellung von funktionierenden 'amerikanischen Werten'.

only sleep with her, he would become his old self once again." (128) Als Versprechen auf die in seiner Ehe fehlende und im beruflichen Konkurrenzkampf nicht angebrachte lustvolle Sinnenfreude strahlt die junge Violet Schutz und Ausgleich vor den Zwängen des Öffentlichen aus, wenn sie bei ihrer ersten Begegnung im überfüllten Bus zufällig an Omar gepreßt wird:

> The continuing pressure of the girl's body thrilled and tantalized him. He was grateful for the crowd, and his mind filled with images of lust [...] She was so warm against him. She was young and pretty. (125)[34]

Violets Eintritt in Omars Fantasien bewirkt jedenfalls,[35] daß seine gesamte Arbeitsdisziplin dadurch um so heftiger ins Wanken gerät, da er seine Sehnsüchte nicht ausleben und die stärkende Kraft des jungen Mädchens nicht in Anspruch nehmen kann. Um Violet während der Mittagspause in der Stadt zu begegnen, überwindet Omar schließlich seinen Perfektionswahn am Arbeitsplatz und ist nun wieder bereit, die Abteilung mittags zu verlassen. Zu Hause dagegen, bei Sarah, degradiert er das Essen nur zu einem lästigen 'Tanken' von Energien und erklärt ihr: "The table was man's filling station. The function of food was that of fueling up the human system. A busy man like himself had no time to waste on fueling." (122) Violet dagegen versucht er nach Feierabend auf der Straße anzusprechen und sie zum gepflegten Dinner einzuladen: "Omar was desperate. He clutched her arm awkwardly and suggested that they go to a nice swell restaurant for dinner." (134) Der traurige Höhepunkt der Short Story ist erreicht, da Omar zu seiner Bestürzung ein Liebesverhältnis von einem seiner Arbeitskollegen zu Violet entdeckt und diese ihm auf der Straße eine rüde Absage erteilt. In Omars daraufhin beschriebenem verzweifelten Besuch eines Burleskentheaters und in seinem Gang zu einer Prostituierten - beides Symbole der krudesten

34 Das kontrastive Verhältnis zwischen der bedrückenden Ehe und der warmen Ausstrahlung Violets wird mit der Wort-Opposition von "warm" zu "cold" und "empty" in der nur zwei Absätze vorher von Sarah geäußerten Bewertung ihrer Ehe auch textuell markiert: "And she left the theaters more saddened [...] She was walking from a world of her dreams back to one of cold and empty reality." (125)

35 "Sexual fantasies ran through his mind all day." (132)

Sexualität - ist seine gescheiterte Hoffnung auf heilende Sinnlichkeit und Liebe aufgehoben:

> He was depressed. Now he must again face a dull and humiliating reality [...] How could he face everyone at the office? [...] A pimp approached him. He followed the man a few yards and then up the wooden stairway of a cheap and grimy hotel. He didn't care what happened. (138)

Für Omar, dessen Selbstbild sich an den der *character ethic* eigenen Werten von moralischer Integrität orientiert,[36] bedeutet dieses Erlebnis den seelischen Ruin. Nach der Erosion seines nur unter Mühen bewahrten Leistungsethos, dem einen wichtigen Pfeiler seiner Persönlichkeit, kommt die Einsicht in die verlorene Utopie identitätsstabilisierender Liebe dem Verlust von Identität überhaupt gleich: "[...] and that was when he had a nervous breakdown and was sent to a sanatorium." (138) Gordon Sterrett in Fitzgeralds "May Day" begeht Selbstmord, da er keine Anstellung findet und durch die Heirat mit Jewel seinen angestammten sozialen Status endgültig verloren hat. Die Hauptfigur von Farrells "Omar James" zerbricht dagegen an der unerfüllten Sehnsucht nach Sinnlichkeit und Liebe, welche inzwischen einen privaten Gegenraum zum *pursuit of success* innerhalb der Öffentlichkeit bilden. Diese Veränderung des literarischen Modells dokumentiert, wie sich die nachhaltige Erschütterung des *go-getter*-Optimismus der *booming twenties* durch das kollektive Erlebnis der wirtschaftlichen Rezession und durch den Zusammenbruch alter Überzeugungen in der literarischen Verarbeitung des Erfolgsgedankens in Form einer Aufwertung des Privatraums allmählich ihren Weg bahnt.

---

36 So erwägt er voller Eifersucht, seinen Arbeitskollegen Francis fristlos zu entlassen, nachdem dieser nach einem Rendevous eine Woche nicht zur Arbeit erscheint und sich für Omar der Verdacht erhärtet, daß Violet der Grund ist: "It would be grossly unfair. He had to be fair and honorable. That was his code." (131)

George Albee, "Fame Takes the J Car" (1932)

Dem im kleinen Bridgeport/Ohio so gutgläubig wie naiv allen möglichen Erfolgsstrategien nacheifernden Straßenbahnschaffner Oliver Smith ist der für Omar James unablässig gefürchtete Alptraum des beruflichen Versagens zur Wirklichkeit geworden. Wenige Tage nachdem Oliver von seinem Personalchef und Vorgesetzten Mr. Rodney entlassen worden ist, da er in einem Anflug von Selbstüberschätzung seine Beförderung in die Führungsetage des Unternehmens eingefordert hat, wendet er sich von einem Hotel des Nachbarortes aus mit einem flehentlichen Brief an den Personalchef und bittet um Wiedereinstellung. Ausführlich schildert er darin die Vorgeschichte zu seinem 'mißglückten' Auftritt in dessen Büro:

> I am sorry I tripped over the edge of the rug and knocked down that big expensive ashtray. Oh, Mr. Rodney, I see how crazy it was of me, now; honest I do! - sitting on your desk and slapping you on the back, like my wife said her brother did; and telling you I would not take anything less than an executive position in the office with you. (12)[37]

Aus Olivers Sicht erfährt der Leser, wie dieser sich, angestachelt von den kritischen Bemerkungen des erfolgreicheren Schwagers Herb und schließlich auch von seiner anfänglich loyal bleibenden Frau Bertha, gegenüber seinem Chef zu einem aggressiveren und vermeintlich selbstbewußteren Verhalten hat hinreißen lassen - und zwar nur deshalb, weil eines Tages in der Seriengeschichte der örtlichen *Clarion Gazette* ein Schaffner auftritt, der zufällig Olivers Personalnummer auf seiner Dienstmütze trägt und diesen so zum Stadtgespräch macht. Herb entpuppt sich beim Umgang mit Oliver als *advocatus diaboli*, dessen großspuriges Prahlen über seine geschickt eingefädelten Erfolge und Tricks im Arbeitsleben das solidarische Verhältnis des jungen Ehepaares gefährdet. Er provoziert, daß die zunächst treue und verläßliche Bertha sich schließlich in ein forderndes Verlangen gegenüber ihrem Mann drängen läßt - damit aber

---

37 Zahlen in Klammern beziehen sich auf Edward J.O'Brien, (Hg.), *The Best Short Stories of 1933 and the Yearbook of the American Short Story* (Boston und New York: 1933), S. 3-13.

führt sie jenen nagenden Druck des *Keeping-up-with-the-Joneses* in die eheliche Harmonie ein, welcher dem reformerischen und auf kleine Schritte vertrauenden gesellschaftlichen Klima der Wirtschaftskrise zuwiderläuft. Die daraufhin unweigerlich eintretende Katastrophe der fristlosen Kündigung Olivers zeugt mit dem belehrenden Ablauf der Ereignisse von dem erhobenen Zeigefinger in der Fabel dieser Erzählung. Das dem *common man* noch in den zwanziger Jahren im Erfolgsdiskurs zumeist vollmundig gepredigte Ideal des *go-getter* kann auch in der Literatur als Thema einfach nicht mehr opportun sein, wenn Millionen Arbeitslose existieren und Präsident Roosevelt nur fünf Jahre nach Erscheinen der Story die *Farm Security Administration* gründet, mit deren Hilfe nicht nur die Armut der Farmer gelindert, sondern auch die bedrückende Lage des Volkes in Wort und Bild dokumentiert werden soll.[38]

Obwohl Oliver sich beim Schreiben des Briefes um Objektivität in der Schilderung der Ereignisse bemüht, bleibt sein Wechseln in die jeweilige personale Perpektive der Figuren immer eng an die eigene 'Regie' gebunden. So werden Redesequenzen der anderen beteiligten Figuren durch kurze, expositionsähnliche Statements wie "For instance, the night I am thinking of [...]" (8) oder "and they would say things like" (6) eingeleitet - ein erzähltechnisches Mittel, das die Äußerungen von Bertha, Herb und dessen Frau durch die subjektiv bleibende Wahrnehmung Olivers filtert und seine Figurensicht so zur dominierenden Instanz erhebt. Die in Olivers Einschätzung enthaltene deutliche Naivität jedoch wird durch Herbs berechnende Haltung immer wieder ironisiert, weil diese das ganze Spektrum der Erfolgshandbücher und der hehren Appelle an den Leistungswillen von kleinen Angestellten als hohles Wortgeklingel entlarvt. Dem ehrgeizigen Straßenbahnschaffner, der nach seiner sieben Jahre zurückliegenden Einstellung noch immer von Mr. Rodneys damaliger flammender Rede über das *Service*-Ideal anläßlich einer *YMCA*-Veranstaltung beeindruckt ist, hält der Schwager die schlichte Einsicht in das Kal-

[38] Zur sozialdokumentatorischen Arbeit dieser Institution und einer ihrer prominentesten Fotografen, vgl. Bernd Rasche, "Zufällig schwarz. Eine Retrospektive auf das Werk des Fotografen Gordon Parks," *taz*, 12.9.89, S. 13.

kül einer großen Firma entgegen, die zu jenem Zeitpunkt einfach nur dringend Mitarbeiter anwerben mußte:

> To show you, here is what he said that time when I first got my job with the Company. 'This guy Rodney hasn't got any of those ideals he talks about,' he said. 'He made that speech because the company needs some men right now and they sent him out to get them. That is what a personnel manager is for,' Herb says. (5)

Während der gut lebende und seine Freizeit genießende Herb jedes angelesene Erfolgsethos suspekt findet,[39] frühes Aufstehen scheut,[40] ständig wechselnden beruflichen Tätigkeiten nachgeht[41] und obendrein noch dem schnellen Geld vertraut,[42] setzt sich Olivers Persönlichkeitsprofil - ähnlich wie das von Omar in Farrells "Omar James" - aus einer bunten Mischung der verschiedensten Erfolgsüberzeugungen zusammen. George Albees "Fame Takes the J Car" stilisiert den kleinen Schaffner von Riverside/Ohio zum bemitleidenswerten Prototypen eines *common man*-Ideals, das sich bedingungslos der besonders während der Depression ins Kraut schießenden pseudowissenschaftlichen Erfolgsliteratur verschreibt, um dann aber, wie es auch Oliver in exemplarischer Weise erfährt, an der weitaus schwierigeren Wirklichkeit zu scheitern:[43]

> More than ever the dream of success and happiness became an end in itself, a fantasy which freed the indivi-

---

39 "Bertha stamps her foot. 'He makes twice as much money as you do, even if he hardly ever does work!' Zu Olivers kleiner 'Erfolgsethikbibliothek' erklärt Herb nur: "'Gee, Ollie, the jack you have wasted on those books, you could have taken Bert down to dance at the Bon Ton every night for six months.'" (8)

40 "'Why don't you get yourself a real job, like the kind I grab off for myself, where a man can sleep late in the morning?' he will ask." (6)

41 "One week he is selling real-estate, and the next stock in fake oil wells, and the next washing-machines." (6)

42 "Herb is always reading a magazine about how fellows get lucky breaks and make millions without doing a lick of work; and he is always shooting craps and playing cards and talking about his luck." (8)

43 "Direction by others who had the power to assist the individual's upward mobility was necessary to compensate for the lesser power of the will. Because of this dependancy, a conformist other-directedness became central to the dream of success." (Chenoweth, S. 85).

> dual from reality instead of infusing him with the energy and ambition needed to cope.[44]

Die in Hearns Zitat auf die populären Magazingeschichten bezogene Tendenz, die Verselbständigung eines sich selbst genügenden Erfolgsglaubens zu verklären und ungebrochen zu wiederholen, erfährt - so dokumentiert dies etwa "Fame Takes the J-Car" - in den klischeeresistenten Short Stories ihre Konterkarierung. Am Beispiel Olivers wird erkennbar, wie in der Literatur dem im Diskurs der dreißiger Jahre zu beobachtenden Versuch, den Erfolgsmythos um so vehementer zu verteidigen, die unangenehmere Wahrheit über die individuellen Möglichkeiten entgegengehalten wird: selbst wenn es in diesem Falle wieder 'affirmativ' und angesichts der Krise mit dem moralisierenden Gestus geschieht, daß sich jeder in seinen Wünschen einzuschränken habe. Hier etwa, am Detail der Funktionalisierung eines Figurenentwurfs, manifestiert sich eine der aufspürbaren Differenzen im Spiel zwischen literarischen Kodierungsmöglichkeiten und diskursivem Kontext.[45]

Trotz seiner vielschichtigen Wertewelt, die aus einem historischen Längsschnitt von Erfolgsvorstellungen besteht und die ihn so für den *pursuit of success* geradezu optimal auszurüsten scheint, mißlingt es Oliver, seine Persönlichkeit - ganz im Sinne einer *personality ethic* - 'richtig' in Positur zu setzen: "Give me another chance, Mr. Rodney! Give me a chance to show you I am not like that." (12) Im Gegensatz zu seinem Schwager versteht Oliver es eben nicht, sich zu verkaufen. Er bestätigt so die von Fancher in *Getting a Job and Getting Ahead* ausgesprochene Warnung, daß in schlechten Zeiten ein perfekter Charakter allein keinen beruflichen Erfolg garantiere. Stattdessen müsse der erfolgsuchende Leser sich als Persönlichkeit anbieten können und zwar "himself and his achievements

---

[44] Hearn, S.78, konstatiert für die dreißiger Jahre einen deutlichen Aufschwung der Erfolgsliteratur, die konkrete Handlungsanweisungen in den Vordergrund rückt, und erkennt darin eine Reaktion auf die ökonomisch entmutigende Situation Amerikas - so etwa in Dale Carnegies *How To Win Friends and Influence People* (1936) oder in Albert Fanchers für die allgemeine Krise verräterischen Buchtitel *Getting a Job and Getting Ahead* (1936).

[45] Vgl. dazu Müller/Wegmann, S.237.

with the aim of increasing his market value."[46] So gibt Oliver in dem Bittbrief an den Personalchef die Klage seiner Frau über sein im Vergleich zu deren Bruder Herb viel zu zurückhaltendes Auftreten wieder: "'Herb pushes his way into the bosses' offices and tells them all about how wonderful he is. You are too modest, Ollie.'" (9)

Der Figurenkontrast zwischen Oliver und Herb verdeutlicht damit zwei wesentliche Elemente des zeitgenössischen Erfolgsverständnisses: neben dem im verunsicherten Klima der Wirtschaftskrise so dringend gewordenen Bedürfnis nach unmittelbar anwendbaren und ergebnisträchtigen Strategien erinnert die Figur des Schwagers an das im öffentlichen Bewußtsein sich ebenfalls ausbreitende Mißtrauen gegenüber allen nicht direkt überprüfbaren Verlautbarungen und Ratschlägen.[47] Dagegen präsentiert sich der ehrgeizige Schaffner Oliver geradezu als ein lebendes Sammelsurium von Normen und Handreichungen aus den Überzeugungen der tradierten *character-* und der neuen *personality ethic* und verweist auf die schon nahezu verbissenene Tendenz, keinen Zweifel am amerikanischen Erfolgsgedanken aufkommen zu lassen.

Schon Olivers Bericht über den schulischen Werdegang des jungen Paares ruft die ebenso typischen wie klischeebeladenen Momente eines devoten Lebens im Geiste des *All-American*-Erfolgsethos ab: "We had a contest at Poly, and I was elected Man Most Likely To Succeed, and things like that all the time, I mean." (4) Beide waren während ihrer Ausbildung auf der Polytechnischen Schule Mitglieder der sogenannten *Mimerian Society*, einer Gesellschaft, deren Motto *Leadership, Scholarship* und *Character* verkündet - demnach eine ideologische Trias, deren Erfolgskriterien von führungsträchtigem Auftreten, Bildung und Tugend einen repräsentativen historischen Querschnitt durch die wichtigsten Spielarten der *success ethic* bietet. Ebenso wie in "Omar James" werden die erfolgsbezogenen Äuße-

---

46 Zitiert nach Hearn, S. 144.

47 Vgl. dazu auch Roosevelts Äußerung in seiner Antrittsrede "Inaugural Address, March 4, 1933," in: *Inaugural Addresses* S. 236: "This Nation asks for action, and action now." Auch Carnegie rekurriert in *How to Win Friends and Influence People*, S. 22, auf Spencers Erziehungsideal der Aktion: "And this is an **action** book."

rungen der mittlerweile mit einem dezidierten Dienstleistungsethos ausgestatteten Figuren auch im Falle Olivers durch das Bild einer Stück um Stück zu erklimmenden und vorgegebenen Leiter bestimmt:

> There it was just get out and hustle, for Bertha and me, from the word Go. But we knew all the biggest men in the country have started at the bottom of the ladder, and you can not keep a good man down, just like you say yourself, Mr. Rodney, in your wonderful articles in Trainmen's Topics every month. (3)

Die *Trainmen's Topics*, das örtliche Blatt *Clarion Gazette*[48] und die unterschiedlichsten Handbücher liefern der Hauptfigur ein aus stereotypen und historisch ungleichzeitigen Versatzstücken des Erfolgsdiskurses gezimmertes Wertesystem,[49] das die Qualität eines lächerlichen Popanzes annimmt:

> I have developed myself all along all lines by studying such books like Power Of Will and How to Dominate Others [...] I am five foot eight, and some of the greatest captains of industry in this country are that height. I have a nose that looks like Abraham Lincoln, too. It shows how dominating and aggressive I am. A book of mine named Character Reading At Sight says so. (7 und 9)[50]

Da schon Olivers Lesestoff, der fiktive Bestseller *How To Dominate Others*, auf das wenige Jahre später von Dale Carnegie öffentlich ausformulierte zwischenmenschliche Dienstleistungs- und Handlungsparadigma der *personality ethic* deutet, runden die Bereitschaft zu Überstunden oder der Verzicht auf Freizeitvergnügungen - als mit

---

[48] "I have a poem that I cut out of the Clarion-Gazette, by a poet, that is called It's The Man With The Smile That Wins." (6)

[49] Die im Zitat genannten Buchtitel rufen verschiedene Aussageformen des Erfolgsdiskurses ab: die charakterorientierte Ausrichtung der aus dem achtzehnten und neunzehnten Jahrhundert stammenden *character ethic*, die Anfang des zwanzigsten Jahrhunderts neue Popularität erlangende *mind power ethic* im Gefolge des *New Thought* und schließlich die von Dale Carnegie 1936 ausformulierten Vorstellungen einer *personality ethic*.

[50] Huber beschreibt, S. 344, anhand des 1928 erschienenen Buches *Your Face Is Your Fortune* einen ab den dreißiger Jahren zu beobachtenden Aufschwung von pseudowissenschaftlichen Physiognomiestudien, der in der *common man*-Variante in "Fame Takes the J Car" satirisch rezipiert wird: "The instructions were to compare descriptions and pictures in the book with the shape of your head, face, profile [...] Your character is as plain as your face."

der *character ethic* verbundene Verhaltensideale von harter Arbeit - Olivers Charakterprofil schließlich perfekt ab:

> 'Most young married couples just go to the movies after supper, but Bert and I will walk up and down Main St. just studying people [...] Or like last Xmas, when I was working extra shifts [...] they would say things like, 'Well, Ollie, I guess you will not be taking Bert to the dances down to the Odd Fellows,' will you?'" [...] 'Listen, honey,' I try to teach her, 'don't talk about breaks. It is perseverance, and loyalty, and ideals, and service that gets a man to the top.' (4, 6 und 9)

Mit einem derart 'integren' und gegenüber allen Eventualitäten gewappneten Bündel charakterlicher Merkmale, das zudem noch durch die Facette des gütigen Pfadfinders veredelt ist,[51] stellt die Erzählung die Opposition zwischen dem Figurenprofil Olivers und dem seines Schwagers Herb *expressis verbis* über den ebenfalls der *character ethic* eigenen Gegensatz von Moral und Unmoral her. Oliver kommt hierbei die Funktion einer zum einfältigen Angestellten stilisierten Figur zu, die sogar den längst überholten pseudohumanitären Sonntagsreden ihres Vorgesetzten über die unternehmerische Verpflichtung zum Gemeinwohl Glauben schenkt und die dem Eintritt ins Berufsleben den Rang einer persönlichen Offenbarung beimißt: "I tell you, it is a mighty big moment when a fellow chooses his life's work." (5) Herbs Verhaltensweisen stellen sich Oliver dagegen als moralischer Charakterverfall dar, der zudem noch seine Frau beeinflußt:

> She thinks you get rich by getting lucky breaks. She gets ideas like that from her brother Herb, that is always excited over some hairbrained scheme. [...] Other times, when she is away from Herb's immoral influence, Bertha is just the same sweet little girl I married." (4 und 9)

Herb agiert als der Gegenentwurf zu Oliver und ist sein Antagonist. Er verkörpert all die Eigenschaften und Werte, die einer auf Bedürfnisverschiebung und auf *hard work* beruhenden Ethik des Erfolgs zuwiderlaufen. Oliver attestiert ihm daher nahezu anarchistisch-kommunistische Charaktereigenschaften. Schimpfwörter wie "liar" und "bolshevic" (10), mit denen er seinen unorthodoxen

51 "I am always doing little things extra, like helping old ladies with bundles and things like that." (6)

Schwager belegt, spielen auf jene während der auch *pink decade* genannten Rezession laut werdenden 'antiamerikanischen' Stimmen an, welche das Prinzip des gesamten amerikanischen Erfolgsethos in Zweifel ziehen; im öffentlichen Verständnis dieser Jahre werden schon die geringsten kritischen Positionen - ohne jegliche politische Differenzierung - mit dem Geist von radikalen Wortführern wie Huey Long oder wie dem Radiopriester Charles Coughlin verbunden:[52] "But I tell you, there are times when I would like to take that Herb out in the alley and knock some of the sarcasm and bolshevism out of him." (7) Wie etwa in der Kolummne "Cashing In" des Magazins *American Magazine*, nimmt die von der *character ethic* verdammte Ideologie des 'schnellen Geldes' auch für die Figur des Schwagers die Qualität der hoffnungsvollen Fluchtfantasie aus der deprimierenden Wirklichkeit an.[53] Herbs Wertvorstellungen verdichten sich gegenüber der Moral der Hauptfigur zu einem beunruhigenden Angriff auf die Ehe. Sie bedrohen Olivers emotionale Harmonie mit Bertha ebenso wie deren bislang unerschüttertes Vertrauen in die berufliche Zukunft ihres Mannes, indem sie nun plötzlich der Versuchung unterliegt, die unzufriedene Ehefrau zu spielen:

> 'Oh, Ollie, I know you are going to be a big executive some day, but I want to have some fun now, like other married couples do.' Well, Mr. Rodney, I guess that was the worst shock in my life, Bert saying that. (8)

Nicht anders als in Farrells Story wird Liebe für den männlichen Protagonisten - im Unterschied zu der vom *rugged individualism* bestimmten Konfliktdarstellung der literarischen Beispiele aus den

52 So zitiert Hearn Edmund Wilsons Position in den dreißiger Jahren: "Capitalism's ideals, the values of the 'old American stock,' Wilson discarded in a sentence: 'Any validity they may have had is gone and they never were very profound in the first place.' He put his faith in 'cool-headed revolutionaries' who are not democratic in the' old American sense.'" (S. 239)

53 "Cashing In" erschien als in lockerer Folge abgedruckte Kolummne, die originelle Ideen für einen 'schnellen Dollar' prämierte. Aber auch die populären *magazine stories* entdecken, wie Hearn, S. 61 und 62, in seiner Studie beschreibt, die '*cashing-in-story*': "According to the standards of the traditional success story, which makes the assumption that success results from industry and virtue, many of these stories would have to be considered perversions of the dream."

Zwanzigern - eher zum partnerschaftliche Solidarität, Geborgenheit **und** beruflichen Erfolg absichernden Ort: "I mean that is why I got married, because my folks had passed on, and when a man has no one in the world he gets sort of shiftless and is not a success." (8)[54] Während Hemingways oder Fitzgeralds Frauenfiguren dagegen noch Züge des romantischen Liebesideals tragen,[55] ist in "Fame takes the J Car" auf der Folie einer desavouierten *go-getter*-Ethik die Ehe zwischen Oliver und Bertha schon in den dreißiger Jahren als sogenannte *mutual mobility bet* zu erkennen;[56] so schreibt Oliver seinem Chef von der Reaktion anderer auf seine Verlobung mit Bertha: "When we told Miss Farnum we was engaged, she said it was fine, because we would be civic leaders together all our lives like we were at Poly High." (3) Daß Bertha schließlich dennoch zu Hause bleibt, weil Frauen 'an den Herd gehören', wie Oliver sich ausdrückt,[57] zeigt, wie die Figur der Ehefrau in "Fame takes the J Car"

---

54 William Saroyans Story "I Cant Put Two and Two Together," in seiner Short Story-Sammlung *Inhale and Exhale* (New York: 1936), S. 217-221, verwendet Liebe und Zweisamkeit in der gleichen Weise: Hier wird das Schicksal zweier Figuren beschrieben, die sich auf der Reise nach San Franzisko kennenlernen und die beide in Kalifornien, dem 'gelobten' Westen, neu anfangen wollen. Während Joe, der Italiener, eine Anstellung findet und heiratet, bleibt der Ich-Erzähler ein 'looser'. Das persönliche Glück von Joe und seiner Frau Alma hat in der Erzählung sujetorganisierende Funktion, einmal, da die Wohnung des mitfühlenden jungen Paares dem Ich-Erzähler ein provisorisches Heim bietet, in dem er ein Zimmer bewohnt, zum anderen, da das Moment der Solidarität zwischen den beiden Eheleuten - und nicht etwa primär Joes materielle Absicherung - für den unglücklichen Freund zur positiven aber unerreichbaren Utopie wird.

55 Die schöne Edith in Fitzgeralds "May Day", Daisy aus *The Great Gatsby* oder Krebs' ästhetisierende Beschreibung der jungen Frauen seiner Heimatstadt sind hierfür nur einige markante Beispiele.

56 "The ideal wife should be highly adaptable, highly gregarious, and realize that her husband belongs to the corporation." (Huber, S. 284). Huber datiert diese Einstellung für den beruflichen Aufstieg erst auf die vierziger und fünfziger Jahre. "Fame takes the J Car" zeigt jedoch, daß die Literatur in ihrer Eigenschaft als metadiskursives System eigene 'Wirklichkeiten' schafft und so Aussagen und Positionen des außerliterarischen Diskurses vorwegnehmen kann.

57 "But I always say a woman's place is in the home." (4)

zwischen zwei gesellschaftlichen Entwürfen oszilliert: dem tradierten, mit der *character ethic* einhergehenden Bild einer moralisch-reinen *womanhood* und dem eines sich erst langsam durchsetzenden Partnermodells.[58] "One of those rich society girls"(7) aus den Geschichten über die dubiose Welt New Yorks, welche Oliver in der Sonntagszeitung eher skeptisch bewundert, könnte ihn jedenfalls nicht in Versuchung führen:

> But then I say to myself, 'No sir, you stay right here in Riverside, with this sweet moral little wife of yours, and be thankful.' No, Mr. Rodney, when I'm rich I want to have my Bert right alongside with me, that has shared all my early struggles. (7)[59]

In diese heile Welt bricht Herb förmlich ein mit seiner realistischen und jede idealistische Haltung ablehnenden Einstellung zum Ablauf des öffentlichen Lebens im allgemeinen und zu den Spielregeln des *pursuit of success* im besonderen: "Well, now I will have to tell you some of the things about Herb, my wife's brother. Every time Bert and I are happy, he and this wife of his come over and spoil it for us." (5) Nichts ist für Olivers Schwager glaubwürdig - weder die

---

58 Die Lynds bestätigen in *Middletown in Transition* (New York: 1937), daß die Frau von den Männern weiterhin für das moralisch 'unschuldigere Wesen' gehalten wird, das gleich einer *tabula rasa* unverdorben an die Öffentlichkeit tritt: "'Women,' as an editorial in 1932 observed, 'accept general standards of values men have set. They take their views of life as a hand-me-down from men [...]'" (S. 180).

59 In der 1925 erschienenen Kurzgeschichte "Gertrude Donovan" von Nathan Asch, in: Edward J. O'Brien, (Hg.), *Best Short Stories of 1925*, S. 39-52, in der die als Sekretärin beschäftigte Hauptfigur ihren Job verliert und dann widerwillig ihren aus einfachen Verhältnissen stammenden Jugendfreund heiratet, muß auch sie zwar - weil ihr Mann das so will - 'am Herd' stehen: dennoch bleibt die Ehe als Solidarität und Ausgleich bietender Raum für die Konstruktion der Erzählung völlig unerheblich. Das private Leben, eben die Liebe, spielt für die literarische Modellbildung des Erfolgstopos in seiner Bedeutung einer 'anderen' individuellen Expressivität neben der Arbeit auch hier noch keine Rolle. Der unauffällige aber rechtschaffende Jim macht Gertrude seinen Heiratsantrag genau zu dem Zeitpunkt, da er eine Gehaltserhöhung bekommt; vor den dreißiger Jahren erscheinen Liebe und Ehe nur in der Bedeutung einer institutionalisierten Ergänzung des materiellen Erfolgs.

den Leistungswillen anfeuernden Artikel von *Trainmen's Topics*[60] noch die vor sentimentalem Schmalz nur so triefende Serie "The Sunshine Girl of Riverside" in der örtlichen *Clarion Gazette*.[61] Die Differenz zwischen dem autoritätshörigen Oliver Smith - der figurgewordenen literarischen Verarbeitung eines unter Druck geratenen Erfolgsdiskurses - und dem nur seiner eigenen Wahrnehmung trauenden Herb mißt genau jenen im Verlaufe der Wirtschaftskrise sich noch verstärkenden Glaubwürdigkeitsverlust ab, der sich auch in politischen und journalistischen Äußerungen zur Lage der Nation offenbart:

> Thomas Stokes, a Scripps-Howard correspondent [...] felt the President [Hoover] needed a ghost writer [...] because the American people weren't in the mood for abstruse thinking or fine phrases [...] More than ever they became worshippers in the cult of experience and believed just what they saw.[62]

Genau diesen Unterschied zwischen Ideologie und Praxis, dem 'wirklichen' Personalchef Rodney und dessen schöngeistigen Unternehmer-Reden beim *YMCA*, erlebt der entlassene Oliver am eigenen Leibe. Die ironische Bewertung seines Schwagers von all jenen beschönigenden Formeln des Erfolgsdiskurses, die Rodney auf den Lippen führt, steht in "Fame Takes the J Car" für die Skepsis gegenüber den tradierten Überzeugungen. Der *common man* Oliver hat somit seine Lektion erhalten und kann den Chef nur noch um Nachsicht bitten, ihm zumindest wieder den alten Posten zurückzugeben:

> You looked sort of different than I remembered you, it being so long since I had seen you. [...] And so you know the whole thing, just like it happened from the start seven years ago, and I leave it to you if you ought to hire me back. You are a fair and square

60 "Herb used to work for an advertising agency once, and he tried to tell me that our Trainmen's Topics bought those articles already in print, from a place that writes them in New York; but I out and called him a liar to his face, the bolshevik! [...]" (10)

61 "When Herb came over that night, he said, 'It is a syndicate story. It is written in New York, but they fix it so whatever town it is printed in it looks like it is written about that town." (11)

62 William Stott, *Documentary Expression and Thirties America* (London: 1973), S. 72 und 73.

> American [...] and I leave it to you if you think I have been treated unfair and have had hard luck. (12)

Roger Burlingame, "In The Cage" (1935)

Auch Roger Burlingames Kurzgeschichte setzt die literarische Auseinandersetzung um den Paradigmenwechsel in den Erfolgsvorstellungen fort, indem sie sich den unerschütterlichen Aufstiegsträumen eines Bankangestellten zuwendet. Timsons langwieriger beruflicher Werdegang und über dreißig Jahre dauernder Aufstieg vom kleinen Bankbuchhalter bis zum stellvertretenden Kassenführer ist eine weitere Parabel der abdankenden, vornehmlich harte Arbeit propagierenden Charakterethik. Die vom frühen zwanzigsten Jahrhundert bis in die Wirtschaftskrise reichende erzählte Zeitspanne verweist dabei vornehmlich durch das sich verändernde Aussehen der überraschend vom *Stuyvesant*-Konzern aufgekauften New Yorker Bank *Vigilant National* auf die im Text abgerufenen zeitgeschichtlichen Markierungen. So deutet die Story eine Entwicklunglinie des Erfolgsethos an, die von der noch patriarchalisch organisierten vormodernen Berufswelt zur modernen *white collar*-Bürokratie reicht.

Parallel dazu spielt Timsons persönliche Geschichte des mühseligen Aufstiegs, deren Verlauf wiederum von der unausgesprochenen Botschaft getragen wird, sich zu bescheiden und bei dem 'eigenen Leisten' zu bleiben. Die wie in "Omar James" um das Wohl ihres Mannes bekümmerte Ehefrau unterstreicht diesen Umschlag innerhalb der literarischen Codierung des angeschlagenen Erfolgsgedankens und bestätigt einmal mehr den Bedeutungszuwachs des Privaten mit dessen stabilisierender Funktion in jenen *hard times* der wirtschaftlichen Krise. Timsons zumeist aus seiner Sicht wiedergegebener Versuch, mit den jeweils veränderten beruflichen Anforderungen Schritt zu halten und sich in einem zunehmend moderner und aufwendiger ausstaffierten Ambiente des Schalterraums zurechtzufinden, präsentiert ihn als Figur, deren aus 'alten Tagen' überkommener Erfolgskodex zunehmend anachronistische, ja, bemitleidenswerte Züge annimmt. Der Beginn der Erzählung, das viele Jahre zurückliegende Vorstellungsgespräch und die Anstellung in der noch einfach und übersichtlich organisierten *Vigilant National*, schreibt der Hauptfigur das noch vom Geist des Entrepreneurs geprägte Milieu in ihr biographisches Stammbuch. Darin residiert der Chef, Mr. Hardwick, gleich einem *pater domus*, inmitten seiner Angestellten:

> Old Mr. Hardwick, the president, hired him as he hired everyone, himself, even the runners [...] Banks in those days were simple mechanisms. Bookkeeping was done by hand [...] Beyond the cages, assistant cashiers and the vice-president (of which a bank like the Vigilant had only one) sat at a variety of desks, and even the president had no partition to protect him. (1f.)[63]

Vom ersten Arbeitstag an hofft Timson auf den für alle Angestellten sichtbaren Sessel des Bankpräsidenten und zeichnet sich durch die für die *character ethic* typischen Verhaltensmerkmale wie Ehrlichkeit, Ehrgeiz, Sparsamkeit und den Glauben an harte Arbeit aus.[64] Gleich bei seinem Karrierebeginn werden zudem wesentliche Markierungen einer auf das *Gilded Age* zurückweisenden und zugleich verklärenden Erfolgsmentalität zitiert. Die Einstellungsszene mit der Figur des väterlichen Bankpräsidenten, der den ehrgeizigen und bald darauf heiratenden Timson wohlwollend in die Bank einführt, erinnert unmittelbar an ein typisches Versatzstück aus den Romanen Horatio Algers:

> Old Mr. Hardwick used to embarrass men in their first interviews asking them, 'What are you reading young man?'[...] but Timson answered frankly, 'I don't get much time for reading Mr. Hardwick,' and smiled so pleasantly that the president liked him for his open honesty. But Timson had large ambitions. So when old Mr. Hardwick leaned back in his squeaking swivel chair and said, 'You can't tell, Timson, some day you may be sitting here,' Timson's eyes grew big. [...] Soon Timson saved his wages and married, and he and his bride went to live in Brooklyn because it was cheap. (1f.)

---

63 Folgende Zahlen in Klammern beziehen sich auf Edward J. O'Brien, (Hg.), *The Best Short Stories of 1936 and the Yearbook of the American Short Story* (Boston und New York: 1936), S. 1-15.

64 Seiner Ehefrau erklärt er: "'You can't keep a good man down, Mary.'" (2) Wie in der Short Story "Fame takes the J Car", in der die Hauptfigur die gleiche Überzeugung äußert, impliziert diese Aussage wieder das Bild des Aufstiegs auf einer (innerbetrieblichen) Leiter, da auch Timson nur einen vorgegebenen Posten nach dem anderen erreichen kann.

Damit sind zwar alle Attribute des Horatio-Alger-Stoffes gegeben. Dennoch wird dieser Erwartungshorizont mit dem gleichsam 'über' der Zeitgeschichte stehenden und Timsons beschränkte Binnensicht erweiternden Erzähler in seiner anachronistisch-überholten Qualität bereits hier in Frage gestellt. So relativiert allein schon diese Instanz Timsons anfänglichen jugendlich-naiven Optimismus für den Leser: "That was thirty years ago and boys, entering a bank in those days, often thought such things." (1) Aber auch die Figur der Ehefrau fügt sich nicht mehr in das ehemals kompromißlos auf Erfolg programmierte *Keeping-up-with-the-Joneses* ein. Sie nimmt nicht mehr die für alle Erzählungen der zwanziger Jahre so charakteristische Rolle der materiell unzufriedenen Hausfrau ein, die den Ehemann einzig herausfordert, mehr Leistung zu zeigen. Wie Sarah in "Omar James" oder Bertha in "Fame Takes the J Car", wird der Ehefrau auch in "In the Cage" die Rolle der solidarischen Partnerin zugewiesen, die sich während der dreißiger Jahre in der literarischen Aufnahme des erschütterten Erfolgstopos langsam ausprägt. Dabei besitzt das eheliche Verhältnis zwar die Aura einer *mutual mobility bet*;[65] dennoch kommt dem privaten Raum, in diesem Falle der liebevollen Häuslichkeit, die Aufgabe zu, Ausgleich vom allgegenwärtigen und nun auch nachhaltig belasteten *pursuit of success* zu spenden, wenn Mary gegen die Überstunden ihres Mannes protestiert:

> When there was extra work to be done to keep him late, Timson was the first to volunteer [...] so there were many nights when he was late to supper [...] 'Well, that's the way, Mary,' he told his wife when she protested. (2)

Statt einer Ehefrau, die ihren Mann zu mehr Gehalt antreibt, treten nun immer wieder weibliche Figuren auf, die mit entlastender Fürsorge oder Freizeit verbunden sind.[66] Selbst nachdem Timson über-

---

65 Mary vertraut auf Timsons anfänglichen Optimismus, schon 'in wenigen Jahren' zu einem Kassenschalter befördert zu werden, und verknüpft damit eigenen Ehrgeiz auf sozialen Aufstieg: "'Years...' said Mary Timson, who did not understand banks, but had ambitions as high as her husband's." (2)

66 In "Fame Takes the J Car" muß sich die Hauptfigur den Vorwurf gefallen lassen, seine junge Frau vor lauter Arbeitswut nicht einmal mehr zum Tanzen auszuführen. Sarah in "Omar James" hegt

raschend schnell die nächste Stufe zum "receiving teller"(2) erklimmen kann, gelten Marys Gedanken eher seinem persönlichen Wohl als dem beruflichen Erfolg: "'But isn't it dreadful,' Mary Timson asked one night, 'to be always in a cage? All day long in a cage?'" (3)

Mit der verbesserten Position eines Kassenbeamten beginnt im zweiten des insgesamt neun Kleinkapitel umfassenden Textes der eigentliche, sich schließlich als vergeblich erweisende Anpassungsprozeß der Hauptfigur an 'neue' Verhaltensoptionen: eben an zwischenmenschliche Fähigkeiten, die erst durch Dale Carnegies *How to Win Friends and Influence People* 1936 Eingang in den Erfolgsdiskurs finden. Timson entwickelt die dem Geist der *personality ethic* nachempfundenen und mit dem Adjektiv 'personable' qualifizierten Verhaltensstrategien, die Carnegies explizit ausformulierte Erfolgsanweisung zum - im doppelten Wortsinn - gewinnenden Lächeln schon vorwegnehmen und ihn recht bald zum "paying teller" (3) aufsteigen lassen:

> And Timson, in the cage, was surprised, watching himself. He began to develop all sorts of new abilities. He worked up a great memory for faces so that he recognized the depositors as soon as they came in the door, and he had a pleasant word ready [...] And he always followed these remarks with his winning smile so that the customers began to think he was the most personable young man in the bank. (3)[67]

Der Begriff 'personable', der in diesem Zitat zur Beschreibung von Timsons Auftreten benutzt wird, ist hier ein deutliches Signal für die unaufhaltsame kulturgeschichtliche Umwandlung im amerikanischen Individualitätskonzept vom isoliert handelnden Einzelkämpfer zum geschickt taktierenden Angestellten der modernen technokratischen Gesellschaft; nur ein Jahr später wird das Ziel einer "more pleasing personality"[68] das zentrale Thema von Dale Carnegies Bestseller sein. Läßt die Erzählung ihre Hauptfigur bis zur Tätigkeit in

---

wiederum nur den Wunsch, Omar ein attraktiveres Heim zu bieten und für ihn abends das Essen bereit zu halten.

67 In dem Kapitel "A Simple Way to Make a Good First Impression" seines Bestsellers schreibt Carnegie, S. 89 und 93: "I have asked thousands of business men to smile at someone every hour of the day for a week [...] So if you want people to like you, Rule *2* is: Smile."

68 Carnegie, S. 86.

ihrem Kassenhäuschen, dem symbolische Bedeutung annehmenden 'Käfig', noch einen schnellen beruflichen Aufstieg erleben, so markiert die darauf folgende Übernahme der kleinen Bank durch die *Peter Stuyvesant Loan and Trust Company* eine deutliche Zäsur. Von nun an bestimmt das Setting der *corporate society* die Atmosphäre der Schalterräume, das dem Vorstellungsvermögen Timsons, der in einem Milieu von überschaubaren Verhaltensanforderungen groß geworden ist, nicht mehr entspricht. Das von ihm ehrfurchtsvoll notierte neue 'Effizienzsystem' und die von Mechanisierung und Arbeitsteilung regierte Professionalisierung der Inneneinrichtung verweisen unmittelbar auf das Leistungsethos des Taylorismus. Die Zeitachse der Fabel, die an dieser Stelle endgültig die mit dem ehemaligen Präsidenten Hardwick verbundene Welt der Erfolgsethik verläßt, demonstriert in dem ihr eigenen Fortschrittsmoment zugleich, wie der Identitätsverlust des alten Bankunternehmens *Vigilant National* dem individuellen Orientierungsverlust des lang gedienten Angestellten gleichkommt:

> The Vigilant National, it appeared, was about to loose its identity. [...] Rumor and fear ran through the cages and among the desks. [...] Mr. Hardwick would retire on his profits. [...] The whole place was rearranged and redecorated. The old desks were taken out and the executives had new, big, flat-topped mahagony desks, all alike. [...] It was all different and strange [...] 'And there are so many people,' he told her. 'It will be hard to get to know them all [...] They've got a new efficiency system with calculating machines and a dozen typewriters and there is a telephone on every desk. No,' he said,' it isn't like the old Vigilant.' (3f.)

Damit bewegt sich der erzählerische Ablauf auf der fiktiven zeitgeschichtlichen Folie weiter nach vorne in die modernistisch gestimmte Welt nach dem Ersten Weltkrieg und verläßt das Amerika einer allein auf ehrlichen Charakter und harte Arbeit gründenden Erfolgsethik der Gründerjahre. Der Kontrast zwischen der früheren Zustandsbeschreibung,[69] daß 'Banken in jenen Tagen einfache Mechanismen waren', und dem aktuellen Bild der rationalisierten Großbank ruft jene vom Symbol der Maschine repräsentierten Verunsicherungen ab, die Hoffman in seinem Buch *The Twenties* (1955) an Beispielen der dama-

69 "Banks in those days were simple mechanisms." (1)

ligen literarischen Produktion aufspürt.[70] Im textimmanenten historischen Verweisungszusammenhang der Erzählung deutet diese erzählerische Nahtstelle die beginnende Ära der geschäftsoptimistischen *booming twenties* an. Die wuchtige Eleganz der teuren Einrichtung steht hier als *pars pro toto* für die allgemeine ökonomische Prosperität und den Aufschwung jener Jahre. Der *common man* Timson sieht sich nun mit einer unpersönlicheren und für den einzelnen kaum durchschaubaren Ideologie von abstrakteren Leistungsanforderungen konfrontiert, welche mit Frederick Winslow Taylors Buch *Principles of Scientific Management* (1911) ihr wissenschaftlich fundiertes Arbeitsverständnis erhält.[71] Nicht mehr, wie bisher noch unter der Ägide des alten Hardwick, ein jeder Zeit nachzuvollziehender Zusammenhang zwischen Arbeit und Belohnung nach dem leicht durchschaubaren Prinzip vom *survival of the fittest*[72], sondern undurchsichtiges Management-Kalkül - fernab der individuellen Einflußnahme - entscheidet nun über Wohl und Weh von Angestellten wie Timson: "The white collar man enters the public view as a tragic figure. [...] As individuals they are only insecure and tortured creatures, being pushed by forces or swallowed by movements that they do not un-

70 Vgl. etwa die Komödie *The Adding Machine* (1923) von Elmar Rice, Eugene O'Neills Stück *Dynamo* (1929) oder Sherwood Andersons Roman *Poor White* (192o), den Hoffman als 'novel of transition' zwischen einer einfachen und folgenden komplexen Wirtschaftsform bezeichnet. (Frederick J. Hoffman, *The Twenties. American Writing in the Postwar Decade* [New York: 2.Aufl.,1968], S. 265.)

71 "During the 1910's and 1920's, the word 'effciency' kept indiscriminately popping up in success literature." (Huber, S. 220). Mills schreibt in seinem Buch *White Collar* dazu: "Under the impetus of concentrated enterprise and finance, when the office was enlarged during the first decade of the twentieth century, a need was felt for a sytematic arrangement of business facts. [...] Alongside the bookkeeper and the stenographer, the clerk came to man often complicated 'systems.'" (S. 192).

72 Fast leitmotivisch wiederholt die Kurzgeschichte, bis zum Erscheinen des *Stuyvesant*-Konzerns, den Begriff 'mistake' als Grund für Erfolgs- oder Mißerfolgserlebnisse: "And, sure enough, [...] Riker, the receiving-teller, made a serious mistake and had to go, so Timson was promoted to a cage."(2) Oder Timsons Bemerkung zu Mary: "'One more mistake on an overdraft and there'll be a vacancy.'" (3) Schließlich die Situationsbeschreibung während der unsicheren Zeit der Übernahme: "Several serious mistakes occurred in those days." (4)

derstand."[73] Wie sehr Timson trotz aller Bemühungen 'hinter seiner Zeit' zurückbleibt, zeigt seine Freundschaft mit dem jungen Heimburger. Sie übersetzt die innerhalb des Werdegangs von Timson abgerufenen und mittlerweile eben drastisch veränderten Vorstellungen von Geschick und Erfolgsgebaren in die subjektive Wahrnehmung der Betroffenen. So erscheint dem skeptischen und alles andere als aufstiegsoptimistischen jungen Kollegen Timsons unter überholten Umständen gesammelter Erfahrungsschatz als geradezu illusionär in seinem blinden Glauben an den individualistischen Erfolgsmythos. Dabei verkehren sich die gewohnten Beziehungen zwischen erfahrenem Alter und unbedarfter Jugend während des Dialogs zwischen den beiden Figuren in ihr Gegenteil. Die für den Erfolgstopos der zwanziger Jahre so typische Aussage 'You can't keep a good man down' ist nur noch ein naives Relikt aus alten Tagen:

> Timson was older now and he felt years ahead of Heimburger in experience. 'I'd have been assistant cashier,' he told Heimburger, 'if it hadn't been for the merger.' 'Um,' said Heimburger. 'In a bank as big as this, there isn't much chance.' 'Yet vacancies must occur,' said Timson, who still hoped to be a vice-president some day. [...] But Heimburger said: 'Yup, when there's a vacancy, they fill it from the outside.' 'Not if there's a man on the inside that can't be kept down.' Heimburger looked at him queerly at that and changed the subject. (4f.)

Wie schon zuvor, leitet der Rekurs auf ein historisches Ereignis, den 'Schwarzen Freitag' an der Börse,[74] entlang der Achse der fiktiven zeitlichen Dimension in eine neue Erzählsequenz über, welche nun die für den 'kleinen Mann auf der Straße' spürbare wirtschaftliche Kriseerreicht hat. Die Bank dagegen, Symbol für die eigenständige Gesetzlichkeit von Finanzwelt und *corporate society*, erlebt nach ihrer mit der Apposition 'at last' signalisierten geschäftlichen Erholung eine Neueröffnung *downtown*, nahe dem pulsierenden Kommerzzentrum am Times Square:

> The business grew so, at last, that the bank had to move into larger quarters. The new building was very impressive, done in the 'chaste style' of the period [...]

---

73 C. Wright Mills, " The Competitive Personality", S. 437.

74 "For a few black days, the people at the bank were too busy and worried even to talk to each other." (5 und 6)

> It was near Forty-Second Street whither business had moved. (6)

Der Einsatz des subtil kommentierenden und den zeitgeschichtlichen Ablauf panoramisch zusammenfassenden[75] Erzählers sorgt dafür, daß die nur punktuell bleibende positive Wahrnehmung der Hauptfigur eine gleichsam objektive Erweiterung erfährt, die die längst nicht so rosige 'Wahrheit' von Timsons Erfolgsbilanz betont. Diese Kontrastierung der übergeordneten Instanz mit der begrenzten Figurenperspektive verdeutlicht, wie die vielen Jahre, die Timson nach dem Börsenkrach ohne Entlassung aber auch ohne Beförderung übersteht, unbemerkt an ihm vorübergehen,[76] ohne daß er sich seiner inzwischen eingetretenen beruflichen Stagnation wirklich bewußt wird. So festigt sich im erzählerischen Aufbau die zunehmende Diskrepanz der antiquierten und nicht mehr adäquaten Erfolgsideale der Hauptfigur gegenüber einer sich stetig fortentwickelnden Lebenswelt. Syntaktisch markiert durch das appositive 'now', verwandelt sich das Kassenhäuschen, der 'Käfig', mit der Zeit von einer bloßen Durchgangsstation zum (erträglichen) Gefängnis:

> 'No,' he told his ten-year-old son, 'you can't keep a good man down.' [...] But after a time he knew that he was less restless. He was quite comfortable, now, in his cage. (6)

Einige wenige, aber signifikante Veränderungen in Timsons Alltag und Verhaltensweisen signalisieren seine immer mühevolleren Anstrengungen, den vertrauten Erfolgsglauben auch unter härteren Umständen zu verwirklichen. Steigende Lebenskosten zwingen Timson etwa, sein Mittagessen nicht mehr draußen in der Stadt, sondern in einem billigen Imbiß direkt unterhalb der Bank in der Unterführung zur U-Bahn einzunehmen, und 'binden' ihn somit, im engsten Sinne des Wortes, noch stärker an die Arbeit. Das sich in Ausdrücken wie 'alarming', 'swarms of people' oder 'tremendous traffic' manifestierende unruhige Treiben um die mittlerweile komplett durchmodernisierte Großbank zeugt von der schnelleren Gangart des Geschäftsle-

---

75 "Then, out of the blue, a panic broke in Wall Street. [...] Timson stayed where he was." (5 und 6)

76 "The years rolled on then, and they came and went so fast that Timson did not realize that he was growing older." (6)

bens. Timsons Familien und Privatleben in Brooklyn wird davon so sehr in Anspruch genommen, daß er zunächst einmal - zur Verkürzung seines Arbeitsweges - eine nur wenige Meter vom U-Bahneingang entfernt liegende Wohnung bezieht: Arbeit und Privates verschmelzen symbolisch so schon allein auf einer topographischen Ebene, da selbst das neue Bankgebäude einen eigenen Anschluß besitzt und da er zwischen seinen beiden Lebensbereichen pendelt, ohne noch viel vom Tageslicht zu sehen:

> But the new building was especially remarkable because it had a stairway leading directly into the subway, so when Timson, at night, turned out the light in his cage he could go to Brooklyn without ever going outdoors. (7)

Timsons zur gleichen Zeit sprunghaft ansteigender Fortbildungsehrgeiz reicht inzwischen nur noch dafür aus, seinem Sohn gegenüber *the gospel of hard work* als probates Mittel anzupreisen, wenigstens nicht entlassen zu werden.[77] Damit setzt sich die in vielen Stories der dreißiger Jahre zu beobachtende gezielt eingesetzte Hypostasierung der überkommenden Arbeitsethik fort, durch die alle offiziellen Rückgriffe auf die tradierten Tugenden aber auch gleich wieder in deren Hilflosigkeit entlarvt werden:[78]

> For years, now, it had been customary on Sunday for the Timsons to go on some sort of excursion. [...] But after the Peter Stuyvesant Bank had gone into its new Forty-Second Street building [...] Timson would say on Sundays, 'Look, Mary, you and the boy run along and enjoy yourselves, I've got reading to do.' When they had gone, he would shut himself up in his 'den' [...] and read all the banking magazines from cover to cover. (8)

Allen Versuchen Timsons gegenüber, sich durch Veränderung seiner Wohnlage und Restriktionen seines Privatlebens beruflich 'effizienter' zu machen, übernimmt die Figur der Ehefrau innerhalb der Figurenkonstellation der Kurzgeschichte die Funktion eines

---

77 "'Remember, James, he said, 'don't be afraid to work overtime. If you're the first to come in the morning and the last to leave at night, you'll - some day - well, you need never be afraid of loosing your job.'" (7)

78 Vgl. dazu etwa die verzweifelte Arbeitswut der Hauptfigur in "Omar James", die Schlafen und Essen zur Last werden läßt, oder die ans Lächerliche grenzende Gläubigkeit an alle möglichen Selbsthilfebücher des einfältigen Schaffners in "Fame Takes the J Car".

dämpfenden Gegenpols von schützender Häuslichkeit und Fürsorge. Wie schon in Farrells "Omar James", dokumentiert dieser auch hier wieder zu beobachtende Bedeutungswandel des Privaten in ein Refugium abseits des öffentlichen Zwangs zum Erfolg die sich nach den zwanziger Jahren abzeichnende Veränderung in der ästhetischen Codierung des Erfolgstopos, welche sich der Literatur als Folge der bedrückenden kollektiven Erfahrung des Scheiterns einschreibt: den Alltag von Existenzangst überschattet zu sehen und den Erfolgsdiskurs zugleich in krassem Widerspruch gegen die Realität zu erleben. So argumentiert Mary heftig gegen den Wohnungswechsel in die Nähe der U-Bahn.[79] Timsons endlose private Weiterbildungssitzungen und Rückzüge aus dem Familienleben erscheinen ihr im Verhältnis zum möglichen Erfolgsertrag unangemessen,[80] ja, selbst den Appell an seinen Ehrgeiz, endlich *assistant cashier* zu werden, benutzt sie lediglich geschickt als Strategie, ihn davon abzuhalten, seine Mittagspause sogar noch am Arbeitsplatz zu verbringen:

> 'But,' she said, 'you wouldn't eat your lunch in the cage! [...] and besides it does you good to get out! [...] You'll never get anywhere in the bank if you do that kind of thing [...] Do the assistant cashiers eat their lunches at their desks?' (9)

Die nach den vielen Jahren des Aufschubs völlig überraschend kommende Berufung auf diese gehobene Angestelltentätigkeit setzt schließlich den thematischen Akzent für die letzten beiden Abschnitte der Short Story. Es ist der Hinweis auf Timsons gealtertes Gesicht und den trotz aller Entbehrung jung gebliebenen Mund, der die im gesamten narrativen Aufbau aufrechterhaltene Spannung zwischen dem in Timsons optimistischer Jugendzeit noch gültigen *rugged individualism* und den persönlichkeitsbildenden Anforderungen einer *corporate society* versinnbildlicht. Nicht mehr ein nach dem Prinzip von Anstrengung und Gratifikation funktionierendes Leistungsprinzip, sondern unsichtbare Personalerwägungen eines Großkonzerns entscheiden nun über das Schicksal der zum kleinen Rädchen degra-

---

79 "'But the walk is good for you,' said his wife. 'It freshens you up after being all day in that cage.'" (7)

80 "'And you never go out and see people or take any exercise. You say, yes, you're going to be the head of the bank, but you've been saying that, Jim Timson, for over twenty years now.'" (8)

dierten Arbeitnehmer. Timsons anachronistisches Credo 'You can't keep a good man down' gründet dagegen auf einer viel einfacheren Aufstiegslogik, die gegenüber dem Erfolgsprinzip einer *managerial society*[81] und den Unwägbarkeiten einer unüberschaubar verflochtenen Wirtschaftswelt[82] hilflos bleibt; dem einstmals so ehrgeizigen Bankangestellten wird die Grenze seiner Hoffnungen präsentiert. Diese Entwicklung in Richtung einer Berufswelt mit Führungspersonen, die sich dem *common man* in seinem Ringen um Erfolg anonymer darstellen, dokumentiert der Kontrast zwischen der väterlichen Person Mr. Hardwicks, der seine Mitarbeiter noch persönlich ausgesucht hat, und dem neuen Vorstand. Die bei Timsons Dienstzeit in der alten *Vigilant National*-Bank noch sichtbare und personifizierte Autorität des alten Präsidenten Hardwick, der inmitten seiner Untergebenenen saß, ist nun durch die abstrakt bleibende Macht der neuen Manager abgelöst. Diese nicht unmittelbar und im alltäglichen Arbeitsablauf jederzeit sichtbare Gruppe von anonymen Vorgesetzten, die selbst der junge Heimburger nur noch mit einem unpersönlichen 'they' bezeichnet, scheint ohne sichtbare Beweggründe über die Tauglichkeit der Angestellten und deren Karriereweg schicksalhaft zu bestimmen.

Ebenso unvorbereitet wie Timson die endgültig letzte Beförderung ereilt, die nach all den Jahren des Stillstands keiner mehr unmittelbar nachvollziehbaren Leistungslogik entspricht, so schlagartig wird danach aber auch offenbar, daß "The Cage" als Parabel für das Gefangensein der Hauptfigur in überholten Verhaltensmustern und damit auch für begrenzten Erfolg gelesen werden muß. Der sich auf Timsons langjährige Position des Kassenbeamten beziehende Titel der Story verbildlicht das genaue Gegenteil von seinem neuen weitläufigen und mit einem 'out here' ausgewiesenen Arbeitsplatz im höheren Angestelltenrang eines *assistant cashier*: "'Mr. Teale was saying

---

81 Diese neue Wirtschaftsstruktur wird in "In the Cage" symbolhaft durch den Stuyvesant Konzern vertreten, ein Unternehmen, das neben der Produktion eben auch im Bankgeschäft engagiert ist.

82 Markiert durch den erzählerischen Rekurs auf den Börsenkrach und dessen individuelle Bedeutung für Timsons Situation: "'They're cutting,' said Heimburger [...] They'll let twenty per cent of us go. Yes, you'll be lucky, Timson, if you stay where you are, let alone being assistant cashier.'" (6)

yesterday that you belong out here.'" (10) Die nun an seinem großen Mahagonischreibtisch anfallenden Verwaltungsaufgaben, welche die ungewohnte Notwendigkeit zur Delegierung der Arbeiten an andere einschließen, verlangen neben abstrakteren Leistungsanforderungen aber auch das Geschick zu zwischenmenschlichem Handeln - kurz, das *common man*-Ideal einer *personality ethic*, das im Tadel des vom Konzern eingesetzten Bankpräsidenten Mr. Teale mitschwingt, nachdem diesem mehrmals zu Ohren gekommen ist, daß Timson sich ständig in die Arbeit der ihm nun untergebenen früheren Kollegen einmischt:[83]

> Mr. Teale frowned unexspectedly at this. 'No, Timson,' he said, 'that's the wrong idea. We've got a large staff of competent people to handle the mechanical details. You must use them and save yourself for the work they cannot do.' (12)

Mit dem abwertend belegten Begriff 'mechanical details' stellt Mr. Teales Aussage die Verbindung zur alten Bankorganisation der 'simple mechanisms' aus vergangenen Tagen her, die noch von dem Erfolgsmythos eines *Gilded Age* inspiriert ist und Timsons 'geistige Heimat' beschreibt. Jetzt, da der langgediente Bankangestellte Timson seine angestammte Berufswirklichkeit verloren hat, sein wichtigster identitätssichernder Lebensbereich ins Wanken gerät und er Fehler begeht, avanciert die Familie für ihn plötzlich zum privaten Fluchtraum: 'I can't understand it,' Mary said to her son. 'He goes later in the morning and he comes home earlier. He isn't working near so hard as he used to [...] (13)

Seine nach reiflicher Überlegung entstehende Bitte um Rückversetzung drückt jedoch nicht allein den Wunsch aus, wieder im 'Käfig' arbeiten zu können. Inmitten einer für viele endlos und vor allem unbegreifbar erscheinenden nationalen Krise, welche einen Glaubwürdigkeitsverlust sicher geglaubter Erfolgsgarantien auslöst, signalisiert Timsons Schritt zurück mehr als nur das Scheitern von nicht

---

83 Timsons Beförderung in den Rang eines *assistant cashier* und damit in die auch räumlich sichtbare Zone der höheren Bankangestellten kommt in der Kurzgeschichte dem Aufstieg in die Welt der, wie Huber es nennt, "corporate bureaucracy" gleich: "An important part of the executive's job is to coordinate functions, to organize, lead and set an example for subordinates [...] He works through and with other people." (Huber, S. 283.)

mehr angemessenen erfolgsethischen Überzeugungen. Vielmehr schreibt sich in die durch gezielte historische Verweise markierte Darstellung der über dreißig Jahre lang verfolgten Karriere des Bankangestellten auch die Sehnsucht nach der 'alten Zeit' ein. Wenn Sarah in Farrells "Omar James" sich rückblickend auf ihr eheliches Leben glücklicher wähnt während der Jahre bevor Omar seine aufreibende und verantwortungsvollere Position erreicht hat, dann impliziert auch Timsons Rückkehr an den vertrauten Arbeitsplatz den mahnenden Verweis auf andere Werte als die des beruflichen Erfolgs. Im Vergleich zu der von Henry James im Jahre 1898 geschriebenen Erzählung "In the Cage", in der ebenso die Ambitionen eines (weiblichen) Kassenbeamten das Sujet bestimmen, wird deutlich, wie sehr der Aufstiegsmythos des zwanzigsten Jahrhunderts seine überkommene und von nichts zu erschütternde optimistische Note in Burlingames Story bereits verloren hat. Während James' Protagonistin, eine junge Postbeamtin, ihren 'Käfig' durch die Kontaktmöglichkeiten mit den Bewohnern einer exklusiven Wohngegend als soziale Auszeichnung, ja als Sprungbrett in die für sie einzig erstrebenswerte Welt der oberen Schichten begreift,[84] steht das Kas-

[84] Vgl. dazu Henry James, "In the Cage," in: Ders., *The Novels and Tales of Henry James*. New York-Edition, Bd. 11 (New York: 1936), S.367-495: In der Erzählung wird das Schicksal einer jungen ambitionierten Postbeamtin erzählt, deren Schalterhäuschen in dem hinteren Teil eines Lebensmittelladens untergebracht ist; der abgetrennte Postbereich und der übrige Teil des Geschäftes repräsentieren über die berufliche Trennung hinaus auch eine soziale Grenze, da die junge Frau sich glücklich schätzt, nicht Lebensmittel verkaufen zu müssen, sondern ihre besser angesehene postalische Position bekleiden zu können: "The barrier that divided the little post-and-telegraph-office from the grocery was a frail structure of wood and wire; but the social, the professional separation was a gulf that fortune, by a stroke quite remarkable, had spared her the necessity of contributing at all publicly to bridge." (368) Die Story läuft schließlich auf ihren gesellschaftlichen Abstieg hinaus, da sie ihr Heiratsversprechen einem ehemaligen Angestellten des Lebensmittelladens gegeben hat, der jetzt in einer anderen Filiale Teilhaber geworden ist und täglich auf ihre Einwilligung drängt. Die wochenlangen Versuche des Mädchens, den Tag der Heirat und damit ihrer Kündigung zu verzögern, um weiter in Kontakt mit ihren zumeist aus feiner Gesellschaft stammenden Kunden bleiben zu können und um sich die Möglichkeit einer besseren Partie zu erhalten, finden schließlich ihr Ende. Sie gibt dem einfachen Mr. Mudge ihr Ja-Wort und

senhäuschen in Burlingames Story als zentrale Metapher des Eingeschlossenseins und der für Timsons Schicksal allerdings versöhnlichen Stagnation. Wieder gerät die Krise des amerikanischen Erfolgsgedankens auch dem vorliegenden literarischen Modell zum Aufruf der Selbstbescheidung. Der darin versteckte Orientierungsverlust einer stets nur nach 'oben' ausgerichteten *success ethic* wiederholt sich in der dafür als paradigmatisch zu bezeichnenden Äußerung von Calvin Coolidge, die er kurz vor seinem Tod im Jahre 1933 gemacht hat. Dieser vor dem Kollaps der Börse letzte Präsident während der *booming twenties* verkörpert in seiner Person noch genau die tradierte Aufstiegsideologie Amerikas, die auch Timsons Figurenentwurf bestimmt; der Ohnmächtigkeit seiner aus gänzlich anderen Zeiten stammenden politischen Sicht auf die drastisch veränderte gesellschaftliche Situation korrespondiert Timsons Irritation über die neuen Aufgaben und der kleinlaute Rückzug des Bankangestellten in das Vertraute seines alten 'Käfigs':

> 'In other periods of depression it has always been possible to see some things which were solid and upon which you could base hope, but as I look about, I now see nothing to give ground for hope - nothing of man.'[85]

Morley Callaghan, "The Blue Kimono" (1935)

Sechzehn Jahre nachdem in Fitzgeralds "May Day" der brillant schillernde Sonnenaufgang am Times Square das Ende eines lange unangefochtenen Wertekanons mit dem Verfall der *WASP*-Elite ankündigt und zugleich die allmähliche Transformation des Erfolgsdiskurses in die neuen Verhaltensanweisungen einer breiten Angestelltenkultur markiert, wird der anbrechende Morgen für die kleine Familie des seit sechs Monaten arbeitslosen George zur existentiellen Bedrohung. Zwischen dem auf engstem Wohnraum lebenden und aller Hoff-

---

zieht mit ihm in ein gemeinsames Heim. Damit erleidet sie einen doppelten Abstieg: sie muß nun in einer vom gesellschaftlichen Umfeld her deutlich schlechteren Nachbarschaft leben und gleichzeitig ihre gegenüber Mr. Mudge sozial höher rangierende Anstellung aufgeben, welche ihr überdies bisher noch die Möglichkeit des Aufstiegs zu den "fine folks" (371) geboten hat.

85 Zitiert nach Leuchtenburg, S. 28.

nung beraubten Paar verdichtet sich die traurige Atmosphäre an der Sorge um eine harmlose Erkältung des kleinen Sohnes zu einer Mischung aus Verzweiflung und trotzigem Aufbegehren. Die mit ehrgeizigen Zielen in die Ehe gegangenen Marthe und George, der einstmals farbenprächtige, jetzt aber zerschlissene Kimono von Marthe, der fiebernde Junge und schließlich der unstillbare Wunsch, nicht länger vom (Arbeits)Leben ausgeschlossen zu sein: all diese Fabelelemente geben der Story den Charakter eines trostspendenden Rührstücks über die nach wie vor bestehende Gültigkeit 'amerikanischer' Tugenden und über den Zwang zur disziplinierten Selbstbescheidung in der Wirtschaftskrise.

In Callaghans Short Story gerät der Leser in die Position des Zuschauers, der gleichsam in einem Zimmertheater sitzend verfolgen kann, wie die morgendliche Dämmerung sich in einer kleinen Wohnung ausbreitet und die bedrückende soziale Situation der beiden Eheleute im wahrsten Sinne des Wortes 'beleuchtet'. Entgegen seiner traditionellen semantischen Besetzung des verheißungsreichen Aufbruchs erscheint das aufkommende Licht hier als atmosphärischer Träger von Hoffnungslosigkeit umcodiert:

> He looked around the room that seemed so much larger and so much emptier in that light, and he thought: 'What's the matter with Marthe? Is it getting that she can't sleep?' [...] The morning light began to fall on her face, making it seem a little leaner, a little narrower and so dreadfully worried. (16 und 18)[86]

Das von 'draußen',[87] der erwachenden Stadt, in den unsicheren Privatraum von George, seiner Frau Marthe und dem kleinen Walter hineinflutende Tageslicht ist Teil des normalen Alltags, von dem die Hauptfigur sich ausgeschlossen fühlt:

---

86 Folgende Zahlen in Klammer beziehen sich auf Edward O'Brien, (Hg.), *The Best Short Stories of 1936 and the Yearbook of the American Short Story* (Boston und New York: 1936), S. 16-22.

87 Selbst das eigene Licht, die Beleuchtung der Wohnung, die George dem Draußen gleichsam entgegensetzt, bietet gegen die eindringende öffentliche Sphäre keinen Schutz: "'For God's sake, turn on the light, Marthe,' he called. 'This ghastly light is getting on my nerves.' [...] So George, looking disconsolately around the cold room, felt that it was more barren than ever." (19)

> It was hardly more than dawn when George woke up suddenly. [...] For many mornings in the last six months George had lain awake waiting to hear all the noises of people preparing to go to work, [...] and sometimes [...] he had wondered where all these people went when they hurried out briskly with so much assurance. [...] 'What's the use of me going out to the streets today?' (16)

Innerhalb dieses privaten Mikrokosmos beschwört die Erzählung die erschütterten Werte eines individualethischen Selbsthilfecodes. Anhand der überschaubaren Figurenkonstellation einer Kleinfamilie - des resignierenden George, seines kranken Sohnes und der stoischen Mut demonstrierenden Ehefrau - wird die mit der massiven wirtschaftlichen Krise für den *common man* Amerikas zur unabweisbaren Wirklichkeit gewordene Erfahrung eines Ausgeliefertseins an unbeeinflußbare Kräfte literarisch aufbereitet. Dies geschieht an einer dramatisch zugespitzten psychologischen Dreierkonstellation. Deren zunächst hoffnunglos erscheinendes Stimmungsbild wird lediglich aufgebaut, um der darin sich zu Wort meldenden ideologischen Krise im Konzept der individuellen Tatkraft das - wenn auch noch so unscheinbare - Erlebnis dennoch wirksamer Handlungsfähigkeit entgegenzustellen. Im Zuge der entlang der Textreihe zu beobachtenden Veränderung in der Gewichtung von Arbeit und Liebe innerhalb der einzelnen literarischen Modellbildungen ist es bezeichnend, daß "The Blue Kimono" das Problem der Arbeitslosigkeit ausschließlich in den Lebensräumen 'Ehe/Familie' durchspielt und den Straßenlärm der Stadt, die sich jeden Morgen auf einen neuen Arbeitstag vorbereitet, sogar als bedrohlich stilisiert. Kontrapunktisch zu der sich bis an das Ende der Dekade verschlimmernden ökonomischen Lage des Landes entwickelt sich das Private zum Bollwerk gegen den mittlerweile zur Drohung verkommenen Fetisch von Arbeit und Leistung.[88]

---

88 Vgl. dazu auch Saroyans im Kanon der etablierten Kurzprosa zu recht bedeutende Short Story "The Daring Young Man on the Flying Trapeze". Der Anonymität der Großstadt, in der ein Schriftsteller und Poet sein Brot nicht verdienen kann, da diese nur produktive Arbeitsleistung verlangt, hält die Story die Würde der privaten Existenz als unantastbares Gut ihrer Hauptfigur entgegen: "He might even visit the Salvation Army - sing to God and Jesus (unlover of my soul), be saved, eat and sleep. But he knew that he would not. His life was a private life. He did not wish to destroy this fact." (48)

Mit seiner Klage über die unverwirklichten Lebenspläne enthüllt auch der resignierende George wie die bisherigen Figurenbeispiele aus den dreißiger Jahren die Ehe unversehens in deren Funktion einer sozialen Aufstiegsgemeinschaft, in der die Frau sich - wie etwa in "Fame Takes the J Car" oder "In the Cage" - als Teil einer Solidargemeinschaft begreift, die jedem seine Fähigkeiten zur sozialen Absicherung und zur Wahrung der gemeinsamen Mobilitätschance abfordert: "That time when they had first got married and were secure now seemed such a faraway forgotten time." (16f.). Dabei haben auch Marthe und George die für die zeitgenössische Codierung des Erfolgstopos so typische Erfahrung gemacht, daß die gewohnten Verhaltensoptionen von Ehrgeiz, Ausbildung oder einer im Sinne der *personality ethic* ins Felde geführten persönlichen Ausstrahlung versagen; daran schließt sich aber sogleich wieder die Botschaft von der realistischen Begrenzung und Dämpfung der verinnerlichten Garantie für den Tüchtigen an, die unüberhörbar in dem Vorwurf an Marthe mitschwingt: in seiner Wut über die Aussichtslosigkeit der Lage wirft George seiner Frau vor, 'zu hoch' hinaus gewollt und das bereits Erreichte aufs Spiel gesetzt zu haben. Es ist dies eine Figurenaussage, die nichts mehr mit der während der zwanziger Jahre für den literarischen Erfolgstopos so typischen Auseinandersetzung mit den 'richtigen' Erfolgsstrategien im *Keeping-up-with-the-Joneses* gemein hat. Stattdessen zeugt sie von einem ängstlichen Umschlag in die Defensive, der alle bisher erwähnten Stories der dreißiger Jahre kennzeichnet:

> 'You wanted us to give up what we had and come to a bigger city where there were bigger things ahead. Where we might amount to something because of my fine education and your charming manner. You thought we didn't have enough ambition, didn't you?' (18)

Zudem zeugen Georges Äußerungen von den rudimentären Auswirkungen einer einstmals religiös begründeten erfolgsethischen Grundeinstellung; sie sind das unweigerliche Produkt eines irre gewordenen Glaubens an die unverbrüchliche und göttlich abgesicherte Erfolgskraft des einzelnen. Fortwährenden Mißerfolg kann der Träger einer solchen Überzeugung bei Einhaltung aller Regeln sich eben nur als Ergebnis einer strafenden höheren Macht erklären. Damit bleibt die Schuld aber bei ihm selber, und der herrschende Konsens über die Selbstverantwortung zum Glück ist ungefährdet:

> 'There's something you can't put your hands on working to destroy us. [...] We'll starve before I get a job.' [...] the notion that something mysterious and inexorable was working to destroy them was so strong in him that he suddenly wanted to stand in front of his wife and shout in anger: 'What can I do?' (16)[89]

Demjenigen, der mit der tradierten Überzeugung vom garantierten Glück für den Tüchtigen lebt, bleibt zur Erklärung seines Versagens nur noch der Einfluß des zerstörerischen Schicksals - ein auch von George unternommener Versuch der Rationalisierung, den Malte C. Krugmann treffend im Zusammenhang mit den calvinistischen Fundamenten des 'amerikanischen Geistes' beschreibt:

> In einer Theologie, die den Verlauf aller Dinge bis ins Detail von Gott vorherbestimmt hielt, für die der einzelne - in Amerika auch die Gesellschaft - Leid, Entbehrungen und 'Schicksalsschläge' auf sich nehmen mußte [...] in dieser Theologie mußten Krisen, Rücksckläge und Zerfallserscheinungen als temporäre Prüfung Gottes erscheinen und drängten sich geradezu für ein Ritual der Angst als kollektive Integration und Konsensbildung auf.[90]

Während die Mutter in Hemingways "Soldier's Home" zehn Jahre zuvor entsprechend den Bedingungen der *booming twenties* vor Krebs noch das Reich Gottes als Legitimierungsinstanz von ehrgeizigem beruflichen Streben anführen kann, verkehrt sich diese transzendente Größe in Callaghans Erzählung zur bestrafenden Macht: ein weiterer Hinweis auf den Rückzug des literarischen Erfolgstopos in die Defensive, der zwischen den kulturgeschichtlichen Markierungen von 'Boom' und 'Bust' stattfindet. Mit der permanenten Klage von George über ihrer beider fehlendes Glück und mit seiner trostlosen Wahrnehmung der Wohnung stilisiert die Kurzgeschichte

---

89 Wie Chenoweth zeigt, manifestiert sich die kollektive Verunsicherung des amerikanischen Erfolgsethos sogar in Aussagen von Personen wie etwa Charles Schwab. Als angesehener Industrieller und 'strammer' Befürworter der alten Tugenden gehört er, neben den Erfolgsaposteln und Politikern, zu den einflußreichen Teilnehmern des Erfolgsdiskurses: "'I'm afraid, every man is afraid. I don't know, whether the values we have are going to be real next month or not.'" (Zitiert nach Chenoweth, S. 71).

90 Malte C. Krugmann, "Zur Genese und Struktur des Amerikanismus," *Englisch Amerikanische Studien*, 3 (Sept. 1979), S. 338.

jene sich in den Köpfen des Durchschnittsbürgers einnistende Atmosphäre des Fatalismus, die während der dreißiger Jahre gerade auch in dem zu neuen Ehren gelangenden Begriff *luck* aufscheint: "'We're unlucky, that's it. We've never had any luck since we've come here [...] We'll never have any luck [...]" (16); und wenig später, nachdem Marthe ihn auf den Zustand des kleinen fiebernden Walter aufmerksam gemacht hat: "'I had to get up because I couldn't go on with my thoughts. We're unlucky, Marthe. We haven't had any luck since we've come to this city [...]" (17) Diese Berufung auf das irrationale Wohlwollen von Fortuna erlebt eine Konjunktur, die der während der wirtschaftlichen Rezession in Frage gestellten Kausalität von Leistung und Gratifikation einerseits zwar Ersatz bietet, andererseits aber dem weiterhin auf Eigenleistung beharrenden 'offiziellen' Erfolgsdiskurs zuwider läuft.[91]

Doch die Erzählung läßt in ihrem weiteren Verlauf und in dem angedeuteten *happy ending* keinen Zweifel daran, daß jeder immer noch seines 'eigenen Glückes Schmied' ist. Just in dem Moment, da die Stimmung der kleinen Familie durch den weinenden Walter schließlich auf den Tiefpunkt der Passivität sinkt und die Eheleute in ihrer Not auch noch Symptome von Kinderlähmung zu erkennen glauben,[92] wird in ihr das verloren geglaubte Selbsthilfethos wieder zu neuem Leben erweckt:

> The success idea never permitted a whimpering resignation before uncontrollable economic and social forces. The cause of failure was located in one's own self; a crisis only prompted the search for new techniques of achievement.[93]

---

91 In der von Chenoweth vorgenommenen Analyse von Beiträgen, die im *Reader's Digest* und in der *Saturday Evening Post* zwischen 1930-1939 erschienen, rangiert '*luck*' in der Spalte '*Requirements for Success*' vor *will power* und *ambition* an dritter Stelle - ein Rang, den dieses Erfolgskriterium weder vorher noch in den Jahren danach jemals wieder erreicht.

92 Der Höhepunkt der Verzweiflung ist für George mit der Sorge um sein Kind erreicht: "And then he suddenly realized how they had been dogged by bad luck; he realized how surely everything they loved was being destroyed day by day [...]" (2o und 21).

93 Huber, S. 274.

Indem die Eltern dem letztlich doch nur leicht erkälteten Sohn eine schnell wirkende Aspirintablette geben, wird das von George empfundene Gefühl der Ohnmacht widerlegt, das über dessen dominierende personale Perspektive die Geschichte bisher beherrscht hat - der Zuschauer des kleinen Dramas kann sich beruhigt zurücklehnen, denn es wendet sich alles zum Guten, die Short Story bestätigt selbst in der Krise die altbekannten Werte, unterstützt deren Gültigkeit selbst in einer aussichtslos erscheinenden Situation. Die Bedrohung durch die schicksalhaft und daher vermeintlich unbeeinflußbar über dem Paar schwebende Arbeitslosigkeit erfährt so ihre Abmilderung in der aktiv handhabbaren Möglichkeit zum Handeln gegen die 'Krankheit' und dem darin aufgehobenen Versprechen auf Besserung.

Dieser Wendepunkt der Geschichte wird im narrativen Aufbau allerdings schon vom Beginn der Story an durch einzelne Handlungs- und Dialogteile vorbereitet, die von semantischen Merkmalen der Aktivität durchsetzt sind; sie bezeugen die Existenz einer nur latent vorhandenen Bereitschaft zu Aktivität, die sich gegenläufig zu der von Passivität überschatteten Perspektive der Hauptfigur verhält. So reagiert George auf die ersten Anzeichen von Walters Unpäßlichkeit mit einer Frage, die im Textzusammenhang einen bedeutungsschwangeren Rekurs auf Eigeninitiative impliziert und von Marthe (noch) ratlos abgelehnt wird: "'Is there anything I can do?' he said. 'I don't think so.'" (17) Die etwas später folgende und in einem eigenen Absatz abgegrenzte Beschreibung der Bemühungen von Marthe und George, den Sohn zum Trinken des aufgelösten Aspirins zu bewegen, stellt dann mit Verben wie 'to coax', 'to pretend to' oder 'to keep it up' und dem Ausdruck 'ecstatic noises' einen dezidierten Kontrast zur bisher vorherrschenden resignierten Haltung des Protagonisten her:[94]

> They both began to coax Walter to take it. They pretended to be drinking it themselves, made ecstatic noises with their tongues as though it were delicious and kept it up till the boy cried, 'Orange, orange, me too,' [...] (19)

---

94 "'What can I do? [...] I'm going to sit down here and wait, day after day.'" (16)

Als dann beiden zudem klar wird, daß kein Arzt den Jungen behandeln wird, da die Familie das Geld für die daraus entstehenden Kosten gar nicht aufbringen könnte, erhält der eher beiläufig erwähnte Rückgriff auf das alte Hausmittel eine auferweckungsähnliche Bedeutung für die Apathie der beiden Ehepartner und setzt die bewährte Erfolgstugend der *self-reliance* auch bei George wieder in ihre alten Rechte ein.[95] Dabei wird der in der unsicheren Wirtschaftskrise sich verstärkende Drang nach glaubhaften Fakten und das Verlangen, nur noch dem Glauben zu schenken, was man mit Händen greifen kann,[96] in "The Blue Kimono" entsprechend dramatisch in Szene gesetzt: "'Feel, feel his head. Isn't it a little cooler?' 'What could that be?' 'It might be the aspirin working on him.'" (21)[97] George wird nun endlich selber aktiv und folgt dem Beispiel von Marthe, die während der ganzen Ereignisse ohnehin in ihrem Mitleid evozierenden zerschlissenen Kimono die Rolle der zuversichtlichen und solidarischen Ehefrau einnimmt.[98]

---

95 "With desperate eagerness George rushed over to the table, tore off a sheet of newspaper, folded it into a thin strip about eight inches long and twisted it like a cord. Then he knelt down in front of Walter and cried,'See, see,' and thrust the twisted paper under his own nose [...] Then he ducked down to the floor again and wriggled his paper moustache fiercely at the child." (21 und 22)

96 So schreibt Stott, S. 73, über den dokumentarischen Trend der dreißiger Jahre und die Stimmungslage des *common man*: "By the time the Great Depression entered its third (and worst) winter, most Americans had grown sceptical of abstract promises. More than ever they became worshippers in the cult of experience and believed just what they saw, touched, handled and - the crucial word - felt."

97 Wie so häufig, bleibt die Forschungsliteratur auch im Falle von Brandson Conron und seinen Analysen der Short Stories Callaghans allein der Fabelebene verhaftet, wenn er in seinem Buch *Morley Callaghan* (New York: 1966) "The Blue Kiomono" zusammen mit der 1932 erschienenen Story "Day by Day" als bloße Liebesgeschichte in einem bedrückenden Milieu der Wirtschaftskrise abhandelt: "Mutual concern for their child deepens their own love for each other." (S. 104) In "The Blue Kiomono" geht es eben nicht um die Inszenierung der Stärke zwischenmenschlicher Liebe, sondern um die Restituierung eines in Gefahr geratenen individualethischen Pragmatismus.

98 Etwa, wenn sie ins typische Bild der sorgenden Mutter gerückt wird, während sie den Jungen ohne Unterlaß in ihren Armen wiegt

Parallel zu der zumindest im Privaten wiedergewonnenen Handlungsfähigkeit wird die Semantik von (vergangenem) Glück, die George mit dem blauen Kimono assoziiert, durch Marthes demonstrativ auf eigene Willensstärke verweisende Geste wieder in die Gegenwart geholt:

> She held the kimono up so the light shone on the gay silken flowers. [...] She fumbled patiently with the lining, patting the places that were worn; and suddenly she was sure she could draw the torn parts tight together and make it look bright and new. (22)

Bis zu der allmählichen Erholung des kleinen Walter steht das Kleidungsstück allerdings lediglich für die Erinnerung an zerstörte Hoffnungen:

> The kimono now was ragged and gone; it was gone, he thought, like so many bright dreams and aspirations they had once had in the beginning [...] (20)

Unmittelbar nach dem erlösenden Eindruck, daß das Fieber langsam abklingt,[99] beleuchtet das bisher so bedrohliche Tageslicht nun den eingerissenen Stoff in all seiner ihm eigenen Farbigkeit. Eingerahmt von Adjektiven wie 'gay', 'bright' und 'new' knüpft Marthes beherzter Griff zum Nähkästchen ungebrochen an das Ideal der gerade in den dreißiger Jahren eingeforderten Hilfe zur Selbsthilfe an.

Wenn die Zuversicht, wieder Arbeit zu finden, vor ihrem optimistischen Blick auf den Kimono noch eher zögernden Ausdruck findet,[100] so läßt Marthes letzte Äußerung in der Erzählung keinen Zweifel mehr bestehen, daß der Konflikt im Sinne der tradierten amerikanischen Erfolgswerte gelöst, besser, entschärft ist: "'I think I can fix it all up so it'll look fine, George,' she said." (22) Dieser symbolträchtige Satz, der gleichzeitig ein Schlaglicht auf den gesamten Erfolgsdiskurs der dreißiger Jahre wirft, wiederholt nur ge-

---

und George nur mit seinem Schicksal hadert: "She swayed her body as though she were humming to him. [...] She sat there in her old blue kimono holding the boy tight and feeling his head with her hand. [...] For a while he watched her rocking back and forth, making always the same faint humming sound, with the stronger light showing the deep frown on her face." (17)

99 "'I think his head is cool now,' Marthe said. 'Maybe he'll be all right.'" (22).

100 "She lowered her head and wanted to say,'One of us will find work of some kind, George,' but she was afraid." (22)

nau jenes verzweifelte Festhalten an den Glauben von der Allmacht des Individuums, das aus einem von Leuchtenburg aus Gerald Johnsons Studie *Roosevelt: Dictator or Democrat* (1941) übernommenen Zitat über die Auswirkungen des *New Deal* spricht: "[Roosevelt] had given a better demonstration than Schopenhauer ever did of the World as Will and Idea."[101] Mit dem wenn auch noch so vorsichtig formulierten Optimismus in der letzten Szene ist es für den Leser von Callaghans Story ein Leichtes sich vorzustellen, daß George und Marthe in Kürze wieder arbeiten und wie alle anderen morgens ihre Wohnung verlassen werden.

[101] William E. Leuchtenburg, *Franklin D. Roosevelt and the New Deal. 1932-1940* (New York: 1963), S. 44.

IV. KONFORMITÄTSZWANG UND RÜCKZUG AUF DIE INNERE BALANCE: DER ERFOLGSTOPOS DER NACHKRIEGSZEIT ALS INDIVIDUELLES KRISENMANAGEMENT

> And what are the *techniques* of success-striving? [...] each man manipulates the personalities of those above and below him, guesses the other's ego wants and needs, and adjusts his overt responses toward gaining the good will of others. [...] And the new economic order, with its [...] dividing-up of the personality, its schooling of impulses, combined with the constant threat of sheer job-insecurity, places a tremendous emotional overload on the modern family. Within it love-relationships must compensate for all the [...] frustrations, and damming up of impulse that success-striving demands. [...] Under the dispensation of modern success-striving, social approbation and a sense of security must be constantly reaffirmed.[1]

Im Anschluß an die desolate Phase der wirtschaftlichen Depressionszeit mit ihren einschneidenden und bis in die vierziger Jahre noch unter dem *Fair Deal* Trumans betriebenen Reformen gewinnt das im politischen und gesellschaftlichen Klima sich artikulierende Verlangen nach gesellschaftlicher Konsolidierung die Oberhand.[2] Während der außerliterarische Erfolgsdiskurs seit Dale Carnegie das 'außengeleitete', ständig auf andere bezogene Individuum zum neuen Ideal gekürt hat, wandelt sich das literarische Pendant dagegen in das genaue Gegenstück: den alles andere als selbstbewußt handeln-

---

1 Arnold W. Green, "Why Americans Feel Insecure," *Commentary*, 6 (July 1948), S. 22 und 23.

2 So umschreibt Hans R. Guggisberg, S. 282, in seiner *Geschichte der USA*, 2: *Die Weltmacht* (Stuttgart: 2., verb. Aufl. 1979) treffend das vorherrschende Klima: "Die meisten Amerikaner [...] strebten nach Komfort, Konsensus und Konformität im wachsenden allgemeinen Wohlstand. Immer mehr Menschen fristeten ihr ganzes Leben als Mitglieder von *Organisationen*: am Tag im Geschäft, am Abend in den Vereinen der suburbanen Wohnquartiere. 'Corporation' und 'Suburb' vereinheitlichten die Bedingungen, Abläufe und Zielsetzungen des Lebens [...] und bewirkten in großen Teilen der amerikanischen Gesellschaft eine allgemeine äußere und innere Homogenisierung. Dieser Prozeß wurde seit den späten 40er Jahren ganz besonders durch das Massenmedium des Fernsehens gefördert."

den *common man*, der beständig erleben muß, daß er sein prekärer werdendes Ich-Gefühl verteidigen und die gefährdete innere Balance stabilisieren muß. Allerdings ist er in dieser Eigenschaft nun weniger mit der eisernen charakterlichen oder erfolgsstrategischen Verbesserung zu Zwecken des leistungsorientierten und materiellen Aufstiegs als mit dem Austarieren des von Zweifel und Unmut über die Erfolgsjagd belasteten Ichs beschäftigt. Sloan Wilsons populärer Unternehmensroman *The Man in the Gray Flannel Suit* (1956) dokumentiert diese Entwicklung - wenn auch außerhalb des von der Kritik akzeptierten 'literarischen Kanons' - in eindringlicher Form, indem die Hauptfigur ihr privates und persönliches Wohlergehen einem kräftezehrenden beruflichen Aufstieg vorzieht. Der damit einhergehende Rückzug auf das 'Selbst' schreibt sich in die Literatur in Form einer zunehmenden Subjektivierung der Figurensicht ein, die einerseits Resultat einer Existenz in der 'Vereinzelung' und andererseits Folge von verschwundenden überzeitlichen gesellschaftlichen Normen ist:

> Da aber menschliche Existenz immer wieder auf den Bereich der Intersubjektivität, der Kommunikation mit anderen (wie im Bereich der Literatur) verwiesen ist, wird gerade angesichts der zunehmenden Insistenz auf Subjektivität als Konstitutionsgrund jeden Sinnes der Bedarf nach intersubjektiver Vermittlung dieser Subjektivität, nach intersubjektiv gültigen Sinnstrukturen größer.[3]

Gegenüber den Textbeispielen aus den zwanziger und dreißiger Jahren hat diese Individualisierung aber auch zur Folge, daß das kommunikative Moment in der Konfliktdarstellung zugleich wichtiger und problematischer wird; mit Rober Coovers "The Elevator" (1966) erreicht diese Entwicklung in der vorliegenden Untersuchungsreihe einen grotesken Höhepunkt. Der Erfolgstopos gerät dabei in seiner literarischen Verarbeitungsform zunehmend zu Fallstudien des bloßen Krisenmanagements, welche die Versprechungen auf Glück und Wohlstand permanent widerlegen. Wenn es in ihm vorher noch darum ging, unablässig darauf zu insistieren, daß eben nicht jeder Tüchtige 'sein' Stück vom Kuchen erhält, so dreht sich in den Stories der

---

3 Alfred Hornung und Rüdiger Kunow, "Der amerikanische Gegenwartsroman und seine kulturelle Matrix," in: Gerhard Hoffmann, (Hg.), *Der zeitgenössische amerikanische Roman: Von der Moderne zur Postmoderne*, Bd 1 (München: 1988), S. 61.

vierziger Jahre und der Nachkriegszeit alles einzig um das seelische oder private Gleichgewicht der Figuren - daran ändert auch nichts die erneute wirtschaftliche Hausse. Ganz im Gegenteil: in der zu massenhafter *conspicuous consumption* aufbrechenden amerikanischen Gesellschaft, die ihre erfolgsethische Unschuld durch den Schock der Wirtschaftskrise endgültig verloren hat, verstärkt sich der sich schon in den Erzählungen der dreißiger Jahre abzeichende Trend zum Privatismus.

Jedoch greift der im literarischen Entwicklungsstand des Erfolgstopos zu verzeichnende Umschlag in die Defensive nur das auf, was sich im 'professionellen' Reden über Erfolg gleichsam zwischen den Zeilen äußert - so etwa im Falle von Dale Carnegies *How to Stop Worrying and Start Living* (1948). Während es in dem Buch *How to Win Friends and Influence People* auf der Folie eines durch die wirtschaftliche Depression schwer erschütterten Glaubens an den *pursuit of success* immerhin noch um das erfolgversprechende anpassungsfähige Umgehen mit Kollegen oder Freunden geht, enthält Carnegies nicht minder populärer Nachfolgetitel mit Anweisungen wie "Seize the Day"[4] oder "Cooperate with the inevitable"[5] erheblich bescheidenere Äußerungen, die allein auf die Wahrung des inneren seelischen Gleichgewichts abzielen. "Making a lot of living", nicht "making a lot of money"[6] steht nun im Vordergrund. Sogar der ans nihilistische grenzende Skeptizismus eines Schopenhauer wird nun von Carnegie mehrmals zum Kronzeugen seiner Thesen gemacht: "'Teach me neither to cry for the moon nor over spilt milk.' The same thought is expressed by Schopenhauer in this way: 'A good supply of resignation is of the first importance in providing for the journey of life.'"[7] Norman Vincent Peales *The Power of Positive Thinking* (1953) wiederum, in dem allein schon die erfolgreich bestandene (berufliche oder private) Krise einen Bestseller lang als Erfolg verkauft wird

---

4 Dale Carnegie, *How to Stop Worrying and Start Living* (New York: 1984), S. 15.

5 Carnegie, *How to Stop Worrying*, S. 93.

6 Carnegie, *How to Stop Worrying*, S. xvi.

7 Carnegie, *How to Stop Worrying*, S. 86.

und in dem Emil Coués Mentalsuggestion Renaissance hat, setzt diese Entwicklung nur konsequent fort.

Der Erfolgsdiskurs zeigt somit zunehmend die Präsenz von Aussagetypen, die sich weniger auf die klassischen Ziele wie materiellen Erfolg, Wohlstand oder beruflichen Aufstieg beziehen als auf den möglichst gefestigten Zustand des einzelnen im Rahmen eines harmonischen und eher fix bleibenden sozialen Status quo. Innerhalb der Selbsthilfebücher ist dabei die Vorherrschaft der zwischenmenschlichen Handlungsstrategie, die primär integrative Funktionen erfüllende 'Persönlichkeitsethik', konkurrenzlos. Sie manifestiert sich auch in angrenzenden Diskursen, wie etwa dem sozialpsychologischen, der Reflexionen zum Bereich der leistungs- und erfolgsbezogenen individuellen Existenz inmitten einer mehr und mehr nach institutionalisierten Normen funktionierenden amerikanischen Gesellschaft enthält. So erscheinen in den vierziger und fünfziger Jahren eine ganze Reihe von Titeln, die sich aus verschiedensten Interessenspositionen heraus mit den Konflikten der Vermittlung zwischen Individuum und sozialem Umfeld im Privaten wie im Öffentlichen beschäftigen - Erich Fromms Publikationen zählen hier zu den auch international bekannten Veröffentlichungen.[8] Das in *Escape From Freedom* enthaltene Kapitel "Automaton Conformity" beschreibt eine der zentralen gesell-

---

[8] Ein wichtiger Exponent der kulturkritischen Betrachtungsweise ist Erich Fromm mit *The Sane Society* (New York: 1955) oder *Escape From Freedom* (New York: 1941). Im Vorwort zu diesem Buch heißt es programmatisch, S. vii: "This book is part of a broad study concerning the character structure of modern man and the problems of the interaction between psychological and sociological factors [...]". Das Buch von William H. Whyte, *The Organisation Man* (New York: 1956), gehört ebenso dazu wie die von H. Rohrer und Muzafer Sherif herausgegebene Aufsatzsammlung *Social Psychology at the Crossroads* (New York: 1951), die u.a. auch biologistische und behavioristische Blickwinkel enthält. Selbst auf der eher praxisorientierten Ebene der Managementphilosophie steht der 'interpersonale' Führungsstil auf dem Stundenplan; so schreibt Robert N. McMurry, S. xi, einleitend zu seiner Studie *Handling Personality Adjustment in Industry* (New York; London: 1944): "This book is written primarily for top management. It is designed to give [...] solutions for some [...] problems of personnel administration and industrial relations."

schaftspsychologisch motivierten Fragen, die gerade auch für den literarischen Erfolgstopos der Nachkriegszeit bestimmend ist.

Was Riesman in seiner Studie als 'Überpersonalisierung der Gesellschaft' bezeichnet - etwa ein persönliches Interesse am anderen vortäuschendes Umgehen in beruflichen Beziehungen - und als Phänomen einer allgemeinen "enforced privatization"[9] diagnostiziert, hat dabei sicherlich den sogenannten Kult der Häuslichkeit[10] entscheidend befördert. Christopher Laschs Begriff beschreibt die Flucht aus dem doppelbödigen öffentlichen Rollenspiel[11] ins Private von Haus, Familie und Garten, welches in den fünfziger Jahren zum vermeintlichen Residuum authentischer Expressivität avanciert.[12] Die ästhetische Codierung des Erfolgstopos reflektiert diese Entwicklung in einer im Vergleich zur literarischen Produktion der zwanziger und dreißiger Jahrer deutlichen Betonung der privaten Existenz als 'Gegenraum'. Ehe, Familie und die unter dem sozialen Integrationsdruck leidenden Protagonisten stehen jetzt im Zentrum der Konflikte. Das Private ist nun der eigentliche Austragungsort der durch die Arbeit ausgelösten Konflikte.

---

9 David Riesman *et al.*, *The Lonely Crowd* (New Haven: 1950), S. 326. Zum Begriff der Überpersonalisierung oder "false personalization" vgl. S. 307 ff.

10 Christopher Lasch, *Haven in a Heartless World* (New York: 1977), S. 105, der die privatistische Wendung in den Vorstellungen über Erfolg und gutes Leben während der fünfziger Jahre als "cult of domesticity" bezeichnet.

11 C. Wright Mills schreibt in seinem Aufsatz, "The Competitive Personality," *Partisan Review*, 13 (Sept.-Oct. 1946), S. 437 - 441, zum Phänomen der nach dem Paradigma der Persönlichkeitsethik handelnden *'white collar men'*: "As individuals, they are only insecure and tormented creatures, being pushed by forces or swallowed by movements that they do not understand [...] In this market the human expressions are no longer expressions of private aspirations." (437 und 441)

12 Vgl. dazu auch Beck, S. 155: "Diese durchaus ambivalente, über Kultur- und Freizeitindustrie forcierte Entfaltung der Privatsphäre ist nicht nur eine Ideologie, sondern ein *realer* Prozeß und eine *reale* Chance der Selbstgestaltung von Lebensbedingungen. Dieser Prozeß hat nur seinen Anfang bei einem familialen Privatismus, wie er für die fünfziger und sechziger Jahre wohl durchgängig kennzeichnend war."

Im narrativen Aufbau der Erzählungen etwa hat es nicht mehr nur die Funktion des bloßen institutionalisierten Anhängsels zu beruflichen Problemen, sondern seine Harmonie und Ausgleich versprechende Aura steht oftmals selbst schon wieder zur Disposition. In James Purdys Kurzgeschichte "Man and Wife" (1957) etwa, die mit ebenso komischem wie auch tragischem Unterton erzählt, wie ein Ehemann der Frau nach einigen Jahren des Zusammenlebens seine latente Homosexualität und die damit zusammenhängende Kündigung seines Arbeitsplatzes gesteht, ist beides auf exemplarische Weise verbunden: die nahezu rührselige Aura von zu schützender privater Harmonie innerhalb der Wohnung und der unerbittliche Zwang, 'on the job' gesellschaftlich 'unauffällig' zu bleiben. Inmitten eines karg eingerichteten Zimmers, das im Hintergrund einen halb defekten Kühlschrank zeigt, fragt die irritierte Ehefrau nach den Gründen für die überraschende Entlassung ihres Ehemanns und erhält von diesem im Schlußdialog der Story statt einer konkreten Antwort die Zusicherung seiner unverbrüchlichen Solidarität mit ihr: "'How could it happen to you in good times if you didn't do nothing wrong?' Peaches Maud said. [...] 'I have done nothing wrong, Peaches Maud.' [...] 'Peaches,' he said, 'I will always stand by you anyhow, Peaches Maud.'"[13]

Ein weiterer zu beobachtender Akzent bei der literarischen Aufnahme des Erfolgstopos besteht in der grundsätzlichen Thematisierung der verbleibenden Freiräume individuellen Handelns trotz allen Anpassungszwangs; diese Variante konzentriert sich weniger auf die Frage nach der Validität einer existenzsichernden und heimeligen *white collar*-Mentalität als auf das Schicksal von nicht reglementierter, sperriger Individualität.[14] Ein derart literarisch in Szene ge-

---

[13] James Purdy, *Colour of Darkness. Eleven Stories and A Novella* (London: 1961), S. 73, 74 und 83.

[14] Wie anders dagegen die gängigen Vorstellungen einer möglichst über die soziale Aura der Arbeit angepaßten Personalität sind, macht die soziologische Analyse von Hughes in einigen Aussagen deutlich. Vgl. Everett Cherrington Hughes, "Work and the Self," In: John H. Rohrer und Muzafer Sherif, S. 313 und 314: "Thus a man's work is one of the things by which he is judged, and certainly one of the more significant things by which he judges himself. [...] And one of the most important things about any

setzter universaler Konformitätszwang ist symptomatisch für das mentale Klima der fünfziger Jahre, das I.F. Stone 1955 so beschreibt, nachdem er die flache Qualität der Presse beanstandet hat:

> The third obstacle is that this has always been and is now more than ever a conformist country; Main Street and Babbitt - and de Toqueville long before Sinclair Lewis - held a faithful mirror to our true nature. It doesn't take much deviation from Rotary Club norms in the average American community to get oneself set down as queer, radical, and unreliable.[15]

In dem Maße, wie das stromlinienförmige Persönlichkeitskonzept einer "inspiring personality"[16], das den Erfolgsdiskurs seit den dreißiger Jahren beherrscht und seitdem an Bedeutung gewonnen hat, die Grenzen zwischen öffentlichem Verhalten in der Berufssphäre

---

man is his audience, or his choice of the several available audiences to which he may address his claims to be someone of worth."

15 I. F. Stone, *The Haunted Fifties* (Trowbridge/Wiltshire: 1969), S. 175. Brigitta Koch-Linde schreibt dazu S. 135: "War im 19. und beginnenden 20. Jahrhundert die 'Gospel of Success' eindeutig durch das materielle Motiv dominiert, so tritt dieses spätestens mit der Depression der 30er Jahre zugunsten anderer Motive zeitweilig in den Hintergrund. In dem Zeitraum beginnend mit den 30er Jahren bis in die späten 60er Jahre war der spektakuläre Erfolg verpönt; das außengeleitete Individuum wollte geliebt, nicht aber beneidet werden und beugte sich auf Kosten der eigenen Identität dem sozialen Druck, mit dem Gewinn psychischer Sicherheit." Doch genau jenes Moment von Sicherheit bleibt ein prekäres, da es von der ständigen Bewertung durch andere und von der Erfüllung einer sozial vorgegebenen *middle class*-Ideologie des Lebensstils abhängt.

16 So Peale, S. 17, nachdem er einen erneuten Fall von depressivmutloser Lebenseinstellung 'erfolgreich' behandelt hat. Die Forderung nach Aneignung einer gelungenen Persönlichkeit nimmt eine für die öffentliche und private Sphäre gleichermaßen bestehende Gültigkeit an. Anders als noch bei Carnegie spielt eben auch die außerberufliche Befindlichkeit des Klientels bei den therapeutischen Maßnahmen eine wichtige Rolle in *The Power of Positive Thinking*. Peale beschreibt, S. 122-125, ausführlich den Fall einer jungen Frau, die aufgrund bestimmter Persönlichkeitszüge und Verhaltensweisen Schwierigkeiten hat, eine glückliche und dauerhafte Beziehung einzugehen. Fast alle seine Fallstudien zeigen zudem die Ratsuchenden, welche Peale auch häufig zu Hause besucht, innerhalb ihrer Familie oder zusammen mit dem Ehepartner - von diesem privaten Setting aus beschreibt er dann die beruflichen Probleme. Häufig gibt Peale Einweisungen in religiös oder psychologisch motivierte mentale Stärkungsrituale, die etwa nach dem morgendlichen Aufstehen zu vollziehen sind.

und im privatem Leben von Familie oder "neighbourhood"[17] zu verwischen beginnt, ist auch die Konfliktaufbereitung des literarischen Erfolgstopos 'privater' geworden. Diese Akzentverschiebung bei der ästhetischen Codierung geht einher mit dem sich schon in den *booming twenties* anbahnenden inhaltlichen Umbruch im diskursiven Reden über Erfolg weg vom einzelkämpferischen materiellen Streben hin zum wachsenden Zwang strategisch-zwischenmenschlichen Handelns und sozialer Angepaßtheit. So zeigen die Kurzgeschichten der vierziger Jahre, inmitten außenpolitisch unsicherer Zeiten und den letzten Ausläufern der Wirtschaftskrise, eine teils ins Verklärende gehende Betonung von gelungener Solidarität innerhalb von Ehe und 'zu Hause'.

Doch nachdem Ende der fünfziger Jahre das prosperierende und behäbige "Eisenhower Equilibrium"[18] langsam ins Wanken gerät und die patriotistischen Konsens spendende McCarthy-Ära abebbt, manifestiert sich der nagende Zweifel auch in der Literatur um so stärker - dies erklärt die in der Untersuchungsreihe auftretende Häufung der relevanten Texte in der zweiten Hälfte der Dekade. Der sogenannte *mainstream*, der in der gängigen Literaturgeschichtsschreibung vor allem mit Autoren wie Bellow, Cheever oder Malamud identifiziert wird, setzt immer wieder, in allerdings halbherzigem kritischen Gestus, die Last eines *pursuit of success* in Szene, der fast ausschließlich von Statusfragen und Persönlichkeitskrisen dominiert ist. Eine Gesellschaft, deren Erfolgs- und Glücksvorstellungen von dem mittlerweile alle sozialen Sphären bestimmenden Sozialprestige-Code der *white collar*-Angestelltenkultur durchdrungen sind, liefert

---

17 Vgl. dazu Wolf Wagners Aufsatz "Die Bedeutung des *American Dream* für das heutige amerikanische Alltagebewußtsein," *Englisch Amerikanische Studien*, 3 (1979), in dem er S. 346f. schreibt: "Die insuläre Existenz in der *neighborhood* ist als Erfahrungsbasis für den *American Dream* bei Hausfrauen und Kindern besonders wirksam, weil sie ihr nahezu ausschließlich ausgesetzt und zugleich für ihr Wohlergehen auf ihre Funktionsfähigkeit bei gegenseitiger Hilfe und Kommunikation angewiesen sind. Aber auch bei den Männern ist die Berufserfahrung von den Ritualen in der *neighborhood* abgetrennt, die den **berufsübergreifenden** [Hervorhebung von mir] Sozialcharakter bestimmen."

18 Goldman, *The Crucial Decade - And After* (New York: 1960), S. 261.

der literarischen Bearbeitung von Erfolg und Scheitern die insbesondere im Erfolgsdiskurs greifbare und für jedermann gültige Mentalität.

Auch im *mainstream*, der in der traditionellen Literaturgeschichte als einheitliche Formation literarischer Produktion erscheint, wird der Privatraum, d.h. die häusliche Harmonie und die seelische Stabilität der Figuren, zum eigentlichen Austragungsort für alles noch oder ansonsten nicht mehr mögliche individuelle Glück erhoben. Anders aber als etwa in Vonneguts von schonunglosem schwarzen Humor getragenen und im folgenden näher untersuchten Story "The Foster Portfolio" bleibt das kritische Moment im *mainstream* oft bloße Attitüde, indem die jeweiligen Hauptfiguren den gängigen Erfolgsvorstellungen zuwiderhandeln, nur um möglichst bald danach als geläuterte und lediglich kurfristig verlorene Söhne in die Normalität zurückzukehren. Das latente Unbehagen an einer den Spielraum des einzelnen im Namen des *pursuit of success* unaufhörlich verkleinernden Kultur wird hier (noch) gleichsam literarisch in Schach gehalten; es bahnt sich allerdings im während der Nachkriegszeit nicht zum etablierten Kanon gehörigen Underground seinen Weg:

> The New Romantics of the 1960's were the symbolic children of that Babbitt who at a crisis point in his life struggled to be daringly free. They could afford to carry the restless bourgeois's occasional and ineffectual revolt against conformity to the extremes of 'doing their own thing.'[19]

Der politische Diskurs reagiert von republikanischer Seite auf diesen latenten gesellschaftlichen Unmut, indem Nixon 1968 - an die Adresse der Johnson-Administration gerichtet - öffentlich von "a crisis of spirit" redet und "the lift of a living dream"[20] einfordert.

Lange jedoch bevor ein erneuter Paradigmenwechsel im Erfolgsdiskurs der siebziger Jahre das fordernde und jetzt sogar teils aggressiv auftretende Individuum wiederentdeckt und anstatt der gän-

---

19 Huber, S. 443:

20 Robert B. Semple. "A Crisis of Spirit in U.S., Nixon Says," *New York Times*, February 4 (1968), S. 31: "He charged that, instead, the 'American idea' - which he defined as the nation's historic commitment to expand individual freedom - had 'lost its meaning for the world and for America.'"

gigen, unglaubwürdig gewordenen Aufstiegsziele das Erfolgssurrogat einer begrenzten Macht über den anderen proklamiert,[21] probt die literarische Aufnahme schon den Widerstand gegen die Konformität. In den Werken von Kerouac, Burroughs, Salinger oder Elkin und insbesondere dann in den neoavantgardistischen Texten eines Barth, Coover oder Sukenick meldet sich eine Verarbeitungsvariante des Erfolgstopos zu Wort, in deren ästhetischer Organisation der bisher auch im narrativen Aufbau dominierende Dualismus von Privatem und Öffentlichem aufzuheben versucht wird. Das Festhalten an einem nicht-öffentlichen Ort - sei es Familie, *neighbourhood* oder Religion - ,der eigenständig gegenüber dem von Leistung, Erfolg und konformem Handeln regierten Arbeitszusammenhang existiert und Spielräume der Individualität freihält, wird aufgegeben oder zumindest problematisiert. Die Figuren werden zu allein sich selbst verantwortlichen Produzenten und Bewahrern ihrer eigenen Unabhängigkeit, gleich in welcher Sphäre des gesellschaftlichen Lebens sie sich bewegen. Mit ihnen deutet sich die in der Kultur der achtziger Jahre nicht nur in Amerika aufkommende Anforderung an den einzelnen an, das allseitige und tagtägliche *self-management* zu beherrschen, das sich in einer nur noch zwischen den extremen Alternativen von Macht oder Ohnmacht und *winner* oder *loser* unterscheidenden Zweidrittelgesellschaft heute endgültig durchgesetzt hat. Die *success literature* beginnt ab den siebziger Jahren die Faszination des Machtmotivs einzusetzen, um angesichts der von Slocum in Joseph Hellers Roman *Something Happened* (1974) als undurchschaubar erlebten Bürowelt einer 'Corporate Society' neue Zielvorgaben parat zu halten, die das

---

21 Vgl. dazu Brigitta Koch-Linde, S. 76 und 111: "Die Beziehung des Individuums zu anderen ist von nun an durch Konkurrenz geprägt, nicht mehr durch Kooperation. Das ehemalige 'Freundbild' ist einem Feindbild gewichen, dessen begleitende Erfolgsstrategien nicht mehr durch eine Wie-gewinne-ich-Freunde-Mentalität geprägt sind, sondern eher durch das Motto: 'Wie besiege ich Feinde'. Das die Konformität bestimmende Angstpotential hat sich teilweise [...] in Aggression verwandelt, das Prinzip der 'Selbstbehauptung' hat das Prinzip der 'Selbstaufgabe' abgesetzt [...] Es liegt nahe, einen Teil der Ursachen der zunehmenden Suche nach persönlicher Macht in der gleichermaßen stärker werdenden inneren Erfahrung von Ohnmacht und Bedeutungslosigkeit zu suchen."

unglaubwürdig gewordene Aufstiegsversprechen ersetzen sollen. Im literarischen Erfolgstopos geht es demgegenüber vornehmlich nur noch um die Schmerzgrenzen der Anpassung: die idealistische Kritik an der Zweifelhaftigkeit erfolgsethischer Garantien von Wohlstand und sozialem Aufstieg weicht hier schließlich der zynischen und des öfteren sogar aggressiven Bestandsaufnahme beschädigter Identität.

1. *Home, Sweet Home*: Der Erfolgstopos und der Zwang zur Konformität. Drei Geschichten über die Domestizierung des eigenen Willens.

Die Aufwertung des Privaten und der Familie gegenüber dem zunehmend als Belastung denn als Möglichkeit der Selbstbestätigung erlebten Angebot von Arbeit und Leistung ist in den folgenden Stories der vierziger und fünfziger Jahre endgültig vollzogen.[22] Damit setzt sich die seit der Wirtschaftskrise in der Evolution des Erfolgstopos erkennbare Tendenz unaufhaltsam fort, die Figurenentwürfe durch eine zweite, neben allen erfolgsethischen Verdikten bestehende private Dimension zu erweitern. Diese Entwicklung erhält insbesondere während der vierziger Jahre noch durch den zeitgeschichtlichen Kontext der letzten Nachwehen einer ökonomischen Rezession Auftrieb, die über zehn Jahre lang mit Millionen von Arbeitslosen das tradierte Erfolgsethos und dessen Glauben an die allein seligmachende Arbeitsbereitschaft unwiderruflich unterminiert hat.

Der schon 1941 unabwendbare Eintritt Amerikas in das außenpolitische Abenteuer des Zweiten Weltkriegs, der innenpolitisch eine unmittelbar verunsichernde Wirkung auf den eher isolationistisch gestimmten 'Zeitgeist' ausübt, macht überdies das Auftauchen von Protagonisten plausibel, denen die Solidaritätserfahrung und das beruhigende Gefühl des Aufgehobenseins 'off the job' in Ehe und Heim zu einem unverzichtbaren Moment der persönlichen Stabilität werden.

---

22 Schon in Edwin Seavers Short Story "The Jew" (1928) deutet sich die beginnende Integration des Privaten in die literarische Aufnahme des Erfolgstopos an, die im damaligen außerliterarischen Erfolgsdiskurs, besonders in den Aussagen der Erfolgsapostel, keine große Rolle spielt. Vgl. dazu das Kapitel II,2 in dieser Arbeit.

Die nach dem Zweiten Weltkrieg erst richtig aufflammende antikommunistische Hysterie der McCarthy-Ära und das allgemeine Gefühl der Beklommenheit gegenüber dem kriegführenden diktatorischen Nationalsozialismus sind wesentliche Konstituenten der konservativen Trendwende, in der Patriotismus und der Rückzug auf das 'saubere' Private Hand in Hand gehen.[23]

Ob es nun Katherine Anne Porters "A Day's Work" (1940), Robert Penn Warrens "The Life and Work of Professor Roy Millen" (1943) oder J. F. Powers Story "The Old Bird, A Love Story" (1944) ist, in welcher der historische Kontext einer sich auf die Kriegsproduktion umstellenden amerikanischen Gesellschaft explizit in die Fabel eingeht - alle literarischen Modelle zeigen männliche Hauptfiguren, denen häusliche Geborgenheit und eine verständnisvolle, als gleichwertiger Partner auftretende Ehefrau genau die Absicherung und den Rückhalt geben sollen, die sie in einem nicht mehr so positiv besetzten und durch den Verlust des einstmals selbstverständlichen Aufstiegsglaubens geprägten *pursuit of success* nicht finden können.

Diese Akzentverschiebung in den literarischen Modellierungen läßt sich auch in Bellows für diese Zeit zentralem Roman *Dangling Man* (1944) beobachten; was die Verunsicherung des auf die Kraft des einzelnen bauenden Erfolgsgedankens betrifft, sind in ihm die für die im folgenden untersuchten Kurzprosatexte wesentlichen inhaltlichen Tendenzen manifest. Joseph, die Hauptfigur, repräsentiert idealtypisch die in den Nachkriegsjahren immer deutlicher werdende direkte literarische Konterkarierung jenes vitalen Mottos 'This is an action book', das Dale Carnegie 1936 in seinem Erfolgshandbuch *How To Win Friends and Influence People* als führende Stimme der *success literature* noch gegen die Gefahren der Resignation ausgegeben hatte. Anders als in den zwanziger Jahren entwickelt der literarische Erfolgstopos eine gegenüber dem außerliterarischen Erfolgsdiskurs eigenständigere Semantik. Über zehn Jahre nach dem ersten Bestseller Carnegies, des Papstes der Persönlichkeitsethik, beschäf-

---

23 Vgl. dazu auch Iacocca, S. 19: "Most of my classmates were called up, and many of them died. We were the class of 42', and the kids who were seventeen or eighteen went to boot camp and then straight across the Atlantic where the Germans were knocking the hell out of us."

tigt sich dessen Nachfolgetitel *How to Stop Worrying and Start Living* zwar dann auch überwiegend mit dem Problem von beruflichen Sorgen und Rückschlägen; dennoch geht es hier wieder um die Apologie der für die erfolgsethische Tradition kennzeichnenden Überzeugung, daß der einzelne mit der 'richtigen' Verhaltensstrategie alle Widrigkeiten überwinden kann. Dagegen verkörpert der auf seine verzögerte Einberufung wartende und mit seiner Existenz hadernde Joseph in Bellows Roman die Inkarnation des unwiderruflich angeschlagenen Erfolgsoptimismus. Anstelle des trotzigen 'Dennoch' der Figurenentwürfe aus den dreißiger Jahren ist sein Charakterdiagramm mehr durch das ängstliche Verharren in den Vertrautheiten der häuslichen (Reproduktions)Sphäre außerhalb der harten Welt des Erfolgszwangs geprägt: "One of the props Bellow does not deny Joseph is cosseting by sympathetic females: a wife who becomes motherly, girl friends solicitous for his welfare, women feeding him in bed when he has a cold."[24]

Erstaunlich ist, wie ungebrochen und beinahe schönfärberisch in vielen literarischen Texten seit der Erschütterung durch die Wirtschaftskrise Anleihen an den bürgerlich-privatistischen Lösungsversuch gemacht werden, der sich in der europäischen Literaturtradition, besonders der deutschen, schon längst diskreditiert hatte. Es scheint, als habe die amerikanische Kultur außerhalb ihres primär erfolgs- und leistungsorientierten Individualisierungsideals hier zunächst noch einen blinden Fleck aufzuweisen. So dauert es aber auch nicht lange, bis in den untersuchten Stories der Nachkriegszeit die unbefangene Integration der Mittelschichtsideologie von 'privacy

[24] Frederick R. Karl, *American Fictions 1940/1980* (Cambridge: 1983), S. 85. Vgl. dazu auch Saul Bellow, "Notes of a Dangling Man," in: Martha Foley, (Hg.), *The Best American Short Stories 1944 and the Yearbook of the American Short Story* (Boston: 1944), S. 21-40. In dem 1943 als Short Story erschienenen gleichnamigen Fragment aus dem Roman wird u.a. geschildert, wie Joseph im Hause seines reichen Bruders ob seiner passiven Situation von Arbeitslosigkeit mißtrauisch beäugt wird und schließlich sogar noch in den falschen Verdacht gerät, dort etwas zu stehlen. Die Erzählung endet mit dem sarkastisch-bitteren Kommentar Josephs über die seiner Meinung nach fehlende Solidarität der zu Hause nach diesem Vorfall schluchzend auf dem Bett liegenden Ehefrau: "'Dearest!' I shouted. 'It's nice to feel that you at least have faith in me!'"

and reserve'[25] im literarischen Erfolgstopos eine deutliche Problematisierung erfährt; die aus den Anfängen des europäischen Bürgertums stammende und als Identifikationsmoment gegen einen feudalistischen Staat gerichtete Idylle von Ehe und Familie hat historisch gesehen seine ursprüngliche Funktion längst verloren und ist im zwanzigsten Jahrhundert zum bloßen Selbstzweck verkommen.

Das während der (wieder) prosperierenden fünfziger Jahren im alltäglichen Leben zum behäbigen *cult of domesticity* erstarrende Lebensgefühl, sich ein schützendes Bollwerk der unverfälschten Individualität gegen die unehrlichen Marktgesetze einer auf permanenter Maskerade beruhenden *personality ethic* aufzubauen, wird bereits im sogenannten literarischen *mainstream* wieder zur Disposition gestellt und weit weniger optimistisch in Szene gesetzt - dennoch hält sich hier noch beharrlich das Bild des (möglichst in Suburbania lebenden) Feierabend-Familienvaters. Die Rigidität, mit welcher der in der Eisenhower-Ära aufkommende muffige Privatismus von Haus, Garten und Ehe gegen das feindliche öffentliche Leben und gegen den zum undurchschaubaren Spiel des *counterfeiting* verkommenen Erfolgsgedanken hochgehalten wird, ist jedoch selbst schon wieder Ausdruck seiner eigenen Brüchigkeit.[26]

Bellows *Seize the Day* (1956) oder Cheevers im gleichen Jahr erschienene Short Story "The Housebreaker of Shady Hill" belegen erneut, daß die literarischen Auseinandersetzungen mit dem mittlerweile ausschließlich aus den Komponenten von sozialem Status und *conspicuous consumption* bestehenden Erfolgsfetisch gleichsam zwischen den Zeilen der offiziell herrschenden Ideologie situiert sind. Tommy Wilhelm oder Johnny Hake plagen sich nicht nur mit plötzlichen Kündigungen und mit mehr oder weniger tiefgreifenden Zwei-

---

25 Vgl. Paul Halmos, *Solitude and Privacy* (London: 1952): Das Kapitel "The Ideology of Privacy and Reserve", S. 102-126.

26 Vgl. Halmos, S. 122: "Furthermore, the nepotistic solidarity of the family is another symptom of the contemporary attitude according to which the world is hostile [...] and the family is the only rock which is to be protected against all others. [...] The contemporary disorganisation of our families [...] is not a concomitant of a more intensive bio-social orientation. The war waged against this disorganisation often leads to an ideological ennoblement of the family sanctum and of family insularity."

feln an einem Persönlichkeitskonzept herum, das von dem einzelnen verlangt, sich möglichst überzeugend als selbstbewußter 'big shot' zu präsentieren; nicht minder schwer tragen sie auch an der Last einer ebenso bornierten wie verlogenen *white collar*-Mittelschichtsidylle und an der Sehnsucht nach genau den geordneten Familienverhältnissen, die jetzt dem gesellschaftlichen Konsens gemäß - neben dem beruflichen Reüssieren - erst den 'richtigen' erfolgreichen Amerikaner ausmachen. Das möglichst hohe Gehalt ist nicht mehr Selbstzweck zur Bestätigung einer materiell definierten und im Erklimmen von Berufspositionen verrechneten Freiheit, vielmehr ist es die Voraussetzung eines Lebensstils, der außerhalb von Leistung und Arbeit seine eigene Wertigkeit besitzt.

Das abstrakte literarhistorische Etikett *mainstream* offenbart dabei freilich eher unfreiwillig eine Bedeutungsebene, die über seine formale, alle anderen zeitgenössischen literarischen Modelle unterschlagende Lesart hinausgeht und die eine inhaltliche Auflösung des Begriffs ermöglicht. Die dem 'etablierten' literarischen Kanon der vierziger und fünfziger Jahre zugezählten Autoren, die vor allem in der maßgeblichen Zeitschrift *The New Yorker* ihre Short Stories veröffentlichten und zu denen wesentlich noch Malamud, Updike und Powers gehören - bleiben in der Tat mitten 'im Strom'. Ihre Werke weichen weder was die darin enthaltene Distanz zum gesellschaftlich sanktionierten Erfolgszwang an Negativem noch was die ihnen auch eigene Note zur Affirmation an Positivem enthält von der goldenen Mitte ab. Der Literaturbetrieb und die ihm eigenen Wertungskriterien spiegeln hier nur das übermächtige Bedürfnis nach Konsens und mehrheitsfähigen Wirklichkeitsaneignungen wider, welches den gesamten öffentlichen Diskurs jener Jahre beherrscht. Die für Cheever und Bellow typischen Protagonisten spielen zwar die Schattenseiten eines Erfolgsversprechens durch, das sich zwischen einem maroden *middle class*-Privatleben und einem permanenten zwischenmenschlichen Taktieren zum Wohle des sozialen Ansehens und der Karriere aufreibt; dennoch läuft die alle Konflikte schließlich wieder versöhnende Organisation dieser literarischen Modelle auf die liberalaufgeklärte Botschaft hinaus, um des persönlichen Seelenfriedens willen das kleinere Übel zu wählen und statt als ohnmächtiger

Außenseiter oder undankbarer Spielverderber gebrandmarkt zu werden, lieber mitzumachen - besser noch, nicht nur die Nachteile, sondern ebenso die Vorteile der besten aller möglichen (amerikanischen) Welten zu sehen und sich darin einzurichten: 'to keep on keeping on'.[27] Diejenigen, die dennoch auf anderen und unbequemeren Einsichten insistieren, gründen entweder - wie es der jüngst von Peter Weir gedrehte Film über eine *prep school* der fünfziger Jahre inszenierte - in einer Höhle den 'Club der toten Dichter' oder werden als *underground poets* abgewertet.[28]

James F. Powers, "The Old Bird, A Love Story" (1943)

"Unemployed and elderly Mr. Newman sensed there were others, some of them, just as anxious as he was to be put on. But he was the oldest person in the room" (140)[29] - diese einleitende Beschreibung der Situation im Personalbüro eines großen Versandhauses, kurz bevor Newman unerwartet eine auf das Weihnachtsgeschäft befristete Anstellung als Packer angeboten bekommt, ist der Beginn eines für die Hauptfigur völlig ungewohnten und frustrierenden Arbeitstages,

---

27 Vgl. dazu auch den Kommentar von Karl, *American Fictions*, S. 178, zu den beiden von der *Partisan Review* veranstalteten Symposien, von denen sich eines unmittelbar mit dem geistigen und intellektuellen Klima des Landes beschäftigte: "For the assumptions behind them is not too different from the assumptions behind *Life*, *Time*, and *Fortune* editorials: which is that Americans should come together and reflect a common heritage, especially in the face of the Soviet threat. The symposia imply that Americans should strive for coherence, that American values are worth defending, and that traditional beliefs, once so maligned, may be the source of considerable strength."

28 Vgl. dazu auch Leslie Fiedler, *What Was Literature?* (New York: 1982), S. 43-44: "In addition to pot, favorite targets were left-wing politics, rock-music, 'Beat' literature (Allen Ginsberg's *Howl* was suppressed and Jack Kerouac's *On the Road* scorned), and especially J. D. Salinger's *Catcher in the Rye*. For teaching such works, high schol teachers found themselves without jobs - thus proving once more that freedom in the Republic of Letters is elsewhere indivisible."

29 Folgende Zahlen im Klammern beziehen sich auf J. F. Powers, *Prince of Darkness and Other Stories* (New York: 1958), S. 140-151.

der noch am gleichen Abend in der vertrauten ehelichen Zweisamkeit mit Mrs. Newman ausklingen wird. Heim und Familie erscheinen in der vorliegenden Story noch ungebrochen als bergender Hafen inmitten einer Arbeitswelt stilisiert, deren Erfolgsethos vorrangig den cleveren Verkauf der eigenen Persönlichkeit und erst in zweiter Linie Tugend und harte Arbeit abverlangt. Das, was 'draußen' unabdingbar ist - die permanente Selbstdarstellung des allzeit anpassungsfähigen Ichs - soll zu Hause vergessen werden können. Ermüdendes Rollenspiel und kluges taktisches Manövrieren im Umgang mit anderen - die Verhaltensoptionen der *personality ethic* - bestimmen ausschließlich das Auftreten der alternden Hauptfigur, deren Wert für den Arbeitsmarkt im Absinken begriffen ist. Die Rückkehr nach getaner Arbeit ins traute Heim verbürgt Newman Schutz und Entlastung; der sich bereits in den Stories der dreißiger Jahre andeutende kontrastive Dualismus zwischen dem aufreibenden Arbeitsleben und der durch Leistungsforderungen charakterisierten öffentlichen Sphäre einerseits und dem bergenden Privatraum andererseits ist in der vorliegenden Erzählung endgültig ausdifferenziert. Allein bei seiner Ehefrau kann Newman gefahrlos 'aus der Rolle fallen' und sich ohne Sanktionen hinter seine Masken schauen lassen. Nur zu Hause, so suggeriert die Story, kann er 'bei sich' sein.

Die durch die abgeschlossene Kreisstruktur der Fabel erweckte Erwartung, daß es sich hier um eine idyllische Geschichte über das versöhnliche *happy ending* der Arbeitslosigkeit eines alternden Mannes und damit um die ungebrochene Gültigkeit überkommener Leistungstugenden handelt, wird allerdings sehr schnell zerstört. Dem einstmals leitenden Angestellten Newman ist eine bessere, vergangene Berufswelt vertraut. Sie wird von so erfolgreichen Vorbildern des mit dem neunzehnten Jahrhundert verbundenen *rugged individualism* wie Elbert Hubbard[30] oder dem Industriellen Charles Schwab beseelt, denen er noch persönlich begegnet ist. Schon im Gespräch mit dem Empfangsmädchen beginnen Newmans ebenso komische wie verzweifelte Versuche, sich in ein permanentes Rollenspiel hineinzubegeben,

---

30 Elbert Hubbard, der ursprünglich ein wohlhabender Seifenverkäufer war, zählt mit seinem 1899 entstandenen Erfolgstraktat *A Message to Garcia* zu den 'Klassikern' der *apostles of success*.

das an den in Dale Carnegies Selbsthilfebuch *How to Win Friends and Influence People* propagierten Verhaltens- und Personalitätskult anknüpft und das in jeder für den eigenen Vorteil wichtigen Lebenslage ständige Selbstkontrolle erfordert:

> He wanted to tell her of the old days - the time he met Elbert Hubbard and Charley Schwab at a banquet. Then on this side of the old days he saw a busy girl, busy being busy, who could never understand, and he forced himself to give up hope. (142)

Da der alte Newman seit längerem auf Arbeitssuche ist,[31] seine berufliche Karriere aber eigentlich bereits abgeschlossen hat und sich wohl aus finanziellem Mangel gezwungen sieht, eine *blue collar*-Tätigkeit anzunehmen,[32] kommt ihm in der Erzählung die Bedeutung einer literarischen Fallstudie für die Konfrontation mit den Anforderungen des neuen Erfolgsparadigmas im Zeitalter einer Dienstleistungsgesellschaft zu. Er muß sich den seit seinem ehemaligen Berufsleben veränderten Bedingungen eines *pursuit of success* stellen, der seinen Akteuren häufig unaufrichtige Verhaltensweisen zwischenmenschlicher Manipulation abverlangt. So läßt Powers' Kurzgeschichte den 'alten Vogel' Newman sich auf jede neue Situation chamäleonartig einstellen - die in dem Namen versteckte Wortkombination 'new man' entbehrt dabei allerdings jeder ihr gewöhnlicherweise eigenen optimistischen Bedeutungszuweisung. Sie ist Chiffre und Programm zugleich für eine demütigende Konformitätsleistung und signalisiert den durchs Image bestimmten Persönlichkeitskult im zwischenmenschlichen Handeln, den die Hauptfigur einzusetzen gezwungen ist.

---

31 So erfährt man über den eigentlich von ihm erwarteten Ablauf des erzählten Tages: "After the usual morning of looking around, he had expected to go home and eat a bite with Mrs. Newman." (145)

32 Gründe werden dafür in der Erzählung nicht direkt angegeben. Die vom Personalchef gegebene Erklärung für die Suche des Unternehmens nach Arbeitskräften und die vielen Mitbewerber Newmans zeigen aber, daß der zeitgeschichtliche Kontext - die letzten Ausläufer der wirtschaftlichen Depression und eine von der Kriegsproduktion wieder neu belebte Produktion - die Folie für die erzählte Zeit in "The Old Bird, a Love Story" bildet: "I don't have to tell you, Mr. Newman, there's a labor shortage, especially in nondefense industries. That, and that alone, accounts for the few jobs we have to offer." (143)

Vor dem schließlichen Angebot arbeiten zu können hat der alte Newman allerdings einen Hürdenlauf in kalkulierter Kommunikation zu absolvieren, der nichts mehr mit Elbert Hubbards einfachem Rezept von harter Arbeit und "self-reliant perseverance"[33] gemein hat und der ihn vom Wartezimmer über den Personalchef bis zum Abteilungsleiter führt. Seine erste Kontaktaufnahme mit dem "information girl" (140) inmitten der anderen Arbeitssuchenden, die alle den einstudierten "superior look of people out of work" (140) aussenden, liest sich wie eine der Beispielsepisoden aus *How to Win Friends and Influence People*, die etwa auch in dem 1943 erscheinenden, aber epigonalen Werk *The Technique of Handling People* gepriesen werden: ohne aufdringlich zu wirken, in freundlicher Weise die Aufmerksamkeit des Gesprächspartners zu erhalten und gleichzeitig die wirklichen Absichten und Wünsche möglichst sekundär erscheinen zu lassen. Newman gelingt es aber nicht, seine Angst ('timidity') zu kaschieren, und Ausdrücke wie 'show' oder 'to attempt' unterstreichen den fassadenähnlichen Charakter seines Auftritts:

> He approached the information girl, and for all his show of business, almost brusqueness, he radiated timidity. [...] 'Got an application there for a retired millionaire?' Mr. Newman said, attempting jauntiness. That way it would be easier for her to refuse him. [...] Mr. Newman had a real horror of butting in where he wasn't wanted. (140)[34]

Der auszufüllende Personalbogen gerät ihm dabei zu einem Test gehorsamer Anpassung. Seiner bisherigen Vorsicht vergleichbar, nichts Falsches zu sagen oder gar zu viel zu reden, achtet er sorgsam darauf, daß der Füllfederhalter, wie seine Sprache, nicht 'überfließt' und Tintenflecke hinterläßt - der Kontrast zwischen dem

---

33 Huber, S. 79.

34 So schreiben Donald A. Laird und Eleanor C. Laird, *The Technique of Handling People* (New York und London: 12. Aufl., 1951), S. 56 und 65, in ihrem Kapitel über den Nutzen von Freundlichkeit im Zusammenhang mit den 'Tricks' eines alten Kellners und dessen Umgang mit Kunden: "The old waiter was an artist in human relations. He had difficult customers to deal with, but he kept them on his side by using the vital element of friendliness. [...] Be all business - but make friendliness a big part of your business." Genau diese Vermischung von ehrlichem Gefühl und geschäftstüchtigem Habitus prägt den allerdings als mitleiderweckenden Antihelden konzipierten Newman.

mit Newmans Schreiben verbundenen Verb 'to flow' und dem Bogenaufdruck 'DO NOT WRITE BELOW THIS LINE' verkleinert den abstrakten Gegensatz zwischen individuellem Spielraum und institutionellem Zwang auf die konkreten Ausmaße eines offiziellen Formulars:

> Mr. Newman made ready with his fountain pen and in the ensuing minutes he did not lie about his age, his abilities, or past earnings. [...] He was especially careful about making blots with his pen, which sometimes flowed too freely. [...] Under 'DO NOT WRITE BELOW THIS LINE' he had not written. (141)

Wie die Beziehungen des gesamten Figurenensembles der Short Story, so funktioniert auch Newmans Verhalten gegenüber dem 'information girl' in der bis zum Einstellungsgespräch reichenden Erzählsequenz nach grundsätzlichen Bemerkungen Carnegies zur zwischenmenschlichen Psychologie. Newman allein, dessen Mimik und Gestik zwischen interessierter Offenheit und vorsichtig-höflicher Selbstkontrolle oszillieren, erhält schließlich ein beruhigendes offenes Lächeln der jungen Frau, das in *How to Win Friends and Influence People* als eines der Schlüsselmomente der nonverbalen Kommunikation rangiert: "The smile she gave him was alive and it hinted that things were already on a personal basis between him and her and the company" (140).[35] Über Newmans Blickwinkel werden hier private Kriterien trauter Intimität durch die Wortreihe 'him - her - company' unmerklich auf das Arbeitsverhältnis mit dem Unternehmen übertragen. Diese im Vergleich zu den untersuchten Erzählungen der zwanziger Jahre erkennbare deutliche Veränderung im Darstellungsmodus des Erfolgstopos ist sicherlich auch als Rezeption kulturgeschichtlicher Entwicklungen zu werten. In der neuen Ära der Dienstleistungsgesellschaft verlieren bisher noch gültige vorgefertigte soziale Codes der Kommunikation ihre Bedeutung und müssen durch informelle Verhaltensweisen ersetzt werden. Erzähltechnisch verpackt in den narrativen Elementen der personalen Perspektive und des Dialogs bekommen somit Standards des privaten Umgangs in "The Old

---

[35] So zitiert Carnegie, *How to Influence*, S. 94, in seinem Kapitel über die Macht eines Lächelns den für das Weihnachtsgeschäft eines Unternehmens entworfenen Werbetext, in dem es heißt: "It creates happiness in the home, fosters good will in a business, and is the countersign of friends."

Bird, A Love Story" Geltung für den öffentlichen Handlungsraum der Hauptfigur.[36] Selbst Dale Carnegies Erklärungen über die magische Wirkung, die in der bewußten Nennung des Namens von Gesprächspartnern liegt und die eine wichtige Vorbedingung für die schnelle Herstellung eines vermeintlich persönlichen Verhältnisses ist, erscheinen als literarischer Baustein des Dialoges zwischen Newman und dem Empfangsmädchen: "'Mr. *Newman.*' She had spoken his name and there was her live smile. Mr. Newman blushed, then smiled a little himself. With perspiring fingers he put the fountain pen together [...]" (141)[37]

An der Figur des alternden, vor Anspannung schwitzenden Newman verlieren die Regeln der *personality ethic* jedoch die unangestrengte Ausstrahlung, die der Erfolgsdiskurs den Amerikanern einreden möchte. Stattdessen enthüllt der Kanossagang des Protagonisten durch die Stationen der Einstellungsprozedur die ihnen eigene Wahrheit einer bedrohlichen Gratwanderung zwischen angstvoller Distanz und kalkulierter Freundlichkeit.[38] Powers' Kurzgeschichte verdeutlicht so einmal mehr die Fähigkeit literarischer Texte, die Inhalte der

---

36 So schreibt Elisabeth Long in ihrer Untersuchung zum amerikanischen Traum und der Populärliteratur, S. 168: "For example, in the *Fall of Public Man*, Sennett argued that the proper boundary between public and private life had eroded, to the impoverishment of both. [...] They [people] began to judge public behavior by intimate standards, such as the Romantic ideals of authenticity and self-revelation. By the mid-twentieth century, the ideology of intimacy [...] had begun to pervade both public and private life."

37 Vgl. dazu Dale Carnegie, *How to Influence*, S. 101 und 103: "Most people don't remember names for the simple reason that they don't take the time and energy necessary to concentrate and repeat and fix names indelibly in their minds [...] they are too busy. [...] Rule 3 is: **Remember that a man's name is to him the sweetest and most important sound in the English language.**"

38 Vgl. dazu auch die Untersuchung von Brigitta Koch-Linde; S. 31 bemerkt sie zur eigentlichen Funktion der mit Dale Carnegie in den Erfolgsdiskurs eingetretenen Äußerungsformen: "Moderne amerikanische *success literature* ist in erster Linie Überlebensliteratur, und obwohl ihre Rhetorik häufig auf die Weiterentwicklung und die Vervollkommnung der Persönlichkeit angelegt ist [...] zielen ihre Strategien auf die bloße Selbsterhaltung." Hierzu ist allerdings anzumerken, daß diese Beobachtung schon Resultat einer Deutung der Selbsthilfebücher ist und über deren immanente Logik hinausgeht.

gängigen Erfolgsvorstellungen auf ihren inoffiziellen Gehalt hin 'gegenzulesen'. In ihr offenbart sich am konkreten Schicksal des mustergültig nach Dale Carnegies Strategiekonzept handelnden Protagonisten genau jene zeitliche Entwicklungsspanne des Erfolgsdiskurses, die mit den dafür exemplarischen Titeln *How to Win Friends and Influence People* (1936) und *How to Stop Worrying and Start Living* (1948) markiert wird - das anfänglich noch als neue berufliche Wundertaktik erscheinende *personality building* ist in der Literatur auf das demgegenüber minimale Versprechen verkleinert worden, trotz weiterhin bestehender Sorgen zumindest (über)leben zu können. Ist Newman eben noch froh, im Gegensatz zu den anderen Bewerbern mit dem 'information girl' auf der nun eben auch für das öffentliche Leben geltenden "personal basis" verkehren zu können und kein "dead smile" (140) auf ihrem Gesicht zu sehen, da befürchtet er schon wieder übertriebene Beachtung von ihr zu verlangen, weil er den Fragebogen mit dem eigenen Füller, in grüner Tinte, beschrieben hat:

> His voice both appealing for her mercy and saying it was out of the question - indeed he did not desire it - that she should take personal interest in him. Then he got control, except for his eyes [...] (141)

Der darauffolgende Eintritt in das Büro des Personalchefs Shanahan markiert die zweite Erzählsequenz und die nächste Station in Newmans flexiblem Rollenspiel.[39] Wieder beginnt ein minutiös geschilderter Dialog, der auf Seiten Newmans von kommunikativen Signalen der Konformität und Selbstverleugnung beherrscht wird. Ihm ist eine an Theaterstücke erinnernde Auftrittsanweisung und Situationsbeschreibung vorangestellt, die aus Newmans Perspektive wiedergegeben wird:

---

39 Auch der folgende Dialog zwischen Shanahan und Newman kann als eine literarische Simulation des in Dale Carnegies *How To Win Friends and Influence People* enthaltenden Verhaltensparadigmas gelten. Vgl. dazu Huber, S. 292, der Carnegies euphorisch angeführte Beispiele kommentiert, in denen menschliche Nähe und Zweckmäßigkeit sich zueinander komplementär verhalten: "With the means to wealth so relative, with motivation so easily twisted from affection to expediency, what is spontaneous and what is contrived [...] What lurks behind the smiling mask?"

> Mr. Shanahan was reading a letter. Mr. Newman did not look directly at Mr. Shanahan; it was none of Mr. Newman's business [...] and he did not want to seem curious or expectant of immediate attention. (142)

Sätze wie "Evidently he [Shanahan] expected no answer" oder "Mr. Newman was ready now for the part about the company letting him know later" (143) bleiben Füllsel in dem Scheincharakter des Einstellungsgesprächs, das eher aus einem intuitiven denn abgesicherten dialogischen Verhaltensritual besteht und dessen trauriger Höhepunkt in der genauen Umkehrung des amerikanischen Aufstiegsstrebens kulminiert:

> For an instant Mr. Newman succeeded in making it plain that he, like any man of his business experience, was meant for better things. A moment later, in an interesting ceremony which took place in his heart, Mr. Newman surrendered his well-loved white collar. (143)

Noch einmal zeigt sich hier, daß die zu Beginn der Arbeitssuche so betont entspannte Haltung ein bitterernstes Spiel einleitet, das Newman dazu zwingt, selbst die Niederlage noch als Sieg auszugeben[40] - ein Vorgang, der um so deutlicher an der in einer Jagdmetaphorik präsentierten Reaktion Shanahans abzulesen ist:

> Mr. Shanahan, the game bagged and bumping from his belt, got cordial now. 'How are you, pretty handy with rope?' He said it in such a flattering way that Mr. Newman trembled under the desire to be worthy. (143)[41]

40 Dieses in Newman figurgewordene Marktverhalten nach den neuen Regeln einer auf persönlicher Darstellungsfähigkeit und zwischenmenschlicher Strategie beruhenden Erfolgsethik beschreibt Huber, S. 290, in seinen Konsequenzen für den einzelnen so: "The personality ethic, and the forces which it articulated, enforced a creeping conformity which was subtly tyrannous in its pressure to play the game according to the most effective rules, even though the rules might violate a person's ethical principles." (290)

41 Das in der Wendung 'the game bagged' versteckte Wortspiel wird über den anaphorischen Textbezug von 'game' auf das kurz vorher beendete Einstellungsgespräch und das Lexem 'gamebag' (Jagdtasche) hergestellt. Die gesamte (idiomatische) Redewendung 'The game bagged and bumping from his belt' weist mit ihrer bildhaften Qualität auf die Vorstellung von einem Jäger, dessen Beute in der Jagdtasche am Gürtel baumelt. Sie verleiht auf diese Weise der Situation Newmans die sie bestimmende existentielle Note.

Das unerwartete Arbeitsangebot bedeutet für Newman keinen Aufbruch in eine bessere Zukunft, vielmehr kommt es einem sozialen Abstieg gleich, der während der Fahrt mit dem Fahrstuhl nach unten in die Packabteilung räumlich, zeitlich und schließlich auch finanziell besiegelt wird:

> On an elevator going down, he revealed what the job paid to start. Mr. Newman nodded vigorously that one could not expect too much to start. [...] out of the elevator and in the lower depths, Mr. Shanahan said he would like to make sure Mr. Newman understood the job was only temporary. (143f.)[42]

Vor dem Leiter des Versandbereiches eignet sich Newman dann endgültig das Profil eines devoten Angestellten an, dessen Arbeitsalltag nur insofern etwas mit den in dem Buch *The Technique of Handling People* geschilderten Beispielen leuchtenden Erfolgs zu tun hat, als Newman zur großen Masse derjenigen degradiert wird, deren Marktwert so niedrig ist, daß mit ihnen daher *umgegangen wird.*[43] Während Shanahan ihn durch labyrinthartig und endlos erscheinende Abteilungen führt - "a maze of departments" (142) - wird unmittelbar evident, daß der Rang von Newmans künftiger Tätigkeit sich auf die Funktion eines unbedeutenden Rädchens im Getriebe eines Großkonzerns zu beschränken hat: "He told him what he would have to do and what he would be held responsible for." (144) Die ohnehin längst überholte Aura des mit Charles Schwab verbundenen glänzenden Aufstiegs und der von Elbert Hubbart verfochtenen Verwirklichung erfolgsethischer Ziele - beide Vorzeigefiguren der *success*

---

42 Huber, S. 293, beschreibt diese in der Erzählung mit literarischen Mitteln in Szene gesetzte Kehrseite des neuen Persönlichkeitsspiels folgendermaßen: "If other people are the raw material of success, you are a commodity, salable as a personality package in the marketplace. Your value is measured by the price others are willing to pay for you. Your sense of identity is defined by what others think of you."

43 Mills, *White Collar*, S. 187, schreibt über den vorherrschenden Tenor in der Erfolgsliteratur, die sich den neuen Anforderungen im Geiste einer *personality ethic* verschrieben hat: "The sales personality, built and maintained for operation on the personality market, has become a dominating type, a pervasive model for imitation for masses of people [...] In this literature all men can be leaders. The poor and unsuccessful simply do not exist, except by an untoward act of their own will."

literature, denen Newman in seinen besseren Tagen noch persönlich begegnet ist - kann ihm keinerlei Hilfe mehr bieten; in der Angestelltenkultur des zwanzigsten Jahrhunderts ist sogar der Weg zur Kantine genauestens vorgeschrieben: "Mr. Hurley broke down and told Mr. Newman precisely where the employees' lunchroom was, where it wasn't, how to get there from the shipping room, how not to."(146) Newmans Erfolg ist der seiner gelungenen Anpassung an das, was man von ihm an Verhaltensreaktionen erwartet - etwa, wenn es sich um ein abschreckendes Beispiel nachlässig verpackter Ware handelt, die der Firma unnötige Kosten verursacht hat:

> Finally Mr. Hurley again brought up the case of the shipment sent to Fargo, and seemed pleased with the reaction he got. For Mr. Newman frowned his forehead out of shape and rolled his head back and forth like a sad old bell, as if to say, 'Can such things be?' (144 und 145)

Versucht er sich eben noch vor dem 'information girl' jovial und forsch mit dem Etikett des 'pensionierten Millionärs' zu verkaufen, um dann aber im Büro des Personalchefs ja nicht allzu auffällig zu wirken, so mimt Mr. Newman kurz danach in der Packstube - ganz im Sinne der Bedeutung seines Namens - wieder eine neue Identität:[44] die des ehrgeizigen Footballspielers, der als Ersatzspieler aufs Feld geschickt wird und endlich seine Chance wahrnimmt: "Mr. Hurley slapped him on the shoulder like a football coach sending in a substitute. Mr. Newman gritting his false teeth, tackled his first assignment for the company."(245)

Das für ihn so ungewohnte Abstempeln der Arbeitszeit vollendet die persönliche wie auch berufliche Verwandlungsleistung auf sinnfällige Weise, indem er am Ende des ersten Tages ein 'neuer Freund' der Stechuhr geworden ist. Wie schon zu Beginn der Mittagspause,[45]

---

[44] Als je wieder anders auftretender New-Man folgt die Hauptfigur in idealer Weise den Regeln einer *personality ethic*. Vgl. dazu auch Brigitta Koch-Linde, die S. 92 erklärt: "Der größte Trumpf, den das Individuum im Konkurrenzkampf auszuspielen hat, ist es selbst, bzw. eine bestimmte Version seiner selbst, die häufig einer Neugestaltung gleichkommt, 'a reinvention of the self' [...] deren Vollendung gewöhnlich durch den magischen Begriff 'personality' gekrönt wird."

[45] "It was ten after twelve when he punched out." (145)

klingt auch jetzt wieder die in der Verbkonstruktion 'to punch out' mitschwingende Konnotation des K.O.-Schlags im Boxen an. Sie weist der von Newman nach den Regeln der *personality ethic* erfolgreich geleisteten Integration in den Status eines *blue collar worker* - und damit in die ununterscheidbare Masse der Vielen - jene Realität zu, die ihr entgegen seiner eigenen eingeschränkten Wahrnehmung gebührt - den persönlichen Tiefschlag:

> Then there would be shouts from the end of the line, and everybody would know it was all on account of an old bird trying to punch out. [...] Mr. Newman, a new friend to the machine, had punched out smoothly. One of the mass of company employees heading home [...] His mood was unfamiliar to him, one of achievement and crazy gaiety. (148)

Das qualitative Gefälle, das zwischen der ausführlich geschilderten und darum eben auch wichtigen Einstellungsprozedur und dem banalen Spielzeug besteht, welches Newman mühevoll verpacken muß,[46] mißt genau jene Differenz aus, die sich zwischen dem im zeitgenössischen Erfolgsdiskurs inflationär gewordenen Versprechen auf eine erfolgreiche Persönlichkeit und der konkreten Erfahrung des amerikanischen Arbeitslebens eröffnet:[47]

> Mr. Newman perspired ... lost his breath, caught it, tried to break a piece of twine with his bare hands, failed, cut his nose on a piece of wrapping paper, bled, barked his shin on an ice skate, tripped, said a few cuss words to himself ... perspired. (145)[48]

---

46 "A half-dozen sets of poker chips, a box of rag dolls, 5,000 small American flags, and a boy's sled going to Waupaca, Wisconsin." (145)

47 So schreibt Lowenthal, S. 537, in seiner Untersuchung der Biographien über den Prominenten zu Anfang der vierziger Jahre und die darin einer öffentlichen Persönlichkeit attestierten Erfolgsqualitäten: "His human destiny seems to be a life of continuous adjustment: adjustment to the world through efficiency and industriousness; and adjustment to people by exhibiting amiable and sociable qualities and by repressing all other traits."

48 Ganz anders liest sich demgegenüber die ebenso in einer Packabteilung beginnende (Erfolgs)Story, die in *The Technique of Handling People* als ein Beispiel für kurzsichtige Personalführung geschildert wird. Wie es für die Aussageformen der *success literature* innerhalb des Erfolgsdiskurses typisch ist, füllen in diesem Buch angesehene Unternehmer oder der Prototyp des Angestellten, der ganz oben auf der Leiter steht und andere hinter

Auf diese Weise bietet das literarische Modell von "The Old Bird, a Love Story" dem Leser die Figur Newman als das eigene mitleiderweckende *alter ego* an, das sich den im Erfolgsparadigma der *personality ethic* versteckten zwischenmenschlichen Untiefen hilflos ausgeliefert sieht. Die eigentlich auf das Private begrenzte, identitätssichernde Anerkennung durch den anderen verkommt zur strategischen Taktik im öffentlichen Raum von Leistung und Erfolg - ein unwägbares Pokern demnach, das an einer Figur wie der des ältlichen Newman in seinen prekären Folgen für jeden nachvollziehbar greifbar wird: "Mr. Newman regretted that he was too old to be independent." (146)[49] Kaum wiegt der alte Mann sich in der trü-

sich gelassen hat, die Egalität vorschwindelnde Subjektstelle des *comon man* aus: Ausnahmen also von jener Regel, welche in der Rede über den 'gemeinen Mann' eigentlich gemeint ist und welche die literarische Verarbeitung des Erfolgsgedankens vornehmlich beschäftigt. So berichten die Lairds zu Anfang ihres Kapitels "Ask questions to win cooperation" von einem Mr. White, der als ehrgeiziger Lehrling in der Versandabteilung eines großen Unternehmens arbeitet und eine zeitlang dort dessen Produkte in schwere Holzkisten zu packen hat. Da die gußeisernen Erzeugnisse scharfe Kanten haben, fertigt er sich zur besseren und effizienteren Arbeit ein einfaches Holzwerkzeug an, das schnell verschleißt und daher von ihm des öfteren neu geschnitzt werden muß. Als der führungsunfähige und unerfahrene Abteilungsleiter ihn dabei erwischt, entläßt er White fristlos, ohne nachzufragen. Die Anekdote über White endet mit der Feststellung, daß dieser nicht zuletzt aufgrund jenes demütigenden Erlebnisses inzwischen zum erfolgreichen Geschäftsführer der Konkurrenz aufgestiegen ist. An dem Kontrast der Geschichte des alten Newman zu der des jungen White verdeutlicht sich die Position der Kurzgeschichte, die die gängige Semantik des Erfolgsdiskurses konterkariert: "A young boy went to work for the firm, direct from school. He was put in the shipping room [...] His job was packing unfinished castings into heavy wooden boxes. The castings had rough edges and had to be handled with leather gloves. [...] Young White wore out a couple of tamping sticks a day and had to cut new ones out of scrap lumber. [...] The new plant superintendent came in on his first visit to the shipping department. [...] When he saw young White sitting and whittling, the superintendent glared at the lad. [...] 'You're fired - right now. Get out.' Twenty years later White told me of this experience. His face flushed and he fairly boiled [...] White is now running Butler's strongest competitor." (S.2)

49 Interpretationen von "The Old Bird, a Love Story", wie die von John V. Hagopian in seinem Buch *J. F. Powers* (New York: 1968) orientieren sich an der Fabel als einem *true-to-life* Konstrukt, welches wohlvertraute Wirklichkeiten und Erfahrungen mimetisch

gerischen Sicherheit, "a feeling of rare warmth" in einem "man-to-man" (146) Geprach mit Hurley erlebt zu haben, da wird er unfreiwillig Zeuge einer heimlichen Unterredung zwischen seinem Abteilungsleiter und dem Personalchef, in deren Verlauf Newman mitanhören muß, wie über ihn sarkastisch gewitzelt wird, sich doch mit dem Packstrick lieber gleich selbst aufzuknüpfen: "'Yeah,' Mr. Hurley said, 'when you said the old bird was handy with rope I thought, boy, he's old enough to think about using some on himself.'" (146 und 147)

Selbst die Residuen der partnerschaftlichen Solidarität und Zuwendung, die im Verlaufe der Entwicklung des literarischen Erfolgstopos seit den dreißiger Jahren zunehmend die Funktion eines sichernden Gegenpols zu den sich wandelnden Anforderungen der Erfolgsethik erhalten, bleiben für beide Eheleute nicht frei von antrainiertem Rollenspiel. Newmans Rückkehr in die traute häusliche Zweisamkeit mit seiner Frau - das Thema der abschließenden Erzählsequenz - wird zuerst noch von seiner nahezu zwanghaften Bereitschaft zur Maskerade belastet: "One glimpse of his face, he thought, and she would know how to treat him tonight."(149) Die Szene am Abendbrottisch, die das Ende seines überraschenden Arbeitstages darstellt, enthüllt explizit Newmans überlebensnotwendiges Schauspielertum. Seine sogar über die Arbeit hinausgehende Rolle des "bad actor" (150) incodiert die mit dem zwischenmenschlichen Handlungsparadigma einhergehenden und in allen Lebenslagen gültigen Erfolgsvorstellungen von permanenter *Public Relation* der eigenen Person. C. Wright Mills Diagnose der mit der *white collar*-Gesellschaft aufkommenden sozialen Beziehungen findet in dem sich je wieder neu entwerfenden Newman ihren idealen Protagonisten: "What began as the public and

wiedergibt. Sie verstehen sie nicht als *ein* narratives Element, das mit anderen verknüpft ist und nur so möglicherweise unvertraute Bedeutungen generiert. Die Fabel *ist* somit die Interpretation, wenn Hagopian, S. 37, sagt, daß es in der Erzählung um das "pathos of old age" gehe, oder, S. 51 erklärt: "'The Old Bird, a Love Story' is [...] remarkable for its quiet restraint and dignity, its controlled evocation of pathos, its gentle insight into the marital love of the aged." Würde diese Lobeshymne tatsächlich den Aussagewert der Story treffen, so könnte man ebensogut einen Groschenroman vom nächsten Kiosk zur Hand nehmen und auf das Lesen von Literatur überhaupt verzichten.

commercial relations of business have become deeply personal: there is a public-relations aspect to private relations of all sorts, including even relations with oneself."[50]

Auffällig ist, in welch ungebrochenem und fast naivem Gestus in der Story mit dem Kontrast zwischen dem bedrohlichen 'Draußen' der Leistungsanforderungen und dem beruhigenden 'Drinnen' der privaten (Familien)Situation operiert wird. Weitaus deutlicher noch als etwa in Saroyans Erzählung "The Daring Young Man on a Flying Trapeze" aus den frühen dreißiger Jahren, in der die Hauptfigur im Augenblick äußerster materieller Existenzangst auf ihrem recht vagen Wunsch nach 'a private life' beharrt, steht in "The Old Bird, A Love Story" die Würde von Individualität auch außerhalb von erfolgsstrategischen Erwägungen zur Diskussion. Einzig im ehelichen Verhältnis von liebender Solidarität und anders als vor den durchdringenden Augen des gnadenlosen Personalchefs wird Newman schließlich doch noch die Möglichkeit eingeräumt, ohne persönliche Gefährdungen durchschaut zu werden, schlecht zu 'spielen' und sich gehen zu lassen:

> It was all wasted. She had revamped her strategy. [...] She was the audience [...] and he was always on stage, the actor who was never taken quite seriously by his audience, no matter how heroic the role. [...] It was not a hopeless situation, but only because she loved him. She *did* love him. Overcome by the idea, he abandoned his silence. He heard himself telling her everything. (149 und 150)

Erst vom Schluß der Kurzgeschichte her gibt sich deren zweiteiliger Titel somit als Hinweis auf die Dichotomie zwischen Arbeit und Liebe zu erkennen. 'The Old Bird' umschreibt Newmans bitteres Erlebnis in einem amerikanischen *pursuit of success*, der inzwischen durch Persönlichkeitskult und Rollenspiel bestimmt wird. 'A Love Story', der versöhnliche Nachspann, verleiht schließlich der abschließenden erzählerischen Sequenz über das liebevollen Verhältnis von Mrs. Newman zu ihrem Mann eine doppelte Bedeutung, nämlich die einer Sympathieerklärung für die Hauptfigur und zugleich für die eines den entindividualisierenden Regeln der Arbeit gegenüber als widerständig konstruierten Erfahrungsraumes. Andere Textbei-

50 Mills, *White Collar*, S. 187.

spiele prominenterer Autoren dieser Jahre bestätigen diese Akzentverschiebung hin zum 'Privatismus': in Katherine Anne Porters "A Day's Work"[51] (1940) ist es eine starke und umsichtige Ehefrau, die ihren resignierten Mann versorgt und ihn davor bewahrt, gänzlich der Lethargie zu verfallen; der Hochschullehrer Millen in Robert Penn Warrens "The Life and Work of Professor Roy Millen"[52] (1943) wiederum entdeckt erst durch den plötzlichen Tod seiner kränkelnden Frau den positiven und erholsamen Einfluß, den ihr Sinn für häusliche Kultur auf seine von den mühseligen Jahren des Aufstiegs bedrückte Seele ausgeübt hat.

---

51 Vgl. Katherine Anne Porter, "A Day's Work," in: Dies., *The Leaning Tower and Other Stories* (New York: 1944), S. 87-112: Die ganze Erzählung ist aus der Perspektive der Hauptfigur Mr. Halloran geschrieben. Seit er durch die Wirtschaftskrise arbeitslos geworden ist, macht er in seiner Verbitterung über den Verlust jeglicher Aufstiegshoffnungen nun seine Frau nachträglich dafür verantwortlich, ihn mit ihrem Moralkodex am lukrativeren Einstieg in politische Geschäfte gehindert zu haben. Hallorans als kindlich charakterisiertes Benehmen, die Telefonate zwischen seiner verheirateten Tochter und Mrs. Halloran über die Sorgen im Umgang mit Ehemännern und Hallorans öfters in Gewaltausbrüchen endende Alkoholexzesse lassen aber keinen Zweifel daran, wie unabdingbar er auf die solidarischen Beziehungen in der Ehe und auf sein 'Zuhause' angewiesen ist; so rät Mrs. Halloran der Schwiegertochter: "'Now listen to me, if you want himself to do right you have to do right first. The woman has to do right first, and then if the man won't do right in turn it's no fault of hers.'" (91)

52 Vgl. Robert Penn Warren, "The Life and Work of Professor Roy Millen," in seiner Short Story-Sammlung *The Circus in the Attic and Other Stories* (New York: 1947), S. 200-208. Mit dem plötzlichen Tod seiner Frau erkennt Millen den positiven Einfluß, den die Ehe in ihrer Bedeutung als Hort der Ruhe und Harmonie für ihn bedeutet hat: "His position at the university, the long tranquil evenings at the bridge table with the light glinting subduedly on the exciting and rich designs of the royal cards [...] all of these items had been defined by her." (200) Inbesondere im Rückblick auf die harten Jahre des mühsamen Emporarbeitens zur Universitätslehrkraft, eine entbehrungsreiche Zeit, die durch den Vater seiner Frau mit einer Professur gekrönt worden ist, erscheint die üblicherweise mit dem Erfolgscode verbundene Gloriole von Disziplin und Ausdauer als bittere und überflüssige Last: "He did not like to remember that other time, for those years had been painful and long, so painful that even in recollection something of the distress of the old reality could revive within him." (201)

Das Private fungiert somit als Residuum einer im öffentlichen Leben bedrohten Existenz der Hauptfigur. Der sich mit der Rezession der dreißiger Jahre in zwei eigenständige Handlungsfelder aufteilende literarische Erfolgstopos reflektiert die parallel zu den kleiner werdenden Chancen der beruflichen Selbstbestätigung an Überzeugungskraft gewinnende gesellschaftliche Vorstellung, zwischen einem 'eigentlichen' und einem 'uneigentlichen' Ich zu unterscheiden. Anders als in der deutschen Tradition kann ein solcher Rückgriff auf bürgerlich-privatistische Lösungsmodelle in der amerikanischen Literaturtradition noch unbelastet von einer schon im neunzehnten Jahrhundert artikulierten Kritik dieser Idylle eingesetzt werden. Diesen utopischen Anspruch aber, schützender Ort zu sein, kann die intime, häusliche oder familiale Sphäre *de facto* längst nicht mehr erfüllen.[53] Sie rückt stattdessen - und das zeigen dann zunehmend die Erzählungen der fünfziger und sechziger Jahre - selber zum zentralen Auseinandersetzungsbereich in Konflikten mit der Erfolgsethik auf, um dann die indivdualitätsfeindliche Realität einer von Erfolgs- und Konformitätszwang regierten Öffentlichkeit schließlich auch nicht mehr abwehren zu können. Das der Arbeit und ihrer gesellschaftlich festgelegten Leistungsanforderungen inzwischen innwohnende Moment des Bedrohlichen ist gleichsam in die privaten Beziehungen eingegangen. Im extremen Falle haben die privaten Lebenszusammenhänge jede 'Bollwerkfunktion' verloren, sind im Verschwinden begriffen und bedingen so einen Protagonisten, der nur noch 'sich selbst' hat. Dabei werden sie aber häufig auf eine Weise ins literarische Modell integriert, daß - wie auch in den dem *mainstream* zu-

---

53 Vgl. dazu Jürgen Habermas, *Strukturwandel der Öffentlichkeit* (Darmstadt und Neuwied: 17. Aufl., 1987), S. 189 und 190: "Die Familie, die aus den unmittelbaren Zusammenhängen der Reproduktion der Gesellschaft immer mehr ausgegliedert wird, behält mithin einen Innenraum intensivierter Privatheit nur dem Schein nach zurück: in Wahrheit büßt sie mit ihren ökonomischen Aufgaben auch die schützenden Funktionen ein; gerade der ökonomischen Beanspruchung der patriarchalischen Kleinfamilie von außen entsprach die institutionelle Kraft zur Ausbildung eines Bereichs der Innerlichkeit, der heute, mit sich allein gelassen, unter dem Zugriff außerfamilialer Instanzen auf das Individuum unmittelbar, in eine Sphäre der Scheinprivatheit sich aufzulösen begonnen hat."

gerechneten Romanen und Kurzprosatexten - die Suggestion der (historisch überholten) Bedeutung eines nach wie vor noch bestehenden intakten Gegenraums entsteht.

John Cheever, "The Housebreaker of Shady Hill" (1956)

Der Ich-Erzähler Johnny Hake ist einer der sensiblen, kurzzeitig 'ungehorsamen' Mittelschichtssöhne, die nur temporär - konstruiert als Fallbeispiel einer *morality tale* - dem der selbstzufriedenen Nachkriegszeit fremden Unbehagen an den so selbstverständlichen Erfolgsnormen von privatem Glück und beruflich definiertem Sozialprestige ausgeliefert bleibt. Der mustergültige *all-American*-Familienvater, der sich in seiner makellosen *middle class*-Nachbarschaft durch einen nicht lange andauernden Schreck eigener Arbeitslosigkeit aus der Ruhe gerissen sieht, ist der typische Protagonist einer *mainstream*-Inszenierung: der (kurze) Einblick in die Unwägbarkeiten und Garstigkeiten, die außerhalb der bergenden Welt von geregelter Arbeit, Heim und Familie lauern, läßt das Arrangenment mit der Konformität schnell wieder zur besten aller Möglichkeiten werden; doch selbst bis es dazu kommt, wird es nie wirklich ernst für Hake. Die ihn während der Krise überkommenden existentialistischen Anwandlungen bleiben reines Gedankenspiel. Die Einbettung seiner Figur in ein mit wohlwollender Kritik und Ironie dargestelltes Soziogramm der typischen zeitgenössischen *white collar*-Wohngegend macht den temporären Fall aus der sozialen Idylle Shady Hills zum witzigen aber mit erhobenem Zeigefinger präsentierten *faux pas.*[54]

Gleich zu Anfang der Erzählung entpuppt sich Hake im Verlaufe seines kurzen Lebensabrisses als ein biographisch einwandfreies Exemplar der amerikanischen Mittelklasse, das in einer schicken

---

[54] Es ist genau jene von Wolf Wagner in seinem Aufsatz "Die Bedeutung des *American Dream* für das heutige amerikanische Alltagsbewußtsein", S. 346 und 347, beschriebene Form der 'insularen Existenz', die in Cheevers Erzählung als soziales Milieu und Wertezusammenhang dient: "Das Ergebnis dieser Kombination von sozialer und geographischer Fluchtbewegung ist, daß sich die US-Gesellschaft in einen Flickenteppich vieler kleiner Inseln auflöst [...], die aber einzeln für sich genommen jeweils hochgradig egalitär und konform sind."

"*banlieue*" (253)[55] bei New York lebt. Geboren in einem "Presbyterian Hospital" und konfirmiert in "St. Bartholomew's" (253), hat er auch seine patriotische Gesinnung durch seinen vierjährigen Dienst bei der Marine unter Beweis gestellt:

> My name is Johnny Hake. I'm thirty-six years old [...] I drilled with the Knickerbocker Greys, played football and baseball in Central Park, learned to chin myself on the framework of East side apartment-house canopies, and met my wife [...] at one of those big cotillions at the Waldorf. I served four years in the Navy, have four kids now [...] (253)

Sein Arbeitsleben - er ist leitender Angestellter bei einem (Brot)Verpackungshersteller - steht zwar wiederum unter dem Verdikt des inzwischen universalen Handlungsparadigmas von geschicktem zwischenmenschlichen Taktieren. Trotzdem hat der berufliche Aufstieg oder der Selbstbehauptungskampf auf der betrieblichen Hierarchieleiter in der Erzählung keine sujetkonstituierende Funktion. Innerhalb des erzählerischen Ablaufs erfolgt die Einführung in das Arbeitsleben dann auch nur in einem kurzen Absatz, erst nachdem der Leser über Jugendzeit, Familienstand und Feierabendleben informiert ist. Hakes Karriere ist lediglich integraler Teil einer typisierten Biographie, eines sozialen Musters, in dem Konformität vor *rugged individualism* rangiert:

> I went to work right after the war for a parablendeum manufacturer, and seemed on the way to making this my life. The firm was patriarchal [...] I stayed out of the old man's way as nimbly as I could, and behaved in his presence as if he had shaped me out of clay with his own hands and breathed the fire of life into me. (253)[56]

---

55 Folgende Zahlen in Klammern beziehen sich auf John Cheever, *The Stories of John Cheever* (Harmondsworth: 1982), S. 253-269.

56 Hakes Arbeitsplatzbeschreibung ist von einer defensiven, möglichst kraftsparenden Haltung gekennzeichnet. Weit entfernt von den durch Aufstiegskonflikte beherrschten Lebenssituationen der Figuren aus den zwanziger und dreißiger Jahren bildet sie ein literarisches Echo auf Aussagen eines zeitgenössischen Erfolgsdiskurses, der das bedrängte, mutlose Individuum anspricht - wie das etwa in Norman Vincent Peales 1953 erschienenem Bestseller *The Power of Positive Thinking* (London: 22., unveränd. Aufl. 1989), S. 18, in der Einleitung schon deutlich wird, wenn er darauf insistiert: "Do not be awe-struck by other people and try to copy them. Nobody can be you as efficiently as You can. Remember also that most people, despite their confident

Seine vier Kinder, Gartenfeste in der Umgebung und die Einblicke in den Kleidausschnitt seiner schönen Frau beim Grillen stellen die typischen Elemente für den von Christopher Lasch beschriebenen Häuslichkeitskult dar. Sie sind Hakes ganzer Lebensinhalt:

> We have a nice house with a garden and a place outside for cooking meat, and on summer nights, sitting there with the kids and looking into the front of Christina's dress as she bends over to salt the steaks [...] I am thrilled [...] and I guess this is what is meant by the pain and sweetness of life. (253)[57]

Das Maskenspiel gelungener Persönlichkeitspräsentation, ursprünglich von Dale Carnegie 1936 entlang des sich unaufhaltsam durchsetzenden Arbeitsalltages einer Dienstleistungsgesellschaft ausformuliert, hat Einzug in das soziale Leben des Privatraums gehalten. So wie es die ehelichen Beziehungen des älteren Paares in "The Old Bird, A Love Story" schon gezeigt haben, offenbart die literarische Verarbeitung des gänzlich von der Persönlichkeitsethik beherrschten *pursuit of success* auch am Beispiel von Cheevers Story, daß die neuen Verhaltensstrategien selbst das Privatleben beeinflussen - eine Folge der im Vergleich zu den überkommenen Anforderungen weitaus subtiler wirkenden Erfolgszwängen, von denen im offiziellen Diskurs aber nicht die Rede ist. Hakes nur noch auf Statussicherung abzielendes Gemeinschaftsverhalten steht im vorliegenden literarischen Modell unter der Ägide von *conspicuous consumption*. Es ist als eine literarische Parodie auf jene vielen statussüchtigen Bürger angelegt, die Vance Packard in seiner Studie *The Status Seekers* beschreibt. Hake bedrückt lediglich die Frage, zu welcher Party er eingeladen wird und wie es um sein "social aggrandizement" (264) innerhalb der Nachbarschaft bestellt ist:

---

appearance and demeanour, are often as scared as you are and as doubtful of themselves."

57 Damit wird in der Erzählung der Kult der neuen Häuslichkeit, der mit dem Kauf eines Hauses während der fünfziger Jahre die Bedeutung eines privaten Rituals zur Demonstration von gesichertem und vor allem ansehnlichem Status einnimmt, zum bestimmenden Moment von Hakes Figurenprofil. Packard beschreibt dazu in der Studie *The Status Seekers* (London: 1959), S. 63, einen Hausdesigner, der seinen Kunden das Gefühl vermitteln will, "that buying a home in his higher-priced development 'means they have arrived.'" Genau diese Motivation bestimmt Hakes eigenes Statusbewußtsein.

> Why hadn't I been asked to play softball at the Toblers'? I wondered. Why had we been excluded from these simple pleasures, this lighthearted gathering [...] Why wasn't *I* asked [...] Why should social aggrandizement - *climbing*, really - exclude a nice guy like me from a softball game? (264)

Auch seine Frau - und damit ist das als konformistisch gezeichnete und ironisch zugespitzte Bild der Hakes perfekt - entspricht dem neuen Code des 'be sociable' in Vollendung:

> And what, on a given day [...] does she have to do? Drive me to the train. [...] Buy the wine and groceries for the monthly dinner of the Société Gastronomique du Westchester Nord. Look up some definitions in Larousse. Attend a League of Women Voters symposium on sewers. [...] Type two and half pages of her paper on the early novels of Henry James. (263)

Kurzum: in der Erzählung wird ihr die zum Klischee geronnene Funktion zugewiesen, die private Sphäre als Oase der gepflegten Zweisamkeit zu verwalten und mit einem gewissen Grad an Bildung ihren Teil zur Akzeptanz der Familie in Shady Hill beizutragen.[58] Es ist wichtig, sich noch einmal die historische Folie zu vergegenwärtigen. Cheevers Short Story spielt auf dem Höhepunkt einer restaurativen Phase Amerikas, die John Updikes im Jahre 1963 situierter Roman *Couples* (1968) zu einem Moment fixiert, da die bürgerlich-harmonische Fassade schon längst wieder tiefe Risse zeigt. Die historisch überholte Utopie von biedermeierlicher Geborgenheit in Ehe und Familie, die in einigen Erzählungen der vierziger Jahre anklingt, ist im voll aufblühenden Medien- und Werberummel der prosperierenden fünfziger Jahre zum demonstrativen Bestandteil eines satten

---

58 Christina ist als Ehefrau dem in den fünfziger Jahren nun endgültig allgemein anerkannten Partnerschaftsmodell nachempfunden, indem sie - wie Huber, S. 284 und 285, erklärt - die ideale und ausreichend gebildete Partnerin für die im Sinne einer 'mutual mobility bet' verstandene Ehe darstellt: "The ideal wife should be highly adaptable, highly gregarious [...] Tutors in the personality ethic dropped mother and increased the importance of the 'good wife.' A 'good wife' bolstered her husband's self-confidence, was easy to get along with, and possessed a capacity for social and intellectual growth equal to her husband." So zitiert Huber einen in den fünfziger Jahren zu diesem Thema befragten leitenden Angestellten: "'Sure I want her to read good books and magazines,' as one executive puts it, 'I don't want her to make a fool of herself in conversation.'"

Konformismus im Zeichen von patriotischer 'togetherness' umgedeutet worden:[59] "Privacy has become clandestine. Not in solitary and selfish contemplation but in doing things with other people does one fulfill onself. [...] The important thing, to borrow a phrase, is the *togetherness*."[60] Diese sich auf das Private beziehende Gemeinschaftsideologie bestimmt Hakes Konflikt mit dem Erfolgsgebot.

Die dunklen Wolken ziehen - im doppelten Sinne des Wortes - für Hake auf, als dieser von seinem Chef den Auftrag bekommt, seinem viel älteren Vorgesetzten Gil Bucknam wegen Alkoholkonsums und Dienstausfalls die Kündigung zu Hause zu überbringen. Der Herbststurm, der sich auf dem Weg dorthin nach der Mittagspause zusammenbraut und als literarisches Mittel des *foreshadowing* mit seinem Donner künftiges Unheil ankündigt, wird von jenem leitmotivisch eingesetzten Regen begleitet, welcher Hake im folgenden Jahr in Form eines Frühlingsschauers zur reuevollen Rückkehr ins normale Leben bewegen wird. Doch der mit solcher Naturgewalt daherkommende schicksalsschwangere Nachmittag verliert schnell wieder sein Pathos, da Hakes jahreszeitliche Datierung dieses Tages sich einzig am profanen Zyklus der nationalen Baseballspielserien orientiert: "It was early in the fall- the World Series was being played - and a

---

59 Vgl. dazu Lasch, S. 105: "John Updike's *Couples*, hailed by the critics with short memories as an expression of the sixties' sexual 'breakthrough,' captured, at the point it was beginning to turn sour, an ideal of domesticity that flourished widely in the fifties." Jenes Moment der nicht zuletzt patriotisch eingefärbten 'togetherness' greift die Erzählung in Hakes Beschreibung seiner Nachbarn auf. Deren letztlich nur zur Tarnung der offiziell verordneten Privatbunker mit Blumen und Bäumen prächtigst ausgestattete Gärten erscheinen als (satirische) *narrative marker* des hysterischen politischen Klimas: des Kalten Krieges gegen das östliche 'Reich des Bösen': "Urged to build bomb shelters, they plant trees and roses, and their gardens are splendid and bright." (258)

60 William H. Whyte, "The Outgoing Life," *Fortune,* 48 (July 1953), S. 158. Vance Packard legt in seinem Buch *The Status Seekers* dar, daß jede Art von zeitgenössischer Produktwerbung ein *upper middle class* Milieu als Setting aufweist, das sich sehr häufig durch eine idealtypisch harmonische und materiellen Wohlstand signalisierende Wohngegend auszeichnet - genau dieses Milieu mit seinen entsprechenden sozialen Indikatoren dient in der Erzählung als wesentlicher semantischer Merkmalskonstituent für die Figur des Hake.

thunderstorm was entering the city. I could hear the noise of big guns and smell the rain when I got to the Bucknam's place." (254) Da er es nicht übers Herz bringt, Bucknam die Nachricht zu überbringen, wird Hake seinerseits entlassen.

Das darauf folgende kurze Intermezzo in der Rolle eines Geschäftsmanns kann keine Hilfe bringen, im Gegenteil, es beschleunigt nur noch die Krise der Hauptfigur. Hake sitzt für einige Wochen in einem schäbigen und winzigen New Yorker Mietbüro, dessen Telefon nie klingelt - aber auch diese Wendung in dem bisher so wohl geordneten Leben, die er ebenso wie seine Kündigung vor seiner Frau verschweigt, erhält im Verlaufe der sie einführenden Passage eher den Unterton eines Gags denn den einer Katastrophe. In dem Augenblick, da er sich entschließt, es nun einfach einmal als Unternehmer zu versuchen, erscheint ihm jede Tätigkeit - ob russischer Ballettänzer oder Maler von Schuhplattlermotiven auf Möbelstücken - gleich seltsam und skurril. Arbeit wird an dieser Stelle der Short Story zunächst noch zu einer von vielen lustigen Nebenbeschäftigungen des Lebens stilisiert, die man nicht so ernst nehmen sollte:

> It seemed to me that if it had been my destiny to be a Russian ballet dancer, or to make art jewelry, or to paint *Schuhplattler* dancers on bureau drawers [...] I wouldn't have known a queerer bunch of men and women than I knew in the parablendeum industry, and I decided to strike out on my own. (255)

Welche Projekte er nun in seinem kleinen Büro genau verfolgt, bleibt unerwähnt und ist auch für den Fortgang des Geschehens unerheblich, da sein Ausflug in die Welt des selbständigen *business* scheitert und lediglich ein weiterer Schritt 'nach unten' ist. Auffällig ist daran allerdings, daß auf dem zeitgenössischen Hintergrund von Erfolgsvorstellungen, die auf den Angestellten abzielen, der Lösungsversuch 'Unternehmertum' im literarischen Modell nicht mehr zugelassen werden kann. Hake greift zwar wie selbstverständlich auf die alte Tradition des unabhängigen Unternehmers zurück, hat damit aber keinen Erfolg, da dieser Weg für einen stereotyp im Biographiemuster der *Corporate Society* sozialisierten Charakter nicht mehr gangbar sein kann.

Hakes eigentlicher Fall aus der wohlanständigen bürgerlichen Welt von Shady Hill[61] wird schließlich besiegelt, als er bei Nachbarn, den wohlhabenden Warburtons, des Nachts 900 Dollar aus deren Schlafzimmer stiehlt, um seinen drohenden finanziellen Kollaps abzuwenden. Die für diesen unmoralischen Ausrutscher eingestreuten ironisch-gebrochenen Anleihen bei der kindheitsorientierten Psychonanalyse,[62] die Hakes Schritt gegen die "unwritten laws that held the community together" (259) erklären sollen, geben der Diebestour die unverhohlene Komik des kleinen Jungen im Manne, der nie richtig erwachsen geworden ist. Jetzt, da er endlich einmal über die Stränge schlagen konnte, hat er Angst, entdeckt zu werden. So liest man, wie er vor lauter Furcht vor seinen bald nicht mehr gedeckten Schecks im Bett wach neben seiner Frau Christina liegt, wie ihm an Kitschigkeit nicht zu überbietende Erinnerungen an seine eifersüchtige (Über)Mutter kommen, die seine Ehe mißbilligt, und wie er schließlich "in some emotional Arcadia" (257) alles wiedergutmachen möchte: "I send her flowers and presents, and write her every week [...] Then I thought about her apron strings [...] they seemed to be looped, like vapor trails, across the very drum of heaven." (256)

Als er sich daraufhin an den tröstenden, wärmenden Körper seiner Frau legen will und die sich dann zufällig im Schlaf wegdreht, ist das Signal der akuten Bedrohung auch des intimsten Teiles seines ihm noch verbleibenden suburbanen Arkadiens gegeben - die Kurzgeschichte schlägt hier endgültig ins Genre eines tragikomischen Boulevardstücks um, bei dem jeder von vornherein ahnt, daß es sich nur zum Guten wird wenden können, wenn der gutbürgerliche, völlig

---

61 "My neighbors are rich, it is true, but riches in this case means leisure, and they use their time wisely." (258)

62 Nach dem Diebstahl etwa versucht sich der in moralischen Selbstvorwürfen zerfließende Hake sein Vergehen eher schlecht als recht mit zerrütteten Familienverhältnissen, der geschiedenen Ehe seiner Eltern, zu erklären. Er erinnert sich dabei an einen kleinen 'Klau' in seiner Jugendzeit aus den Taschen seines Vaters während eines Aufenthaltes im New Yorker Plaza Hotel: "I had read often enough in the papers that divorce sometimes led to crime. My parents were divorced when I was about five. [...] I had been reliving that scene at the Plaza. It had not been my fault that I had stolen then, and it had not been my fault when I went to the Warburton's. It was my father's fault!" (261)

verwirrte Hake im Badezimmer seine Vorbereitungen trifft, sich in "old blue sneakers and a pair of pants and a dark pullover" (257) auf amateurhafte Diebestour zu begeben. Genau dieser komödienhafte Umschlag konterkariert aber den ironischen Blickwinkel auf Hakes Konflikt. Er führt dazu, daß der bisherige parodistische Unterton im Text seine Distanz schaffende Wirkung einbüßt und daß der Leser für die Hauptfigur distanzlos vereinnahmt wird. Der Familienvater bleibt ein netter 'good fellow' von nebenan, der die kleinbürgerlichen Verlustängste aller amerikanischen Bürger stellvertretend durchlebt und zugleich lösen wird: "Then I coughed. I coughed again. [...] There were some cigarettes on the back of the toilet [...] it hurt my lungs, and I was suddenly convinced that I was dying of bronchial cancer. [...] But then I thought about money again [...] and it seemed to me that money had it all over love". (257)[63]

Hake steht somit vor dem Einbruch in einem persönlichen Dilemma zwischen Geld und Liebe, wobei sein Bankkonto allerdings lediglich die Aufgabe einer materielle Deckung der ehelichen Idylle, des sozialen Status quo und der exponatgleichen Schönheit seiner Frau zu erfüllen hat:

> I could not tell her that we were broke. She had sweetened much of my life [...] The truth would make her cry and ruin her make-up and the Warburtons' dinner party for her [...] There seemed to be as much truth in her beauty and the power she exerted over my senses as there was in the fact that we were overdrawn at the bank. (255)

Während in der Literatur der zwanziger Jahre Ehe und Liebe allein unter dem Aspekt der Erfüllung von konventionellen Lebensformen oder der romantischen Zugabe für den Erfolgreichen Eingang in den Erfolgstopos finden, kehrt sich das Verhältnis nun eher um: das Private ist eigentlicher Fluchtpunkt jeglicher Erfolgsproblematik geworden und wird zum Träger ironischer Überzeichnung eingesetzt. In-

---

63 Zum Aspekt der Komik vgl. auch Samuel Coale, *John Cheever* (New York: 1977), S. 117: "Such a method basically reveals a comic rather than a tragic encounter, in which the reader and the author are distanced from the painful immediacy of experience [...]" Coale erkennt zwar die komische Note einer solchen Erzählhaltung, verkennt allerdings dabei, welche verharmlosende Verniedlichung darin transportiert wird, die so den Konflikt der Hauptfigur entschärft.

nerhalb der vorherrschenden literarischen Modellbildung der vierziger und fünfziger Jahre hat das Privatleben substantiellen Eigenwert gegenüber dem bisher alles überschattenden identitätserhaltenden beruflichen Erfolgsstreben erhalten. Es gilt als eigentlicher Schauplatz für die Möglichkeiten persönlichen Glücks. Krebs, der Hauptfigur in Hemingways Short Story "Soldier's Home", werden Rendezvous mit Mädchen aus dem Ort und Stunden der Muße nur unter der Bedingung zugestanden, daß er eine feste Arbeit annimmt. Dreißig Jahre später spielt die literarische Bearbeitung des Erfolgtopos die mit den Bestsellern *How to Win Friends and Influence People* und *The Power of Positive Thinking* sich dokumentierenden, zunehmend defensiven Strategien des *pursuit of success* in einer Umkehrung des Verhältnisses von Arbeit (Öffentlichem) und Liebe (Privatem) durch. Letztere rückt nun zum primären identitätsgarantierenden Auseinandersetzungsfeld im Konflikt mit der Erfolgsethik auf.[64]

Wie sehr Hake der bergenden Gemeinschaft von Shady Hill verlustig geht,[65] welche einen ebenfalls familienähnlichen Charakter annimmt, zeigt die sonntägliche Gottesdienstszene. Selbst der heilige Raum der Kirche verwandelt sich in Hakes Wahrnehmung in einen Ort des Bösen, wenn er inmitten seiner Freunde an seinem Gebetsstuhl das nagende Geräusch einer Ratte zu hören glaubt und vor einem Fenster kniet, "that seemed to be made from the butts of vermouth and Burgundy bottles" (263). Mit dem Verpassen der Abendmahlspendung steht er schließlich auch außerhalb der kirchlichen Gemein-

---

64 Lasch, S. 140, erklärt zu dieser Aufwertung des Privaten, mit der verbunden das Aufkommen des interpersonellen Handlungsmusters zunehmend den Charakter von Krisenmanagement anstatt von optimistischer Erfolgsanweisung annimmt: "The cult of interpersonal relations represents the final dissolution of bourgeois optimism and self-confidence." Das Aufkommen des *mental-health movement*, einer sozialpsychologischen Denkrichtung, die ihre auf Gesellschaft und Kultur ausgerichtete Analyse der *social pathology* gegen die reine Individualpsychologie abgrenzt, zeigt in Talcott Parsons Studien der Kleinfamilie und in Riesmans Überlegungen zur Familie therapeutische Konzepte, die den privaten Raum gegen die allmächtige Öffentlichkeit verteidigen. Für Parsons etwa, so Lasch, S. 116, erhält die Familie den Status von einem "haven of intense feeling in a world where competition rules other relations."

65 "The moral bottom had dropped out of my world [...]" (258)

schaft. Damit ist der Tiefpunkt für den Protagonisten erreicht. Der Text, der einer für die literarischen Modelle des *mainstream* typischen inneren Logik der vorsichtigen Aussöhnung mit der zur Zeit der *pink decade*[66] in Mißkredit geratenen konservativen *common man*-Schablone folgt, tritt nun in das Stadium der glücklichen Rettung ein. Hake muß jedoch zunächst noch die Auswirkungen seines 'Ungehorsams' durchleben, um dann, geläutert, die Sterilität einer Existenz in Shady Hill schätzen zu lernen, die im Verlauf der Short Story allerdings nicht beschönigt wird.

Mit Hakes Sündenfall wider das ordentliche Shady Hill kristallisiert sich der Kontrast zwischen Natur oder (heilem) Garten und der korrupten Stadt heraus - eine Dichotomie, die sich erst nach dem Diebstahl als wesentliches Strukturmoment des Textes zu erkennen gibt und die das für die amerikanische Literatur zentrale Naturmotiv abruft. Eingeführt wird sie über Hakes Ängste vor dem korrupten städtischen Dschungel New Yorks und über seinen reumütigen Blickwinkel auf die parkähnliche Landschaft von Shady Hill:[67]

> Where were the trout streams of my youth, and other innocent pleasures? The wet-leather smell of the loud waters and the keen woods after a smashing rain; or at opening day the summer breezes smelling like the grassy breath of Holsteins [...] Had I looked, the next morning, from my bathroom window into the evil-smelling ruin of some great city, the shock of recalling what I had done might not have been so violent. (258)

---

66 Aufgrund des besonders innerhalb von Intellektuellenkreisen zu beobachtenden auflebenden Interesses an marxistischem Gedankengut werden die Jahre der amerikanischen Wirtschaftskrise oft auch als 'pink decade' bezeichnet. So laufen in Hollywood gesellschaftskritische Filme wie *The Informer*, *Emile Zola* und *Mr. Deeds Goes to Town*; John Steinbeck veröffentlicht 1939 seinen Roman *The Grapes of Wrath*, 1935 erscheint sogar eine Anthologie mit dem Titel *Proletarian Literature in the United States*. Vgl. dazu auch Mike Gold "The Second American Renaissance," in: Martin Christadler und Olaf Hansen, (Hg.), *Marxistische Literaturkritik in America*, (Darmstadt: 1982), S. 480-490.

67 Vgl. dazu die von Leo Marx in seinem kulturkritischen Buch *The Machine in the Garden* (New York: 1964), S. 110-144, dargelegte Opposition zwischen idyllischer Natur oder gepflegten Gärten ('improved nature') und urbaner Industrialisierung, die sich ab dem neunzehnten Jahrhundert zu einem zentralen kulturellen Topos im amerikanischen Selbstverständnis entwickelt hat.

Nachdem er Shady Hill des Morgens verlassen hat, um in sein gemietetes Büro zu fahren, wird ihm dieser alltägliche 'evil-smelling ruin' der Großstadt mit all den Verbrechen und (un)menschlichen Abgründen erstmals bewußt. Der am schützenden und naturhaften Idyll von Shady Hill schuldig gewordene Hake fühlt sich plötzlich bei Tag in New York auf Schritt und Tritt vom Bösen verfolgt und wird dadurch an sein belastetes Gewissen erinnert. Auch die große Welt der Presse scheint für ihn voll Lug und Trug zu sein:

> I looked at the paper. There had been a thirty-thousand-dollar payroll robbery in the Bronx. A White Plains matron had come from a party to find her furs and jewelery gone. Sixty thousand dollar's worth of medicine had been taken from a warehouse in Brooklyn. (259)

Selbst Hakes eigene kleine Erlebnisse zeigen Zwielichtiges, so etwa wenn sich der blinde Bettler auf der Straße als Lügner entpuppt:

> I looked into the faces of the people that I passed for some encouraging signs of honesty in such a crooked world [...] I saw a young man with a tin cup, holding his eyes shut to impersonate blindness. That seal of blindness [...] was betrayed by the frown and the crow's-feet of a man who could see his drinks on the bar. (262)

Schließlich verwandelt sich sogar das Geburtstagsgeschenk der Kinder, eine Hausleiter für die Säuberung der Dachrinne, zur drohenden Enthüllung seiner nächtlichen Kletteraktionen an fremden Häusern: "I turned to Christina. 'Have I been talking in my sleep?'" (265) Mit seinem inzwischen vor Nervosität ständig zuckenden Gesicht kommt Hake wie eine frühe Version des hypochondrischen Stadtneurotikers Woddy Allen daher: "My conscience worked so hard on my spirits [...] that my left eye began to twitch [...] I put my hand over the left side of my face to cover the tic." (259 und 262) Doch während letzterer immer der Verlierer bleibt, ist Hake - in guter amerikanischer Tradition - ein 'Swimmer' und kehrt nach seinem kurzen Ausflug in die Illegalität in die Normalität zurück.

So wie der unheilvolle herbstliche Gewitterdonner das atmosphärische *foreshadowing* der kommenden Entlassung ist, so deutet das in der Swimming-Poolszene kurz vor Ende der Short Story aufgegriffene Motiv des Schwimmers, welches im Verlaufe seiner literarischen Überlieferungsgeschichte mit Tüchtigkeit und moralischer

Stärke konnotiert ist, den glücklichen Ausgang, die Wiederherstellung von Hakes bisherigem Leben an. Johnny Hake hält sich im wahrsten Sinne des Wortes 'über Wasser'.[68] Anders als der schon alternde, verblühte Tom Maitland - Millionär und damit eigentlich Repräsentant des amerikanischen Erfolgsmythos - muß er nicht am Rande des Schwimmbeckens sitzen bleiben. Die Schwimmerrolle wird nicht mehr dem Reichen - dem *selfmade man* - sondern dem als höheren Angestellten arbeitenden Hake zugewiesen. Sie offenbart damit den sich verändernden Inhalt des Erfolgsideals zwischen dem neunzehnten und zwanzigsten Jahrhundert vom klassischen *Entrepreneur* zum modernen Arbeitnehmer einer Dienstleistungsgesellschaft:

> On Saturday [...] I wanted to take a swim in the club pool before I went home. There was no one at the pool but Tom Maitland. [...] It was nearly dark when I had finished swimming; [...] I asked if he wasn't going in. 'I don't know how to swim,' he said. [...] 'We used to have a pool at home [...] but I never got a chance to swim in it.' [...] There he was, forty-five years old and at least a millionaire, and he couldn't even float. (267)[69]

Hake kann schließlich wieder 'normaler' Amerikaner werden und zurückkehren in eine mittlerweile erneut ins Frühjahr vorgerückte

68 Vgl. dazu etwa auch Saroyans Story "The Daring Young Man on A Flying Trapeze", die schon im Zusammenhang der Analyse des literarischen Erfolgstopos während der dreißiger Jahre erwähnt wurde. Der seine 'private' Existenz, seine eigentliche Individualität als Schriftsteller gegen den Hunger verteidigende junge Mann stirbt, ohne sich den Zwängen einer Arbeit ausgeliefert zu haben, in welcher er seine Fähigkeiten nicht einsetzen könnte; er geht 'unbesiegt' und schwimmend in den Tod: "Already he felt himself making great strides through the fluid of the earth, swimming away to the beginning."(51)

69 Vgl. dazu die Untersuchung von Horst Kruse, *Schlüsselmotive der amerikanischen Literatur* (Düsseldorf: 1979), in der er in dem Kapitel "I CAN SWIM LIKE A TOP" das Schwimmen, S. 11, als generelle "Metapher der Lebensbewältigung" bezeichnet und in dessen Bedeutung für die amerikanische Literatur expliziert. Einleitend zitiert Kruse dazu einen Dialog aus dem 1969 von Claude Lelouchs gedrehten Amerikafilm *Un homme qui me plait* zwischen der Französin Francoise und einem amerikanischen Geschäftsmann während eines Fluges: "Er: I hope you know how to swim. Sie: Oh yes! Er: You are lucky. I can't even float. Sie: Oh, very funny for an American! All these swimming pools you have. Er: Ah, yes! All these swimming pools and no time for swimming."

Welt, die sich ihm auf der täglichen Zugfahrt von New York nach Hause in der Form einer modernen Landschaftsidylle darbietet:[70]

> I took the regular train home, looking out of the window at a peaceable landscape and a spring evening, and it seemed to me fishermen and lone bathers and grade-crossing watchmen [...] and lovers unashamed of their sport [...] and old men playing pinochle in firehouses were the people who stitched up the big holes in the world that were made by men like me. (262 und 263)

Die erlösende Katharsis erlebt Hake schließlich bei seiner zweiten nächtlichen Einbruchsaktion. Auf dem Weg zum Hause der Pewters wird er von einem erfrischenden und zugleich symbolträchtigen Frühlingsregen überrascht. Das Motiv der Natur steht hier nicht nur für Kraft und Aufbruch, sondern es erinnert auch an die Tradition des *rugged individualism*. So ist es nur konsequent, daß Hake sich auf die amerikanischen Tugenden der Selbsthilfe besinnt:

> I wish I could say that a kindly lion had set me straight [...] but it was no more than the rain on my head [...] that showed me the extent of my freedom [...] There were ways out of my trouble if I cared to make use of them. [...] I had been given the gifts of life [...] the tie between the wet grass roots and the hair that grew out of my body [...] (268)[71]

---

70 Vgl. dazu Frederick R. Karl "John Cheever and the Promise of Pastoral," in: Robert G. Collins (Hg.), *Critical Essays on John Cheever* (Boston: 1982), S. 209 und 215: "In both his short and longer fiction, John Cheever has taken on a major American theme, that of the persistence and, ultimately, the failure of pastoral. [...] The suburban railroad which runs through the center of so many of his stories is a monster of civilisation, a freak which becomes indispensable, and a deceptive element in the life of every commuter."

71 Vgl. dazu auch Lynne Waldeland, *John Cheever* (Boston: 1979), S. 65: "Though the circumstances which propel the characters into their 'temporary crises' vary [...] for the most part their tryings-out of some form of freedom or expression are deliberately eschewed or thwarted by external factors and the characters reintegrated into their social milieu despite its problems or drawbacks." Vgl. dazu auch Utz Rieses Untersuchung *Zwischen Verinnerlichung und Protest* (Berlin: 1982) von ausgewählten *mainstream*-Autoren, in der er für die Charakterisierung dieser bestimmenden Formation der literarischen Nachkriegsproduktion den - allerdings abstrakt bleibenden und leider (noch) von marxistischer Ideologiekritik entstellten - Begriff des 'verinnerlichten Humanismus' einführt.

Daß er schließlich in die Firma zurückkehren kann, ja sogar eine Gehaltserhöhung bekommt, ist nur die folgerichtige Belohnung für Hakes Einsicht in die Notwendigkeit zur gesellschaftlichen Integration: wichtig aber bleibt primär die Aufrechterhaltung der privatistischen Konformität, der Glaube an ein eigentliches Ich außerhalb der bösen Öffentlichkeit. In völliger Umkehrung des literarischen Erfolgstopos der zwanziger Jahre erscheint in Cheevers Kurzgeschichte nun statt Ehe und Familie der ehedem so geheiligte *success* im Arbeitsleben als sekundäres institutionalisiertes Anhängsel. Der Text stilisiert Shady Hill, über sämtliche ironischen Einsprengsel hinweg, zum suburbanen Garten wider die korrupte Gesellschaft. Hake wiederholt genau das, was Leo Marx in *The Machine in the Garden* als die ursprüngliche Version kollektiven Strebens in Amerika bezeichnet: "Americans, so far as they shaped an idea of what they were doing as a people, actually saw themselves creating a society in the image of a garden."[72] Von der Geschichte längst überholt, wird dieses agrarische Ideal in "The Housebreaker of Shady Hill" in die privatistische Abgeschlossenheit einer rasenmähenden Vorstadtmittelschicht übertragen. Trotz aller selbstkritisch-amüsanten Gebrochenheit von Hakes Perspektive auf seine Nachbarn bleibt die darin angedeutete Distanz nur halbherzig, da sie aus der Binnensicht einer Figur entsteht, die gerade durch ihre Rolle des tragikomischen Opfers nur Zustimmung und befreites Aufatmen mit ihrer glücklichen Heimkehr erheischen kann. So tritt Hake sichtlich erleichtert den nächtlichen Weg nach Hause an, nachdem er das Geld der Warburtons wieder an seinen Ort gelegt hat: "And off I went, whistling merrily in the dark." (269)

Saul Bellow, *Seize the Day* (1956)

Nur mit viel Glück hat Jonny Hake, trotz aller Seitenhiebe auf seine cocktailtrinkenden *white collar*-Nachbarn, nach einem nur kurzfristigen Zwischenspiel als entlassener leitender Angestellter so gerade

---

[72] Marx, S. 143.

eben noch in die privatistische Wohlanständigkeit von Shady Hill zurückkehren können - da betritt mit dem "comparatively young"[73] Mittvierziger Tommy Wilhelm, dem gekündigten Regionalvertreter für Kindermöbel der Firma Rojax, aber schon ein weiterer ver(w)irrter Sohn der konformistischen Angestelltenkultur und prosperierenden Nachkriegsgesellschaft[74] die literarische Bühne der Auseinandersetzung mit den Schattenseiten der Erfolgsethik. Genauso jedoch wie Johnny Hake im entscheidenden Augenblick, dem Moment seines möglicherweise unkorrigierbaren Abstiegs zum Kriminellen und damit zum echten Außenseiter, wieder den Weg 'nach Hause' findet, so gerät auch für Wilhelm die Aussicht endgültig als gesellschaftlich Ausgeschlossener leben zu müssen zum Zeichen der Umkehr. Der spirituelle Aufstieg ins religiös aufgeladene Sentimentale, den Wilhelm dabei am Ende von *Seize the Day* erlebt, bleibt das Privileg des guten Amerikaners, der trotz aller Unzufriedenheiten an das Glück in Arbeit, Heim und Kirche glaubt.

Anpassung und perfektes äußeres Auftreten gehören zu diesem Wertesystem inzwischen ebenso, wie das saubere Taschentuch in der Anzugjacke mit seiner Signalwirkung für die Unterwerfung unter den Konsens, ständig eine tadellose äußere Fassade in die Waagschale werfen zu können:

> In der Welt der Erwachsenen [...] beim "Establishment" [...] fand nur Platz, was einen *Sinn* ergab. [...] Gewöhnlich fing der "Big Sinn" damit an, daß man immer ein sauberes Taschentuch dabei hatte. Er war der Generalverweis auf ein übergeordnetes System und hatte daher in den elysischen Sphären der Strebsamkeit, des Gehorsams oder der Sparsamkeit noch lange nicht ausgedient.[75]

---

73 Folgende Zahlen in Klammern im Text beziehen sich auf die 1977 in 5. Aufl. erschienene Avon Books-Ausgabe von *Seize the Day*.

74 Die Handlung spielt in den frühen fünfziger Jahren. Eine solche Datierung ist aus zwei Bemerkungen Wilhelms über seine vergangene Tätigkeit zu erschließen: "'I was with them from the end of the war.' [...] 'I was with the Rojax Corporation for almost ten years,' he said." (40)

75 So Michael O.R. Kröher im Dossier der *Zeit*, Nr. 13 (23.4.84), S. 34 - in Anlehnung an Rainald Goetz' Aufsatz "Subito" - in seinem Artikel über den beständig um den 'Big Sinn' bemühten amerikanischen Konservatismus der fünfziger Jahre.

Auf genau diesen Persönlichkeitsritus des *pursuit of success*, der in den dreißiger Jahren mit Dale Carnegies *How to Win Friends and Influence People* so populär geworden ist, legt Wilhelm dann auch schon gleich morgens auf dem Weg zum gemeinsamen Hotelfrühstück mit seinem Vater allergrößten Wert:

> Also, he was smoking a cigar, and when a man is smoking a cigar, wearing a hat, he has an advantage; [...] and he believed - he hoped - that he looked passably well; doing all right. It was a matter of sheer hope, because there was not much that he could add to his present effort. (7)

Das ist aber eben auch schon alles, was in Wilhelms Leben in Ordnung ist. Seitdem vor einigen Monaten das "falling out" (10), der Streit mit seinem Chef in der Rojax Company, in seine Welt hereingebrochen ist, lebt er in einem Zimmer des Gloriana Hotels, das er aus seinen zunehmend schwindenden finanziellen Reserven finanzieren muß. Getrennt von seiner scheidungsunwilligen Frau und bedrängt durch ihre Unterhaltsforderungen für die schulpflichtigen Kinder, sieht Wilhelm sich überdies ständig mit den enttäuschten Erwartungen seines ebenfalls im Gloriana lebenden verwitweten Vaters, Dr. Adler, konfrontiert, der als erfolgreicher, aber jetzt pensionierter jüdischer New Yorker Arzt hier seinen Lebensabend genießen will. Es ist Wilhelms gestörtes Verhältnis zu diesem vom Maßstab des erreichten Erfolgs her weit überlegenen alten Mann, das in der Erzählung nicht zuletzt durch die Namensanspielung auf den berühmten östereichischen Psychiater Adler zum Konflikt des 'unreif' gebliebenen Sohnes mit einem Übervater stilisiert wird.[76] Mangels eigener Lebenskonzepte erhält diese Beziehung von Wilhelms Seite her, gänzlich im Einklang mit dem in der Persönlichkeitsethik propagierten *personality building*, den Charakter einer hilflos-naiven *imitatio* des erdrückenden und zudem auch noch mitleidslosen väterlichen Vorbildes: "Wilhelm had tried to copy the old man's tone and made himself sound gentlemanly, low-voiced, tasteful [...] he made no stupid gesture. But the doctor had no answer." (15)

---

76 Vgl. dazu auch Bischoff, *Saul Bellows Romane* (Bonn: 1975), S. 75-77.

In *Seize the Day* wird mit dieser Selbsthilfestrategie lediglich Wilhelms abstraktes Leiden unter dem kollektiv wirkenden Zwang der amerikanischen Erfolgsvorstellungen als individuelles und möglicherweise aus eigener Kraft veränderbares gestaltet, was es aber *de facto* in seiner Eigenschaft als überindividuelles und diskursgeschichtlich bedingtes nicht ist. Dr. Adler nimmt dagegen im Figurenensemble die Position des idealen Vertreters jener zweiten Generation jüdischer Amerikaner ein, "die es durch harte Arbeit und einen frugalen Lebensstil zum Erfolg innerhalb des Mittelstandes gebracht hat."[77] Dem noch nach diesem 'altmodischen' Paradigma von *hard word* geformten Dr. Adler sind allerdings auch zeitgenössische Überzeugungen des Erfolgsdiskurses zu eigen, die, soweit sie auf Erfolg im tradierten Sinne abzielen, diesen vornehmlich als *status seeking*[78] fassen. So gelten auch für Wilhelms Vater sozialer Status oder äußeres Ansehen als eigentlicher Tauschwert der Einkommenshöhe, wenn er am Frühstückstisch vor seinem Freund Mr. Perls bemüht ist, seinen Sohn als Erfolg zu 'verkaufen': "His father had to impress Mr. Perls? He would go along once more and play his part. [...] Style was the main consideration. [...] 'My son's income was up in the five figures.'" (40 und 41). Wilhelm hat die Aufwertung seiner ehemaligen Arbeit durch ein wenigstens beeindruckendes Gehalt und durch die von Dr. Adler für ihn benutzte Berufsangabe "sales executive" (17) bitter nötig - er ist ja nichts weiter als ein Regionalvertreter für Kindermöbel gewesen. Damit repräsentiert Dr. Adler mit seinem Auftreten genau jene saturierte *middle class*-Welt des

---

77 Bischoff, S. 76. So erklärt Dr. Adler in einem der vielen gespannten Dialoge zwischen ihm und Wilhelm über den Weg zum Erfolg: "'Yes. Because of hard work. I was not self-indulgent, not lazy. My old man sold dry goods in Williamsburg. We were nothing, do you understand? I knew I couldn't afford to waste my chances.'" (56)

78 So erkennt Vance Packard in seiner Kulturstudie der vierziger und fünfziger Jahre eine erhöhte Aufmerksamkeit für soziales Prestige. Dies beschreibt er etwa S. 97 anhand einer nationalen Initiative der Bestattungsinstitute, deren Initiatoren die Berufsbezeichnung "funeral directors" einführen wollen. Desgleichen rangiert nun die Tätigkeit eines Hausmeisters unter dem Begriff "custodian".

'sauberen Taschentuchs' und des "counterfeiting"[79] in den fünfziger Jahren, mit der Wilhelm zwar hadert aber mit der er trotz aller Vorbehalte seinen Frieden als nicht länger von ihr Ausgeschlossener schließen möchte:

> How they love money. thought Wilhelm. [...] If only he could find a way out of it. [...] And though he had raised himself above Mr. Perls and his father because they adored money, still they were called to act energetically and this was better than to yell and cry [...] and fall upon the thorns of life. (41, 62 und 63)

Als Einführung in das gleichsam didaktische und mit dramentechnischen Elementen angereicherte Prosalehrstück über die Unmöglichkeit, einer Hermetik von herrschenden Erfolgsvorstellungen zu entkommen, die auf den möglichst konformen Persönlichkeits- und Rollenfetisch umgeschwenkt ist, weist Wilhelms bisheriger Lebensweg aber schon erhebliche Verstöße gegen die *white collar*-Normalität auf: "that mixture of imitation, counterfeit, economic advances, personal aggrandizement."[80] So entpuppt sich Wilhelms Entlassung von Rojax in einer seiner wenigen expliziten Erklärungen über diesen Tiefschlag als grobe Ungeschicklichkeit im zwischenmenschlichen Taktieren nach den Verhaltensregeln der *personality ethic*: "I told everybody I was going to be an officer of the corporation. And I was supposed to. It was promised. But then they welshed because of the son-in-law. I bragged and made myself look big." (81)

Schon zu Beginn der Erzählung, bevor er morgens den Eßraum des Gloriana betritt, um Dr. Adler das wohl letzte Mal um finanzielle Hilfe zu bitten,[81] bieten Wilhelms im inneren Monolog gehaltene Rückblenden auf seine Biographie das Bild eines in die Irre geleiteten, aber im Kern 'guten' jungen Amerikaners, der sich lediglich aus jugendlichem Leichtsinn zu lange gegen die etablierten Wege zum Erfolg aufgelehnt hat. Der Abbruch der Collegeausbildung und das klägliche

---

79 Karl, *American Fictions*, S. 141. An dieser Art der Persönlichkeit inszenierenden Selbstdarstellung und Anpassung an das Gegenüber - des 'counterfeiting of emotional life' inmitten der Illusion einer 'pastoral spatiality'- ist er gescheitert.

80 Karl, *American Fictions*, S. 49.

81 "'I expect *help*!' The words escaped him in a loud, wild, frantic cry and startled the old man." (60)

Scheitern seines Karriereausflugs in die Illusionswelt Hollywoods zu Zeiten ansonsten herrschender allgemeiner Ernüchterung während der großen Weltwirtschaftskrise zählen zu den weiteren Fehlern, die er begangen hat.

Die Klischeefabrik des kalifornischen Kinos in den dreißiger und besonders den fünfziger Jahren produziert zwar das ebenso adrette wie heile Amerika der Rock Hudson-Ehemänner und Doris Day-Hausfrauen, um die konformistischen Erfolgsinhalte von Ehe, Haus und 'anständiger Arbeit' zu popularisieren. Dennoch bleibt der Filmwelt in *Seize the Day* nur die Bedeutung, die sie in der gesamten amerikanischen Gesellschaft hat: nämlich zugleich anspornende und Zerstreuung bietende Traumware für die Leinwand zu sein, mit der ein *common man* wie Wilhelm jedenfalls nicht seinen Lebensunterhalt verdienen kann und auch nicht darf. Der Kontrast zwischen der Erinnerung an den mit Starlets aus Büstenhalterreklamen umgebenen dubiosen Filmagenten Venice, den Wilhelm in Kalifornien trifft, und dem Vorwurf Dr. Adlers, selbst in der wirtschaftlichen Depression nur 'Flausen' im Kopf gehabt zu haben, läßt keinen Zweifel an der Bewertung von Wilhelms Exkurs in die Schauspielerei übrig: "I didn't seem even to realize that there was a depression. How could I have been such a jerk as not to prepare for anything and just go on luck and inspiration?" (19) Ebenso erfolglos wie seine Anstrengungen, die Normen für das perfekte Auftreten zu erfüllen, bleiben also auch die Eskapaden zu deren Überwindung außerhalb der akzeptierten Normalität - mithin ein Gefühl der Vergeblichkeit, das Wilhelm in seinem jetzigen Zustand nur um so verzweifelter wahrnimmt und das - eingedenk der diskursgeschichtlichen Eingebundenheit des Erfolgszwangs - weit unterhalb existentialistischer Selbstinterpretationen anzusiedeln ist: "Maybe the making of mistakes expressed the very purpose of his life and the essence of his being here. Maybe he was supposed to make them and suffer from them on this earth." (62)

Selbst im glitzernden Schauspielmetier Hollywoods ist ihm von Maurice Venice die Rolle zugewiesen worden, die er auch im wirklichen Leben zu erfüllen hat und die für ihn unausweichlich ist - die des Familienversorgers: "'The mothers are on your side. [...] You're very sympathetic, even the young girls feel that. You'd make a good provider. But they go more for the other types [...]'" (25) Jenes "anxious and narrow life of the average" (27), dem Wilhelm einstmals entfliehen wollte, bleibt ihm in der Erzählung als einzig mögliche Erfolgsmatrix, deren Umsetzung ihm aber seitdem nicht gelingen will: "Long before that time his ambition or delusion had ended [...] but those seven years of persistence and defeat had unfitted him somehow for trades and businesses [...] and he had lost ground." (11) Wilhelms Versuche als Schauspieler und Darsteller des braven Charaktertypus haben nahezu gleichnishaften Charakter für seine unausweichliche Bestimmung im Leben. Daher erscheinen ihm nun wieder alte Werte wie Ehrlichkeit und harte Arbeit, längst funktionslos gewordene Stützpfeiler einer überkommenen Erfolgsethik, als einziger (Aus)Weg: "I should have done hard labor all my life, he reflected. Hard honest labor that tires you out and makes you sleep. I'd have worked off my energy and felt better. Instead I had to distinguish myself - yet." (11)

Arbeit und Liebe, aber keine tiefsinnige Rebellion gegen das Establishment oder etwa eine krisenhafte existentialistische Seinserfahrung[82] sind Wilhelms Konfliktauslöser. Entsprechend kurz und bündig bringt er dies auch vor seinem Vater auf eine angemessen knappe Formel: "'When it comes to women and money, I'm completely in the dark.'" (53)

---

82 So argumentiert etwa Dieter Meindl, der in seiner Untersuchung *Der amerikanische Roman zwischen Naturalismus und Postmoderne 1930-1960* (München: 1983), S. 142-145, Bellow an eine Traditionslinie des existentialistischen Romans anküpfen sieht, die sich auf Husserls Phänomenologie, Heideggers Darlegung der Zeit als Grundbefindlichkeit des Daseins und schließlich auf die existentialistische Linie von Sartre und Camus beruft. Abgesehen davon, daß sich die ästhetische Codierung literarischer Werke solchen direkten philosophischen Ableitungen gegenüber sperrt, bietet der von Meindl, S. 159, auch für *Seize the Day* gelieferte Skopus des Textes - "ein Lavieren zwischen gesellschaftlichem Zwang und fortwährendem Sein" - keinen wirklichen Erkenntniszugewinn: diese Aussage trifft auf jedes literarische Werk besonders seit Bestehen der bürgerlichen Gesellschaft zu. So liegen die wesentlichen Entstehungsgründe für das Genre Roman ja gerade in dessen (im Vergleich zum Drama vielfältigeren) Möglichkeiten der Rezeption von derartigen 'modernen' Konflikten zwischen Individuum und Gesellschaft. Der in der individuellen Wahrnehmung komplexer werdenden gesellschaftlichen Organisation korrespondiert seit dem 18.Jahrhundert die komplexere künstlerische Form.

Das Private, das seit den Short Stories der dreißiger Jahre als selbständiges Forum von individueller Expressivität für den literarischen Erfolgstopos an Bedeutung gewonnen hat, ist auch für Wilhelms Figurenentwurf konstitutiv. In Abwandlung der ironisch gebrochenen Idyllisierung von Ehe und Familie durch Johnny Hake in Cheevers "The Housebreaker of Shady Hill" hat Wilhelm seinen Beitrag zum zeitgenössischen Familienkult durch eine Liebesaffäre mit Olive aufs Spiel gesetzt - eine Verletzung des *cult of domesticity*, der häuslichen Geborgenheit, die neben dem beruflichen Mißerfolg als ständiges Menetekel durch die Gespräche zwischen Vater und Sohn geistert: "And who - *who!* - had done the leaving? Not Margaret. The doctor was certain that she wanted him back." (42)

Entsprechend den im Bürgerlichen befangenen Wertmaßstäben Wilhelms stellt sich aber auch dieser Verstoß gegen die so mächtigen Konventionen nicht als ein Ausdruck von deren Überwindung dar - ganz im Gegenteil. Das 'gute Leben' ist Wilhelm auch weiterhin einzig in Form einer anderen Ehe, mit seiner ehemaligen Geliebten Olive, vorstellbar, wenn nur seine Frau Margaret in die Scheidung einwilligen würde.[83] Das Hotelzimmer, in dem er haust - "in worse filth than a savage" (42) -, und die sentimentale Stimmung, die ihn jedesmal beim Abholen seiner Kinder im vertrauten Haus befällt, geben seinem pathetisch eingefärbten Leiden die banale Qualität, die ihm gebührt: die eines ungezogenen Sohnes der *middle class*, der nicht hören wollte:

> The strange, familar house, horribly awkward; the dog, Scissors, rolled over on his back and barked and whined. Wilhelm acted as if there were nothing irregular, but a weary heaviness came over him. (102)

---

[83] In ihrer Untersuchung *Typologie der Frauenfiguren in Saul Bellows Romanen* (Frankfurt: 1984), S. 125, bestätigt Christiane Maurer Wilhelms traditionell-bürgerliche Rollenvorstellungen: "Wilhelm, ein eher unselbständiger, passiver, nachgiebiger Versager-Typus, sähe eine Ehefrau nach traditonellem Muster lieber." Während Wilhelm mit Tamkin in einer Cafeteria mittags nach einem Tisch sucht, fällt sein Blick auf die schon sitzenden älteren Damen: "The elderly ladies were rouged and mascaraed and hennaed [...] and many of them were proud and stared at you [...] Were there no longer any respectable old ladies who knitted and cooked and looked after their grandchildren?" (99)

Wilhelm leidet daran, daß er nicht 'hineingelassen' wird; an keinem Punkt seiner Biographie strebt er die Stellung eines kritischen Außenseiters an. Allein aus seiner Erfahrung heraus, sämtliche 'short cuts' zum Erfolg als kläglich gescheitert ansehen zu müssen, meint er nun, die Krankheitssymptome der modernen Gesellschaft zu erkennen.[84]

Nach diesem expositionsähnlichen Vorspann (Kapitel 1-3), der Wilhelms Situation zusammen mit der inneren charakterlichen Disposition der Hauptfigur erhellt und nach dem darauffolgenden, zwischen Kaffee und Frühstückskuchen an seinem unsensiblen Vater abprallenden Hilferuf kann dann der nächste Akt, die Komplikation (Kapitel 4-6) des (eintägigen) Dramas[85] beginnen - das Treffen in der Hotelhalle mit dem zwielichtigen Psychologen und pseudophilosophierenden Finanzspekulanten Dr. Tamkin, dem Wilhelm - gegen den Rat seines Vaters - seine letzten Dollars für Transaktionen an der Rohstoffbörse überlassen hat. Schon die Art seines Auftritts und die Beschreibung des dabei herrschenden Lichts in der Empfangshalle signalisieren die Rolle eines im wahrsten Sinne des Wortes undurchsichtigen Schurken: "Someone in a gray straw hat with a wide cocoa-colored band spoke to Wilhelm [...] The light was dusky, splotched with red un-

---

84 Jegliche Überhöhung oder Überinterpretation des Wilhelmschen Schmerzes, wie Daniel Fuchs sie in seiner Untersuchung *Saul Bellow: Vision and Revision* (Durham/N.C.: 1984), S. 82 und 83, zeigt, ist fehl am Platz: "Love and respect, the ability to see the other, is a casualty of the money culture. To realize this is to suffer, and Tommy bears the burden of goodness. To realize the loss of love, the distortions of the cash-nexus, in the face of mortality - this is what brings Wilhelm to overwhelming tears."

85 Der narrative Aufbau von *Seize the Day* erfüllt wesentliche Anforderungen der aristotelischen Poetik, da die Fabel die Einheit von Zeit und Handlung einhält. Im Fortgang der Ereignisse, die sich entlang der Abfolge von Exposition, Komplikation, Krisis und Dénouement entwickeln, wird eine dramentechnische Struktur zitiert, welche die Handlungsentwicklung von vornherein festlegt. Wilhelms Schicksal bleibt so immer erzähltechnisch 'aufgehoben' und ist zu keiner Zeit ernsthaft gefährdet; dies wird sich auch am Einsatz der Erzählperspektive noch erweisen. Vgl. dazu auch Walter Hasenclever, *Saul Bellow* (Köln: 1978), S. 104: er erkennt zwar diesen narrativen Aufbau von *Seize the Day*, läßt aber die wesentlich wichtigere Frage nach der Funktion einer solchen Struktur im Textganzen völlig aus.

derfoot; green, the leather furniture; yellow, the indirect lighting." (63) Nicht nur die väterliche Warnung vor dem Psychychologen-Scharlatan, sondern auch Tamkins zweifelhafter Doktortitel rücken diesen in die Position des Antagonisten von Dr. Adler und dessen auch in Wilhelms Bewußtsein gültigen Erfolgskodex: "The sight of Dr. Tamkin brought his quarrel with his father to a close. He found himself flowing into another channel." (64) Tamkins äußere Erscheinung, "those pointed shoulders, that barehead, his loose nails, almost claws" und die "deadly heavy eyes" (89 und 90), stilisiert ihn zum teuflischen Versucher, dessen Verhalten an die Figur des geldgierigen Juden Shylock aus Shakespeares *The Merchant of Venice* erinnert. Während Shylock in der Schuldnerszene 'sein' Pfund Fleisch aus dem Körper des zahlungssäumigen Antonio einfordert, geht Tamkin weitaus 'moderner' vor: in ausgemachter Eloquenz spricht er im Börsenraum vor den verwirrenden Zahlenkolonnen der Kursanzeige zu dem zögerlichen Wilhelm sogar über den Einsatz von einer 'Unze' der Seele im Tausch für ein 'Pfund sozialer Macht':

> A man like you, humble for life, who wants to feel and live, has trouble - not wanting [...] to exchange an ounce of soul for a pound of social power - he'll never make it without help in a world like this. (88)

Dr. Adlers Sohn hat sich jedoch schon einige Tage vorher an den vermeintlichen Retter seiner Seele verkauft, indem er ihm die volle Verfügungsfreiheit für seine letzten Dollars im gemeinsamen Börsenkonto überschrieben hat. Tamkins verworrene Lebensphilosophie, die aus einer Mischung von spiritueller Spekulation und krudem Egoismus besteht, verleitet Wilhelm zum Schritt in die Welt der abstrakten, dem durchschnittlichen Vorstellungsvermögen unüberschaubar erscheinenden Finanzströme. Hier will er dem niedergeschlagenen Wilhelm endgültig zu seiner 'wahren Seele' verhelfen, die er unter der "pretender soul" eines jeden begraben sieht: "'The interest of the pretender soul is the same as the interest of the social life, the society mechanism. This is the tragedy of human life. [...] You are not free.'" (77) Doch Wilhelm gibt nie ernsthaft die ihn vom Elternhaus her bestimmenden Werte einer sicheren *middle class*-Existenz auf. Ebenso wie er sich für das exponierte Filmleben eines Leinwandhelden als unfähig erwiesen hat, bleibt ihm auch das 'große

Geld' der Kapitalisten, das Spiel an der Börse, suspekt. So erklärt Tamkin ihm denn auch: "'They are rich because you don't understand what goes on.'" (67) Während er selbst einen möglichen Gewinn für "certain important things" (87) ausgeben möchte, gibt sich Wilhelm mit einem bescheidenen Jahresgehalt zufrieden. Der Unterhalt seiner Familie steht für ihn oben an: "'What do you figure you have to have, to get by?' 'Not less than fifteen grand, after taxes. That's for my wife and the two boys.' [...] 'But fifteen grand is not an ambitious figure,' Tamkin was telling him." (87 und 88) Mit all seiner auf Wilhelm befremdlich wirkenden Selbstverwirklichungsideologie und seiner geschäftigen Meinungssondierung im Gewimmel der Spekulanten verkörpert Tamkin Unsolidität.

Durch sein eigenes Auftreten und die teils absurden Phrasen ist er im Textmodell mit genau jener von ihm selbst kritisierten Geschäftswelt identifiziert, "who ruled this country with their hard manners and their bold lies and their absurd words that nobody could believe." (70) Diese Welt muß für den verirrten Mittelschichtssohn ebenso wie das künstliche Hollywood tabu bleiben. Zusammen mit einer derart eindeutigen Rollenverteilung der *dramatis personae*, in der nur gut und böse, seriös und unseriös Geltung haben, ist die dramentechnisch angelegte Fabel von *Seize the Day* auf ihr Ende hin präformiert. Jetzt, da Wilhelm überdies noch ein wütender Brief seiner Frau wegen eines nachdatierten Unterhaltsschecks ereilt, ist die Krise erreicht. Tamkins und Wilhelms nach dem Frühstück folgender Gang zur Börse endet in der Katastrophe: dem plötzlichen bodenlosen Fall der Notierungen für die von beiden aufgekauften Getreide- und Schmalzoptionen und dem überraschenden Verschwinden des Dr. Tamkin. Zu allem Unglück erhält der Hilfe suchende Wilhelm dann von seinem Vater auch noch eine weitere Abfuhr - unberührt durch die Nöte seines Sprößlings genießt Dr. Adler im hoteleigenen Fitnessraum eine entspannende Massage. Nach Hollywood ist somit auch der zweite Versuch Wilhelms gescheitert, insbesondere auch vor seinem Vater mit spektakulärem Statusgewinn einem konformistischen Erfolgsethos

Genüge zu tun, das die Anpassung an die Normen der Respektabilität in Arbeit und Privatem als oberste Bürgerpflicht behandelt.[86]

Anders jedoch als in Fitzgeralds Erzählung "May Day" sorgt ein auktorialer Erzähler, der von Beginn an die Geschehnisse begleitet, für den Sturz des Handlungsträgers in das aufgespannte Netz. Er nimmt die wertende Position einer über der Binnenperspektive Wilhelms stehenden, Mitleid erweckenden Instanz ein, welche suggeriert, daß noch eine im Hegelschen Sinne aufgehobene und objektive Wirklichkeitswahrnehmung jenseits jeder individuellen Betroffenheit besteht. Gleich, ob es um Wilhelms physische Erscheinung und Ausstrahlung geht,[87] um seine katastrophale finanzielle Situation,[88] um die vielen kleinen unbewußten Neurosen[89] oder gar um die im inneren Monolog gehaltenen Erinnerungen an vermeintlich bessere Zeiten, wie die in seiner kleinen Zweitwohnung in Roxbury: "This peace (he forgot that that time had had its troubles, too), this peace was gone" (49) - der durch die dramatische Handlungsführung sich zwingend auf die (erlösende) Katastrophe zubewegende Wilhelm bleibt trotz all seiner gefährlichen Schwachstellen eine Figur an der rettenden erzählerischen Sicherungsleine. Immer ist jemand da, der seine Sicht souverän korrigiert, so etwa, wenn es um Wilhelms Selbsteinschätzung seiner Fähigkeiten zur Wahrung der äußeren *contenance* geht: "He was wrong to suppose that he was more capable than the next fellow when it came to concealing his troubles.

---

86 Selbst in "The Price of Peace", *Inaugural Addresses*, S. 263, die zweite Inaugurationsrede von Dwight D. Eisenhower, geht dieses vorherrschende Selbstverständnis der Amerikaner ein, wenn er kurz vor einem Exkurs über den hohen Wohlstand und die Produktivität des Landes - wohl auch in Anspielung auf die gerade erst abgeebbte Kommunistenhatz eines Senators McCarthy - mit deutlich kritischem Unterton erklärt: "May we pursue the right without self-righteousness. May we know unity without conformity. May we grow in strength without pride in self."

87 "Some of the slow, silent movements of his face were very attractive." (9)

88 "Another father might have appreciated how difficult this confession was [...]" (15)

89 "Wilhelm had a habit of moving his feet back and forth as though, hurrying into a house, he had to clean his shoes first on the doormat." (33)

They were clearly written out upon his face. He wasn't even aware of it." (18)

In welche Richtung die abschließende Erlösung (Kapitel VII) geht, bedeuten dem Leser lyrische Fragmente aus Shakespeares Sonett Nr.73[90] und Miltons *Lycidas*-Elegie[91], an die sich Wilhelm gleich zu Beginn des turbulenten Tages in seiner morgendlichen melancholischen Stimmung aus Collegezeiten erinnert: "Involuntarily memory brought him this [Shakespeare's] line. At first he thought it referred to his father, but then he understood that it was for himself, rather. *He* should love that well." (16) Während der im Meer ertrunkene Lycidas am Ende des Milton-Gedichts in deutlich christlich-metaphysischer Metaphorik wieder aus den Fluten aufsteigt, um eine neue Existenz zu beginnen, beschwört Shakespeares lyrisches Ich die Liebe zum nur endlichen und deshalb desto kostbareren irdischen Leben. Es ist zwar zutreffend, daß sich die in dem Gedicht enthaltene Aufforderung zur liebevollen Zuwendung - so, wie Wilhelm es aus seiner Perspektive zunächst versteht - auch auf das Verhältnis zwischen dem alternden Vater und dem noch jungen Sohn bezieht. Doch die schon allein vom Titel der Erzählung her gegebene direkte Anspielung auf die in Shakespeares Sonett enthaltene Hommage an das flüchtige Leben bildet mit ihrem Vanitas-Motiv die eigentliche semantische Brücke zu der idealistischen Subjektvorstellung in *Seize*

90 "He stared beyond the thick borders of the paper: ... love that well which thou must leave ere long." (16) Vgl. dazu die beiden vollständigen letzten Verse des Sonetts in der Shakespeare-Ausgabe von Herbert Farjeon, (Hg.), *The Complete Works of Shakespeare*, Bd 4 (London und New York: 1953), S. 161: "This thou percev'st, which makes thy love more strong, to love that well, which thou must leave ere long."

91 "Did I read that? he asked himself. Yes, he had read it and there was one accomplishment at least he could recall with pleasure. He had read 'Yet once more, O ye laurels.' How pure this was to say! It was beautiful. 'Sunk though he be beneath the wat'ry floor ...'" (17) Vgl. dazu die betreffenden Verse in der Milton-Ausgabe von Douglas Bush, (Hg.), *Milton. Poetical Works* (London: 1969), S. 142 und 147: " Yet once more, O ye laurels, and once more / [...] Sunk though he be beneath the watry floar / So sinks the day-star in the Ocean bed / And yet anon repairs his drooping head / [...] So *Lycidas* sunk low, but mounted high / [...] At last he rose, and twitch'd his Mantle blew / To morrow to fresh woods, and pastures new."

the Day.[92] Genau diese Botschaft der Hinwendung zur Gegenwart, 'Seize the Day', beschwört auch der dubiose Tamkin in allerdings rein egoistischer und atheistischer Intentionalität vor Wilhelm: "Only the present is real - the here-and-now. Seize the day." (73)

So steigt in Wilhelm nach dem enttäuschenden Frühstücksdisput des morgens mit seinem Vater die diffuse Ahnung einer Verantwortung zum Leben auf, welche vom kommentierenden Erzähler deutlich hervorgehobenen wird:

> But at the same time, since there were depths in Wilhelm not unsuspected by himself, he received a suggestion from some remote element in his thoughts that the business of life, the real business - to carry his peculiar burden - [...] the only important business, the highest business was being done. (62)

Schon einige Tage zuvor ist Wilhelm von dem Gefühl allumfassender Nächstenliebe zu den anderen "imperfect and lurid looking people" überwältigt worden, die er plötzlich tief unterm Times Square, in einem dreckigen Fußgängertunnel, als "brothers and sisters" (92) erkannt hat: "There is a larger body, and from this you cannot be separated." (91)[93]

Seine wiederholten Reflexionen auf Entfremdung und Vereinzelung, die in das dafür typische literarische Symbol der Großstadt - hier New York - eingekleidet sind, werden auf diese Weise im Verlaufe

---

92 Porter übersieht in seiner Analyse, "The Scene as Image: A Reading of *Seize the Day*," in: Earl Rovit, (Hg.), *Saul Bellow* (Englewood Cliffs/N.J.: 1975), S. 58, diese zweite und für die Entwicklung des Konfliktes wesentlich wichtigere Bedeutungsebene der textimmanenten Kontextualisierung von Shakespeares Sonettversen.

93 In seinem Aufsatz "Hitch Your Agony to a Star: Bellow's Trancendental Vision," Edmond Schraepen, (Hg.), in: *Saul Bellow and His Work* (Brussels: 1978) sieht M. Gilbert Porter, S. 84, den 'larger body' als eine Anspielung auf Emersons 'oversoul' und erklärt zur Wichtigkeit des Transzendenzbezuges in Bellows Werken: "Beyond the oversoul, immortality in Bellow's work takes the form of a vague kind of reincarnation." Auch dieser im Begriff des 'larger body' enthaltene Verweis auf Emersons vom deutschen Idealismus inspiriertes Subjektverständnis schreibt sich nahtlos in einen ästhetischen Code von *Seize the Day* ein, welcher die Utopie des handlungsmächtigen Individuums aufrecht zu erhalten sucht.

der Handlung ständig in ihrem Gestus der isolierten Ausweglosigkeit konterkariert:

> "[...] New York - the end of the world, with its complexity and machinery, bricks and tubes, wires and stones, holes and heights. [...] Every other man spoke a language entirely his own, which he had figured out by private thinking; [...] You had to translate and translate, explain and explain, back and forth [...] You had to talk with yourself in the daytime and reason with yourself at night. (91)[94]

Das über die ganze Erzählung hinweg eingestreute Bild der (über Wilhelm) zusammenschlagenden Fluten[95], das auf die Wasser in Miltons *Lycidas*-Gedicht anspielt, nimmt dann schließlich in seiner

---

[94] Vgl. dazu auch Ahrends' Kommentar, S. 194, in dem er ausführt, Bellow habe "diese Beschreibung der '*condition humaine*' [...] sowohl in seinen Romanen als auch in seinen Kurzgeschichten immer wieder mit einer scharfen Kritik an den zeitgenössischen sozialen Verhältnissen verbunden." Genau diese Kritik aber wird, zumindest in *Seize the Day*, durch einen konfliktentschärfenden Einsatz der künstlerischen Mittel nicht erreicht. Bellow präsentiert sich hier ganz als eine Stimme innerhalb der von einer liberalen Kulturtradition bestimmten Literaturproduktion, die sich von der in der *pink decade* herrschenden euphorischen Utopierwartung an den Marxismus enttäuscht zurückgezogen hat. Malcom Bradbury schreibt dazu in seinem Aufsatz "'The Nightmare in which I'm Trying to Get a Good Night's Rest': Saul Bellow and Changing History," in: Schraepen, S. 18: "The 1950's seemed hungry for a post-political politics, a post-ideological ideology; in this process literature and culturist concern became centralized as foci of intellectual activity. Modern literature, with its sense of irony, scruple and moral ambiguity, with its dark report on modern angst and exposure, yet its hungry concern to identify an adequate modern image of man, provided a canon that [...] replaced more ideological texts, in particular the texts of the 1930s Marxism, the god that had failed."

[95] So sinniert Wilhelm über seine hilflos-passive Befindlichkeit: "And finally sink beneath that watery floor - would that be tough luck, or would it be good riddance?" (63). Nach dem Lesen eines von Tamkin verfaßten undurchsichtig-abstrusen Gedichts fragt er sich: "But what have I let myself in for? The waters of the earth are going to roll over me." (84) Im Anschluß an den Kurssturz schließlich kommentiert der stets präsente Erzähler Wilhelms krampfhaften Versuch, beim Verlassen der Börse die Fassung zu wahren: "And yet his unshed tears rose and rose and he looked like a man about to drown." (113)

Funktion eines leitmotivischen *foreshadowing*[96] das dénouement vorweg - Wilhelms erlösenden und tränenüberströmten Zusammenbruch in einer Kirche am Rande des Broadway.

Nachdem er von einer Telefonzelle aus mit seiner Frau ein wieder nur deprimierendes Gespräch geführt hat, wird er - ohne es zu wollen - durch die Trauermenge eines Beerdigungszuges vom nachmittäglich überfüllten Broadway in eine kleine Kapelle abgedrängt. Dort findet er sich vor dem offenen Sarg eines Fremden wieder, an dessen Seite er von den Umstehenden für einen unbekannten Verwandten gehalten wird. Mit dem Blick auf den Toten können die Wasser der Erde, Wilhelms Tränen, ihm dann endlich die Erlösung bringen. So komödienhaft das Schlußbild in der Kirche auch erscheinen mag, wenn Wilhelm, der sich unfreiwillig in der Rolle des Kondolenz empfangenden Angehörigen wiederfindet, den Vorbeiziehenden selbstvergessen zunickt - es ändert dennoch nichts an dem ungebrochenen Pathos dieser abschließenden Szene von *Seize the Day*. Ungebrochen auch deshalb, weil Wilhelms Religiosität an genau jene *ad hoc*-Qualität von säkularer Mißerfolgsbewältigung anschließt, die den Prototypen des entmutigten und christlich überzeugten Pealschen Klientels, den frustrierten Durchschnittsamerikaner, auszeichnet.[97] Der kirchliche Raum und der mit Wilhelms Reflexionen über den Leichnam abgerufene christliche Auferstehungsgedanke verkommen in Verbindung mit diesem spirituellen Grundzug der Figur zum letzten Fluchtpunkt, welcher schon immer für die Versöhnung mit einer schlechten Wirklichkeit gestanden hat: "Now at last he [the

---

96 Vgl. dazu auch M. Gilbert Porters Aufsatz "The Scene as Image: A Reading of *Seize the Day*", S. 70, in dem er das Untergangsmotiv der *Lycidas*-Elegie als "controlling metapher" der Erzählung bezeichnet.

97 "Oh God, Wilhelm prayed. Let me out of my trouble. [...] For I am all balled up. Have mercy." (30) Zudem vollzieht Wilhelm im Privaten eigene religiöse, unorthodox-jüdische Rituale: "Wilhelm often prayed in his own manner. He did not go to the synagogue but he would occasionally perform certain devotions, according to his feelings." (94) Im Vorwort zu seinem Buch *The Power of Positive Thinking* beschreibt Peale, S.v, wie er selber seine Ängste und Probleme mit Gottes Hilfe angeht: "My wife and I have the policy of taking God into working partnership in all our problems and activities. So we had a very earnest session of prayer, asking for guidance [...]"

man] was with it, after the end of all distractions, and when his flesh was no longer flesh. [...] A man - another human creature, was what first went through his thoughts." (127) Die Renaissance christlicher Werte, die den gesamten öffentlichen Diskurs der fünfziger Jahre und nicht zuletzt auch die Aussagen in Norman Vincent Peales Bestseller *The Power of Positive Thinking* durchzieht,[98] geht in das literarische Modell ein. Zusammen mit Anspielungen auf den Blumenkatalog und die Klänge der tröstenden Musik in der von Wilhelm erinnerten *Lycidas*-Elegie verdichtet sich dieser religiöse Hintergrund zur versöhnenden Katharsis; seine Seele, die er dem 'Teufel' Tamkin verkauft hatte, wird nun doch noch gerettet:[99]

> The flowers and the lights fused ecstatically in Wilhelm's blind, wet eyes; the heavy sea-like music came up to his ears. [...] He heard it and sank deeper than sorrow, through torn sobs and cries toward the consummation of his heart's ultimate need. (128)[100]

---

98 Vgl. dazu Huber, S. 332: "It had become fashionable in the 1950's to express an interest and even enthusiasm for religion. President Eisenhower opened his Cabinet meetings with a silent prayer [...] God was indeed getting around in the America of the 1950's. [...] The 'return to religion' was a hunger for faith [..] It was: a misty feeling of security and goodness; [...] Belonging to the church of your choice, taking care of your family, cutting the grass, and voting was a way of defining yourself as a respectable, middle-class American."

99 Nach der ausführlichen Beschreibung einer Art Blumenkorsos für den toten Lycidas heißt es in dem Gedicht: "And Daffadillies fill their cups with tears / To strew the Laureat where *Lycid* lies. [...] Ay me! Whilst thee the shores, and sounding Seas / Wash far away [...] There entertain him all the Saints above / In solemn troops / and sweet Societies / That sing, and singing in their glory move / And wipe the tears for ever from his eyes." (Bush, S. 146 und 147).

100 Wie sehr diese von der semantischen Isotopie 'Erlösung' beherrschte Szene den - hier metaphysisch überhöhten - Glauben an die ungebrochene (Über)Lebensfähigkeit des Individuums offenbart, zeigt ihre ideologische 'Wahlverwandtschaft' zu Miltons *Lycidas*. Bush schreibt in seiner Milton-Ausgabe zum Ausklang des Gedichtes, S. 142: " The triumphant vindication of God's ways to men enables the poet to return gently to the pastoral world of order and to face the future without fear." Auch Wilhelm wird die Kirche derart gestärkt verlassen. Zum Moment der Erlösung vgl. auch Daniel Fuchs, S. 79. Als völlig am komplexen Gehalt von *Seize the Day* vorbeiinterpretiert muß man allerdings Brigitte Scheer-Schäzlers Einordnung der Rolle Tamkins bezeichnen. In ihrem Buch *Saul Bellow* (New York: 1972) weist sie, S. 68 und

Nicht etwa der in den fünfziger Jahren mit Konformismus und *conspicuous consumption* gepaarte Erfolgszwang bildet den Kern des Konflikts in *Seize the Day*. Vielmehr wird lediglich ein äußeres Symptom dieser gesellschaftlichen Bewußtseinslage in Mitleid provozierender Weise aufgezeigt - das Leiden des Nichtintegrierten am großen Persönlichkeitskult. Dem Außenseiter bleibt schließlich nichts weiter als ein christlich überhöhter Fingerzeig auf die Liebe zum Leben schlechthin: und zwar nachdem er in genau eben jener Gesellschaft 'groß' herauskommen wollte, an deren Spielregeln er einzig und allein deshalb leidet, weil er diese nicht angemessen anwenden kann. Darin verkörpert Wilhelm *idealiter* die bürgerliche Ver-

69, ausgerechnet diesem dubiosen Charakter die Funktion der Erlösung für Wilhelm zu. Überdies erklärt sie die im Gestus des erhobenen Zeigefingers schon von Beginn der Erzählung an vorbereiteten Tränen Wilhelms unverständlicherweise zum großen Geheimnis der Erzählung: "The ending of the story is wholly in the tradition of ambiguous Bellow endings. We do not know why Tommy is crying. But Tamkin, the 'confuser of the imagination,' has nevertheless brought about release and relief, even if by fraudulent means." Weshalb Wilhelm in Tränen ausbricht, ja ausbrechen soll, ist in der letzten Szene von *Seize the Day* mehr als deutlich: der verlorene Sohn muß geläutert heimkehren. Ähnlich wie Scheer-Schäzler argumentiert auch Gilead Morahg in seinem Aufsatz "The Art of Dr. Tamkin: Matter and Manner in *Seize the Day*," *Modern Fiction Studies*, 25,1 (1979), S. 105, wenn er schreibt, "that Tommy Wilhelm clearly benefits from his association with Dr. Tamkin, not as a speculator in commodities but as a man." Wie Brigitte Scheer-Schäzler begeht auch er den Fehler, Wilhelm als reales Individuum und nicht als fiktionale Figur zu sehen - dies um so mehr, als Gilead ständig Äußerungen von Bellow zum Thema Moral oder moralische Verpflichtung anführt, also den Figuren den Status eines Transmitters für private Einstellungen ihres Autors zuweist. Ob Wilhelm nun als 'Mensch' 'moralisch' gestärkt oder nicht den Konflikt durchsteht, ist völlig nebensächlich - wichtig ist allein die Funktionalisierung seines Figurenentwurfs und dessen Bedeutung im Textganzen von *Seize the Day*. Hier drängt sich aber eben das didaktische Moment, "didactic preaching", wie Morahg, S. 106, es nennt, in den Vordergrund, das in *Seize the Day* - und da ist Morahg ebenso zu widersprechen - eben doch eine wesentliche Rolle spielt.

söhnungsideologie,[101] die gegenüber der schlechten Wirklichkeit schon immer das Reich der Freiheit ins Jenseits verlegt hat.

Den auf das therapeutische Niveau von individuellem Krisenmanagement reduzierten Aussagen des zeitgenössischen Erfolgsdiskurses korrespondiert mit exponierteren Autoren wie Bellow oder Cheever die literarische Produktion des 'verinnerlichten Humanismus', des sogenannten *mainstream*.[102] Diesem gerät der Erfolgstopos wie in *Seize the Day* zur Botschaft des 'keep on keeping on' - sei es über die (wieder)entdeckte Sehnsucht nach einem schützenden privaten Gegenraum zum Öffentlichen oder aber über den existentialistisch gestylten Verweis auf mystifizierte Seinsverbundenheiten jenseits aller realen Garstigkeiten. Daß *Seize the Day* diese Botschaft allerdings nur noch im Rückgriff auf die religiös untermauerte Transzendierung von Wilhelms Scheitern erreicht, deutet die Verfallssymptomatik der bisher unangefochten aufrechterhaltenen Ideologie der Selbstverwirklichung an; diese sieht den einzelnen zwar nun auch im Privatleben mit Problemen belastet, postuliert aber nichtsdestoweniger die durch nichts zu ersetzende 'Wahrheit' des handlungsmächtigen Individuums, welches immer noch an dem Heil häuslicher und ehelicher Residuen oder an dem in der Arbeit zu suchenden Glück festhält. Anstelle von materiellem oder sozialem Erfolg wird Wilhelm in der Schlußszene ein höherer Wert angeboten - nämlich *true success*, der

---

101 Genau diese Qualität des Wilhelmschen Leidens bekommt Jonathan Wilson in der Analyse von *Seize the* Day in seinem Buch *On Bellow's Planet* (London and Toronto: 1985) nicht in den Blick, da er insbesondere den im Zusammenhang mit den lyrischen Fragmenten entstehenden Absicherungseffekt eines stets hinter Wilhelm agierenden allwissenden Erzähler verkennt. Daher kann er dann auch, S. 97, zu dem - von der Spekulation auf eine vermeintliche Autorintention getragenen - Schluß gelangen, "[...] that Bellow has decided to concentrate his attention on a hero for whom it is difficult to feel pity and whose personality is hardly engaging."

102 Vgl. dazu auch nochmals Malcom Bradburys Aufsatz, S. 18, in dem es heißt: "In the new mood of political abeyance, when there was strong concern with a humanism that would recover morality from the holocaust, literature became a mode of anxious moral and metaphysical exploration. In particular it was Jewish writers, with their sense of traditional alienation [...] who concentrated the spirit of the necessary imagination - what Lionel Trilling would call 'the liberal imagination.'"

im Erfolgsdiskurs schon immer Surrogatfunktion für die Verlierer hatte.

Ein Blick zurück auf den Protagonisten in Fitzgeralds "May Day", den anderen idealtypischen Außenseiter innerhalb dieser Untersuchungsreihe, macht die zeitgeschichtlichen Differenzen zu Wilhelms Schicksalsweg über dreißig Jahre später deutlich; für Gordon Sterrett, das Mitglied der *WASP*-Elite, ist es nur konsequent, wenn er - der an seinen unbezweifelten Normen scheiternde Prototyp der optimistischen 'Zwanziger' - auf der historischen Folie jenes häufig noch von sozialdarwinistischem Gedankengut eingefärbten Erfolgsethos nur noch Selbstmord begehen kann. In dem Maße aber, wie im außerliterarischen Erfolgsdiskurs die optimistische Botschaft des materiell motivierten *Enrichez-vous* gegenüber dem Imperativ des *personality building* an Bedeutung verliert, emigriert das Leiden der literarischen Figuren, wie etwa das von Tommy Wilhelm, in die höchst private Krise einer aus dem Lot geratenen Individualität. Gegenläufig zu der im Erfolgsdiskurs wachsenden Aufmerksamkeit für das stets in kommunikativer Abhängigkeit von anderen gelebte Persönlichkeitsbild zentriert sich der Erfolgstopos in der Literatur zunehmend um die Darstellung des als hermetisch und eben nicht als mitteilbar erfahrenen Leidens an den Erfolgsvorstellungen.

2. 'Die Sorge um sich'.[1] Der Erfolgstopos und der Verfall der privaten Residuen

Das literarische Schaffen so unterschiedlicher Autoren wie Coover, Vonnegut, Elkin, Salinger, Hawkes oder Burroughs steckt unter dem Druck der erfolgsethisch begründeten 'need for affiliation' - des sozialen Handlungsparadigmas der Zeit nach der wirtschaftlichen Depression schlechthin - die Grenzen unantastbarer Individualität zeitlich schon lange vor der entsprechenden erfolgsethischen Diskursschwelle der siebziger Jahre ab. Wie wenig dabei die in der Literaturgeschichtsschreibung gebräuchlichen und fixierenden Epochenbezeichnungen den tatsächlichen Diskontinuitäten und der Dynamik literarischer Prozesse gerecht werden, zeigt sich in den folgenden Textbeispielen insbesondere an der Story "Zooey" (1957). Innerhalb der hier vorliegenden Untersuchungsreihe signalisiert sie nach der beginnenden 'privatistischen' Modellveränderung der dreißiger Jahre eine weitere Nahtstelle in der Entwicklung des literarischen Erfolgstopos. Einerseits wird in der für den späten Salinger repräsentativen Erzählung zwar der versöhnliche Rückzug in die Innerlichkeit eines Bellow oder Cheever aufgegriffen; andererseits aber ist in ihr gleichzeitig eine Überwindung der Mär über das unabhängig vom bösen Alltag existierende 'wahre' Ich zu erkennen, die sich bis hinein in die Erzählstruktur sedimentiert.

---

[1] Vgl. Michel Foucault, *Sexualität und Wahrheit*, Bd 3: *Die Sorge um sich* (Frankfurt: 1989): In diesem Buch geht Foucault den Anfängen einer 'Kultur seiner selber' am Beispiel der Sexualität - dem Bereich unvermittelter individueller Expressivität schlechthin - in der griechischen Antike nach. Hier entdeckt Foucault die ersten dokumentierten Spuren von erst in der Moderne entstandenen Begrifflichkeiten wie Individualismus, Selbstbeziehung oder Privates, die bis heute - je nach ihren historischen Bedingungen - Verschiedenes bedeuten und auch in unterschiedlichen Verhältnissen zueinander stehen. Der Begriff der 'Sorge um sich' repräsentiert in seiner kulturgeschichtlichen Untersuchung die Entdeckung der intensiven Beziehung des einzelnen zu sich selber jenseits von bestehenden Bereichen der Vergesellschaftung, so wie sie etwa in den bürgerlichen Gesellschaften auch in Form des Privatlebens existiert.

Obwohl Salingers Werke heute dem von der Literaturkritik definierten literarischen Kanon der Nachkriegsjahre - dem *mainstream* - zugeschlagen werden,[2] destruieren sie die gerade in dieser Strömung vorherrschende Botschaft, sich doch noch mit einer Erfolgsideologie zu arrangieren, die mittlerweile zum bloßen Konformitätsritual degeneriert ist.[3] Sie reihen sich zwar in das für die Dekade sujetbestimmende Thema des *counterfeiting* ein, heben aber das, was Karl 'pastoral' und 'spatiality' nennt, gleichsam aus den Angeln. Deshalb sind sie nur in einem negativen und konterkarierenden Sinne charakteristisch für die vorherrschenden zeitgenössischen literarischen Modellierungen des Erfolgstopos. Johnny Hakes kindlicher Wunsch, [...] " to do it all over again in some emotional Arcadia"[4], der sich letztlich über ein *happy ending* im Schoße des idyllischen Shady Hill in Form einer 'erwachsenen' Version erfüllt, oder Tommy Wilhelms weinerliche Erlösung aus seinem Konflikt mit dem erfolgreichen Übervater während einer Totenmesse in Bellows *Seize the Day* werden in Salingers Spezialthema des *growing-up* als unhaltbare Illusionen widerlegt: so erleben Holden in *The Catcher in the Rye* (1951) oder Franny und Zooey[5] zwar den 'Fall aus der Unschuld' und müssen den Zwängen der konformistischen Jagd nach dem Erfolg ins Auge sehen,[6] dennoch versuchen sie gegen alle erfolgsethisch ver-

---

2 Vgl. Karl, *American Fictions*, S. 136 f., die Kapitel "Toward the Main Tradition" und "The Main Tradition".

3 Vgl. Karl, *American Fictions*, S. 141: "Salinger's novel and stories are characteristic forties and early fifties fiction, carrying us into pastoral, spatiality, the counterfeiting of emotional life, the flattening out of systems."

4 Cheever, "The Housebreaker of Shady Hill," S. 257.

5 Die nach den beiden Figuren benannten Stories erschienen 1955 und 1957 in *The New Yorker*.

6 Vgl. Jerome D. Salinger, *The Catcher in the Rye* (Harmondsworth: 1973), S. 138 und 139: In Holdens aufgeregtem Gespräch mit Sally über die Möglichkeiten einer gemeinsamen Zukunft, aus New York auszubrechen und dem Alltag zu entfliehen, stellt sich für ihn sehr bald die nüchterne Erkenntnis ein, den allmächtigen Konventionen von Arbeit und geregeltem Leben mit keiner noch so phantastischen Vision ausweichen zu können: "'I said no, there wouldn't be marvellous places to go to after I went to college and all. Open your ears. We'd have to go downstairs in elevators with suitcases and stuff. We'd have to phone up everybody and

brämten Mechanismen zur Anpassung und ohne zweifelhafte Kompromisse ihren Freiraum inmitten des 'falschen Lebens' zu bewahren.

Der während der fünfziger Jahre hoch im Kurs stehende *cult of domesticity* erfährt in Salingers Geschichtenzyklus über die von ihm geschaffene fiktive Glass-Familie seine Demontage, mehr noch - die im literarischen Erfolgstopos seit den dreißiger Jahren zu beobachtende Aufwertung des Privaten als beruhigender Oase für alle vom *pursuit of success* beschädigten Protagonisten wird in der Erzählung "Zooey" mit einer drehbuchähnlichen Aufführung zum konsumierbaren Familienspektakel im Bade-, Wohn- und Schlafzimmer umfunktioniert; die Trennlinie zwischen einem privaten und einem öffentlichen Handlungsraum der Figuren, welche für die dem *mainstream* zugeschlagenen Texte so typisch ist, erscheint hier aufgehoben. Der Streit zwischen den beiden Geschwistern um Anpassung oder Widerstand findet vor aller Augen und mitten in der Intimsphäre der *Glasses* statt.

Zooey gelingt es schließlich, seine Schwester nach langen Diskussionen davon zu überzeugen, daß der letzte Rest Individualität einzig in der Flucht nach vorn, in der Abkehr von allen vermeintlich absichernden Enklaven bewahrt werden kann und daß jeder mit seinen individuellen Fähigkeiten auf sich selbst zurückgeworfen wird. Falsche Idyllen wie die des Jesusgebets oder des kontrollierten Nervenzusammenbruchs auf der elterlichen Couch haben sich am Ende der Story für Franny erledigt. Was in Finemans Story "Tell Him I Waited" (1941) an Carlsons verständnisloskalter Ehefrau nur angedeutet ist und in Vonneguts Erzählung "The Foster Portfolio" (1951) zehn Jahre später über das eiserne Familienoberhaupt Herbert Foster schon in triefender Ironie daherkommt, beherrscht das gesamte literarische Modell von "Zooey":[7] die ebenso wie im Arbeitsleben nun

---

tell'em good-bye and send 'em postcards from hotels and all. And I'd be working in some office, making a lot of dough, and riding to work in cabs and Madison Avenue buses [...]'".

7 Vgl. dazu auch Riese, S. 144: "Damit reiht sich Salinger ein in die inzwischen nicht unbeträchtliche Zahl der Schriftsteller, die mit der Fiktionalität der Texte ihr Spiel treiben. Und das schließt ein: mit den durch den herrschenden Öffentlichkeitsbetrieb oktroyierten Rezeptionsgewohnheiten. Sie hoffen vielfach,

auch im brav-bürgerlichen modernen Pastoral von *neighbourhood* und *home* zum Scheitern verurteilte Suche nach möglichst vollkommener Selbstverwirklichung. Besonders Salingers Werk mit seinem immer wiederkehrenden *theme of growing up* bietet eine sehr augenfällige literarische Verarbeitung für die von Habermas auf die Nachkriegszeit bezogene Beobachtung einer Entkoppelung von System und Lebenswelt.

Der literarische Erfolgstopos reflektiert hier das Auseinanderdriften des Binnenraums 'Familie' und der rein funktionalen Anforderungen des öffentlichen Lebens, indem die Adoleszenz nunmehr als Nahtstelle der Sozialisation erscheint: der mit der Wirklichkeit hadernde Jugendliche ist ein Symptom für den Verlust der ehemals gesellschaftlich institutionalisierten Integrationsfähigkeit der Familie.[8] Damit deutet sich neben der literarhistorischen auch eine kulturgeschichtliche Zäsur an, die jedoch erst mit den späten sechziger Jahren und mit dem Sturm auf die Werte des *middle class*-Establishments für ein breiteres öffentliches Bewußtsein bestimmend wird. Zu einem wesentlichen Teil sind die gesellschaftspolitischen Konflikte der folgenden unruhigen Dekade also schon um so krasser in genau den literarischen Modellbildungen der fünfziger Jahre vorgezeichnet, die zu ihrer Zeit jenseits des etablierten Kanons eingeordnet worden sind.[9]

Der sich schließlich auch außerhalb der *Republique des Lettres* in der Studentenbewegung und in der wider die Vorherrschaft der

---

so zu einer neuen und weniger anpassungsfähigen Weise der Kritik vorzudringen."

8 Vgl. dazu Jürgen Habermas, *Theorie des kommunikativen Handelns*, Bd 2 (Frankfurt: 1988), S. 569 und 570: "Für die sozialisatorische Bedeutung der Entkoppelung von System und Lebenswelt spricht auch das andere Phänomen - die Zuspitzung der Adoleszenzproblematik. [...] Wenn aber die Sozialisationsbedingungen der Familie auf die Mitgliedschaftsbedingungen der Organisationen, denen die Heranwachsenden eines Tages genügen sollen, funktional nicht mehr abgestimmt sind, werden die Probleme [...] für immer mehr Jugendliche unlösbar. Ein Anzeichen dafür ist die gesellschaftliche und sogar politische Bedeutung, die jugendliche Protest- und Aussteigerkulturen seit dem Ende der 60er Jahre gewonnen haben."

9 Dazu zählen vor allem noch William S. Burroughs *The Naked Lunch* (1959) und Jack Kerouacs *On the Road* (1957).

weißen Mittelklasse gerichteten Bürgerechtsbewegung zu Wort meldende gesellschaftliche Protest gegen eine Wirklichkeit, welche die amerikanischen Ideale der freien Selbstentfaltung unter einem Teppich der Konformität erstickt hat, bleibt auch nicht ohne Folgen für die Positionen des Erfolgsdiskurses. Hier dokumentieren die Aussagen der *success literature* aber erst mit einer zeitlichen Verzögerung in den frühen siebziger Jahren - drei Jahrzehnte nach dem letzten erfolgsethischen Paradigmenwechsel während der Wirtschaftskrise - eine erneute Wandlung. Die anpassungsbestimmten und defensiven Strategien eines Dale Carnegie und Norman Vincent Peale gelten den neuen Erfolgsaposteln nun nicht mehr als der allein seligmachende Weg zum Erfolg; es scheint, als solle der so lange Zeit zur opportunistischen Taktik angehaltene *common man* mit mehr denn je wieder nötigen (alten) Illusionen bei der Stange gehalten werden. Angesichts von unleugbar kleiner werdenden beruflichen Handlungsspielräumen, die eben selbst mit keinem noch so raffinierten Auftreten oder mit zwischenmenschlicher Feinarbeit zu kompensieren sind, rückt die *success literature* daher das in der nun folgenden republikanischen Ära unter Nixon und Ford an Bedeutung gewinnende aggressivere Persönlichkeitsbild in den Vordergrund. Es ist dies allerdings eine modernisierte Version des überkommenen *rugged individualism*, die jeglicher sozialer Verpflichtungsrethorik entkleidet dem überkommenen Verhaltensmodus seine Wiederbelebung beschert und die in den achtziger Jahren eine nochmalige Renaissance erfährt. Statt Geld oder Aufstieg wird nun 'self-actualization' oder begrenzte Machtausübung im sozialen Umgang mit dem anderen zum neuen Erfolgsziel erhoben.[10]

---

10 Vgl. Brigitta Koch-Linde, S. 135: "Wurde dieses [Norman Vincent Peales und Dale Carnegies] Erfolgskonzept weitestgehend bestimmt durch das Bedürfnis nach sozialer Anlehnung (need for affiliation), tauchten in den 70er Jahren als Überreaktion auf den jahrzehntelang erduldeten Terror des sozialen Drucks radikal gewandelte Motivstrukturen auf, die nun auch die *success literature* charakterisieren: das egozentrisch auf das eigene Glück konzentrierte Selbstverwirklichungsbedürfnis (need for self-actualization), das erneut in den Vordergrund gerückte - nun aggressiv vertretene - Bedürfnis nach Status und materiellem Erfolg (need for achievement) und das mit extrem antisozialen Tendenzen gekoppelte Bedürfnis nach Macht, Kontrolle und Einfluß

So ist das Verhältnis zwischen dem Erfolgsdiskurs der Nachkriegszeit und seiner literarischen Aufnahme, ähnlich der Phase während der zwanziger und dreißiger Jahre, auch jetzt wieder nicht durch eine historisch parallele Entwicklung geprägt. Während die *success literature* das aufbegehrende Individuum der unruhigen Sechziger erst zu Anfang der darauffolgenden Dekade - in freilich gänzlich anderer Intention - (wieder)entdeckt, wird dieser Akzentwechsel im literarischen Erfolgstopos schon seit Ende der fünfziger Jahre sichtbar. In genau umgekehrter Entwicklung zum außerliterarischen Erfolgsdiskurs, der dem starken und nur noch sich selbst verantwortlichen Ich als Alternative zu Dale Carnegies Ideal des 'everybody's darling' zu vergessenen Rechten verhilft, steht in der Literatur jedoch zunehmend die Handlungsmächtigkeit der Protagonisten auf dem Spiel. Individualität überhaupt, die Idee einer kohärenten Warnehmungsinstanz, die ein zielgerichtetes Subjekt-Objekt-Verhältnis voraussetzt, wird an sich problematisch.

Die aufrührerische Beatbewegung, die frühe Mittelschichtssatirik Vonneguts und nicht zuletzt Salingers individuelle Widerstandsutopie finden in einer Story wie Stanley Elkins "I Look Out for Ed Wolfe" (1962) ihre konsequente Fortsetzung, indem auch in ihr die unversöhnliche Ohnmacht zur eigentlichen Macht der Hauptfigur erhoben wird - eine paradoxe Entwicklung, die in Coovers experimentell aufgebauter und dem 'postmodernen' narrativen Paradigma zugezählten Erzählung "The Elevator" (1966) innerhalb der vorliegenden Reihenanalyse einen vorläufigen Höhepunkt findet. Dem Bild der neuen *common man*-Schablone des Erfolgsdiskurses, das weniger auf Reichtum als auf machiavellistische Macht und Kontrolle über den anderen

(need for power)." Da jedoch aufgrund des längst nicht mehr mit der Wirklichkeit übereinstimmenden Erfolgsmythos der schnelle Aufstieg und das 'große Geld' nicht mehr als alleinige Ideale glaubhaft aufrechterhalten werden können, tritt eine inhaltliche Verschiebung im Reden über Erfolg auf, wie Brigitta Koch-Linde, S. 112 und 113, am Beispiel des Bestsellers von Michael Korda, *Power! How to Get It. How to Use It* (1975) belegt: "An die Stelle des unerreichbaren Geldes tritt nun die Macht. Mit Hilfe dieser Zielverschiebung macht Korda den Lesern eine neue Arbeitsmotivation schmackhaft [...]: 'It is the desire for **power** that keeps most people working. What we are offered is no longer the opportunity for unlimited wealth, but the chance to acquire limited power ...'"

im tristen Alltag abzielt, korrespondieren im wesentlichen zwei literarische Gegenentwürfe: die Figur, die, wie etwa Ed Wolfe, jeglicher Ambitionen beraubt und jenseits von Arbeit und Liebe nur noch 'sich selbst' erhalten will,[11] oder diejenige, welche innerhalb der Zwänge eines unerbittlichen *pursuit of success* um ihre seelische Balance kämpft, ohne sich noch in einen intakten privaten Raum von schützender Familie und Hausgartengrill zurückziehen zu können. Slocum in Joseph Hellers Roman *Something Happened* (1974), der im mittleren Management eines riesigen Konzerns arbeitende *white collar*-Angestellte, stellt diesen mit der Figur Martins in "The Elevator" vergleichbaren Typus dar.

Ebensowenig wie er in den zwanziger Jahren die für alle geltende Hoffnung auf materiellen und konsumptiven Wohlstand erfüllen konnte, hat auch der von Anpassungszwang regierte *pursuit of success* der Nachkriegszeit nicht sein Versprechen auf berufliche Selbstverwirklichung eingelöst. Aber erst der offenkundige Zerfall der gegen den Erfolgsdruck entstandenen Ideologie des privaten Raums von Liebe, Familie und Haus als den Residuen der unbeschädigten Individualität hat die endgültigen Bedingungen für eine weitere Entwicklung innerhalb der literarischen Modelle geschaffen. Fortan wird die Grenze zwischen Privatraum und Arbeit durchlässiger, die erstmals in den untersuchten Kurzprosatexten der dreißiger Jahre an Bedeutung gewinnt. Das Bewegungsfeld der literarischen Figuren verliert seine bisher klare Dualität von Privatem und Öffentlichem - genau diese Veränderung ist ein wesentliches Merkmal 'postmodernen' Erzählens. Obwohl die weiter bestehenden traditionellen Erzählmuster ebenfalls Figuren zeigen, die sich zwischen kriselndem Privatleben und bedrückenden Leistungsanforderungen aufrei-

11 Die Figur des Ed Wolfe ist jener neue Held, den Louis W. Cartwright in seinem Essay "The New Hero," in: Robert Disch und Barry N. Schwartz, (Hg.), *Hard Rains* (Englewood Cliffs/N.J.: 1970), S. 11, beschwört: "Yep! America's a big place, but it barely has room for me. I live on its borders, up against its cultural limits at all times. The cost of living on the border is high: you've got to be wealthy, and wealth here is measured in terms of how little you need to live. How few possessions. [...] I do not need the luxuries this country uses to bait its people toward progress."

ben, dokumentiert die als 'postmodern' klassifizierte Literatur den gegenwärtigen Stand des Erfolgstopos weitaus konsequenter: die Auflösung der beiden bisher von einander abgegrenzten Lebensräume ist zu einem konstitutiven Element ihres formalen Aufbaus geworden - mit der Folge, daß völlig neue Anforderungen an die Lesegewohnheiten des Rezipienten gestellt werden.

Gerade diese Literatur spielt in ihrem experimentellen Gestus auch mit der Destruktion von 'Innen' und 'Außen' und daher unweigerlich mit tradierten Erzählstrategien. Die für sie häufig charakteristische De(kon)struktion von Figuren, die keine homogene Wahrnehmungsinstanz mehr zuläßt, läuft auf die Erosion der Vorstellung eines 'eigentlichen' privaten und eines 'uneigentlichen' Ich für das Handeln in öffentlichen Bezügen hinaus. *Success* wird in der Nachkriegszeit zunehmend zu einer Frage des seelischen Überlebens jenseits von Arbeit oder Liebe und hat sich inhaltlich weit von den karriereorientierten Krisen der vorherigen Protagonisten entfernt. Im Unterschied etwa zum literarischen Erfolgstopos der zwanziger Jahre, dem Ausgangspunkt dieser Untersuchung, geht es seit den Sechzigern nun mehr um die verbleibenden Spiel-Räume authentischer Expressivität als etwa um die bloße Auseinandersetzung mit der Undurchschaubarkeit von Erfolgsstrategien; die darin erkennbar werdende Richtung der literarischen Evolution erinnert eher an die Ursprünge der Moderne als daß sie auf deren Überwindung abzielt - gleichgültig mit welcher erklärten Absicht die Autoren ans (akademische) Pult treten und ihre Literatur beschreiben.

Morton Fineman, "Tell Him I Waited" (1941)

Arbeit und Privates erlangen in der Hauptfigur Donald Carlson, dem Besitzer einer automatisierten Möbelfabrik, die Bedeutung von gleich wichtigen Lebensbereichen individueller Expressivität, die beide Unglücklichsein und Mißerfolg bescheren können. Obwohl er nach dem Tod seines Bruders dessen Unternehmen geerbt hat und damit in seinem biographischen Werdegang einen idealtypischen Aufstieg vom kleinen Tischler, dem *blue collar worker,* zum modernen Geschäftsmann, dem *white collar worker*, erreicht hat, bringt ihm die Verwirklichung des amerikanischen Erfolgsmythos nicht das ersehnte Glück. Das sich seit den dreißiger Jahren in der ästhetischen Codierung abzeichnende Ende vom Primat der Arbeit und des materiellen Wohlstands als alleinigem Problemauslöser für die Frage nach individuellem Wohlergehen hat in Finemans Story zur Folge, daß Carlsons bittere Gewißheit über seine Zeugungsunfähigkeit und die deshalb unglückliche Ehe mit Ethel selbst durch eine geglückte Erfüllung des konventionellen Erfolgsideals - etwa Besitzer einer Fabrik zu sein - nicht wettzumachen sind:

> Mr. Carlson always remembered how she'd said, 'All you could ever do was make kitchen chairs,' and how he'd said painfully, 'Don't talk like that, Ethel. Please.' Then he'd gone out and tried to get drunk because Ethel would not understand that this thing hurt him as much as her. (106f.)[12]

Obwohl auch in dieser Short Story wieder der Anspruch an die Privatsphäre aufscheint, mit deren Versöhnungsgehalt die erlittenen erfolgsethischen Zwänge auszugleichen, liegt der Kern des hier dargestellten Konfliktes allerdings in einem grundsätzlicheren Problem: dem prinzipiellen Verbleib individueller Selbstentfaltungsmöglichkeiten jenseits der selbst schon wieder gesellschaftlich vorgegebenen und vor allem nicht zufriedenstellenden Handlungsoptionen in Arbeit und Liebe. Die Frage nach dem 'guten Leben' wird nicht mehr von einer ausschließlich mit ihrer materiellen Existenz unzufriedenen Hausfrau gestellt, der innerhalb der jeweiligen Figurenkonstellationen bisher lediglich die Funktion zugekommen ist, die Hauptfigur in den Konflikt um die Validität bestimmter 'richtiger' oder 'falscher' Erfolgsstrategien zu stürzen. Ebensowenig wird diese Frage, wie noch vorwiegend während der zwanziger Jahre, auf der Ebene der Versöhnung[13] mit einer sich eben nicht für jeden Tüchtigen sofort in Autos, Pelzmänteln oder Schmuck auszahlenden Erfolgsethik oder deren ideologischer Entlarvung[14] verhandelt. Ethel dient der Reichtum

---

12 Zahlen in Klammern beziehen sich auf Martha Foley, (Hg.), *The Best American Short Stories 1942 and the Yearbook of the American Short Story* (Boston: 1942), S. 105-115.

13 Wie etwa in Booth Tarkingtons Erzählung "The One Hundred Dollar Bill" von 1923.

14 Wie etwa in Harold W. Brechts Erzählung "Vienna Roast" von 1926.

ihres Mannes nur als schmerztötender Ersatz für den unerfüllt bleibenden Kinderwunsch. So nimmt sie im Verlaufe der Unterredung, welche Carlson mit dem ihm freundschaftlich zugetanen Schwager mittags in einem New Yorker Restaurant über den ihn faszinierenden Schriftsteller Sherwood Anderson führt, die Züge einer verständnislos und kalt gewordenen Antagonistin an. Carlsons fehlende männliche Fruchtbarkeit ruft bei Ethel ein Maß an Verachtung hervor, das auch sein Wohlstand und seine berufliche Position nicht wettmachen können; in Carlsons Augen dient Ethel sein Reichtum nur als Kompensation ihrer beider erstarrten Kommunikation:

> 'She's tough. That fits her fine. She's tough inside and out now. You hurt her feelings - when you can, that is - and she goes out and opens another charge account and feels better in no time' [...] Maybe being tough like that is the best way.'(109)

Die wegen des ausbleibenden Nachwuchses und nicht etwa aufgrund von erfolgsorientierten Ansprüchen gespannte Beziehung der beiden Eheleute weist erneut auf die zunehmende Wichtigkeit des privaten Glücks hin, das mit dem Ende der wirtschaftlichen Krise selbst allmählich innerhalb der *success literature* an Bedeutung gewinnt und in der literarischen Bearbeitung des Erfolgstopos zunehmend zum integralen Bestandteil avanciert ist. Ein bezeichnendes Licht auf den im Erfolgsgedanken erkennbaren Mentalitätswandel in der Bewertung des Privaten als dezidierten Gegenraums zum öffentlichen (Arbeits)Leben wirft Arthur Millers Bemerkung zur Bedeutung der Institution Ehe, die er in seiner Autobiographie macht. Rückblickend auf die entbehrungsreiche Zeit des ersten hart erarbeiteten Erfolgs von *All My Sons* Ende der vierziger Jahre kommentiert er zerknirscht das Erlebnis, zum ersten Mal die Bereitschaft eines ehelichen Seitensprungs gespürt zu haben: "The American trivialization of marriage had not yet become a fact of life, and it weighed on me that I had shaken my own."[15] In Finemans Kurzgeschichte gibt Carlson die Verfehlung seiner intimsten Hoffnung sogar das Gefühl von persönlicher Unvollkommenheit, die auch durch den Aufstieg zum Unternehmer nicht auszugleichen ist. Ehe und Liebe haben für Carlson nicht mehr nur den Status der bloßen institutionellen Ergän-

[15] Miller, S. 279.

zung der primär zu erfüllenden Konformität mit den bestehenden Erfolgsnormen, wie es etwa sechzehn Jahre zuvor noch an der Figur des Krebs in Hemingways "Soldier's Home" deutlich wird:

> It was this that had stayed with him and hurt him after he'd got used to his inadequacy; this silent gallant knowledge that what she'd wanted and he'd wanted had been something absurdly basic; the whispering of incompletion in his mind. (109)

Es ist diese dem 'erfolgreichen' Geschlechtsakt, der Kindeszeugung, eigene Semantik von unmittelbarster individueller und - in gesellschaftlicher Hinsicht[16] - voraussetzungsloser Expressivität, die in der Erzählung zwei scheinbar unverbunden voneinander bestehende und für den Aufbau der Story wesentliche Fabelbausteine verknüpft: das Carlsons Fahrt nach Manhattan einführende Bild der Fabrik mit ihren elektrischen Sägen, welche unabhängig von seiner handwerklichen Fertigkeit das Holz automatisch zerteilen, und die nach dem Treffen mit Ethels Bruder in ihm aufkommende melancholische Erinnerung an seinen ehemaligen Schreinerberuf, die durch das Gespräch der beiden über den 'bodenständigen' Schriftsteller Anderson ausgelöst wird. Diese nostalgische Reminiszenz wird in einem sprachlichen Duktus präsentiert, welcher die Handarbeit mit einer naturhaften Aura von Erotik und Sinnlichkeit belegt.

Beides, die lärmenden Maschinen zu Beginn der Erzählung, und der seiner eigenen Geschicklichkeit vertrauende Handwerker, bilden Markierungen für Carlsons nostalgische Reise in die eigene Jugend und Vergangenheit - es ist dies zugleich aber eine Rückschau, welche die im amerikanischen *pursuit of success* angelegte zentrale Garantie der freien Selbstverwirklichung anhand der erfolgskonformen Lebensgeschichte des Fabrikbesitzers in Zweifel zieht. Sie projiziert Carlsons biographischen Werdegang auf die historische Entwicklung des Erfolgsethos vom handarbeitenden vorindustriellen *craftsman* zur ratio-

---

16 Selbst Personen, die aus den üblichen Erfolgsvorstellungen herausfallen, sind in der Lage, sich diesen Akt von fundamentalster Bedürfnisbefriedigung und menschlicher Ausdrucksfreiheit zu erfüllen: "Any tramp off the street could have done for her what I couldn't do. [...] something you could do in the dark was the way the joke went; something a blind man could do. And he'd failed." (109)

nalisierten Industriegesellschaft.[17] So steht seine Rückblende auf die Zeit, in der er noch rohes Holz bearbeitet, in krassem atmosphärischen Kontrast zum Heulen der elektrischen Sägen und dem dumpfen Widerhall der Antriebsriemen in der Fabrik. In seinen wehmütigen Gedanken, die allegorische Qualität annehmen, geraten die ehemalige Arbeit mit Meißel oder Hobel und das Eindringen der Klinge in die Holzfaser, das er mit einem erotisch eingefärbten Vokabular verklärend beschreibt, unversehens zum Ersatz für eine zeugungsfähige Penetration. Bedingt durch seine Unfruchtbarkeit kann Carlson den Geschlechtsakt mit Ethel nur ohne Aussicht auf Kinder vollziehen; mit der Brüchigkeit aber auch der ehelichen und familiären Bastion kann das nach wie vor gültige Verlangen nach der (erfolgsethisch abgesegneten) Garantie von unverbrüchlicher Selbstverwirklichung durch keine institutionell geregelten Handlungsbereiche mehr entschärft werden; weder Arbeit noch Liebe können Halt bieten, und so bleibt Carlson nichts weiter als der Versuch, seine Vergangenheit wiederzubeleben:

> Well, he could still grip a chisel anyway, he thought, if he couldn't do the other thing, remembering how it was to feel the chisel. The good resistance of the wood, its smell, that slow hard pressure, going deep and straight and unyielding at last into the grain, the fibers curling up under the regular bit of the chisel, humping smally little ringlets of wood that fell at last on both sides of the blade. (113)

Die demgegenüber monotone, ja leblose Qualität der lautmalenden Begrifflichkeit des Maschinenlärms wie "thin wine", "dull reverberation" oder "flopping", die gleich zu Anfang der Erzählung erkennbar wird, während Carlsons Blick von seiner teuren Limousine aus auf das sonnenbeleuchtete Fabrikgebäude fällt, stellt eine Opposition zwischen moderner Produktion und *craftmanship* her, die mit den semantischen Merkmalen 'abtötend' versus 'lebendig' beschreib-

---

[17] Chenoweths Analyse der Artikel aus der *Saturday Evening Post* und dem *Reader's Digest* zwischen 1941-1945 zeigt zwar immer noch, daß Erfolg und Reichtum im öffentlichen Erfolgsdiskurs gleichgesetzt werden. Eine ebenso große Anzahl der Beiträge bespricht jedoch inzwischen auch das Thema von Glück und Befriedigung durch die Arbeit oder die Abkehr vom materialistischen Erfolgsrennen als wesentlichen Lebensinhalt: So etwa Joshua L. Liebman in seinem Buch *Peace of Mind* (1946).

bar ist. Der sich in diesem Gegensatz äußernde wertende Vergleich verkehrt den im Erfolgsdiskurs angelegten Optimismus zu Skeptizismus und Gleichgültigkeit gegenüber den Insignien des technischen Fortschritts:

> He looked for a second at the sunlight reflected on the hood of the sedan and then at the neat brick building housing his kitchen furniture factory. The thin whine of the electric saws in the basement came plainly to him and, above this, the dull reverberation of the leather belts flopping on their wheels. He would not care, he thought, if the building burned to the ground before his eyes. (105)

Zugleich wird das Versprechen von Freiheit und individueller Expressivität, das dem beruflichen Aufstiegsstreben immer schon innewohnt, in einen Konflikt privatester Natur übertragen. Ethels demütigende Reaktion auf Carlsons sexuelles Versagen und ihre verächtliche Haltung gegenüber seinem materiellen Wohlstand erinnern ihn erst wieder an das vergessene Verlangen nach uneingeschränkter Ausdrucksmöglichkeit, das sich gegen die Gültigkeit der als einengend erfahrenen gängigen Erfolgsvorstellungen richtet. Die Hände, "still full of strength" und "broad palmed" (113), stehen hier als *pars pro toto* einer tatkräftigen Handlungsfreiheit des einzelnen, welche Carlson trotz seines priviligierten Status eines modernen Fabrikbesitzers nicht mehr spürt. Sie sind der Gegenpol zur Maschine und beschwören eine rückwärtsgewandte Utopie, die sich im erzählerischen Ablauf zweifach festmachen läßt, nämlich an der historischen Person des Autors Anderson und an der fiktiven Welt der von ihm verfaßten Geschichten in dem Prosazyklus *Winesburg, Ohio*, von denen die Hauptfigur nachhaltig beeindruckt ist: "Mr. Carlson was going to talk about a dead man. As he got into his car a sensation of perfect release from everything filled him." (105)

Diese beiden ersten programmatischen Sätze der Kurzgeschichte leiten aber nicht nur die Fahrt des Protagonisten zum Büro seines Schwagers George in Manhattan ein, die er gegen jedes ihm eigene Pflichtgefühl sogar in der Arbeitszeit unternimmt, nur um über einen Verstorbenen zu reden. Vielmehr kündigen sie Carlsons Aufbruch in die Vergangenheit an, wobei "a dead man"[18], das Objekt seiner aufgewühlten Gedanken, zugleich auf den 1941 verstorbenen Schriftsteller Anderson und auf jenen vergessenen Carlson bezogen ist, der er vor seinem ihm durch die Erbschaft auferlegten Aufstieg zum modernen Unternehmer war:

> And he'd pictured what he was about to do as a kind of quest into a dim, half-forgotten region of his life. [...] Who else in New York was a searcher, an explorer into a past this afternoon - the way he was? (105)

Sherwood Anderson, der vor seiner Schriftstellerkarriere einer Farbenfabrik in Elyria/Ohio geschäftsführend vorstand, hatte sich die Freiheit zur Selbstverwirklichung bewahrt, indem er seinen Posten aufgab, um zu schreiben: "'George,' Mr. Carlson said happily, 'don't you know what he did one day? He just got up and walked out of everything and began to write those books.'" (112) So erzählt der literarisch völlig Ungebildete seinem Schwager mittags in einem Restaurant *downtown* davon, wie er eines Tages in die städtische Bibliothek gegangen ist, um sich einmal nicht mit Alkohol über das eheliche Unglück hinwegzutrösten, und wie er daraufhin rein zufällig das Buch *Winesburg, Ohio* entdeckt, das er dann begeistert liest. Fortan ist der Schrifsteller für Carlson ein heimliches Leitbild gelungener, gleichwohl aber nicht wiederholbarer Lebensführung geblieben.

Die Charakterisierung Andersons durch George, der dem Autor in der Collegezeit anläßlich einer Lesung einmal zufällig begegnet ist und der daher auch für Carlson der einzig 'kompetente' Zuhörer sein kann, führt die nostalgische Idealisierung von selbstbestimmter *craftmanship* fort; das einstige Treffen resümierend erklärt der Schwager: "'But hell, he certainly didn't look like a fellow who'd write books. He looked like an unemployed bricklayer or something.'" (112) Dieses in der Kurzgeschichte wiederholt auftauchende Bild des Handarbeiters, der das Gelingen seiner Arbeit direkt beeinflussen kann, ruft Vorstellungen einer verklärten vorindustriellen Erfolgsethik ab, in der *self-reliance* und von gesellschaftlichen Umständen

---

18 "He'd never even seen him, and he might well have lived the remainder of his life without realizing that the man had died if he'd not happened to read about it in the paper." (106)

unabhängiges Arbeiten gültig sind.[19] Die in den Geschichten von *Winesburg, Ohio* sich äußernde kritische Haltung gegenüber der Industrialisierung mit ihrer durch das idyllische Milieu der Kleinstadt beförderten wehmütigen Betonung der noch nicht automatisierten Arbeit[20] - welche der Schriftsteller selbst durch eigene Gelegenheitstätigkeiten in modernen Fabriken schätzen gelernt hat - wird ebenso Teil des Figurenentwurfes von Carlson, wie Andersons erotisch-sinnlich konnotierter Einheitsgedanke von handwerklicher Arbeit und Männlichkeit:

> "In the new places, the factories, when already the work is divided in the new way, each man doing the same minor operation [...] the men never having the sense of completion of self in work. [...] He [man] touches. His hands hold tools. [...] Man is a doer. It is his nature to

---

19 Emily Stipes Watts spürt in ihrer Untersuchung *The Businessman in American Literature* (Athens/Ga.: 1982), S. 120f., in der Nachkriegsliteratur Tendenzen auf, den Kleinstunternehmer oder den selbständig arbeitenden Handwerker (wieder) zu heroisieren, um ihn gegen die korrupte und vernetzte Welt der *corporations* positiv abzusetzen. Sherwood Andersons literarisches Schaffen, das den Übergang Amerikas zur modernen Industrienation reflektiert, weist ebenso schon in die gleiche Richtung, welche den handwerklichen "technological innovator" über den neuen "manager manipulator" einstuft: "In such a world, the true craftsman/tinker, the survivor of 'the old dying individualistic life,' has no chance [...] Undoubtedly, Anderson had been directly influenced by Thorstein Veblen's distinction between the technological innovator and the manager manipulator [...] The failure of technology ultimately to improve man's condition is another nineteenth-century theme further developed in post-World War II literature." Allerdings zeigt sich an der Analyse der weit vor Kriegsende erschienenen Kurgeschichte Finemans einmal mehr, daß weder die Entwicklung der Diskurse noch deren Bearbeitung im Medium der Literatur mit derart fixierenden zeitlichen Schnitten wie etwa dem des Kriegsendes beschrieben werden können.

20 Ahrends schreibt, S. 141, zu der dem Erzählzyklus eigenen Kritik an der technisierten Moderne: "Diese Entfremdung und das abnorme Verhalten der Menschen haben ihre Ursache nicht nur in der [...] Verabsolutierung von Idealvorstellungen, sondern auch im zivilisatorischen Fortschritt und im sozialen Wandel [...] Der Niedergang beruht auf Veränderungen innerhalb der Sozialstruktur, die durch die beginnende Industrialisierung bewirkt wurden. [...] Da die Bewohner Winesburgs im Verlauf dieses Anpassungsprozesses nicht nur ihre Unwissenheit verloren, sondern auch ihre Unschuld einbüßten [...] bewertet der Erzähler den registrierten Wandel als Degeneration."

> find strength in doing. It is what he does through things in nature, through tools and materials, that feeds his manhood and it is this manhood that was being lost."[21]

Donald Carlson dagegen ist die Rückkehr in seinen eigentlichen Beruf des vergleichsweise auch künstlerisch gestaltenden und mit den Händen arbeitenden Schreiners unmöglich - die Eingebundenheit in sein Leben, eben die Ehe mit Ethel, von deren Zwängen Carlsons innerer Monolog zeugt, hindert ihn daran. Der Bundesstaat Ohio, der Carlsons Heimat ist,[22] impliziert eben nicht nur ein geographisches Zurück, sondern gleichzeitig einen biographischen Wiederanfang und ein Zurückdrehen der (Lebens)Zeit zum vorindustriellen *Winesburg, Ohio*:

> Suppose I walked out? he thought suddenly. It's not what I want any more; I missed it; it's only my fault. I could walk out too. [...] Oh, no, you won't [...] You won't do anything like that [...] A woman her age doesn't divorce half a dozen charge accounts in good shape; finding a lover is easier. [...] Maybe he [Anderson] didn't have an Ethel. [...] Whatever it is, it's an Ethel in one form or another. (112 und 113)

Nach seiner vorherigen wehmütigen Betrachtung über die (Arbeits)Kraft seiner Hände erreicht Carlsons innerer Monolog mit dieser 'Ausbruchsreflexion' seinen Höhepunkt. In dem dreimal hintereinander erscheinenden 'it'[23] verdichtet sich durch dessen doppelte anaphorische Verweisfunktion der Konflikt im Zwiespalt zwischen Aufbruchswünschen und Gebundensein. So steht das erste in Subjektposition stehende 'it' für Carlsons nur einen Satz vorher von ihm mit der Wendung "Ethel or kitchen furniture" auf einen griffigen Nenner gebrachte momentane Arbeits- und Privatleben, das er nur allzu gerne hinter sich lassen würde, während er noch lange nach dem Treffen mit seinem Schwager im Restaurant sitzen bleibt und über seine durch die Stories in *Winesburg, Ohio* entfachte innere Unruhe nachdenkt: "Christ he could sit here all day and remember things

---

21 Ray Lewis White, (Hg.), *Sherwood Anderson's Memoirs: A Critical Edition* (Chapel Hill: 1969), S. 387.

22 "I could sell the factory and leave enough for Ethel and get on a train and go back to Ohio and never come back here." (113)

23 "It's not what I want any more; I missed it; it's only my fault." (113)

like that now and not even think about Ethel or kitchen furniture" (113). Das nächste in syntaktischer Objektposition stehende 'it' wiederum bezieht sich ebenso auf die vorhergehende Reminiszenz an seine Arbeit als Tischler wie auf den möglichen Zeitpunkt eines möglichen Neubeginns in Ohio. 'To miss' transportiert dabei zugleich die transitive Bedeutung von 'vermissen' und die intransitive von 'verpassen'. Der Satz 'It's only my fault' faßt schließlich Carlsons semantisch derart komprimiert präsentierte Situation im Sinne einer persönlichen Schuldzuweisung zusammen. Eine nachträgliche Korrektur seines Lebensweges bleibt für Carlson - anders als im Falle Sherwood Andersons - ausgeschlossen. Der einzige Spielraum, der ihm in der Story zur Verwirklichung seiner von den Wurzeln der Handarbeit und der goldenen Zeit der Jugend abgeschnittenen Individualität eingeräumt wird, ist das Lesen der Geschichten in *Winesburg, Ohio*.

Dadurch, daß Andersons Buch seit jenem Aufenthalt in der Bibliothek alle längst verdrängten Gefühle aus der Zeit vor dem Erbe der Fabrik wachruft, üben die Stories aber auch eine beruhigende und Trost spendende Wirkung auf Carlson aus, die er seinem Schwager erleichtert gesteht: "'From that minute, George, I didn't feel so bad about Ethel any more.'" (111) Die in den Erzählungen geschilderten Erlebnisse über das fiktive Winesburg und dessen Einwohner erwecken Carlsons eigene Jugend in Ohio wieder zu neuem Leben: die literarischen Figuren erleben in jeder Episode stellvertretend für ihn aufs neue das pulsierende und noch durch nichts reglementierte Lebensgefühl, das er selbst einmal in Ohio erlebt hat und das er nun erstmals als unwiederbringlich verloren erfährt; dennoch bleibt es Carlson in den Erzählungen wenigstens ersatzweise verfügbar. Er kann jetzt seine Vergangenheit jederzeit heimlich wieder über jenen *true-to-life*-Effekt von *Winesburg, Ohio* abrufen, den er beim erstmaligen Lesen der Stories erfahren hat:

> 'I sat down to read that book, George, and I read it clean through. [...] I kept thinking all the time - I'm in that book. I'm right there in those pages listening to myself [...] I sat there looking at the book and thought to myself: you can't ever want a girl for the first time again; you can't ever smoke a pipe on the sly again and feel the way you did then; you can't ever feel the way

> you did when you saved up nineteen dollars working on a farm two summers and sent away to Sears and Roebuck for a small lathe.'

Das ländliche Ohio ist somit der Ausgangspunkt in Carlsons Biographie, die Lektüre von *Winesburg, Ohio* gestattet ihm die Flucht zurück. Verbunden mit der Zeit seiner ersten beruflichen Schritte an der selbstgekauften Drehbank, wiederholen die Geschichten Augenblicke seiner persönlichen Selbständigkeit inmitten einer ländlichen Kleinstadtwelt auf der Schwelle zur Industrialisierung. Dagegen lassen gerade die in dem *Winesburg*-Prosaband versammelten Schicksale der teilweise morbiden Charaktere die bedrohlichen Folgen zunehmender Frustration und Isolierung des einzelnen aufscheinen, welche das Resultat einer industriellen Erosion von überkommenen noch intakten Lebenswelten sind. Sie bilden einen mahnenden Kontrast zu dem damals bei Erscheinen der Story-Sammlung noch starken Fortschrittsglauben im Geiste des *American Dream*, der schließlich auch aus dem zufriedenen handarbeitenden Schreiner Carlson einen unglücklichen Unternehmer gemacht hat.

Seine Unfruchtbarkeit nimmt hier symbolischen Verweischarakter für beides an: den Verlust seiner ehemals 'bodenständigen' Verbundenheit mit unmittelbar ausgelebten Bedürfnissen in der Jugendzeit und die Unmöglichkeit, das Holz der Möbel wieder direkt formen zu können. Die Anschaffung der ersten mühsam ersparten Drehbank mit dem Verdienst aus harter Farmarbeit fungiert in Carlsons Lebensgeschichte gleichsam als konkretes und individuelles Erlebnis der zur abstrakten Chiffre gewordenen amerikanischen *frontier*-Mentalität eines noch unschuldigen *rugged individualism*. Wieder ist es die Sehnsucht nach uneingeschränkter Expressivität, die den Leser durch Carlsons Blick auf seine und die des jungen Kellners Hände schließlich sogar direkt in die Welt von *Winesburg, Ohio* führt: "Mr. Carlson smiled. Sherwood Anderson would have liked those hands. He remembered what Sherwood Anderson had said about hands, looking now at his own." (113) Die in diesem Gedanken erkennbare Anspielung auf die in dem Prosazyklus enthaltende Erzählung "Hands" schreibt das an der Hauptfigur des Lehrers Biddlebaum leitmotivisch eingesetze Bild der Hände in deren Bedeutung von spontaner Handlungsfreiheit und sinnlicher Bedürfnisbefriedigung fort:

> The story of Wing Biddlebaum is a story of hands. Their restless activity, like unto the beating of the wings of an imprisoned bird [...] By the caress that was in his fingers he expressed himself.[24]

Aufgrund seiner ihm gegenüber anderen Textsorten zugesprochenen ästhetischen Qualität, das Besondere einer begrenzten Erfahrung in den allgemeineren Zusammenhang von historischen Entwicklungen einzubinden,[25] kann das in "Tell Him I Waited" selbst wieder zitierte Medium Literatur so die Verbindung zwischen dem persönlichen Leiden Carlsons und einem überindividuellen Symptom herstellen - dem der gesellschaftlichen Entwicklung Amerikas zu einer Industrienation, die bei fortschreitender Modernisierung eher zur Einkerkerung als zur Verwirklichung des amerikanischen Traums beiträgt und die die überkommenen Erfolgsideale des *rugged individualism* als fortschrittshemmenden Anachronismus betrachten muß. Sherwood Anderson, der mit der Aura eines 'arbeitlosen Maurers' auftritt, hat den gleichermaßen individuell-beruflichen wie gesellschaftshistorischen (Rück)Schritt zum nur sich selbst verantwortlichen *common man*-Ideal aus dem Erfolgsdiskurs des ausgehenden achtzehnten Jahrhunderts stellvertretend für Carlson getan. Indem er seine Anstellung als Geschäftsführer einer Fabrik aufgegeben und den (Wieder)Eintritt in den Status eines *craftsman* gewagt hat, bieten Anderson und seine Geschichten Carlson ganz besonderen Trost gegenüber seiner eigenen mutlosen Konformität:

---

24 Sherwood Anderson, *Winesburg, Ohio* (London: 1967), S. 28 und 32. Die Story "Hands" erzählt die tragische Geschichte Biddlebaums, des ehemaligen Lehrers in Pennsylvania, der wegen seiner Angewohnheit, die Jungen beim Reden und beim Unterricht mit den Händen zu berühren, in den Verdacht geraten ist, homosexuell zu sein, daraufhin entlassen wurde und nun unter einem anderen Namen nach Winesburg gezogen ist. Auch wenn "Hands" das Thema 'Homosexualität vs bürgerliche Kleinstadtmoral' behandelt, geht es hier - wie in Finemans Short Story - um gesellschaftlich bedingte Zwänge, welche die Freiheit des einzelnen einschränken.

25 Vgl. Adorno, S. 268 und 270: "Als Moment eines übergreifenden Zusammenhangs des Geistes und der Geschichte, verflochten mit Geschichte und Gesellschaft, reichen die Kunstwerke über ihr Monadisches hinaus [...] Die Wechselwirkung von Allgemeinem und Besonderem, die in den Kunstwerken bewußtlos sich zuträgt, und welche die Ästhetik zum Bewußtsein zu erheben hat, ist die wahre Nötigung einer dialektischen Ansicht von der Kunst."

> Don't try to excuse yourself because you haven't got guts. You never had them for important things. I'm glad he did it, Mr. Carlson thought. He wished again that he had been able to talk to Sherwood Anderson. He still wanted to talk. (114)

Damit paßt sich die literarische Modellierung des Konfliktes dem aufkommenden Trend im zeitgenössischen Erfolgsdiskurs ein, dem amerikanischen Bürger und *common man* wenigstens in Form einer stellvertretenden Teilhabe am Erfolg von Künstlern, Schauspielern und Politikern die Erreichbarkeit des 'guten Lebens' vorzuspielen. Angesichts der Erfahrung einer zunehmend aussichtsloser werdenden Erfüllung von Glück im beruflichen *pursuit of success* rangiert die öffentlich bekannte Persönlichkeit nämlich hier als Ersatz für das, was man selbst nicht erreicht, was aber durch das 'auf-Du-und-Du-sein' mit der berühmteren, sich auch als *common man* präsentierenden Version ersatzweise verfügbar wird.[26] Carlsons abschließende Bitte an die ahnungslosen Kellner des Restaurants, Anderson eine Nachricht von ihm zu hinterlassen, da er sich hier mit ihm eigentlich verabredet habe, ist nur eine verlegene Geste, um ihnen eine Erklärung für seinen bis weit in den Nachmittag hineinreichenden Auf-

26 Es geht zwar in der Erzählung nicht um die Erlangung von sozialem Status oder Wohlstand. Dennoch trifft der Ersatzcharakter von *Winesburg, Ohio* und der Person Sherwood Andersons für Carlson doch jene Form des Redens über Erfolg und Glück, die Leo Löwenthal mit seiner Untersuchung zur Qualität und Funktion von Biographien über Personen des öffentlichen Lebens in der Nachkriegszeit, insbesondere der vierziger Jahre, in Paul F. Lazarsfeld und Frank N. Stanton, (Hg.), *Radio Research 1942-1943* (New York: 1979), S. 533 und 543, darlegt: "The success of our heroes of consumption is in itself goods of consumption. It does not serve as an instigator for more activity [...] The pseudo-individualization of the heroes corresponds to the pseudo-individualization of the readers. [...] Affably or condescendingly, everyone is personally invited to attend the spectacle of an outstanding life". Anderson gilt in der Erzählung zwar nicht als prominentes Vorbild und Ersatz der für einen Durchschnittsbürger unerreichbaren Horatio-Alger-Karriere, sondern als Stellvertreter für einen Ausstieg aus den gängigen Erfolgsformeln. Insofern nimmt Carlson den berühmten Schriftsteller eben auch als bekannte und herausragende Persönlichkeit wahr, die, wie er, auch ihr normales Alltagsleben, ihre 'Ethel' hatte. Löwenthal schreibt in diesem Zusammenhang, S. 547: "It is some comfort for the little man [...] to see his heroes as a lot of guys who like or dislike highballs, cigarettes [...] just like himself."

enthalt an der Bar zu geben. Ein tatsächlich stattfindendes Treffen mit dem Vorbild würde dieses Verhältnis zwischen Carlson und der 'wirklichen' Schriftstellerperson zerstören. Die Person des toten Sherwood Anderson und deren Ausdruckskraft in den Erzählungen von *Winesburg, Ohio* bleibt aber das heimliche Residuum für Carlsons in der Fabrik und in der Ehe unerfüllte Personalität. Anderson 'lebt' in Carlsons Vorstellung weiter:

> 'Leonard,' the waiter called. 'The gentleman is waiting for a Mr. Anderson. Was a gentleman of that name here earlier?' [...] 'What does he look like, sir?' Leonard repeated. Mr. Carlson thought a while [...] then he said, 'Like an unemployed bricklayer, I'd say.' [...] ' Well,' he said finally arising, 'in case he does come in today and asks for me, my name is Carlson. [...] Tell him to call my office. (114 und 115)

Literatur ist in "Tell Him I Waited" zum Fluchtpunkt für unerfüllte Träume stilisiert. Ähnlich wie in den literarischen Modellen der dreißiger Jahre werden das überkommene Aufstiegsideal und das goldene Ziel der steilen Karriere als längst nicht mehr so erstrebenswert hingestellt. In einer durchorganisierten Dienstleistungs- und Bürogesellschaft, deren Bedarf an glanzvollen Karrieren à la Horatio Alger nur noch für wenige gelten kann, bekommt die private Sphäre zusätzliches Gewicht. Die Erzählung knüpft damit auch an jene zeitgenössischen Auffassungen von Erfolg an, die das private Glück und die seelische Einheit des einzelnen vor den traditionellerweise materialistisch ausgerichteten Idealen rangieren lassen.[27] Doch sobald sich eben auch Liebe oder Familie, die Sehnsucht nach unbeschädigter Individualität im *cult of domesticity* als problematisch erweisen, ist das Dilemma der individuellen Balance erneut präsent, nun allerdings um so auswegloser. Zwar wird in Finemans Story nicht der in

---

27 Chenoweth, S. 99, zitiert den Bestseller des Autors Harry Emerson Fosdick, *On Being a Real Person* (New York: 1943): "The goal of his philosophy was to give the citizen 'a high degree of unity within himself.' Americans were to develop organized lives by the internal 'harmonizing of conflicts'" - eine Vorstellung, die in "Tell Him I Waited" in dem Konflikt Carlsons zwischen dem Ideal des *craftman* und der abwertend funktionalisierten arbeitsteiligen Fabrik literarisch aufbereitet wird. Die Konfliktlösung besteht schließlich in einer Harmonisierung dergestalt, daß Carlson seinen Trost in der fiktiven Welt von *Winesburg, Ohio* findet.

den vorherigen Textbeispielen zu beobachtende Versuch unternommen, die überholte Utopie bürgerlicher Zweisamkeit als Rettung anzubieten - trotzdem bleibt auch sie noch ganz im Rahmen der offiziell geltenden Beruhigungsstrategien des enttäuschten *common man*, indem sie den bewunderungswürdigen Prominenten und Künstler zum Ersatzmann für Carlsons nicht ausgelebte Bedürfnisse macht. Individuelle Selbstverwirklichung bleibt ihm nur noch neben dem Alltag als Surrogat, in Form von kultivierter Freizeitbeschäftigung - eben literarischer Lektüre - außerhalb von Ehe und Arbeit.

Kurt Vonnegut, "The Foster Portfolio" (1951)

Gemeinsam mit dem Ich-Erzähler, dem Kontaktmann[28] eines Investmentunternehmens, den Herbert Foster zu sich bestellt hat, um 'Geschäftliches'[29] zu bereden, betritt der Leser Fosters krampfhaft behütete Welt von Familie, Heim und Wohlanständigkeit, die für die fünfziger Jahre so typisch ist. Es ist dieser mit den eigenen Händen geschaffene und deshalb auch nur durch ehrliche Anstrengung legitimierbare Hort der sauberen Gesinnung, der in der Kurzgeschichte die Kulisse für eine Groteske über die vermeintlichen Gefahren des großen Geldes abgibt.

Im zeitgeschichtlichen Kontext einer im wesentlichen weltpolitisch und wirtschaftlich motivierten erneuten Aufwertung der 'amerikanischen Werte' verkörpert Vonneguts Herbert Foster die Parodie auf den Prototypen jener zeitgenössischen[30] *middle class*-Mentalität, deren erfolgsethisches Credo die sicherheitsbestimmte Anpassung an die sozialen Insignien von harmonischem Privatleben und Konsumteilhabe in gemäßigtem Stil ist. Schon der erste Eindruck, der

---

28 "I'm a salesman of good advice for rich people. I'm a contact man for an investment counseling firm.'" (53) Folgende Zahlen in Klammern beziehen sich auf Kurt Vonnegut, *Welcome to the Monkey House* ([o.O.]: 1968), S. 53-66.

29 "to talk business" (54).

30 Die fiktive zeitgeschichtliche Situierung der Story ist identisch mit der ihrer historischen Entstehungszeit; ein Hinweis darauf ist Fosters Vorhaben, sich einen Fernseher anschaffen zu wollen: einen Konsumartikel, der erst seit den späten vierziger und frühen fünfziger Jahren massenhafte Verbreitung findet.

sich dem Finanzagenten gleich im Wohnzimmer aufdrängt, besitzt für die zwanzig Jahre nach der Wirtschaftskrise endlich wieder in Schwung geratenen Träume vom wiedereinkehrenden Wohlstand erzählerische Signalfunktion:

> I have nothing against people in moderate circumstances [...] Anyway, there I was in the Foster's jerry-built postwar colonial with expansion attic. They had taken up a local furniture store on its offer of three rooms of furniture, including ashtrays, a humidor, and pictures for the wall, all for 199.99. (54)

Eine an der Massenproduktion orientierte Durchschnittlichkeit privater Gemütlichkeit in Ehe und Familie und die per Sonderangebot, dem "bargain bolt" (57), vermarkteten Standards des Häuslichen bilden den unüberschreitbaren Normenhorizont von Fosters Figurenentwurf. Ebenso wie die Inneneinrichtung strahlt auch die äußere Erscheinung der Ehefrau Alma die untrügliche Atmosphäre spießiger Geschmacklosigkeit aus: "A skinny, shrewish-looking woman smiled up at me vacuously. She wore a faded housecoat figured with a fox-hunting scene. The print was at war with the slipcover of the chair, and I had to squint to separate her features from the clash about her." (54)

Die durch Konsum und Familie regierte saubere Uniformität, die in John Cheevers "The Housbreaker of Shady Hill" auf dem nur großzügigeren Setting der cocktailtrinkenden und grillenden Villenbewohner von Shady Hill in Szene gesetzt ist, wird in Vonneguts Kurzgeschichte in den materiell beschränkteren und darum um so strikteren Grenzen eines kleinen Buchhalters durchgespielt. Dabei sorgt der von beißender Ironie durchsetzte Blickwinkel des Investmentagenten von Beginn der Geschichte an mit seinem Gestus des *black humour* für die kritische Distanz des Lesers gegenüber einer Lebenssituation des Herbert Foster, die zunächst einmal Sympathie und Identifikation herausfordert. Die Hauptfigur handelt nach den Prinzipien eines von Rechtschaffenheit regierten amerikanischen Musterbürgers, wie er im Buche steht; neben seiner Tätigkeit als Buchhalter im Lebensmittelgroßhandel muß Foster sich an den Wochenenden noch zusätzlich Geld durch einen Nebenjob in einer dunklen Spelunke hinzuverdienen, um sich und seiner Familie ein wenig Luxus und Konsum zu gönnen. Er ist eben ein aus jenem Holz geschnitztes *common man-*

Ideal der Nachkriegszeit, nach dem Richard Nixon 1952 seine große Verteidigungsrede im Fernsehen ausrichtete, um sich gegen die ihn erhobenen Vorwürfe des privaten Mißbrauchs von kommerziell gespendeten Wahlkampfgeldern zu verteidigen:

> But most of the thirty minutes was a story of a family, told in a tone of utter earnestness by an ordinary-looking young man in a none-too-fashionable suit. [...] 'Like most young couples,' the Nixons accumulated their possessions and their debts - the 1950 Oldsmobile car, the mortgage on the house [...] It all wasn't very much [...] the Senator summarized, 'but Pat and I have the satisfaction that every dime that we've got is honestly ours.'[31]

Das allein wäre jedoch noch kein Stoff, der das allzu bekannte Allgemeine ins erzählerische Besondere transzendieren könnte - wenn sich eben nicht dem mißmutigen Anlageberater, der angesichts solcher Kleinbürgerlichkeit keine allzu großen Reichtümer erwartet, beim Durchsehen der Vermögenspapiere eine wahre Goldgrube präsentieren würde. Neben einigen mageren staatlichen Pfandbriefen befördert Foster ein von seinem Großvater geerbtes Bündel von Sicherheiten über nahezu eine Million Dollar aus der Schlafzimmerwand hervor, das er dort vor seiner Frau versteckt hält. Nach einer hinter dem Rücken von Alma auf dem ehelichen Bett abgehaltenen ersten Taxierung der Papiere entfaltet sich die Handlung der Erzählung im Rahmen eines finanziellen Beratervertrages zwischen Foster und dem Finanzagenten. Ihren Höhepunkt findet sie schließlich - in Anlehnung an die von O.Henry etablierte *plot story*[32] - mit einem vorweg unterschwellig angedeuteten *twist*, der Fosters zweite, heimliche Existenz an drei Wochenendabenden enthüllt: die des leidenschaftlichen Jazzpianisten 'Firehouse Harry', der auf der Bühne einer verrauchten und zweitklassigen Kneipe mit dreckiger Ragtime-Musik, dem "hot, clanging wraith of the twenties" (66), nicht nur das Haushaltsgeld aufbessert, sondern auch sein wahres Ich auslebt. Diese sich schon in der Fabel von "The Foster Portfolio" andeutende andere Geschichte über den Biedermann von nebenan läßt eine spannungsvolle

---

31 Goldman, S. 228 und 229.

32 Vgl. dazu Peter Freese, *Die amerikanische Kurzgeschichte nach 1945* (Frankfurt: 1974), S. 7.

Zweidimensionalität der Hauptfigur entstehen. Die damit implizierten gegensätzlichen semantischen Isotopien 'äußere konventionelle Fassade' und 'befreite Individualität' bilden die Grundstruktur der Story. Dabei offenbaren der gleichermaßen irritierte wie sarkastische Kommentar des Ich-Erzählers und dessen direkten Dialoge mit dem eigenwilligen Klienten ein Erfolgsverständnis von Herbert Foster, das durch einen unlösbaren Wertekonflikt unterminiert wird - zwischen gelebtem gutbürgerlichen Leistungscode und 'großem Geld', zwischen standardisiertem Statusrepertoire und gleichermaßen unüberschaubarer wie darum auch bedrohlicher materieller Freiheit.

Beide Figurenentwürfe enthalten wesentliche Momente eines 'außengeleiteten'[33] Persönlichkeitskultes, der dem einzelnen lediglich eine Palette sozial vorfabrizierter Handlungsmuster an die Hand gibt. Während der in der Investmentbranche tätige Erzähler - mit allerdings ironischer Selbstdistanz - die Rolle des eleganten, wie er sich selber nennt: "salesman of good advice" (53) spielt, per Taxe anreist und mit dem "double-breasted banker's gray suit" (53) die seriöse Aura einer öffentlichen Dienstleistung ausstrahlt,[34] bewegt sich

---

33 Dieses Konzept des 'other-directed type' benutzt David Riesman in seiner Studie *The Lonely Crowd*, um die neuen im Erfolgsdiskurs herrschenden Anforderungen der *personality ethic* in einem soziologischen Charaktertypus zu präzisieren. Demgegenüber steht der 'inner-directed type' - eine Persönlichkeit, die ihr Handeln nicht in ständiger Abhängigkeit zu Mitmenschen und Umwelt abstimmt, sondern sich, im Einklang mit dem vergangenen Paradigma der *character ethic*, auf Traditionen und innere Werte wie Tugend, Sparsamkeit oder harte Arbeit beruft.

34 "To qualify for the job, I had to buy a Homburg, a navy-blue overcoat; I [...] carry myself as though I've made a quiet killing on the stock market, and have come to call more as a public service than anything else." (53) Insbesondere dem Homburg und dem doppelreihigen Anzug kommt auch in Vonneguts 1952 erschienenem Roman *Player Piano*, S. 72, symbolischer Verweischarakter für die Werte der *middle class* zu: Paul Proteus, der Manager von 'Ilium Works', besucht den tabuisierten Teil der Stadt, in dem die durch die Maschinen ersetzten Arbeiter leben. Während er zu diesem Zweck vorher die dort notwendigerweise zu auffällige Technikeruniform gegen eine alte Lederjacke eintauscht, fragt ihn Finnerty in ironischer Absicht: "'What would a psychiatrist say about it?'" Darauf antwortet Paul: "'He'd say it was a swat at my old man, who never went anywhere without a Homburg and a double-breasted suit.'" Vgl. dazu auch Stanley Schatt, *Kurt Vonnegut, Jr.* (Boston: 1976), S. 21.

Foster dagegen in den eng abgesteckten Grenzen eines 'wholesale consumer' und rechtschaffenen Familienversorgers:

> My client [...] hadn't had a new suit in three years [...] He worried about his payments on his secondhand car [...] His wife made her own clothes, and those of Herbert, Jr., and the curtains and slipcovers - all cut from the same bargain bolt. [...] Determinedly, they kept within the small salary Herbert made as bookkeeper for a wholesale grocery house. (57)

Ähnlich einer 'Story in der Story' kommt der in der Manier eines psychologischen Erklärungsmodells eingeführten Information über die während seiner Kindheit gescheiterte Ehe der Eltern die Funktion zu, Fosters Überzeugungen in deren angstbesetztem Zwangscharakter einer außengeleiteten *middle class*-Identität zu beleuchten.[35] In seinem kurzen Gespräch mit Alma erfährt der Investmentvertreter, daß Herbert Fosters Vater für den Jazz - "'playing piano in dives, and breathing smoke and drinking gin'" (60) - Kind und Familie im Stich gelassen hat. Alma, deren Gesichtszüge der Erzähler mit Blick auf ein Wandbild sofort als exakte Kopie der Mutter seines Klienten erkennt,[36] setzt nur jenen puritanistisch eingefärbten Anspruch auf bürgerliche Respektabilität fort, den schon Fosters Mutter ihm gegen das abschreckende Beispiel ihres Mannes eingebleut hat: "'She was a saint. She taught Herbert to be decent and respectable and God-fearing.' Alma was grim about it." (60) Erfolg und ein geglücktes Leben sind deshalb für Foster gleichbedeutend mit der absoluten Anpassung an den durch die Verfehlungen des Vaters zum Fetisch stilisierten *cult of domesticity*. So gelingt es dem Ich-Erzähler nur mit Mühe, für einen erneuten Beratungstermin die als Schutzwall vorgeschobene Litanei von wohlanständiger Gemeindearbeit und Privatleben seines Klienten zu durchdringen:

---

35 Vgl. dazu auch Jerome Klinkowitz und John Somer, (Hg.), *The Vonnegut Statement* (New York: 1973), S. 21 und 22, wo genau diese Qualität der - ironisch gebrochenen - Grundstruktur der Short Story und die darin verpackte Karikierung eines bornierten *middle class*-Lebensstils verkannt bleiben. Fosters Wochenendarbeiten werden hier als romantische "moonlight weekends" bezeichnet.

36 "'Amazing likeness.' And it was. Herbert had married a girl just like the girl that married dear old dad." (60)

> 'Monday?' 'Play organ for choir practice at the church.' 'Tuesday?' 'Volunteer Fire Department drill.' 'Wednesday?' 'Play piano for folk dancing at church.' 'Thursday?' 'Movie night for Alma and me.' 'When, then?' [...] 'All right, Tuesday noon, lunch.' (58)

Selbst während des schließlich in der Mittagspause stattfindenden zweiten Beratungstermins prallen alle Versuche, über Fosters Geld zu reden und ihn dazu zu bewegen, wenigstens den zweiten Nebenjob zu kündigen, an seiner märtyrergleichen Unterwerfung unter das Ideal selbstgeschaffener Integrität ab:

> 'I think every man, for his own self-respect, should earn what he lives on.' [...] 'I have a wonderful wife and child, a nice house for them, and a car. [...] I'm proud to say I'm everything my mother wanted me to be, and nothing my father was.' [...] 'If I have to hold a second job to make ends meet, then that's my cross to bear.' (61, 62 und 63)

Unter diesem übermächtigen Einfluß außengeleiteter Erfolgsideologie verlieren die einstmals auf freie Selbstentfaltung ausgerichteten Handlungsoptionen von *self-reliance* und *hard work* ihren ursprünglichen Sinn. Fosters in die klassisch-individualistische Aufstiegssemantik eingebundene Aussage "'I want to make my own way'" (61), welche er dem Finanzberater demonstrativ entgegenhält, pervertiert das alte auf Fleiß und Sparsamkeit beruhende Leistungsethos. Statt um soziale Mobilität und daraus abgeleiteten größeren persönlichen Freiraum geht es ihm nur um die krampfhafte Erfüllung eines vorgegebenen Status quo. Aus seiner Binnenperspektive heraus kann die Unsumme des unaufhörlich steigenden Reichtums[37] und die unweigerlich daraus resultierende neue Freiheit nur die Bedrohung des so rigide praktizierten Häuslichkeitskultes bedeuten: "He told me the figure, and, to my bewilderment, he looked sheepish, even a little unhappy about it." (57)

Die sich ab den dreißiger und vierziger Jahren im außerliterarischen Erfolgsdiskurs durchsetzende Rücknahme einer allzu optimistischen Forderungshaltung und die gleichzeitige Betonung eines glücklichen Lebens auch jenseits der Jagd nach dem Dollar finden so

---

[37] "Herbert's portfolio was our masterpiece. I was thrilled and proud of what the firm had done". (64)

in Vonneguts Protagonisten ihre entlarvende Karikatur.[38] Alle Fragen des Beraters nach seinen Wünschen im Anlegen der glänzend dotierten Papiere kommen aus einer völlig anderen Welt, welche nichts mit Fosters alltäglichen kleinkarierten Problemen zu tun hat:

> 'Now, Herbert, before we go any further, we'd better decide what you want from your invesments' [...] Whatever you say,' Herbert said absently. He was upset about something [...] 'May I ask what a man with a balance like that can be blue about?' 'Got bawled out at work again.' (61)

Selbst die gegen jede berufliche Sorge angedeutete verlockende Möglichkeit, doch einfach das Gefängnis seines tristen Alltags zu verlassen und rücksichtslos die befreiende Macht des geerbten Geldes einzusetzen, ist für Herbert Fosters Ehrencodex tabu: "'Buy the place and burn it down,' I suggested. 'I could, couldn't I?' A wild look came into his eyes, then disappeared." (61) Stattdessen wird ihm in der Erzählung der traurige Status all der Willi Lomans zugewiesen, deren Konformität sich in der letzten abbezahlten Rate des Kühlschranks oder Fernsehers vollendet; eben in jenem durch Arthur Millers frühe Bühnenstücke so bitter karikierten "pseudo life that thought to touch the clouds by standing on top of a refrigerator, waving a paid-up mortgage at the moon, victorious at last."[39] Während der Ich-Erzähler seinem potenten Kunden die nun jederzeit für ihn greifbare Realität einer High Society-Existenz mit "winters in Florida, *filet mignon*", "twelve-year-old bourbon" (59)

---

[38] So schreibt Peale im Vorwort zu *The Power of Positive Thinking*, S. vi, über das Ziel seines Handbuches: "It teaches the cultivation of peace of mind [...] It teaches positive thinking, not as a means to fame, riches or power, but as the practical application of faith to [...] accomplish worthwhile creative values."

[39] So Arthur Millers Kommentar, S. 184, zur gesellschaftlichen Ideologiekritik seines Stücks *All My Sons* (1947) in *Time Bends: A Life*. Dieser den Millerschen Theaterstücken zugrundeliegende Tenor findet seinen Höhepunkt in *Death of a Salesman* (1949). Auf dem Hintergrund der Beschreibung, die Eric F. Goldman, S. 232, in seiner Studie *The Crucial Decade - and After* (New York: 1960) für den typischen Bürger der fünfziger Jahre andeutet, repräsentiert Foster eine geradezu ins Groteske umschlagende Version des "[...] most common American of the 1950's - the man with quite enough food and an entirely respectable suit but worrying over the next step up."

und arbeitsfreien Wochenenden vorsichtig näherzubringen versucht, kann Foster lediglich in Dimensionen der Teilzahlung auf das schon gekaufte Auto und den anvisierten Fernseher denken:

> 'Well, pretty soon you'll have the car paid for, and then you can take a well-earned rest on the week-ends.' [...] 'One more payment.' '*Then* by-by, restaurant.' 'There'll still be Alma's birthday present to pay for. I'm getting her a television.' (63)

Foster tritt als individualisierte literarische Version der in dem kulturkritischen Bestseller *The Lonely Crowd* zur (be)greifbaren Realität erhobenen außengeleiteten einsamen Masse auf. Gleich einer literarischen Adaption jenes von Riesman idealtypisch konstruierten *lonely crowd*-Typus zeigt auch er die Bereitschaft, sich über das institutionell vorgegebene Maß hinaus zu beschränken und jedes abweichende Verhalten zu vermeiden.[40] Foster wird von der Angst vor der Freiheit regiert, die ihm der Reichtum bringen würde. So wie Carlson, dem unglücklichen Besitzer einer modernen Fabrik in "Tell Him I Waited", der gesellschaftliche Ausstieg, in seinem Falle die befreiende Rückkehr in den überholten Stand expressiver Handarbeit verwehrt bleibt und Newman in "The Old Bird, A Love Story" beim Einstellungsgespräch eine ganze Serie von entwürdigenden Selbstbeschränkungen seiner Individualität erbringen muß - so gilt auch für Foster das sichere aber einzwängende Normenkorsett von Familie, Arbeit und Gemeindeleben als eherne Verpflichtung vor jeder auffälligen Eigenmächtigkeit. Das *surprise ending* der Erzählung bricht schließlich diese makellose bürgerliche Selbstdarstellung in ihrer Doppelbödigkeit auf.

Der neugierig gewordene Erzähler, der sich nach dem gemeinsamen Lunch die Adresse des Lokals besorgt hat, in dem Herbert Foster

---

40 So schreibt Riesman, S. 289, zu diesem Phänomen des gesellschaftlichen 'overadjustment', welches seit Dale Carnegies *How to Win Friends and Influence People* und Norman Vincent Peales *The Power of Positive Thinking* die negative Konsequenz der Persönlichkeitsethik darstellt: "But the anomics include not only those who, in their character, were trained to attend to signals that either are no longer given or no longer spell meaning or success [...] among those dependent on other-direction, some may be unable to shut off their radar even for a moment; their overconformity makes them a caricature of the adjusted pattern [...]"

seiner ominösen abendlichen Nebenbeschäftigung nachgeht, blickt unversehens auf die zweite, verheimlichte Dimension des Fosterschen Lebens: "It was worse than I'd expected: tough, brassy, loud and noisy. Herbert had picked one hell of a place, indeed, to do penance for a wayward father [...] or to do whatever it was he was doing there." (64) Das Kreuz, das Foster neben dem Beruf des Buchhalters auf seine Schultern geladen hat, ist nicht nur die Versorgung seiner Familie nach den zwingenden Vorgaben einer urbanen Mittelschichtsversion des idealen Jeffersonschen 'husbandman'- es ist gleichzeitig auch die an drei Abenden erfolgreich zu bestehende Auslieferung an die gegen jede Bürgerlichkeit gerichtete 'Unterwelt' des Lasters. Zusammen mit der Beschreibung von Fosters Gang zur Bühne durch eine schummerig beleuchtete Menge von "bored-looking women" und "race-track types" (64) ruft die Bedeutungsoppostion zwischen 'cross' und 'hell' dann auch explizit den jede Sünde überwindenden biblischen Kreuzgang Christi ab:

> And then Herbert Foster, looking drab and hunted, picked his way through the crowd. His expression was one of disapproval, of a holy man in Babylon. [...] There was no question that being in this place was absolute, humiliating hell for him. [...] Herbert was in a near coma of see-no-evil, speak-no-evil, hear-no-evil. (65)

Die berichtende Erzählerfigur hat jedoch in ihrer Rolle eines selbst noch nicht lange in der sauberen Mittelschichtkultur arbeitenden Angestellten[41] nicht die nötige Distanz, um den sich ihr bietenden Anblick in seiner ganzen Dimension zu verstehen. Ihr psychologisch motivierter Deutungsversuch des 'Foster-Komplexes' kommt daher über die Gültigkeit einer begrenzten Binnenperspektive nicht hinaus. So setzt sich Foster zwar "In the holy name of wife, child and home" (66) in zweifacher Weise zur Sicherung des Lebensunterhaltes und zum permanenten Beweis seiner Immunität gegenüber den väterlichen Verfehlungen der Hölle von Jazz, Kneipe und Gin aus; gleichzeitig erlaubt ihm aber diese heilige Erniedrigung auch, seine für das konforme und glatte *common man*-Bild unterdrückte vererbte Leidenschaft in wiederum genau geregeltem Wochenendrhythmus auszu-

---

41 "I'm a salesman of good advice [...] It's a living, but not a whale of a one - or at least not now, when I'm just starting out." (53)

leben: "to be Firehouse Harris, his father's son, three nights out of seven." (66) Genau diese Verwandlung in eine durch nichts mehr normierte Persönlichkeit, während er fernab von Frau und Kind auf der Bühne vor einem verführerisch wie "jewelry" blitzenden "white piano" (66) Platz nimmt, geht in ihm vor:

> Herbert hunched over the keyboard [...] Startingly, Herbert Foster disappeared. In his place sat an excited stranger, his hands poised like claws. Suddenly he struck, and a spasm of dirty, low-down, gorgeous jazz shook the air [...] (66)

Foster braucht die Fassade der bescheidenen *middle class*-Konformität als Versteck, um dahinter erst er selbst zu sein. Der ungehindert zugelassene und jede selbstauferlegte Disziplin sprengende Reichtum würde Fosters einzig unter sozialem Anpassungszwang sinnvolle Individualitätsenklave im dreckigen Jazz bedrohen - ein Paradoxon, das den gesamten ästhetischen Code der Erzählung strukturiert und damit zugleich auch die Wirklichkeitsmächtigkeit des herrschenden Erfolgsverständnisses hervorhebt. Vonneguts *black humour* hebt damit die diskursive Realität der *personality ethic* und ihren sozialen Zwangscharakter in Form einer Farce aufs literarische Schild. Der sich trotz aller Komik darin zu Wort meldende bittere Ernst mahnt ein nationales Klima an, das in der zwei Jahre nach Erscheinen der Story beginnenden Regierungszeit Eisenhowers sämtliche privaten und öffentlichen Lebensbereiche durchdringen und zudem noch der Pseudomoral einer sich in Denunziationen ergehenden McCarthy-Ära den Weg bereiten wird. Dem durch die Macht des Diskurses lancierten vornehmlich status- und personenbezogenen *white collar*-Erfolgserleben entspricht die unsichtbare Tyrannei der sozialen Konformität; eben jenes Gehabe von respektabler und nicht zuletzt unauffälliger Mittelschichtsnormalität, die in der Story das eigentliche Kreuz ist, das auf Fosters Schultern ruht. Herbert Foster, alias Firehouse Harris, verkörpert mit seiner doppelgesichtigen Persönlichkeit zwei typische Seiten des *common man* der fünfziger Jahre: die des unpolitischen Bürgers, dem man unter dem Druck einer hysterischen McCarthy-Moral dennoch den Vorwurf 'unamerikanischer' Aktivitäten wird nachflüstern können, und die des verkrampften Patrioten[42], der selber bereit wäre, das Leben eines Mitbürgers[43] mißtrauisch aufs gesunde Amerikanische abzuklopfen.

Jerome D. Salinger, "Zooey" (1957)

Salingers Story repräsentiert in der Untersuchungsreihe einen weiteren Umbruch des literarischen Erfolgstopos.[44] An "Zooey" läßt sich belegen, daß die seit der Wirtschaftskrise zu beobachtende klare Zweiteilung der Figuren in eine öffentliche Existenz innerhalb der Handlungszusammenhänge von Arbeit und Leistung einerseits und in

42 Das schon so frühzeitig literarisch gebannte gesellschaftliche Klima der fünfziger Jahre beschreibt Vance Packard, S. 259, wenn er auf den Konflikt der Hauptfigur in John P. Marquands Roman *Sincerely, Willis Wayde* (1955) verweist und erklärt "[that Wayde] is a great believer in putting on an impressive front and of being sincere. He complains, however, that it is sometimes hard to figure how to be sincere."

43 Ein solcher ebenso nur seinem Alltag nachgehender harmloser Mitbürger ist der Investmentberater. Der sieht sich während des zweiten, in Fosters Mittagspause abgehaltenen Beratungstermins einer rigiden puritanischen Ethik seines Klienten ausgeliefert, welche jeden auch noch so kleinen Hinweis auf sittliche Verdorbenheit anprangert: "As I puzzled over Herbert, I glanced at a passing blonde. Herbert said something I missed. 'What was that, Herbert?' I said,'If thy right eye offend thee, pluck it out and cast it from thee.'" (63)

44 Vgl. dazu den von Karl Ortseifen in seiner Untersuchung *Kritische Rezeption und stilistische Interpretation von J.D. Salingers Erzählprosa* (Frankfurt: 1979), Anm. 1 S. 251, gegebenen Hinweis auf einen von Ihab Hassan im Jahre 1976 in Mainz gehaltenen Vortrag, der Salingers Glass-Geschichten der 'postmodernen' literarischen Strömung zurechnet. Es ist völlig unerheblich und vor allem wenig erkenntnisfördernd darüber nachzudenken, welchem von Seiten der Literaturkritik den Texten äußerlich aufgepfropften Etikett Salingers Short Story zugeschlagen werden könnte. Dies zeigt sich auch schon daran, daß die gängige Literaturgeschichtsschreibung das Werk Salingers zumeist dem sogenannten 'mainstream' zuordnet und damit eine vermeintliche Kontinuität zu konstruieren versucht, die allein schon beim Vergleich mit einem nur ein Jahr zuvor veröffentlichten Text, etwa Bellows *Seize the Day*, nicht haltbar ist. Unter Berücksichtigung eines Textes wie Vonneguts schon 1951 entstandener Short Story "The Foster Portfolio", in der die in Cheevers oder Bellows Werk latente Hoffnung auf ein besseres *middle class*-Amerika mit schwärzester Satire überzogen ist, werden solche Versuche nach thematischer oder sonstwie gearteter Linearität erst recht fragwürdig.

eine private innerhalb von Familie, Ehe und Liebe andererseits aufgehoben wird. Die entlang der Textreihe als 'privatistisch' bezeichnete literarische Modellveränderung der dreißiger Jahre und die daraus resultierende Zweidimensionalität der Figurenkonstruktionen verliert ihre Eindeutigkeit. Privates und Öffentliches gehen zunehmend ineinander über. Diese Entwicklung, die auch über die untersuchten Kurzprosatexte hinaus verfolgt werden kann, verleiht dem literarischen Erfolgstopos eine noch stärkere Eigendynamik gegenüber der zeitgenössischen Diskursfolie.

Nachdem Franny in der gleichnamigen Erzählung[45] während eines gemeinsamen Wochenendes mit ihrem ebenso wie sie noch studierenden Freund Lane selbst bei ihm die gleiche Konformitätsbeflissenheit und Anpassungsbereitschaft entdeckt, denen sie seit längerem zu entkommen versucht, muß sie in der Fortsetzungsepisode "Zooey" erkennen, daß auch eine Flucht zurück in die vermeintliche Enklave der elterlichen Wohnung keinen Ausweg aus ihrem Leiden bieten

---

45 Über das gemeinsame Wochenende von Franny und Lane wird in der Erzählung "Franny" berichtet. Sie ist 1955 - zwei Jahre vor Erscheinen der Folgeerzählung "Zooey" - ebenso in *The New Yorker* veröffentlicht worden und kann als 'Vorspann' zu "Zooey" gelten. Wie das hier zu untersuchende drehbuchähnliche Prosastück, dessen Niederschrift vom Erzähler in das Jahr 1957 gelegt wird, ist "Franny" aber eine in sich abgeschlossene Einheit und bekommt für die spätere Erzählung "Zooey" lediglich die Funktion eines thematischen Anknüpfungspunktes: Franny, die ihren Freund Lane für das Wochenende in dessen Studienort besucht, ist mit ihren Nerven am Ende und bricht überraschend beim Essen zusammen. Lane gegenüber erklärt sie, daß sich alle Kommilitonen und Professoren an ihrem College nach der unausgesprochenen Konformität eines selbstgefälligen Collegecodes und Bildungsverständnisses verhalten - eine tägliche Erfahrung, unter der sie beständig leide: "And the worst part is, if you go bohemian or something crazy like that, you're conforming just as much as everybody else, only in a different way." ("Franny", S.26) Mit dem 1884 in Kazan veröffentlichten russischen spirituellen Büchlein *The Way of a Pilgrim* im Gepäck flüchtet sich Franny daraufhin zurück zu den Eltern nach New York, dem Einsatzort der Geschehnisse in "Zooey". Dort versucht sie nun die in dem Traktat behandelte befreiende Wirkung der von Paulus im Thessalonicherbrief gegebenen Anweisung "Pray without Seizing" durch das ununterbrochene Beten des Jesusgebets "Lord Jesus Christ, have mercy on me" am eigenen Leibe zu erfahren. Vgl. zu dem Buch *The Way of a Pilgrim* den Aufsatz von George A. Panichas, "J.D. Salinger and the Russian Pilgrim," *Greek Orthodox Theological Review*, 8, 1 und 2 (1962/63), S. 111-126.

kann. Der sich zwischen Franny und Zooey entwickelnde Dialog zeigt, daß weder die mit Schutz und Solidaritätserfahrung verbundenen Bereiche der Liebe und der Familie noch die so lange Zeit als sicherer Garant für Erfolg stehende Welt der Bildung und der Arbeit die Erwartungen erfüllen können, die nach wie vor an sie herangetragen werden.

Frannys nervliche Krise und Zooeys langwierige Verständigungsversuche inmitten der vertrauten und gleichzeitig als 'Heimkino'-Bühne eingeführten Wohnung führen zu einer gezielten Demontage des in den fünfziger Jahren wider die Leistungsanforderungen hochgehaltenen *cult of domesticity*. Die Sujetorganisation in "Zooey" deutet den Beginn eines Individualisierungsschubs im *pursuit of success* an, der den einzelnen 'auf sich selbst' zurückwirft und der sich in den folgenden Jahren noch beschleunigt. Der neue Figurentypus innerhalb der literarischen Modelle agiert losgelöst von den keinerlei Sicherheit mehr bietenden institutionalisierten Handlungsräumen in Arbeit und Liebe. Dieser Prozeß wird fortan auch den literarischen Erfolgstopos prägen.

"What I'm about to offer isn't really a short story at all but a sort of prose home movie, and those who have seen the footage have strongly advised me against nurturing any elaborate distribution plans for it."(43)[46] Das Spiel mit dem vermeintlich bergenden privaten Raum wird somit doppelt thematisiert - durch die Charakterisierung der Erzählung als 'prose home movie' und durch das verhandelte Sujet, das um die Frage eines Rests von Individualität angesichts des auf Mitläufertum und Konsens bedachten Erfolgscodes kreist. Ähnlich einem Prolog auf, oder besser, hinter der Bühne führt der nur zu Beginn der Erzählung in der Ich-Form erscheinende Erzähler den Leser in das kleine Familiendrama um die zwanzigjährige Tochter der Glass-Familie ein. Ihm fällt die Aufgabe eines Produzenten und Drehbuchverfassers zu, der den Stoff arrangiert

---

46 Folgende Zahlen in Klammern beziehen sich auf J.D. Salinger, *Franny and Zooey* (Harmondsworth/ Middlesex: 1983), S. 43-157.

und der sich als Frannys ältester noch lebender[47], zur Zeit des Geschehens aber abwesender Bruder Buddy Glass zu erkennen gibt. Zusammen mit seiner voraufgegangenen erzählerischen Selbsterklärung, die die drehbuch- und filmähnliche Inszenierung des Stoffs betont, verleiht der objektivierende Wechsel von der intimen Ich-Form in die dritte Person dem an sich höchst privaten Charakter des Geschehens unweigerlich auch öffentliche Qualität.[48] Dadurch wird Buddy als eine gebrochen auktoriale, also vom Geschehen selbst betroffene Erzählinstanz etabliert.

Den tatsächlichen Stoff des Stückes hat er zuvor mit den "three player-characters" in "harrowingly private sittings" (44) nach und nach zusammengetragen. Diese Position ermöglicht es ihm nun, die folgenden Ereignisse aus der distanzierteren personalen Perspektive wiederzugeben. In einer drehbuchtechnischen Fußnote stellt er dem Leser die von Salinger in verschiedenen früheren Kurzgeschichten

---

47 "The reader, then, may care to know at the outset that in 1955 the eldest of the Glass children, Seymour, had been dead for almost seven years." (47)

48 Der Sichtwechsel von der begrenzten Ich-Perspektive zur beobachtenden dritten Person wird über die Einführung eines vier Jahre alten Briefes erreicht, den Buddy an seinen jüngeren Bruder Zooey geschrieben hat und der von diesem über die Zeit schon mehrmals - wie auch jetzt wieder, beim morgendlichen Bad - gelesen worden ist: "In just a moment, the youngest Glass boy will be seen reading an exceedingly lenghty letter [...] sent to him by his eldest living brother, Buddy Glass. The style of the letter, I'm told, bears a considerably more than passing resemblance of the style [...] of this narrator, and the general reader will no doubt jump to the heady conclusion that the writer of the letter and I are one person. [...] We will, however, leave this Buddy Glass in the third person from here on in. At least, I see no good reason to take him out of it." (45) Vgl. zu dazu auch Peter Freese, *Die amerikanische Kurzgeschichte*, S. 133 und 134. Dort beschreibt er, daß schon in der 1950 publizierten Short Story "For Esmé - with Love and Squalor" das gleiche künstlerische Mittel der sich verändernden Perspektive ein und derselben Erzählerfigur auftritt. In "Zooey" hat dieser Kunstgriff jedoch nicht die Funktion, die Darstellung einer charakterlichen Entwicklung des Ich-Erzählers zu ermöglichen; hier geht es vielmehr darum, Buddy als eine gebrochen auktoriale, also vom Geschehen selbst betroffene Erzählinstanz zu etablieren.

geschaffene kinderreiche Glass-Saga[49] als schauspielerische Besetzung vor, von der in "Zooey" aber nur zwei noch zu Hause wohnende Mitglieder, Franny und ihr um fünf Jahre älterer Bruder, der Fernsehschauspieler Zooey, direkt auftreten.[50] So vereinen sich in der Figur des Buddy, der seit Seymours Selbstmord die heimliche Autorität der Familie ist und zurückgezogen "as 'writer-in-residence' at a girls' junior college in upper New York State" (47) lebt, die Stellung des 'producer', der beobachtenden Erzählinstanz und des mitbetroffenen Familienmitgliedes. Damit ist aber ebenso klar, daß von der ersten Szene des Stückes an keine auktoriale Erzählinstanz gleichsam 'über' den Figuren steht und, wie in Bellows *Seize the Day*, deren Konflikt absichert. Buddy selbst weist seinem einführenden Vorwort die Bedeutung einer Werkstattbesichtigung zu, die dem Leser und Zuschauer Einblick hinter die Kulissen und Interna der Glass'schen Fortsetzungsepisode gibt: "If, with the right kind of luck, it comes off, it should be comparable in effect to a compulsory guided tour through the engine room with myself, as guide" (43).[51]

---

49 Vgl. dazu Peter Freese, "J.D. Salingers *Nine Stories*," in: Paul G. Buchloh *et al.*, *Kieler Beiträge zur Anglistik und Amerikanistik* (Neumünster: 1968), S. 249 und 252: "Zooey" ist gleichsam eine weitere 'Folge' in der in Raten entstandenen Glass-Saga, "deren Mitglieder seit 1955 den ausschließlichen Gegenstand von Salingers Arbeit bilden [...]". So bemerkt Freese des weiteren, "daß einige ihrer Mitglieder bereits in den frühen Glass-Geschichten der *Nine Stories* auftauchen."

50 "The aesthetic evil of a footnote seems in order just here, I'm afraid. In all that follows, only the two youngest of the seven children will be directly seen or heard. The remaining five, however, the senior five, will be stalking in and out of the plot with considerable frequency, like so many Banquo's ghosts." (47)

51 Zur ausführlichen 'Genealogie' der Familie vgl. Eberhard Alsen, *Salinger's Glass Stories as a Composite Novel* (Troy/New York: 1983): Alsen konzentriert sich in seiner Untersuchung auf die Entwicklung des Erzählers Buddy Glass und den Zusammenhang der einzelnen Stories im Sinne eines Fortsetzungsromans. Als *alter ego* Salingers hat Buddy die 'Autorposition' in den wichtigsten Werken für sich reklamiert; der Akt des Schreibens ist dabei gleichzeitig der Versuch, die Person und Ideologie des toten Seymours zu verstehen, und Alsen stellt daher, S. 3, fest: "But the most important parallel beween Buddy Glass and J. D. Salinger is that Buddy claims authorship of most of Salinger's

Der inszenierte Bühnencharakter des Erzählten wird überdies durch in die Rede der Figuren eingestreute dramaturgische Anspielungen auf Ab- und Auftritte oder beleuchtungstechnische Überlegungen unterstrichen, die den narrativen Ablauf des aus drei abgegrenzten Szenen[52] bestehenden Kurzprosastücks begleiten. Dieser zum Zuschauen einladende Gestus setzt sich schließlich auch in der künstlerischen Autorreflexion fort, die im Verlauf des expositionsgleichen Vorspanns Probleme der 'Produktion'[53] anspricht und den einzelnen Familienmitgliedern Rollen zuweist - schauspielerische Parts, über welche die Beteiligten, wie etwa Franny, sich sogar im nachhinein mokieren:

> She feels that things might have gone along well enough if I'd just done something about a fifteen- or twenty-minute scene in which she blows her nose several times - snipped it out, I gather. She says it's disgusting to watch somebody keep blowing her nose. (43)

Jeder kann also zuschauen, wie die "leading lady" (43) Franny seit dem samstags bei ihrem Freund Lane erlittenen Nervenzusammenbruch in der von Buddy zur "final, or shooting version" (45) erklärten Fassung nun montags noch heulend auf der Wohnzimmercouch der elterlichen Wohnung liegt und ihre depressiven Anwandlungen unter Kontrolle zu bekommen versucht. Das seit den vierziger Jahren im literarischen Erfolgstopos zum - wenn auch schon bald nicht mehr unproblematischen - Gegenraum zur Arbeit avancierte Privatleben ist jeglichen schützenden Flairs endgültig beraubt; nach seiner satirischen Überhöhung in Vonneguts "The Foster Portfolio" wandelt sich der muffige *cult of domesticity* in Salingers Story bereits im erzählerischen Prolog zum konsumierbaren Problemstück einer Familienepisode. Die an diesem Tag mit dem Überstreichen der Wohnung

---

work, particularly of the *Catcher in the Rye*, 'Teddy,' and the Glass stories."

52 Der 'Badezimmerdialog' zwischen Zooey und seiner Mutter, Mrs. Glass; der erste Teil von Zooeys 'therapeutischem' Gespräch mit seiner Schwester im Wohnzimmer; und schließlich dessen erfolgreiche Fortsetzung über das Haustelefon.

53 Vgl. dazu auch Warren French, *J. D. Salinger, Revisited* (Boston: 1988), S. 95: hier betont er ebenso den filmähnlichen Charakter der Erzählung und verweist auf die wohltuende avantgardistische Differenz zur zeitgenössischen, von *action* und flachen Dialogen charakterisierten 'folk art'.

beginnenden Maler bringen - sozusagen im Hintergrund des Geschehens - noch ein zusätzliches Moment der Unruhe ein.

Auch die im Badezimmer stattfindende äußerst intime Auftaktszene[54] zwischen Mrs. Glass und ihrem Sohn setzt jene von der Einleitung an das gesamte Stück durchziehende semantische Ebene des 'gebrochenen' Privatraums fort. Kaum hat er angefangen, den schon älteren und mehrmals gelesenen Brief seines Bruders an ihn erneut zu studieren, da fühlt sich der in Buddys Kommentar als "privacy lover" (75) bezeichnete Zooey schon beim morgendlichen Bad durch die anklopfende Bessy aus seiner Ruhe gerissen. Ein Anflug von wohlwollender Ungeduld darüber, den üblichen Gang der Morgentoilette - "[the] goddam ablutions" (86), wie er ironisch anmerkt - nun nicht mehr ungestört und zwanglos beenden zu können, begleitet daher unterschwellig das ganze Gespräch: "'If you don't get out of this bathroom I'm going to set fire to this goddam ugly curtain. I mean it, Bessy.' [...] I'm getting out of here in about three seconds, Bessie! I'm giving you a fair warning. Let's not wear out my welcome, buddy.'"(65 und 74) Zooeys Wunsch, seinen persönlichen Raum zu verteidigen, richtet sich aber nicht so sehr gegen die eher banale Präsenz der Mutter, die sich nur die Sorgen um ihre im Wohnzimmer vor sich hin betende Tochter von der Seele reden will, sondern gegen das Wirklichkeitsverhältnis, das Mrs. Glass vertritt.

Während der "leading man" (44) der Produktion Mrs. Glass, leicht gereizt über deren Hilflosigkeit, den genauen Inhalt des religiösen Traktats *The Way of a Pilgrim* erklärt und Frannys psychische Situation aus seiner nüchternen Sicht des nahezu Gleichaltrigen darstellt, sind es die im Dialog aufscheinenden allmächtigen und individualitätsgefährdenden Auswirkungen des herrschenden Zeitgeistes, die den Konflikt der Geschwister andeuten - überall lauert die konsumfreudige Oberflächlichkeit. Zwischen Sohn und Mutter - die zu Zooeys Amüsement in elterlich-altmodischer Manier Frannys Freund mit "boy friend" statt "young man" (79) bezeichnet und für die ein

---

54 Erzähltechnisch gesehen kommt ihr die Aufgabe zu, das Publikum über die Umstände des religiös aufgeladenen Zusammenbruchs ins Bild zu setzen und zugleich auf die folgende brüderliche Unterredung mit Franny im Wohnzimmer vorzubereiten.

Waschlappen noch immer ein "washrag" und nicht ein "washcloth" (67) ist - tut sich mehr als nur die Kluft zweier Generationen auf. Anders als ihr Sohn demonstriert sie einen unbekümmerten Umgang mit der Scheinwelt aus Werbung und Fernsehen, wenn sie zur Rechtfertigung ihrer abrupten Störung erklärt: "I want to come in for just a teeny minute.' [...] 'I'm putting some of that new toothpaste they're all raving about in here for you'" (61 und 64); trotz ihrer Vergangenheit als Künstler und Tänzer teilen die Eltern jene leistungsbetonte und fortschrittsgläubige *middle class*-Haltung, die für die Hakes in Cheevers idyllischem Shady Hill ebenso bestimmend ist wie für den Vater-Sohn-Konflikt in Bellows *Seize the Day*.[55]

Da Bessy und ihr Mann früher als Varietétänzer aufgetreten sind und mit ihren schon in jungen Jahren radioerfahrenen Kindern[56] immer unmittelbaren Kontakt zu allem Populären hatten, bereitet es Mrs. Glass auch keinerlei Schwierigkeiten, die während der fünfziger Jahre in den Bestsellerlisten zu findende Mixtur von Religion und pragmatisch-psychologischen Erfolgskonzepten à la *The Power of Positive Thinking* anzunehmen. So bildet die sich über eine halbe Seite erstreckende Beschreibung des offenen Toilettenschrankes, der neben "vitamin capsules", "bufferin" und "Fitch Dandruff Remover" alles enthält, was der gängigen Ausrüstung eines auch hygienisch normierten amerikanischen Bürgers entspricht, die adäquate Ergänzung zu der von Mrs. Glass für Franny erwogenen seelischen Therapie. Bessys im zeitgenössischen Kontext sehr typische Vorstellungen[57] über möglichst leicht konsumierbare und wirksame christ-

---

55 Daran ändert auch Mrs. Glass' Äußeres nichts, das im Vergleich zu den pelztragenden Damen der Nachbarschaft als ein "refreshing eyesore" (63) beschrieben wird. Deutlich wird das in jenem schon älteren Brief von Buddy an Zooey, wo er zu Anfang eher belustigt erwähnt, Mrs. Glass habe ihn gebeten, Zooey davon zu überzeugen, vor einer Schauspielerkarriere noch einen verläßlichen Doktortitel zu erwerben: "At any rate, I gather that she wants you to have something to Fall Back On if for some reason the acting career doesn't work out." (51)

56 "a network radio program, a children's quiz show called 'It's a Wise Child.'" (47)

57 Das schwingt wohl auch in der von Karl, *American Fictions*, S.139, gegebenen Formulierung von der "intense secularity of the Glasses" mit.

liche Hilfe sind auf genau jener geistigen Linie einzuordnen, die eine 1956 in New York mit großer Resonanz gestartete *Dial-A-Prayer*[58] Anzeigenkampagne treffend zum Ausdruck bringt; Frannys ständiges Wiederholen des Jesusgebets ist in Mrs. Glass' Augen nur als hoffentlich schnellstens zum Erfolg führende seelsorgerische Fitnesstrategie von Bedeutung. Einzig der mütterlich-besorgte Blickwinkel entschuldigt daher dieses von seiner zeitgeschichtlichen Anbindung her ideologisch belastete Gefühl, welches Zooey, auf Mrs. Glass' Frage nach dem Gebet "'How long do you have to do it?'" (92) antwortend, im gleichen Geiste kontert und damit sofort bloßstellt:

> 'How long?' he said. 'Oh, not long. Till the painters want to get into your room. Then a procession of saints and bodhisattvas march in [...] The Hall Johnson Choir starts in the background, and the cameras move in on a nice old gentleman in a loincloth standing against a background of mountains and blue skies and white clouds, and a look of peace comes over everybody's - '(92 und 93).

Genau diese Entlarvung des affirmativen Kitsches in einem (erneut) erfolgsorientiert verlängerten Frömmigkeitsgebaren[59] der fünfziger Jahre beschreibt eine wesentliche Differenz zu der in *Seize the Day* wirksamen, ungebrochenen religiösen Versöhnung des Außenseiterleidens.[60] So schlägt die Mutter ganz im Sinne der durch oberflächlichen christlichen Glauben eingetönten Erfolgsethik vor, den "*very* devout C*atho*lic psychoanalyst" (87) eines Freundes zu konsultieren: ein Vorhaben, das Zooey sofort mit einer beißenden Persiflage auf

---

58 Vgl. dazu Goldman, S. 305: "In 1956 the Reverend Dr. John Sutherland Bonnell, minister of the Fifth Avenue Presbyterian Curch in New York City, began running a highly successful ad. 'FOR A SPIRITUAl LIFT IN A BUSY DAY,' the ad said, 'DIAL-A-PRAYER.' CIrcle 6-4200. One minute of inspiration in prayer.'"

59 Einleitend zu dem Aufsatz von Curtis Cate, "God and Success," *Atlantic Monthly*, 199 (1957), S. 74-76, schreibt die Redaktion der Zeitschrift: "Americans have always been responsive to revivalists and to those who seek to popularize religion. But recently, as **Curtis Cate** points out, the glorification of commercial success has been added to godliness in a way to make us somewhat skeptical of the new piety."

60 Während in "Zooey" kein Zweifel an dem prekären Charakter des allerorts während der fünfziger Jahre sprießenden kirchlich-religiösen Gefühls gelassen wird, hat es in *Seize the Day* für Wilhelms Individualitätskrise geradezu rettenden Charakter.

den Erfolgsapostel Dr. Norman Vincent Peale kommentiert, indem er ihr einen vermeintlichen Lektüretip mit dem Titel "God Is My Hobby" von einem gewissen "Dr. Homer Vincent Claude Pierson, Jr." (93) empfiehlt.[61] Der in diesen Sarkasmus verpackte Seitenhieb auf die Renaissance erfolgspraktisch mißbrauchter Gottgläubigkeit ist gleichzeitig auch gegen das rundherum angepaßte *common man*-Ideal der *personality ethic* gerichtet, mit dem sowohl Franny auf dem College als auch Zooey in der Fernsehanstalt hadern:

> 'You just do that. You just call in some analyst who's experienced in adjusting people to the joys of television, and *Life* magazine every Wednesday, and European travel, and the H-Bomb, and Presidential elections, and the front page of the *Times*, and the responsibilities of the Westport and Oyster Bay Parent-Teacher Association, and God knows what else that's gloriously normal [...]' [62]

Nachdem die Mutter Zooey im Badezimmer schließlich darum bittet, mit seiner Schwester ein ernstes Wort zu reden, erreicht das Prosastück den dramatisch zugespitzten Höhepunkt seiner dialogischen Struktur. Innerhalb der nicht mehr vor dem 'Draußen' abgeschirmten Kulissen des Glass'schen Drehbuch- Wohnzimmers verständigen sich Franny und Zooey *coram publico* mühsam über ihr gemeinsames Leiden am Konformitätsdruck von universalen Massenstandards einer konsumierenden und individualitätstötenden *middle-class*-Gesellschaft. Gleich ob in Zooeys Beruf des begehrten Fernsehschauspielers oder in Frannys Collegeausbildung - überall reiben sie sich an Verständi-

61 In "Zooey" gehen eindeutig kritische Positionen des zeitgenössischen Erfolgsdiskurses ein, wie sie etwa Curtis Cate, S. 75, vertritt: "The new formula is thus ready-made for secular use and has no religious implications whatsoever. This is, indeed, the signal originality of Dr. Peale's works: They are great religious books with a minimum of religion in them."

62 Dieser beißende Kommentar Zooeys transportiert eine Attacke gegen jene von Karl, *American Fictions*, S. 178, treffend beschriebene Qualität der Wirklichkeitswahrnehmung, die - 'fern(seh)gesteuert' durch das neue Massenmedium Fernsehen - mit allen bestehenden Disparitäten aussöhnen soll: "Television had massive importance in creating the counterfeit. [...] Further, while raising our consumer expectations, television lowered our cultural standards, not only reducing images, events, even wars, but making us feel that the distortion is the more real. By turning everything into a box, television could homogenize war, game and quiz shows, situation comedies, political commentary; the name of the sport was to erase distortions."

gungsformen und Wertorientierungen auf, die im Sinne des Erfolgsparadigmas der *personality ethic* funktionieren und die aus Frannys Sicht dem jede abweichende Individualität austreibenden, eintönigen "high heaven of ego" (115) gehorchen. Statt mit 'wisdom' muß die Tochter der Glass-Familie sich lediglich mit funktionalen und auf pragmatischen Prestigegewinn abzielenden Lehrinhalten ihres Colleges beschäftigen; im Fach Politikwissenschaft wird Weisheit sogar nur zusammen mit *money making* vorgestellt:

> 'In almost four years of college [...] the only time I can remember ever even *hear*ing the expression >wise man< being used was in my freshman year, in Political Science! [...] It was used in reference to some nice old poopy elder statesman who'd made a fortune in the stock market and then gone to Washington to be an adviser to President Roosevelt.' (116)

Dem entsprechen in Zooeys Arbeitsalltag die Frustrationen mit einer Fernsehanstalt, die ihm als "super-conservative, superconforming madhouse" (112) erscheint und ein Magengeschwür eingebracht hat: "I make everybody feel that he doesn't really want to do any good work but that he just wants to get work done that will be thought good by everyone he knows - the critics, the sponsors, the public, even his children's schoolteacher." (110) Franny und Zooey stehen somit an institutionalisierten Orten von Beruf und (Aus)Bildung subversiv gegen herrschende Vorstellungen über (Bildungs-)Erfolg und gelungene (Fernseh-)Arbeit; quer zu allgemeinverbindlichen Massenstandards also, welche die Orientierung an Klischees und nivellierendem Durchschnittsgeschmack vor Originalität und Authentizität stellen. Alle Beispiele und Episoden seines Dissenses mit den in der Fernsehbranche geltenden sozialen und ästhetischen Normen, die Zooey noch vor der entscheidenden brüderlichen Kritik an Frannys Verhalten vorbringt, unterstreichen nur seine prinzipiell solidarische Position des vertrauenswürdigen Leidensgefährten.[63]

---

[63] Entsprechend interessiert reagiert Franny (zunächst) auch und bringt ihre Erfahrungen aus dem vergangenen Wochenende mit Lane ein: "'Everything you're saying brings back everything I was *try*ing to say to Lane on Saturday, when he started digging at me. [...] I mean we're not bothered by exactly the same things,

So beklagt sich Zooey über den Drehbuchautor Dick Hess: "He's like everybody else in television. *And* Hollywood. *And* Broadway. He thinks everything sentimental is *tender*, everything *brutal* is a slice of *re*alism" (112) Ein Treffen zwischen Hess und ihm in dem im Künstlerviertel gelegenen *San Remo*, das Zooey der Schwester aus Verärgerung über das Gebaren seines Gesprächspartners schildert, stellt eine ungewollte Satire dar - und zwar auf die Form des strategisch eingesetzten Rollenspiels, die in Dale Carnegies Buch *How to Win Friends and Influence People* gepriesen wird und die Zooey Tag für Tag in seiner Umgebung erlebt und erleidet. Das vergangene abendliche Gespräch im Village entpuppt sich nämlich als ein von Hess regelrecht taktisch angegangener Versuch, Aufmerksamkeit für Zooeys Leben und private Person, oder, in C. Wright Mills Ausdrucksweise, "private aspirations"[64] vorzutäuschen, um 'schönes Wetter' zur Vorstellung eines neuen Skripts zu machen - kurz, um sich anzubiedern: "'I sat there for two solid hours while he told me what a su*per*ior son of a bitch I am [...] *Then*, when he's all through analyzing me [...] suddenly he pulls out this gorgeous monogrammed attaché case from under the table and shoves a new, hour-long script under my arm.'" (106) Auch hier gehen wieder das noch in den fünfziger Jahren populäre Konzept des inszenierten öffentlichen Verhaltens[65] und das Ideologem von der vermeintlich unverstellten

but by the same kind of things, I think, and for the same reasons. At least, it sounds that way.'" (114)

64 C. Wright Mills, "The Competitive Personality," *Partisan Review*, 13 (Sept.- Oct. 1946), S. 441, zum Persönlichkeitskult unter dem Einfluß der Dienstleistungsgesellschaft: "In this market the human expressions are no longer expressions of private aspirations."

65 In dem Kapitel "The BIG SECRET OF DEALING WITH PEOPLE" seines Buches *How to Win Friends and Influence People* führt Dale Carnegie als eine seiner Grundregeln, S. 38, die von Freud abgeleitete Erkenntnis ein, daß jeder sein eigenes Ego bestätigt sehen will: "It is what Freud calls 'the desire to be important.'" Dazu gehört in zweckgerichteten Gesprächen eben auch der Versuch, zunächst einmal Interesse beim Gegenüber zu wecken - Carnegies, S. 118, gegebene Regel lautet daher: "So, if you want to make people like you, Rule 5 is: **Talk in terms of the other man's interest.**"

privaten Expressivität[66] nahtlos, und, vor allem auf Zooeys Seite, illusionslos ineinander über.[67] Selbst den darauf folgenden spontanen und verärgerten Abbruch der Unterhaltung mit Hess ergänzt Zooey vor seiner Schwester noch mit der gleichen dramaturgischen Anspielung, wie kurz zuvor Mrs. Glass' 'Abgang' aus dem Badezimmer:[68] "'I left him sitting there whishing he was dead. [...] Anyway, it was a true San Remo exit.'" (112)

Die Erzählung verläßt an keiner Stelle die vorweg angekündigte Aura eines 'prose home movie': weder in den anekdotischen Rückblenden der Hauptfiguren noch in der erzählten Gegenwart, alles ist Teil eines Rollenspiels. Sogar Zooeys Gesichtsausdruck beim Blick auf das sonnenbeschienene Wohnzimmer ist zugleich ein privater und ein

---

66 Welch exponierte, ja suspekte Bedeutung einer möglicherweise jeglicher Öffentlichkeit entzogenen Privatheit in den fünfziger Jahren beigemessen wird, zeigt sich *ex negativo* auch daran, daß sie sogar als Ort unkontrollierbarer Individualität angesehen werden kann. Am Beispiel der für die Nachkriegszeit typischen 'self-contained villages' mit deren ständig fluktuierenden Einwohnerschaft von aufstrebenden und daher umzugsbereiten *white collar*-Angestellten beschreibt William H. Whyte, "The Outgoing Life", S. 158, den dort besonders stark wirksamen sozialen Druck, das Private möglichst mit anderen zu teilen: "But there is an important corollary of such efforts at privacy - *people feel a little guilty about making them.* [...] Privacy has become clandestine. [...] The important thing, to borrow a phrase, is the *togetherness.*"

67 Vgl. dazu auch Habermas, S.190 und 191, der in seine Überlegungen auch die von Whyte gelieferten Studien der Vorstadtwelt einbezieht und die Entstehung einer urbanen 'Scheinprivatheit' erklärt: "Im gleichen Verhältnis, wie sich das Privatleben veröffentlicht, nimmt die Öffentlichkeit selbst Formen der Intimität an [...] Hier wiederum verlieren die Momente der Privatsphäre und der Öffentlichkeit ihre Trennschärfe." Bahrdt zitierend schreibt er, S. 191 und 192: "'Der Prozeß der Urbanisierung kann beschrieben werden als eine fortschreitende Polarisierung des gesellschaftlichen Lebens unter dem Aspekt >Öffentlichkeit< oder >Privatheit<. Hierbei ist zu beachten, daß zwischen Öffentlichkeit und Privatheit stets eine Wechselbeziehung besteht. Ohne schützende und stützende Privatsphäre gerät das Individuum in den Sog der Öffentlichkeit, die selbst jedoch gerade durch diesen Vorgang denaturiert wird.'" Genau diese Verschiebungen im Verhältnis zwischen erfolgs- und leistungsorientiertem Arbeitleben einerseits und privater Sphäre andererseits bilden die wesentlichen Strukturmomente von "Zooey".

68 "'Some exit lines you give yourself, buddy!' he called after her." (96)

öffentlicher des kulissenerfahrenen Akteurs: "He wore a frown behind his cigar, as though the stunning lighting effects had been created by a stage director [...]" (99) Wieder schieben sich die Gleichzeitigkeit der intimen Familiensituation 'off stage' und deren publikumswirksam in Szene gesetzter Bühnencharakter im erzählerischen Vorgang untrennbar übereinander. Eine vergleichbare 'Zweidimensionalität' des Wohnzimmers entsteht durch die innere Ausstattung, also durch den Einsatz des künstlerischen Mittels der Raumszene.[69] Der 'living-room', der vor Jahren des öfteren als "arena for countless hockey and football [...] games" (98) gedient hat, zeigt an seinen angeknacksten Möbelbeinen alle Spuren einer unbeschwerten und ausgelassenen Kindheit. Doch der Hauch ungestörter und vor der Öffentlichkeit abgeschirmter familialer Idylle wird durch die mit verschiedensten Trophäen und Plaketten aus kommerziellen Radioauftritten geradezu übersäte Wand konterkariert. Die Welt der maskenhaften Selbststilisierung und des gewieften sozialen Umgangs ist immer, selbst in Form von sorgsam aufbewahrten Erinnerungsstücken gegenwärtig.

Jene Unausweichlichkeit des außengeleiteten Handlungsschemas der Persönlichkeitsethik, die in den fünfziger Jahren alle Lebensbereiche erfaßt hat und die in "Zooey" paradigmatisch durch die Welt von Funk und Fernsehen vertreten ist, organisiert das gesamte Strukturprinzip des literarischen Modells. Dieses gewinnt durch den filmähnlichen Aufführungscharakter des Geschehens zusätzliche sinnliche Konkretion. Das uneigentliche Handeln nach außen und die daraus resultierende Spaltung des einzelnen in eine (nicht gelingende) authentische und eine 'falsche' Persönlichkeit sind das Thema des *home movie* und werden über die populäre Aufbereitung als Film geradezu augenfällig. Auch die Unterredung zwischen Franny und

---

69 Zum Begriff der Raumszene vgl. Hoffmann, S. 576: "Der Raum vermag in dieser wie in vielen anderen Szenen seine vielfältigen Ausdrucksmöglichkeiten zu entfalten, indem Figurenkonstellationen, Bewegungen im Raum, die Kontraste der Räume untereinander, der Gegensatz von draußen und drinnen, Licht und Dunkel und schließlich das Arrangement der Dinge zu sprechenden Zeichen werden, die das deutende und erklärende Wort ergänzen oder gar, wie so häufig bei James, ersetzen." Jedes der genannten Elemente spielt in der Wohnzimmerszene eine Rolle.

Zooey dokumentiert also immer wieder, daß in Salingers Short Story die erzähltechnische Aufhebung der seit den dreißiger Jahren im literarischen Erfolgstopos etablierten Unterscheidung zwischen privater Sphäre und erfolgsbestimmtem Arbeitsleben[70] beides ist: kritisches Programm und ästhetisch codierter Widerspruch gegen das in den fünfziger Jahren herrschende Ideologem eines Privatkultes, welches allein noch außerhalb der hermetischen *white collar*-Welt das Versprechen auf uneingeschränkte Individualität einzulösen vorgibt.

Die erzählerische Destruktion der Grenzen zwischen vermeintlicher Privatheit und kontrolliertem öffentlichen Auftreten wird schließlich unmittelbar evident, wenn Zooeys Blick aus dem Fenster die fröhliche Begrüßungsszene zwischen einem Mädchen und seinem Hund auf der Straße in das 'Innen' der Familiengeschichte hereinholt und mit der hier herrschenden Atmosphäre vergleicht; indem dort unten auf dem Bürgersteig eine direkte und unverstellte Begegnung stattfindet, während sich die Geschwister dagegen im gemütlichen Wohnzimmer am gegenseitigen Verstehen abmühen, wird die übliche Bedeutungszuweisung zwischen geschütztem 'Drinnen' und bedrohlichem 'Draußen' in Frage gestellt: "At first piecemeal, then point-blank, he let his attention be drawn to a little scene that was being acted out sublimely, unhampered by writers and directors and producers, five stories below the window and across the street." (119)[71]

Neben der Frage nach Freiraum und Ich-Verteidigung unter dem Druck der zeitgenössischen konformistischen Erfolgsstrategien spielt der Wohnzimmerdialog außerdem die bittere Wahrheit durch, daß ge-

---

70 Letzteres repräsentiert neben der Ausbildung ja nur den zweiten zentralen Bereich für das Aufeinandertreffen von Individualität und Öffentlichkeit.

71 Vgl. dazu James Finn Cotters Aufsatz, "Religious Symbols in Salinger's Short Fiction," *Studies in Short Fiction*, 15 (1978), S. 127 und 128, wo er die Fensterszene - in recht abenteuerlicher Weise - als symbolische Anspielung auf die göttliche Erlösung der Menschheit am Kreuz mißversteht: "For Salinger, windows are symbolic. One sees through them to the presence of God within and without [...] 'Zooey reflexively put his hand on a crosspiece between panes of glass, as if he had a mind to raise the window and lean out of it to watch the two disappear'[...] But he may not: his task is within with Franny where the crosspiece marks the spot and spells out the one to be revealed."

lungene Verständigung außerhalb der gängigen vorfabrizierten Verhaltensmuster, selbst in privatesten Konstellationen wie denen zwischen nahezu gleichaltrigen Geschwistern, mühsame zwischenmenschliche Hermeneutik erfordert. In "Zooey" setzt sich damit nur konsequent fort, was schon Wilhelms Klage über den Verlust verbindlicher Wahrheiten bestimmt, sobald man sich nicht der angebotenen Klischees aus der Sinnproduktion einer Konsum- und Massengesellschaft bedient und dann eben als vereinzeltes Individuum den Kontakt zum anderen aufnehmen will: "Every other man spoke a language entirely his own, which he had figured out by private thinking [...] If you wanted to talk about a glass of water you had to start back with God creating the heavens and earth."[72]

Entgegen der Heile-Welt-Ideologie des *cult of domesticity* geht es im Wohnzimmer der Glass-Familie deshalb auch nicht so reibungslos zu, wie Zooey es seiner Schwester klagend über den Arbeitstag nach der Produktion eines (wieder einmal) schlechten "goddam off beat television opus" (107) erzählt: "The morning after it's produced, everybody in the building'll go around slamming each other on the back in an orgy of mutual appreciation." (107) Während Franny und Zooey verzweifelt versuchen, einander näher zu kommen, wird das auf den möglichst unmittelbar greifbaren Erfolg verengte Leistungsethos dagegen nur von künstlichen, ja 'taktischen' Beziehungen beherrscht. Die kommunikative Feinfühligkeit der beiden Geschwister wiederum ist dagegen Teil ihres biographischen Werdegangs. Frannys und Zooeys alarmierte Sensibilität für das beständig nach sozialen Konventionen, ästhetischen Normen oder Reaktionen des Gegenübers ausgerichtete Handeln, welches Erfolg - und damit verbunden vermeintliche Individualität - immer nur mit der Erfüllung unhinterfragter Standards gleichsetzt, ist selbst schon Resultat zweier widerstreitender Prägungen. Wie aus Buddys Brief zu entnehmen ist, sind sie bereits in jungen Jahren von den älteren Brüdern durch private Unterrichtsstunden in fernöstlich-spiritueller Weisheit beeinflußt

---

72 *Seize the Day*, S. 91.

worden,[73] die sämtlich auf unabhängige Selbstfindung und Distanz gegenüber allem oberflächlichen Säkularen abzielt.[74]

Ebenso gut haben sie sich aber auch von 1927 bis 1943 als kommerzielle Kinderstars der Radiosendung "It's a Wise Child" bewußt die in höchstem Maße außengeleiteten Verhaltensweisen einer Massengesellschaft angeeignet, welche auf konformen Persönlichkeitsprofilen fußt.[75] Selbst Redesituationen innerhalb der Familie bleiben daher durch den Manierismus der erfolgreichen Selbstdarstellung infiziert; beiden Geschwistern sind - auch bei dem anderen durchaus wahrgenommene - Sprechpausen als Attitüden in Fleisch und Blut übergegangen:[76] "'We've never really got off the goddam air.' [...] His [Zooeys] hesitations were almost always specious. Most of the time, they were direct carry-overs from the five undoubtedly formative

---

73 Im Zusammenhang der aufeinanderverweisenden *Glass*-Geschichten, vgl. Freese, *Amerikanische Kurgeschichte*, S. 166: Auch wenn "Zooey" Querverweise zu anderen, vorher schon von Salinger veröffentlichten Short Stories und darin auftretenden Mitgliedern der Familie Glass enthält, ist die Erzählung jedoch ohne weiteres aus sich heraus zu verstehen. Vor allem überwindet sie aber gerade das privatistische Moment des von Freese beanstandeten 'Heimkino-Effekts'.

74 Vgl. dazu auch Freese, *Amerikanische Kurzgeschichte*, S. 171. Es ist zwar richtig, daß das Ziel fernöstlicher Religion in der mystischen Vereinigung von Ich und Welt liegt; davor liegt jedoch - und dies ist für das Leiden von Franny und Zooey wichtig - die Sensibilisierung für und das völlige Zurückgeworfensein auf das Ich. Diese eben auch belastende Konfrontation mit dem asiatischen Lebensgefühl veranlaßt Zooey in der Badezimmerszene zu der bitteren Bemerkung über Seymours und Buddys früheren privaten Unterricht für die jüngeren Geschwister: "'We're *freaks*, the two of us, Franny and I,' he announced, standing up. 'I'm a twenty-five-year-old freak and she's a twenty-year-old freak, and both those bastards are responsible.'" (84)

75 Es ist kein Zufall, daß Buddy gerade diese Information über die beiden Hauptdarsteller in seinem Prolog als "[...] to some degree relevant" erklärt: "For all the gaps and years between their individual heydays on the program, it may be said [...] that all seven of the children had managed to answer over the air a prodigious number of alternately deadly-bookish and deadly-cute questions - sent in by listeners - with a freshness, an aplomb, that was considered unique in commercial radio." (48)

76 So imitiert Zooey die Sprechweise Buddys zu Beginn seines abschließenden telefonischen Dialogs mit Franny: "There was a most characteristically Buddylike pause at the other end." (147)

years he had spent as a regular panelist on 'It's a Wise Child.'" (111 und 121) Genau diese Zweischneidigkeit ist für die Figurenentwürfe konstitutiv. Sie ist während des gesamten Dialogs im Wohnzimmer präsent und überschattet Zooeys mühevollen Versuch, seiner Schwester den Weg zur Rettung unverfälschter individueller Expressivität über das Ausleben ihres schauspielerischen Talents zu weisen und nicht über die von ihr idyllisierend mißbrauchte Flucht in eine nur neue Schablone, die Religiosität.[77]

Es wird deutlich, daß die sauberen Trennlinien zwischen einer unangetasteten Privatheit und einer unter dem Verdikt des Leistungs- und Erfolgszwangs stehenden Öffentlichkeit aufgehoben sind. Die Situation des einzelnen ist prekär geworden, die institutionalisierten Lebenszusammenhänge von Arbeit und Privatem verhelfen nicht mehr *per se* zu echten Erfolgserlebnissen oder zu persönlicher Absicherung. So bleibt Zooey während des gesamten Dialogs in doppelter Hinsicht Schauspieler - auf der *plot*-Ebene als von Kindheit an mit dem darstellenden Metier vertrauter Radio- und Fernsehstar und auf der erzähltechnischen Ebene als Ensemblemitglied der heimproduzierten Familienepisode. Im Verlauf der zähen Auseinandersetzung um das Verhalten Frannys, die sich mit Hilfe ihres naiven Gottesbildes und des Jesusgebetes jeglicher korrumpierender weltlicher Eingebundenheit zu entziehen versucht, inkorporieren Zooeys verschiedene räumliche Positionen und Körperhaltungen zweierlei: das in der vertrauensvollen Unterredung sehr persönliche Ringen um Verständi-

---

77 "'What could be more convenient? You can say your prayer here and roll Jesus and St Francis and Seymour and Heidi's grandfather all in one.'" (130) Auch diese kritische Äußerung zu ihrer religiösen Seelenmassage, in die sie sich vor der Erkenntnis flüchtet, "that college was just one more *dopey, inane* place in the world dedicated to piling up treasure on earth [...]" (116), muß auf der zeitgenössischen Folie eines populären Interesses an christlicher Frömmigkeit während der Eisenhower-Ära gelesen werden. Vgl. dazu auch Goldman, S. 305 - beide dort angesprochenen Motivationen bestimmen Frannys ebenso verzweifelte wie auch komische Versenkung in das Jesusgebet: "Some of the new attention to religion was undoubtedly a sincere turning to the rigors and consolations of faith; knowledgeable and hardheaded religious leaders could point to incontrovertible facts. But a good deal of it was certainly a false religiosity, compounded of social aspirations and a fervid desire to avoid thinking."

gung über das 'Wie' einer Aufrechterhaltung der eigenen Individualität auf der einen und die Abhängigkeit von einem gleichzeitig jede Bewegung kalkuliert einsetzenden Skript auf der anderen Seite.

Gleich zu Anfang der 'Krisensitzung' im Wohnzimmer wird er seiner äußeren Statur nach als "*danseur*" (100) charakterisiert. Das gleiche Bild erscheint wieder in dem Augenblick, da das Gespräch unter vier Augen kurz davor steht zu mißglücken - Franny äußert hier unvermittelt den Wunsch, mit dem toten Seymour zu reden, der seit seinem Selbstmord die heimliche und von der Familie nie wirklich 'verabschiedete' Autoritätsinstanz ist. Das Gespräch droht Zooey an diesem Punkt zu entgleiten, und er nimmt, den einen Fuß leicht anwinkelnd und gleichzeitig verharrend, die Haltung eines Tänzers ein, "[...] sustaining a dancer's position" (119). Dialogverlauf und äußere Bewegung koinzidieren hier aufs deutlichste in der mit höchster Anspannung vollführten kommunikativen 'Einkreisung' von Frannys Problem. Nachdem sich die Stimmung der Schwester dann wieder kurzfristig bessert, sieht man Zooey entspannt auf dem Teppich liegen. Schließlich, im Moment des endgültigen Scheiterns, in dem kein direktes Wort mehr überzeugend wirken kann, ist sein Hemd naßgeschwitzt: "His shirt was, in the familiar phrase, wringing wet. [...] In an instant, he turned pale [...] because failure had suddenly filled the room with its invariably sickening smell." (135)

Erst das Telefonat über den Wohnungsanschluß, das Zooey mit Franny von Seymours und Buddys ehemaligem Raum aus führt, bringt das *dénouement* der dramatischen Zuspitzung und mündet in die schließliche Verständigung - ein jedes Wort beendendes Schweigen. Das auf direktem Kontakt mit dem Gegenüber beruhende Verhaltensparadigma der *personality ethic* wird im entscheidenden Augenblick zwischen den Geschwistern auf seine minimalistische Form reduziert.[78] Dabei hat das Jugendzimmer der beiden älteren Brüder,

[78] Zur Funktion des Telefons in Salingers früheren Stories vgl. Freese, "Jerome David Salinger," in: Martin Christadler, (Hg.), *Amerikanische Literatur der Gegenwart* (Stuttgart: 1973), S. 46: "Die zwischenmenschliche Kommunikation ist gestört, und nicht umsonst ist das beliebteste Verständigungsmittel in Salingers Werk das Telefon, das den Gesprächspartner auf ein akustisches Phänomen reduziert, 'ein intensives Gefühl der Einsamkeit' (McLuhan) schafft und zur Oberflächlichkeit und Verlogenheit,

das von Zooey seit sieben Jahren nicht mehr betreten worden ist, mit seinen Bücherstapeln und mit seiner von Zitaten aus der gesamten Weltliteratur und den fernöstlichen Religionen beschriebenen Notizwand die Funktion einer weiteren symbolisch aufgeladenen Raumszene. Es ist mit den semantischen Merkmalen genau jener Weisheit ausgestattet, die Franny auf dem College so sehr vermißt. Vermittelt über die räumliche Atmosphäre greift das Ende der Erzählung somit wieder die vergangenen Tage der spirituellen Unterweisungen durch die Brüder auf, für die Buddy sich in dem Brief an Zooey noch nachträglich entschuldigt hat. Die gesamte Beschreibung des Zimmers dokumentiert, daß in ihm die Zeit seit Buddys und Seymours Auszug stillsteht; zusammen mit den unberührt dastehenden Schreibtischen und den zurückgelassenen persönlichen Aufzeichnungen des toten Seymour über dessen einundzwanzigsten Geburtstag erhält dieser Teil der Wohnung den exponierten Charakter eines musealen Ortes.

Hier sammelt sich Zooey innerlich für das entscheidende (Haus)Telefongespräch: "With his face in his hands [...] Zooey sat at Seymour's old desk, inert, but not asleep, for a good twenty minutes [...] Once again he leaned forward on his elbows and buried his face in his hands. This time he sat motionless for almost a half hour." (141 und 142) Nachdem er schließlich "a very local number" (143) gewählt hat und Mrs. Glass ihre Tochter ans Telefon bittet, überträgt sich der Sog der Vergangenheit auch auf Franny. Während sie vom Wohnzimmer die Diele hinuntergeht, um im elterlichen Schlafzimmer den 'privateren' Anschluß zu benutzen, erfährt sie - "in transit" (145) - eine über ihr Äußeres angedeutete Rückverwandlung ins Mädchenalter:

> She appeared, vividly, to grow younger with each step. [...] In any case, by the time she reached her parents'

---

zur 'phoniness' verführt." Diese negative Ausdeutung der Funktion des Telefons trifft für "Zooey" nicht zu - im Gegenteil, hier kann man von einer positiven Umcodierung der von Freese beschriebenen Telefonsituation sprechen: gerade über das 'entfremdete' Kommunikationsmittel erreicht Zooey die im direkten Gespräch vergeblich bleibende Bemühung um Verständigung. Erst über die Reduktion der Kommunikation auf das Notwendigste, die Sprache - bei Verzicht auf die beschriebenen Körperhaltungen und die Mimik Zooeys - findet die Konfliktlösung statt.

> beddroom door her handsome tailored tie-silk dressing gown - the emblem, perhaps, of all that is dormitorially chic and *fatale* - looked as if it had been changed into a small child's woolen bathrobe. (145 und 146)

Bar jeglicher Aura des komplizierenden Erwachsenendaseins kann Franny nun bei dem erlösenden Schlußdialog mit Zooey dort wieder anknüpfen, wo der geistige Einfluß der älteren Brüder in ihrer Jugendzeit so prägend gewirkt hat: in den Jahren vor dem Fall aus der kindlichen Unwissenheit in die Welt. Jetzt erst ist sie fähig, sich den Erfahrungen Zooeys vorurteilslos öffnen zu können. Damit nimmt auch hier die Zeit vor der Adoleszenz die Bedeutung einer biographischen Nahtstelle an, die in Salingers gesamtem Werk den Status einer literarischen Chiffre für ein unbelastetes und noch nicht gebrochenes Wirklichkeitsverhältnis innehat; der Jugend wird so das Potential einer späteren Utopiefähigkeit eingeräumt, wobei Franny die Möglichkeit einer entscheidenden (nachträglichen) Korrektur ihrer Entwicklung erhält.[79]

Zooeys nur über kurze Zeit überzeugendes telefonisches Verstellungsspiel, sich vor der Schwester als Buddy auszugeben, schreibt dabei konsequent das von Buddy und Seymour aufgebaute pädagogische Verhältnis zu den jüngeren Geschwistern fort, wenn er für

---

79 Vgl. dazu auch Freese, *Amerikanische Kurzgeschichte*, S. 175 und 176: "Die Spannung zwischen drohender Entfremdung und erhoffter zwischenmenschlicher Beziehung, zwischen Isolation und Kommunikation aktualisiert sich im Gegenüber von *phony world* und *nice world* [...] An ihnen [den Kindern] wird sowohl der verderbliche Einfluß der Wettbewerbsgesellschaft demonstriert als auch die Möglichkeit zur Überwindung von Entfremdung und Einsamkeit aufgezeigt." Vgl. dazu auch Leslie Fiedler, "Up from Adolescence," *Partisan Review*, 29 (Winter 1962), S. 131: "And the Glasses, we remember, are in this sense children, holy innocents still at twenty or thirty or forty, Quiz Kids who never made the mistake of growing up." Daß an dieser Stelle der Erzählung für die Situation Frannys ein Umschwung, ein Übertritt in etwas Neues bevorsteht, signalisieren ebenso die parallel zur Entwicklung des *plot* in der Wohnung voranschreitenden Malerarbeiten in ihrer Funktionalisierung als *foreshadowing*. Das Schlafzimmer, aus dem Franny telefoniert, ist schon überstrichen: "Mr and Mrs Glass's bedroom reeked, and even smarted, of freshly painted walls." (146) Frannys symbolische Verwandlung in ein Kind hat sicherlich nichts mit der Vorbereitung auf den Eintritt in das Reich Gottes zu tun, wie James Finn Cotter, S. 123, behauptet: "To enter the kingdom of God, one must become a child again." Vgl. dazu auch meine Anmerkung 33.

seinen letzten Verständigungsanlauf die neutralere Autorität des älteren Bruders zu beanspruchen sucht.[80] An dieser Stelle der Erzählung enthüllt sich die von Mrs. Glass konstatierte immer größere Ähnlichkeit zwischen dem jüngeren Zooey und dem älteren Buddy als erzählerischer Hinweis auf ein weiteres Maskenspiel in der Erzählung, denn Zooey wird in Buddys Abwesenheit die Funktion von dessen *alter ego* zugewiesen: '" You're just like Buddy.' [...] 'You're getting so much like Buddy used to be when he was your age. Even your father noticed it.'" (80 und 81)

Der Rat, mit dem Zooey Frannys seelische Krise endlich aufzulösen vermag, ist nicht etwa der eines Psychologen, der seine Patienten um den Preis ihrer Individualität zwischen dem Horror der Wasserstoffbombe und den Freuden des Fernsehens nur funktionstüchtig erhalten möchte. Statt der beständigen Sorge über die eigene, möglichst durch die Kraft Gottes und die Bücher Norman Vincent Peales perfektionierte Wirkung auf den anderen bietet er Franny eine säkularisierte Form religiöser Mission an. "*God's* actress" (154) zu sein bedeutet, sich in der Haltung unterschiedsloser Nächstenliebe der Wirklichkeit zu stellen und der schlechten Konformität "true egos" (131) entgegenzusetzen; als Schauspieler, wenn es sein muß, auch gegen das ignorante Lachen aus dem Publikum:

> 'The goddam 'unskilled laughter' coming from the fifth row. [...] God knows it's depressing. [...] But that's none of your business, really. That's none of your business, Franny. An artist's only concern is to shoot for some kind of perfection, and *on his own terms*, not anyone else's.' (155)

Im gesellschaftlichen Kontext der zum Erscheinungsjahr der Erzählung gerade erst abebbenden McCarthy-Hysterie und deren auf 'Unamerican activities' gerichteten Augennmerks erhält Zooeys idealistische Botschaft an seine Schwester unmittelbare politische Brisanz: "We're the Tattooed Lady, and we're never going to have a

---

80 Auch Mrs. Glass äußert vor Zooey mehrfach den Wunsch, daß Buddy, der nach Seymours Selbstmord dessen Platz in der Familie einnimmt, per Telefon mit seiner Schwester ein klärendes Wort sprechen sollte: "'*And* I think Buddy should be told about this whole thing.' [...] 'Oh, I *wish* I could get Buddy on that crazy phone for a few minutes.'" (66 und 70).

minute's peace, the rest of our lives, till everybody else is tattooed, too.'" (111)[81]

Die Differenz in der Darstellung des am Erfolgstopos leidenden Außenseiters zwischen Bellows *Seize the Day* und Salingers "Zooey" könnte nicht größer sein. Während Wilhelm im Schoße eines christlichen Auferstehungshorizontes seine tränenreiche Versöhnung erlebt, verläßt Franny jede ichtranszendierende Religiösität und hört auf, das Jesusgebet zu murmeln.[82] In *Seize the Day* ist an die Entwicklung der Hauptfigur eine zunehmende religiöse Aufladung des Sujets gekoppelt, indem sich Wilhelm schließlich einer ihm überlegenen Macht hingibt; in "Zooey" dagegen läßt sich eine Auflösung von frömmelnden Aufwallungen und von gegenseitigem Mißverstehen mit genau jenen Mitteln beobachten, die in Bellows *Seize the Day* pathetisch als Menetekel moderner Entfremdung beklagt werden und die

81 Der Begriff 'Tattooed Lady' spielt auf die 1948 erschienene Short Story "A Perfect Day for Bananafish" an, in der zu lesen ist, daß Seymour während seines Erholungsurlaubs in Florida am Strand den Bademantel nicht auszieht, um eine (nicht existente) Tätowierung zu verbergen. Vgl. dazu auch Freese, *Amerikanische Kurzgeschichte*, S. 152, Anm. 178: "In diesem größeren Kontext erweist sich die (eingebildete) Tätowierung als das Stigma des sensiblen Außenseiters, den eine verständlislose Umwelt als 'freak' ablehnt."

82 Wenn Renate Stepf, *Die Entwicklung von J.D. Salingers Short Stories und Novelettes* (Frankfurt: 1975), S. 137, von einer 'Hybris' der Glass-Kinder spricht, da Franny den letzten Teil des Jesusgebetes, den der Selbstanklage als Sünder, ausläßt, so übersieht sie völlig den auf 'emanzipatorische' Selbstfindung gerichteten Impetus der Short Story, der im Zusammenhang einer zeitgenössischen Mentalität von philiströser Rechtschaffenheit, scheinheiliger Christlichkeit und Kommunistenhatz gelesen werden muß. Nur auf diesem Hintergrund erhält Zooeys Erklärung des Jesusgebetes vor Mrs. Glass ihre texttranszendierende Bedeutung: "'*Act*ually, the whole prayer is >Lord Jesus Christ, have mercy on me, a miserable sinner,< but none of the adepts in either of the Pilgrim books put any emphasis - thank *God* - on the miserable sinner part.'" (90) Vgl. dazu auch James Lundquist, *J.D. Salinger* (New York: 1979), S. 133: "Salinger thus does not prescribe an all-encompassing love for the predicament of modern man, but suggests that the solution lies in the Christ-Consciousness that is the result of enlightenment through absurdity." Letzteres wird deutlich in Zooeys Kommentar über die gängige Praxis der christlich inspirierten Populärpsychologie, die den einzelnen an jede nur erdenkliche Absurdität gewöhnen kann.

dort in der Kirchenszene unter Orgelmusikklängen ihr weihevolles Begräbnis finden: mit sprachlicher Kommunikation und nicht normierter Eigenständigkeit.

Zooeys Name steht als Programm[83] für eine zugleich aufgeklärte und religiös motivierte Säkularität, da er phonetisch auf das griechische Wort ζωή/Leben anspielt.[84] Der Schauspielberuf, Symbol schlechthin für das im gesellschaftlichen Klima der fünfziger Jahre zentrale Thema des *counterfeiting*, wird so selbst zum Mittel des Widerstandes gegen jedes außengeleitete Rollenspiel und gegen den Verlust des Ichs im allmächtigen gesellschaftlichen System erhoben - eine von Zooey vertretene Haltung, die sich als Illusion und gefährlicher Irrgarten zu erkennen gibt, wie Robert Coovers Short Story "The Elevator" belegen wird: "'If you're going to go to war against the System, just do your shooting like a nice, intelligent girl - because the enemy's *there*, and not because you don't like his hairdo or his goddam necktie.'" (128)

---

83 Vgl. dazu auch David D. Galloway, *The Absurd Hero in American Fiction*, rev. ed. (Austin und Texas: 1971), S. 168: "Zooey's message is not to love man as Christ would have loved him, but to love man *as* Christ. There is no appeal to a final supernatural authority, no desire for mystical transcendence."

84 Dieser von Zooey vor Franny vertretende 'emanzipatorische' Missionscharakter von Religiösität, der sich den Problemen der Selbstverwirklichung stellt, wird auch durch die von Alsen, S. 57 und 58, beobachtete innere Entwicklung des Erzählers Buddy seit der Abfassung von "Franny" bestätigt: "But at the end of the story, both come to the realization that in order to serve God, they must learn to serve people. This reading of 'Zooey' shows that Buddy's outlook has changed considerably since he wrote 'Franny.' In 'Franny,' he presented the ideas of *The Way of a Pilgrim* as positve ones and made us sympathize with Franny's desire to withdraw into incessant prayer [...] But in 'Zooey,' Buddy presents the ideas of the pilgrim books negatively and has Zooey accuse his sister of using the Jesus Prayer as a substitute for trying to get along with those whose values are different from her own."

Robert Coover, "The Elevator" (1966)

Die Grenzen zwischen Arbeits- und Privatwelt sind für den Hauptakteur der letzten Story der Untersuchungsreihe fließend geworden, da beides, *success* und *private happiness*, keine verläßlichen Markierungen mehr bietet. Es existiert kein 'Notausgang' mehr in die Richtung einer gepflegten und intakten Mittelschichtshäuslichkeit. Selbst der Rückzug auf seine intimsten Gegenwelten bringt Martin nicht die erlösende Befreiung von der Allmacht eines stockwerk- und fahrstuhlgeregelten Bürohochhauses, das in "The Elevator" zum Symbol des unausweichlichen Leistungszwangs der 'Corporate Society' wird. Der *pursuit of success* stellt sich endgültig als (Über)Lebensrisiko dar. Martins lustvolle Subversionsversuche des 'Systems', welches Franny schon in Salingers *Franny and Zooey* als ihr Feindbild entdeckt hat, zwingen ihn zum Improvisieren bar jeder Sicherheiten - ein Zustand, der unmittelbar dem experimentellen erzählerischen Duktus korrespondiert.

Martin, dessen Gefühl des Ausgeliefertseins und des Verlustes von eigenständigen Handlungsmöglichkeiten vergleichbar ist mit dem von Franny und Zooey, leidet wie die beiden Kinder der Glass-Familie unter den Zwängen des rücksichtslosen Leistungsprinzips; seine Existenz und die seiner Kollegen wird durch das Arbeitsleben in einem alten Hochhaus bestimmt. Jeden Tag fährt er morgens mit dem Fahrstuhl hinauf zu dem Stockwerk seines Büros, um es abends auf dem gleichen Weg wieder zu verlassen. Der dualistische Aufbau der bisherigen literarischen Beispiele, der das Nebeneinander von Familie oder Ehe und Freizeit oder Arbeit simulierte, ist endgültig aufgehoben. Über einen klar abgegrenzten Alltag außerhalb des Bürogebäudes erfährt der Leser nichts, die Hauptfigur existiert einzig im öffentlichen Zugriff durch die 'Corporation'.

In jeweils nur leicht abgewandelter Ausdrucksweise steht Martins morgendlichem Arbeitsbeginn dreimal ein leitmotivischer Einleitungssatz voran, der die herrschende Norm der bewußtlosen Monotonie und des Gleichmaßes simuliert: "Every morning without exception and without so much as reflecting upon it, Martin takes the self-service elevator to the fourteenth floor, where he works." (40)[85] Anders jedoch als die übrigen Mitarbeiter nimmt er schon deshalb eine Außenseiterposition ein, weil er sich die Sensibilität für die bedrückenden Folgen des vollständig systematisierten Tagesablaufs seiner Kollegen erhalten hat. Deren persönlicher Freiraum wird, ebenso wie sein eigener, durch eine mittlerweile alle Lebensäußerungen beherrschende Hermetik von Arbeit, Leistung und Integrationsstreben auf ein Minimum begrenzt: "Their blank faces oppress him. Bleak. Haunted. Tyrannized by their own arbitrary regimentation of time. Torture self-imposed, yet in all probability inescapable." (49) Nur Martin ist sich der sterilen Betriebsamkeit seiner Umgebung bewußt; er allein nimmt etwa noch die parfümgetränkte Gegenwart einer im dritten Stock zusteigenden und im siebten den Fahrstuhl wieder verlassenen Frau bewußt als Moment menschlicher Individualität und nicht als eine bloße Störung des möglichst reibungslos funktionierenden Systems wahr:

> They all are more or less aware of the woman (she has delayed them, damn her!), but only Martin truly remarks - to himself - her whole presence [...] Her perfume floats gloomily in the stale air. [...] At the seventh floor, the elevator stops and a woman departs it. Only a trace of her perfume remains. Martin alone remarks - to himself, of course - her absence, as the climb begins again. (49 und 45)

Die langsam aufkommenden aggressiven Strategien im Erfolgsdiskurs, die das von Carnegie popularisierte Anpassungscredo in Frage stellen, besitzen in Martin eine literarische Version des *common man*, die schon etwas von der Hilflosigkeit des sich entwickelnden erfolgsethischen Trends ahnen läßt. Titel wie Robert Townsends *Up the Organisation* (197o) oder Mike Giammetteos *The Power Seekers* (1973) versuchen "das Gefühl des Manipuliertwerdens durch die wachsenden bürokratischen Apparate"[86] mit dem Einsatz des Machtmotivs, dem "Ideal persönlicher Machtausdehnung"[87], in machiavellistischer Ma-

---

[85] Folgende Zahlen in Klammern beziehen sich auf Joe David Bellamy, (Hg.), *Superfiction or the American Short Story Transformed* (New York: 1975), S. 40-53. Diese Sequenz ist über die im Präsens erzählten Abschnitte 1, 5 und 10 verstreut.

[86] Brigitta Koch-Linde, S. 111.

[87] Brigitta Koch-Linde, S. 112.

nier zu konterkarieren. Sie markieren eine neue Schwelle in der Evolution des Erfolgsdiskurses, welche sich in der literarischen Figur Martins andeutet. Der unauffällige und im Büroalltag eingesperrte Angestellte Martin spiegelt nahezu idealtypisch das der gesamten literarischen Nachkriegsmoderne immanente ohnmächtige Projekt wider, das etwa auch in Salingers *Franny and Zooey* oder in Elkins Short Story "I Look Out For Ed Wolfe"[88] enthaltene Aufbegehren für die Rettung individueller Handlungsfreiheit gegen den allgemeinen Leistungs- und Erfolgszwang fortzuschreiben.

Nachdem in "Zooey" die Illusion des schützenden Privaten per 'prose home movie' zerstört worden ist und Ed Wolfe sich mit dem Verkauf seiner Wohnung und seiner ganzen Habe gezielt der notwendigen Insignien einer konsumabhängigen Privatheit - und darum

---

88 Stanley Elkins 1962 erschienene Short Story "I Look Out For Ed Wolfe", in: Ders., *Criers and Kibitzers, Kibitzers and Criers* (New York: 1973), S. 37-66, nimmt hier vor "The Elevator" und nach Salingers Familienstück gleichsam eine Zwischenstellung ein. So propagiert Zooey vor seiner Schwester noch den nach außen vermittel- und vor allem darstellbaren Kampf ums eigene Ich, während Martin in "The Elevator" inmitten einer unveränderlichen und vom Arbeitsrhythmus beherrschten Wirklichkeit nur noch in die rebellische Innerlichkeit ausweichen kann. Ed Wolfe dagegen löst im Anschluß an die Kündigung als telefonischer Geldeintreiber bei einer Kreditfirma Stück um Stück seine Wohnung auf und verkauft alles, was er besitzt. Als Konsequenz seines persönlichen Credos 'I won't consume' und seines Verzichts auf die institutionalisierte Form von Privatraum geht Ed Wolfe, ein Waise, an den Rand der Gesellschaft und probt so den Rückzug auf eine Form des Lebens jenseits von materiellem und privatem Erfolg; er unterläuft somit alle Konventionen der Nachkriegsgesellschaft, in deren Wertvorstellungen Erfolg oder Leistung mit Anpassung an äußere Normen und Glück mit Konsumteilhabe identifiziert werden: "He looked brightly into the vegetable tray. A whole lettuce. Five tomatoes. Several slices of cucumber. Browning celery [...] 'There are orphans and there are orphans,' he said. 'I'll move. I'll liquidate. I'll sell out.'[...] 'I tell you what I'm not going to do. I'm no consumer. Nobody's death can make me that. I won't consume. I mean, it's a question of identity, right?'"(48, 49, 64, und 65) Emily Stipes Watts schreibt, S. 142, zu dem auch in Elkins Roman *A Bad Man* (1967) wesentlichen Aspekt des (hier durch den kleinen Entrepreneur repräsentierten) 'starken Individuums': "In his creation of the salesman and the entrepreneur, he recognizes that they are fallible people [...] On the other hand, the businessman - Flesh and Feldman - are strong individuals who can resist totalitarian control."

eben nur vermeintlichen Freiheit - begeben hat, treibt Coovers Erzählung die in dieser Entwicklung aufgehobene Verteidigung des bloßen Ichs auf die Spitze: mit der Zersplitterung der kohärenten fiktionalen Ich-Instanz in unterschiedliche Masken Martins, welche wiederum den in mehrere Episoden zerfallenden narrativen Aufbau zur Folge hat:

> Hier wird nicht mehr zwischen angenommener Wirklichkeit und Fiktion vermittelt, sondern zwischen Fiktionalität selbst und konkreten *fictions*, die andere *fictions* in sich schachteln, die wieder andere Fiktionen hervorbringen, unterlaufen, und mit ihnen konfrontiert werden.[89]

Das Bewußtsein Martins implodiert gleichsam in eine kaleidoskopartige private Gegenwirklichkeit. Diese funktioniert einzig nach dem radikal subjektivistischen Motto 'The show is in my head' und verweigert dem einzig im Erkennen von Kontinuitäten geschulten modernen Leser jede vermeintliche erzählerische Stringenz und Logik;[90] alle Episoden, die Martin als Hauptfigur zeigen, sind gleich 'wirklich' oder 'unwirklich', die mit der Aufzugführerin ebenso wie die ohne sie im Selbstbedienungslift.[91] In ihnen vermischen sich die Ebene

---

89 Manfred Pütz, "Robert Coover, 'The Elevator,'" in: Peter Freese, (Hg.), *Die amerikanische Short Story der Gegenwart* (Berlin: 1976), S. 287.

90 Freese spricht, S. 241, in seinem Aufsatz "Die Story ist tot, es lebe die Story," in: Hans Bungert, (Hg.), *Die amerikanische Literatur der Gegenwart* (Stuttgart: 1977), in diesem Zusammenhang von der sich besonders an Jorge Luis Borges 'postmodernen' Fiktionen manifestierenden und in Amerika lebhaft aufgenommenen Erzähltechnik des *regressus in infinitum*.

91 Wenn man die Szenen mit der Aufzugsführerin als Phantasien Martins einordnet, erkennt Pütz, S. 282, darin aber einen vermeintlichen Widerspruch, da in ihnen beides - das amouröse Abenteuer des Büroangestellten mit der jungen Frau und auch seine vor ihren Augen erlittenen Demütigungen durch Carruther - geschildert werden: "Denn wenn man schon alle Szenen mit der attraktiven Aufzugsführerin als der Wirklichkeit entgegengestellte Wunschträume Martins versteht, so bleibt unverständlich, warum gerade in einigen dieser Szenen auch Martins minutiös geschilderte Erniedrigung durch eine Gruppe pöbelhafter Mitfahrer stattfindet." Ohne es sicherlich beabsichtigt zu haben, läßt sich Pütz in seiner Analyse der Kurzgeschichte hier von einer unterschwellig weiterhin angenommenen narrativen Logik leiten; mit seinem Versuch diskursiver Argumentation fällt er also auf genau den Effekt des *regressus in infinitum* herein, den er selbst im Zusam-

des braven, eher unscheinbaren Mitarbeiters und die der übrigen davon abweichenden Darstellungsversionen des kreativ-lustvollen und vor Kraft strotzenden Martin zu einem verwirrenden aber nichtsdestoweniger zielgerichteten Spiel des *counterfeiting*. Seine öffentliche Existenz am Arbeitsplatz und seine bis in intimste Sphären reichenden Bedürfnisse, wie das sexuelle Abenteuer[92] mit der Aufzugführerin, gehen untrennbar ineinander über.

Als Reaktion auf die schon in "Zooey" beschworene Hermetik eines Systems, das die möglichst reibungslose Anpassung an Standards von Erfolg und Leistung verlangt, läßt sich die Figur des Büroangestellten Martin, im Unterschied zu Franny und Zooey oder auch Ed Wolfe, nicht mehr auf den Begriff bringen. Selbst die numerische Übersichtlichkeit der fünfzehn erzählerischen Abschnitte, in die Martin integriert ist und die gleichzeitig die Anzahl der Stockwerke repräsentiert, erweist sich in ihrer sinnstiftenden Ordnungsfunktions als unzuverlässig. Das Organistionsprinzip bildet nur die trügerische Oberfläche. Demgegenüber steht das erzähltechnische 'anything goes': die Auflösung des Figurenentwurfs; die mit dem Bildausschnitt einer Kameraeinstellung vergleichbare wechselnde Fokussierung der Ereignisse, die durch den abrupten Tempuswechsel von erlebnisnahem Präsens in das distanziertere Imperfekt entsteht; schließlich die Vermischung der personalen und auktorialen Perspektive, welche zudem noch von einer Version Martins als Ich-Erzähler ergänzt wird.[93]

Das darin sich zu Wort meldende Moment der Subversion jeglicher Einheitlichkeit bricht nicht nur die traditionelle *plot*-Struktur und deren aufeinander aufbauende Ereignishaftigkeit auf; in seiner Eigenschaft des ästhetischen Anti-System richtet es sich gleichzeitig gegen jene systematische Beschneidung von Individualität,[94] die

---

menhang mit der Verschachtelung der verschiedenen *fictions* anspricht.

92 Diese im Präsens gehaltene Erzählsequenz ist über die Abschnitte 3, 6, 9, 12 und 15 verstreut.

93 Vgl. auch Richard Andersen, *Robert Coover* (Boston: 1981), S. 100: "The result is a picture of the human condition as seen through a variety of forms: fantasy, romance, reality, daydream, and nightmare."

94 Vgl. dazu auch Karl, *American Fictions*, S. 145: "The whole modern trend - in opposition Bellow becomes increasingly shrill

Martin bei seinen Kollegen ebenso wie im eigenen Tagesablauf wahrnimmt und die nicht zuletzt durch die fahrstuhlgesteuerte automatische Gesetzlichkeit des Gebäudes hergestellt wird: "The systematizing, that's what's wrong, he concludes, that's what cracks them up." (49) In der Disparität der künstlerischen Codierung[95] von "The Elevator" koinzidieren erzähltechnisches Spiel und ästhetische Botschaft, das Medium ist hier in der Tat auch *the message*. Nicht das System, sondern das Gegen-System ist der Überlebensmodus, den Martin in seiner allerdings nur wenig überzeugenden Wirksamkeit durchzuspielen sucht.

So besteht die einzige Freiheit, die er sich im alltäglichen Einerlei von Büro, Stockwerken und Fahrstuhl gegen die verinnerlichte Macht seiner "timidity" (40) noch zu nehmen wagt, darin, einmal die Gewohnheit zu duchbrechen und den Knopf für eine Fahrt in den Keller zu drücken. Doch selbst diese eher kindische Geste wider die "[...] uninterrupted necessity that governed his daily life" (46) bringt keinerlei Befreiung: "The elevator sinks slowly into the earth. The stale gloomy odors of the old building having aroused in him an

---

in the sixties and seventies fiction - means that private and public have become unbalanced. In the onslaught of the public against the individual in twentieth-century technology, the individual has fought back by assuming superiority by way of sickness, retreat, enervation, exhaustion, displays of self without engegement of self." Letztere von Karls Beobachtungen zur Literatur der sechziger und siebziger Jahre trifft idealtypisch auf "The Elevator" zu.

95 Vgl. dazu auch Freese, "Die Story ist tot, es lebe die Story," S. 232. Er geht hier auf einen 1968 erschienenen Essay von Robert Jay Lifton mit dem Titel "Protean Man" ein und stellt von dessen Aussage Verbindungen zu Beispielen der sogenannten postmodernen Literatur - wie etwa Coovers "The Elevator" - her: "Seit kurzem jedoch wird nun die Frage gestellt, ob denn die Identitätsfindung überhaupt ein erstrebenswertes Ziel sei und ob es sich lohne, die in verschiedenen sozialen Kontexten gespielten Rollen nach den Vorstellungen soziologischer Identitätstheoretiker auf ein fixierbares Zentrum auszurichten." Sicherlich ist parallel zur soziologischen Theoriedebatte die Tendenz zur Destruktion kohärenter Figurenentwürfe in einem Teil der modernen amerikanischen Literatur zu beobachten. Dem von Lifton angesprochenen Konzept einer bewußten Aufgabe von zentrierten Persönlichkeitsmodellen kommt in "The Elevator" aber alles andere als eine befreiende Bedeutung zu, da Martin Gefangener sowohl der selbst aufgebauten *fictions* als auch der täglichen Büroroutine bleibt.

unreasonable sense of dread and loss, Martin imagines suddenly he is descending into hell." (41)[96] Die während des Absinkens mit dem Zitat "*Tra la perduta gente*" (41) eingeführte Anspielung auf die *Göttliche Komödie* läßt diesen Regelverstoß um so aussichtsloser erscheinen, weil sie an jenen Augenblick erinnert, da Dante vor der Höllentür steht, auf der u.a. der Satz '*Per me si va tra la perduta gente*'[97] zu lesen ist. Charon, der Fährmann der Toten in der mythischen Unterwelt, den Martin - unten angekommen - in ironischer Anrede herbeizitiert, soll ihn dann wieder nach oben in 'sein' Stockwerk begleiten. Doch anders als Dante, der langsam in die höheren Sphären des Paradieses aufsteigt, existiert für Martin die Hölle überall im Gebäude - besonders aber oben, auf dem vierzehnten Stock seines spartanisch eingerichteten Büros, wo die tägliche Sinnlosigkeit wohl höchstens noch durch das Klappern der Schreibmaschine übertönt wird. Die Dantesche Vorlage erfährt also eine direkte Umkehrung ihrer aufwärts zeigenden Heilsrichtung: "Martin smiles inwardly at himself, presses the number '14'. 'Come on, old Charon,' he declaims broadly, 'Hell's the other way!'" (41) Auch hier gilt wieder, daß die gewohnten Grenzbestimmungen ihre Gültigkeit verloren haben; die Bedrohlichkeit des Arbeitslebens hält keinen Ausweg mehr bereit, weder im Himmel noch in einer privatistischen säkularen Eigenwelt.

Die Erzählsequenz, die Martins tägliche im Aufzug erlittene Demütigungen durch den pöbelhaften Carruther und dessen Freunde beinhaltet,[98] ist nur ein weiteres Beispiel der Aussichtslosigkeit jeglichen Aufbegehrens. Das erste Mal kommuniziert er hier verbal mit seiner Umgebung und überwindet den Zustand des permanenten Solipsimus und der bisher immer 'to himself' adressierten Bemerkungen. Doch selbst diese von Martin schon über lange Zeit in Gedanken geplante Replik gegen Carruthers Unverschämtheiten erschöpft sich in einem

---

96 Vgl. dazu auch Pütz, S. 283.

97 'Durchgang nur für die verlorenen Seelen'. Vgl. dazu Dantes *Göttliche Komödie*, wo es am Anfang des dritten Canto heißt: "Per me si va ne la città dolente / Per me si va ne l'etterno dolore / Per me si va tra la perduta gente."

98 Die imperfektisch erzählten Abschnitte 2 und 8.

kurzen und ebenso infantilen wie trotzigen Reim: "Martin fixed his cool gaze on them. 'Carruther fucks his mother.'" (48) Carruthers Antwort, ein Schlag in sein Gesicht, und Martins zersplitternde Brille sind lediglich die konsequente Verlängerung einer schon morgens im Fahrstuhl auf das Notwendigste reduzierten zwischenmenschlichen Verständigung: "Seven others join him, anxious, sweating. They glance nervously at their watches. [...] Civilities are hurriedly exchanged." (49) Salingers "Zooey" oder auch Bellows *Seize the Day* dokumentieren im Kontext eines (noch) alleingültigen außengeleiteten Erfolgsparadigmas die zentrale Bedeutung von sprachlicher Kommunikation als dem Vehikel für die Vermittlung zwischen Ich und Welt, zwischen privater Individualität und erfolgsethisch normierter Öffentlichkeit. Der Widerstand des verzweifelten Ed Wolfe in Elkins 1962 veröffentlichter Kurzgeschichte gegen das nach Anpassung, Leistung und Konsum funktionierende Amerika läßt dann aber schon Ansätze des Rückzugs aus den sozialen Konventionen erkennen, wenn er sich sämtlicher Teilnahmeberechtigungen des gesellschaftlichen Daseins - einschließlich seines symbolisch als 'Mund' bezeichneten Telefons - entledigt.[99]

Die Handlungsweisen der Figuren in "The Elevator" schließlich setzen diese Entwicklung nur konsequent fort und unterminieren das Verständigungsmodell, das den Carnegieschen Anpassungsanweisungen im Sinne einer *personality ethic* zu Grunde liegt. Sie lassen jenes im Erfolgsdiskurs der frühen siebziger Jahre aus der Taufe gehobene "Ideal persönlicher Machtausdehnung"[100] erkennen, das die enttäuschende Erfahrung ohnmächtiger Einflußlosigkeit mit alten Vorstellungen des *rugged individualism* ausgleichen soll.[101] Die

---

99 "'Business office? Business office, this is Ed Wolfe. [...] Disconnect me. Deduct what I owe on my current account from my deposit and refund the rest immediately. Business office, I feel as if I'm selling my mouth.'" (53)

100 Brigitta Koch-Linde, S. 112.

101 Vgl. dazu auch Chenoweths Bemerkungen, S. 154: "As Rollo May explained in his best selling psychology book *Love and Will* [1969], many Americans had become 'obsessed with the new form of the problem of identity, namely, Even-if-I-know-who-I-am, I-have-no-significance. I am unable to influence others. This sense of impotence made many people feel out of touch with the

willkürliche Klitterung der Perspektivik in Martins von der Außenwelt völlig abgeschnittener 'wilder' Wirklichkeitsaneignung führt diese machiavellistische Spielart des Erfolgsethos allerdings sofort wieder ad absurdum, da der Keller im unteren Stockwerk und das Büro im oberen Teil des Hauses die unabänderlichen Begrenzungen von Martins aufgeblähtem Ich bleiben.[102]

Das dem literarischen Modell eigene Moment asozialer und anarchischer Gewalt scheint deutlich in den Erzählsequenzen durch, welche die lustvoll-intimen Persönlichkeitsmomente Martins enthalten, die ihrerseits wiederum von einer unentrinnbaren Arbeitswelt - symbolisiert durch den abgeschlossenen Fahrstuhl und das Bürogebäude - in Schach gehalten werden. Selbst gelungene Kommunikation zwischen ihm und der jungen Fahrstuhlführerin, nach deren Aufmerksamkeit er sich im 'normalen' Büroalltag vergeblich sehnt, erscheint hier auf das Grundsätzliche reduziert: den Geschlechtsverkehr mit kurzen Stellungsanweisungen von seiner Seite. Allein im Moment tödlicher Bedrohung, während des plötzlichen Absturzes, ist es Martin noch möglich, seinen Isolationismus zu überwinden.

Gleich einer immer näher heranfahrenden Kamera entwickelt das über fünf Abschnitte verteilte und in kurze fixierende Momentaufnahmen unterteilte Szenario eine pornographische Qualität, die sich parallel zur hereinbrechenden Katastrophe verstärkt: "The girl and Martin are alone on the elevator, which is rising. He concentrates on her round hips [...]" (43) Zum Schluß, im 'freien Fall', besteht die Beschreibung nur noch aus einem einzigen orgiastischen Satzfragment: "They plunge, their damp bodies fused, pounding furiously, in terror, in joy, the impact is" (53) Die 'in joy' gegen jeden kollekti-

---

world, avoid close relationships and fear that nothing mattered.'"

102 Vgl. dazu Brigitta Koch-Lindes Äußerungen zu den neuen machiavellistischen Strategien der Erfolgsapostel, S. 76: "Notwendigerweise ist der in dieser 'neuen' Welt überlebende Persönlichkeitstypus grundverschieden von dem ich-verleugnenden, außengeleiteten Konformisten à la Carnegie. So stellt der gedachte Held, die implizite Identifikationsfigur der *success literature* der letzten zehn Jahre [der Dekade der siebziger Jahre], sich als eine Mischung aus 'aggressive loner' [...], Machiavelli und egozentrischem 'Selbstverwirklicher' dar".

von Zwang gerichtete selbstbestimmte Komponente des Eros und die das Ich 'in terror' aber gleichzeitig auch wieder bedrohende zerstörerische Konsequenz des Thanatos heben sich somit gegenseitig auf. Alles bleibt für den unter dem individualitätsleugnenden Leistungsprinzip leidenden Martin beim Alten. Sein nicht mehr auf einen gemeinsamen Nenner zu bringendes Geflecht verschiedenster und 'gleich-gültiger' Persönlichkeitsversionen ist - wie die Fahrt in den Keller - der letztlich vergebliche Versuch einer "[...] Unterbrechung der vernunftgemäßen Lebensroutine"[103].

Wie in Pynchons Story "Entropy" (1960) wird die vollständige Aufhebung der Grenze zwischen Privatem und Öffentlichem[104] durch

---

103 Vgl. dazu Herbert Marcuse, *Triebstruktur und Gesellschaft* (Frankfurt: 1984), S. 220 und 221, wo er sich in dem Kapitel "Eros und Thanatos" zum Problem der Bedürfnisbefriedigung inmitten einer vom Leistungsprinzip beherrschten Gesellschaft äußert - eine Frage, die Marcuse in der amerikanischen Originalausgabe *Eros and Civilization* (1955) gerade im historischen Kontext des Nachkriegsamerikas erörtert: "Unterm Leistungsprinzip hängt die Befriedigung des Sexualtriebs weitgehend von der 'Abschaltung' der Vernunft und selbst des Bewußtseins ab: vom kurzen (legitimen oder heimlichen) Vergessen des privaten und allgemeinen Elends, von der Unterbrechung der vernunftgemäßen Lebensroutine [...] Wenn die private Existenz erst einmal nicht mehr abseits von und gegen das öffentliche Dasein geführt werden muß, dann könnte die Freiheit des Einzelnen und die der Gesamtheit vielleicht durch einen 'allgemeinen Willen' in Einklang geraten."

104 Vgl. dazu die Short Story von Thomas Pynchon, "Entropy," *Kenyon Review*, 22 (1960), S. 277-292. Auch wenn in dieser Erzählung nicht der Erfolgstopos und das Leiden an der für jedermann wirksamen Erfolgsethik im Mittelpunkt stehen, findet hier jedoch die literarische Auseinandersetzung um das aus der Balance geratene Verhältnis zwischen Privatem und bedrohlichem Öffentlichen ihre Fortsetzung. Das 'hothouse' von Callisto und seiner jungen Freundin ist der Versuch, sich gegen den Einbruch des kälteren und damit auch bedrohlichen 'Draußen' zu schützen: "Hermetically sealed, it was a tiny enclave of regularity in the city's chaos, alien to the vagaries of the weather, of national politics, of any civil disorder." (S. 279) Doch Callistos panischer Blick auf das Außenthermometer, das seit Tagen vor dem Fenster unveränderte 37 Grad Fahrenheit anzeigt, und der plötzlich sterbende Vogel, dem er mit Hilfe seiner Körperwärme das Leben erhalten will, sind für ihn der Beweis der Katastrophe: der eingetretenen Entropie. Überall herrscht die gleiche Temperatur, ein Wärmeaustausch ist nicht mehr möglich; die Grenze zwischen schützendem privaten und gefährdendem öffentlichen Raum hat keine Bedeutung mehr:

die erzählerischen Mittel simuliert; diese bewirken in "The Elevator" den vermeintlich gleichberechtigten Status[105] der reglementierenden Wirklichkeit des Büroalltags einerseits und der lustvollen Bedürftigkeit der Hauptfigur andererseits und suggerieren einen Bewegungsspielraum für Martin, der nicht besteht. Martins Freiheiten enden an der Textgrenze, welche die Voraussetzung seiner 'Existenz' ist und zugleich die Wände des eben darum auch für ihn unentrinnbaren Hochhauses repräsentiert. Das in der ästhetischen Struktur der Erzählung incodierte Unternehmen, nicht länger " [...] private Existenz [...] abseits von und gegen das öffentliche Dasein [...]"[106] zu führen, ist zum Scheitern verurteilt. Die literarische Figur Martins besitzt nämlich schon keinen abgegrenzten Raum privater Existenz mehr. Ohne daß ihre sich gegenseitig ausschließenden Gesetzmäßigkeiten versöhnt wären, überlagern sich in "The Elevator" die vom Erfolgs- und Leistungsethos bestimmte Öffentlichkeit und die lustvolle Privatheit wechselseitig und lassen Martins Ich 'heimatlos' werden.

"Suddenly then, as if seeing the single and avoidable conclusion to all this she [...] smashed out the glass with two exquisite hands [...] and turned to face the man on the bed and wait with him until the moment of equilibrium was reached [...] and the hovering, curious dominant of their separate lives should resolve into a tonic of darkness and the final absence of all motion." (S. 292) Vgl. dazu auch die Interpretation von Peter Bischoff, "Thomas Pynchon, 'Entropy,'" in: Peter Freese, (Hg.), *Die amerikanische Kurzgeschichte der Gegenwart* (Berlin: 1976), S. 226-236.

105 Vgl. dazu Ronald Christ, "Forking Narrative," *Latin American Review*, 7 (1979), S. 54; 55 und 56: "This plotting by means of keeping parallel and opposing actions active [...] corresponds to the historical studies that consider, once it is known what 'did happen,' what 'history' would have been had some events *not* happened. [...] 'The Elevator' is not at all contradictory when considered as another linear fugue, a ramyfying arrangement in space - the space of the typography, not the variable time it takes Martin to ride or not ride his elevator."

106 Marcuse, S. 220 und 221.

Er wendet das Verhaltensschema des *counterfeiting*[107] ins Extreme, indem er sich schließlich selbst zum Schöpfer des Aufzuges und damit der gesamten Short Story erklärt: "*Here on this elevator, my elevator, created by me, moved by me, doomed by me, I, Martin, proclaim my omnipotence!* (50)[108] Alles, auch der mit seinem Blick auf die kommenden Ereignisse im vierten Abschnitt plötzlich erscheinende und scheinbar 'über' den Dingen stehende auktoriale Erzähler, gerät in den Sog dieser Schöpfungserklärung. Obwohl Martin sich die Macht göttlicher Omnipotenz verleiht, gelingt es ihm dennoch nicht, Herr über den eigenen fiktionalen Kosmos zu bleiben. Ihm geraten die Ereignisse allein deshalb schon außer Kontrolle, da sich die Varianten seiner beiden gottähnlichen Masken - ähnlich dem Verhältnis zwischen Eros und Thanatos - in ihrer Dynamik gegenseitig widerlegen. So erklärt er einmal den Untergang seines Fahrstuhl-Universums: "*In the end, doom touches all! My doom! I impose it!*" (50). Im letzten Abschnitt der Erzählung aber, unmittelbar nach der mitten im Satz abbrechenden Beschreibung des erotischen Höhepunktes mit der Fahrstuhlführerin im Augenblick des Aufpralls, wird die Deklaration der Apokalypse widerrufen. Stattdessen wird ihr nun die Kraft des lebensspendenden Samens entgegengestellt: "*I, Martin, proclaim against all dooms the indestructible seed*" (53).

Nicht nur, daß die Prinzipien von Eros und Thanatos in einem lähmenden Patt gegeneinander stehen; auch das von Martin selbst erschaffene, im Bild des Fahrstuhls konkret werdende Symbol für seinen fiktionalen Kosmos wird zur ausweglosen Falle. Im siebten Abschnitt macht es seinen eigenen Schöpfer sogar zur hilflosen Marionette und bewegt ihn durch die einzelnen Erzählsequenzen und Stockwerke: Nachdem der Selbstbedienungsaufzug spät abends dem Knopfdruck nicht mehr gehorcht, transportiert er Martin in einen nicht existierenden fünfzehnten Stock: "Fool! wretched fool! he wept,

---

107 Vgl. Dazu auch Lois Gordon, *The Universal Fictionmaking Process* (Carbondale und Evansville: 1983), S. 111: "Coover dramatizes the variety of fictional forms an individual's life may take. Life is, in a sense, a multiplicity of fictional possibillities and roles."

108 Diese kursiv gedruckte und ebenfalls im Präsens erzählte Sequenz ist über die Abschnitte 11, 13, und 15 zu verfolgen.

there *is* no fifteenth floor!"(48) Am Ende der Erzählung rast der Lift schließlich, sich nun völlig verselbständigend, an Martin vorbei krachend in die Tiefe. Nicht etwa aus souveräner Überlegenheit hat er an diesem Morgen eines weiteren Unglücks beschlossen, das Büro zu Fuß zu erreichen und auf 'seinen' Fahrstuhl zu verzichten, sondern einzig "out of a strange premonition" (53). So, wie der immergleiche Büroalltag seine Kollegen, "[...] deformed browbeaten mind-animals" (49), unter den monotonen Ablauf von "up and down" (49) zwingt, hat damit auch das fiktionale System eine Eigendynamik erhalten, die selbst ihr eigener, vermeintlich omnipotenter Erschaffer beim Blick auf den hinunterstürzenden Aufzug nicht mehr versteht: "Inscrutable is the word he finally settles upon." (53)

Sogar der Einsatz des Mythos in seiner überlieferten Qualität von ordnender Wirklichkeitsaneignung hat in der Story jede sinnstiftende Funktion verloren. Martin, der im vierzehnten Abschnitt aus der Sicht eines anonym bleibenden Mitfahrers geschildert wird, tritt hier als mächtige Priapusgestalt auf, die vor langer Zeit in Italien, dank ihrer erotisierenden Manneskraft, die Stellung eines Fruchtbarkeitsgottes innehatte; doch auch wenn diese Martin-Version mit ihrem furchterregenden Geschlechtsteil hier die langersehnte Rache an Carruther ausüben kann, bleibt sie dennoch Gefangener sowohl ihrer unkontrollierbar gewordenen *fictions* als auch der entzauberten modernen Angestelltenkultur: "But now like Im sayin them pastoral days is dead and gone and hes goin up and down in elevators like the rest of us [...]" (52)[109]

Im Aufzug, der zugleich das zentrale Symbol für den künstlerischen Schöpfungsanspruch und für die nach dem monotonen Leistungsprinzip funktionierende 'Corporate Society' ist, herrscht ein gleichsam entropischer Zustand sich selbstorganisierender Trägheit und automatischer Wiederherstellung des Immergleichen - eine deprimierende Einsicht, welche Martins Gedanken in Anlehnung an die Gesetzmäßigkeit abgeschlossener physikalischer Systeme reflektieren:

---

109 Vgl. dazu Pütz, S. 284, der hier zu Unrecht dem Mythos in "The Elevator" noch ordnende Funktionen zuweist und zudem die müßige Spekulation um eine vermeintliche Autorintention Coovers in das Feld literaturwissenschaftlicher Analyse einbringt.

> They stand apparently motionless, yet moving. Motion: perhaps that's all there is to it after all. Motion and the medium. Energy and weighted particles. Force and matter. The image grips him purely. Ascent and the passive reorganisation of atoms. (45)

Gleich, ob jemand den Fahrstuhl verläßt oder zusteigt, nichts ändert sich: "But the totality of the universe is suffused, each man contains all of it, loss is inconceivable." (45) Somit muß auch jede Form der eigenverantwortlichen Handlung, die diesem Stillstand mit Aktion begegnen will - etwa Martins solidarische Anwandlungen gegenüber den Mitarbeitern - vergeblich bleiben: "One must always be alert to the possibility of action, he reminds himself. But none apparently need him. If he could do the work for them today, give them the grace of a day's contemplation ..." (45) Das wider den Druck der außengeleiteten Konformität auferstandene Credo des *rugged individualism* sedimentiert sich so in "The Elevator" als tragikomische literarische Aufnahme jener den zeitgenössischen Erfolgsdiskurs begleitenden Schlagworte, die "für eine künstlich herbeigeführte Isolation des Individuums" stehen.[110] Das Projekt der Rettung individueller Selbständigkeit inmitten einer Öffentliches und Privates gleichermaßen nivellierenden Leistungsgesellschaft durch den Aufbau einer normresistenten, labyrinthartigen und multiplen Perspektivik schlägt - zumindest im vorliegenden *plot* - fehl. Sukenicks auf die gegenwärtigen Möglichkeiten der literarischen Wirklichkeitsrezeption bezogene Aussage, die sich auch um den vom Erfolgsdiskurs her semantisch aufgeladenen Begriff der 'personality' zentriert, erhält besondere Relevanz für die ästhetische Organisation von "The Elevator":

> Reality doesn't exist, time doesn't exist, personality doesn't exist. God was the omniscient author, but he died; now no one knows the plot, and since our reality lacks the sanction of a creator, there's no guarantee as

---

110 Brigitta Koch-Linde, S. 139. So zitiert sie, S. 139 und 140, aus Harry Brownes 1973 erschienenem Erfolgshandbuch *How I Found Freedom in an Unfree World* dessen Sicht eines nur sich selbst vertrauenden Individualisten: "To be self-reliant is to recognize that no one else is as concerned about your future as you are [...] He knows that the responsibility for anything concerning his life remains with himself - and he accepts the responsibility."

> to the authenticity of the received version. [...] Personality, after passing through a phase of awkward self-consciousness, has become, quite minimally, a mere locus for our experience.[111]

Die Aufhebung systematisierter Abläufe wird dem sich zum neuen Gott ausrufenden Martin in "The Elevator" selber zur Falle. Die bedrückende Routine in Martins Bürohochhaus aber geht unverändert weiter.[112] Das am Ende der Kurzgeschichte Elkins von der Hauptfigur Ed Wolfe erlebte Gefühl der persönlichen Freiheit und Mitmenschlichkeit bezahlt dieser mit dem Preis des 'Aussteigens', mit einem Leben am Rande der amerikanischen Gesellschaft.[113] Ebenso wie Ed Wolfe jedoch durch seinen gleichermaßen akuten und banalen Geldmangel in diesem letzten Refugium der Individualität ständig gefährdet ist,[114] bleibt auch Martins im Durcheinander verschiedener *fictions* Gestalt annehmender und von Machtvisionen besessener Amoklauf gegen seinen Arbeitsalltag aussichtslos:[115] ähnlich wie sich

111 Ronald Sukenick, *The Death of the Novel and Other Stories* (New York: 1969), S. 41.

112 Vgl. dazu Karl, *American Fictions*, S. 283, der in der Attacke gegen jegliches System - sei es soziologischer, technischer oder kultureller Art - den wesentlichen Impetus der Literatur der sechziger Jahre sieht.

113 So heißt es in der Story "I Look Out for Ed Wolfe", nachdem Ed Wolfe beschlossen hat, seinen eigenen Ausverkauf zu initiieren: "Ed Wolfe, the Flying Dutchman, the Wandering Jew, the Off and Running Orphan [...]". (45)

114 Ed Wolfe bleibt seiner Konsumverweigerung und seinem Austritt aus der Gesellschaft treu. Am Schluß der Short Story wirft er das letzte Geld, das er zum Überleben noch besitzt, in die Menge. Der Verzicht auf die Ware - eine junge schwarze Frau - die er bei einer von ihm provokant inszenierten Versteigerung 'gekauft' hat, läßt ihn im Augenblick seiner völligen Verarmung einen Moment lang Mitmenschlichkeit und Freiheit erleben: "She held his hand, squeezing it. He looked down at the luxuriant brown hand, seeing beneath it the fine articulation of bones [...] Inside her own he saw, indifferently, his own pale hand, lifeless and serene, still and infinitely free." (66)

115 Vgl. dazu auch Arlen J. Hansen, "The Celebration of Solipsism: A New Trend in Modern Fiction," *Modern Fiction Studies*, 19 (1973), S. 14: "The viability of the new solipsism, as opposed to the old, is that it seeks *creative adjustment* to whatever the mind takes to be 'out there.'" Dieser Rückzug in die hermetische Eigenperspektive führt jedoch in "The Elevator"

die Hauptfigur in John Barths 1967 erschienener Story "Lost in the Funhouse" in einem Panoptikum verirrt hat und ihre Phantasien ein ständiges Bemühen sind, dem zwingenden Realitätsprinzip das befreiende Lustprinzip entgegenzuhalten,[116] so ist auch Martin eingeschlossen in (s)einem Tollhaus. Während er dem heruntersausenden Fahrstuhl fassunglos hinterherschaut, muß er sich schließlich noch über die Treppe hinauf zur Hölle, seinem Büro, bemühen: "Then continues his tedious climb, pausing from time to time to stare back down the stairs behind him." (53)

Die innerhalb der kulturellen Entwicklung Amerikas seit den späten sechziger Jahren zu beobachtende hemmungslose Verabsolutierung des 'Selbst', welches jedoch gleichzeitig auf die bestätigende Widerspiegelung durch das Gegenüber angewiesen ist, findet im literarischen Entwurf der Figur Martins eine frühe Variante. Martins nahezu als autistisch zu bezeichnendes Kommunikationsverhalten schafft sich in immer neuen Martin-Versionen den eigenen Reflex und somit eigene Intersubjektivität - ohne aber je 'nach draußen' dringen zu können und den Zwängen des zur Falle werdenden Bürohochhauses, 'seiner' Fiktion, zu entrinnen.[117] Die "Zuflucht zu 'strategies of narcissistic survival' [...], die sich nur noch auf das Hic et Nunc des Selbst beziehen lassen [...]"[118] erweisen sich am ästhetischen Code von "The Elevator" als macht- und wirkungslos.

---

nicht zur Befreiung eingeschlossener Individualität; außerdem ist es fragwürdig, von einem 'Solipsismus-Trend' in der neueren amerikanischen Literatur zu sprechen, nur weil vor allem die sogenannten 'postmodernen' Autoren - eine relativ kleine Gruppe von Experimentalisten oder Neoavantgardisten - diese literarischen Strategien erkennen lassen.

116 Vgl. John Barth, "Lost in the Funhouse," in: Ders.: *Lost in the Funhouse* (New York: 1981), S. 94: "He wishes he had never entered the funhouse. But he has. Then he wishes he were dead. But he's not. Therefore he will construct funhouses for others and be their secret operator [...]".

117 Vgl. dazu Hornung und Kunow, S. 60: "Für Roszak ist diese 'personalist sensibility' sogar das Heilmittel gegen die destruktiven Tendenzen der technologischen Gesellschaft. Lasch und Bell kritisieren eben jene Fixierung auf das 'self' als 'narcissistic.'"

118 Hornung und Kunow, S. 55.

V. "ES IST JA ZUM GLÜCK EINE WAHRHAFT UNGEHEURE REISE"[1]

Begriffe wie Erfolg oder Mißerfolg und individueller Freiraum oder gesellschaftlicher Zwang nehmen in der kulturgeschichtlichen Entwicklung der Neuen Welt bis in die jüngste Gegenwart hinein eine zentrale Stellung ein. Sie verweisen unmittelbar zurück auf individualistisch-aufklärerische Traditionen, an die bereits die Verfasser der Unabhängigkeitserklärung mit dem darin für jeden Bürger ohne Unterschied eingeräumten Recht auf *the pursuit of happiness* direkt anknüpfen. Allein schon auf Grund der Besiedlungsgeschichte ist dieses genuin bürgerliche Subjektverständnis aber im Vergleich zu Europa in der Entwicklung der amerikanischen Gesellschaft weitaus dezidierter auf den leistungsabhängigen Durchsetzungswillen des einzelnen bezogen;[2] auf dem zivilisatorisch zu erobernden Kontinent erfährt es sogar noch eine Verstärkung des ihm eigenen Utopiegehalts:

> In Amerika war und ist eine derartige Wahrheit stärker als irgendwo sonst in der Welt und in der Geschichte mit einer ständigen Weitererneuerung des Neuen verknüpft - was eine Haltung voraussetzt, die wahrhaft belebend sein kann, aber auch, was den meisten revolutionären Haltungen passiert, zwanghaft werden kann; das heißt hier: Neuerung um ihrer selbst willen.[3]

---

1 Franz Kafka, "Der Aufbruch," in: Paul Raabe, (Hg.), *Franz Kafka. Sämtliche Erzählungen* (Frankfurt: 1984), S. 321: "'Du hast keinen Eßvorrat mit,' sagte er. 'Ich brauche keinen,' sagte ich, 'die Reise ist so lang, daß ich verhungern muß, wenn ich auf dem Weg nichts bekomme. Kein Eßvorrat kann mich retten. Es ist ja zum Glück eine wahrhaft ungeheure Reise.'"

2 Man denke da nur an das während der Phase der *westward expansion* so verheißungsvoll eingesetzte Motto 'Go west, young man'. Selbst die heutige Zigarettenwerbung benutzt diesen Mythos noch.

3 Erikson, S.88f. Vgl. dazu auch Peter Boerner, "Utopia in der Neuen Welt: Von europäischen Träumen zum American Dream," in: Wilhelm Voßkamp, (Hg.), *Utopieforschung. Interdisziplinäre Studien zur neuzeitlichen Utopie*, Bd. 2 (Frankfurt: 1985), S. 361 und 362: "Enthielten das Konzept vom Goldenen Land und die in verschiedener Weise religiös oder politisch bestimmten Amerika-Erwartungen bereits [...] Elemente utopischen Denkens, so gab es schließlich Projekte, in denen dieses Denken ganz und gar dominierte. Durchweg stammten sie von reform- und fortschrittsfreudigen Menschen, die der Meinung waren, der amerikanische Konti-

So lösen sich im Verlaufe des achtzehnten und neunzehnten Jahrhunderts die amerikanischen Vorstellungen von Erfolg und 'gutem Leben' langsam von ihrem ursprünglich puritanisch motivierten religiösen Fundament und unterliegen im weiteren Verlauf der bis auf Benjamin Franklin zurückgehenden Überlieferungsgeschichte der *self help* oder *success literature* einem nachhaltigen Säkularisierungsprozeß. Dieser wird erst ab den dreißiger Jahren dieses Jahrhunderts mit der Rede vom *American Dream* eine ebenso vieldeutige wie anpassungsfähige visionäre Form erhalten,[4] deren Inhalt aus einem amerikanischen Credo besteht, das im Verlauf seiner Tradierung vom ideellen *pursuit of happiness* auf den materiellen *pursuit of success* reduziert worden ist.

Historisch gesehen entwickeln sich die inhaltlichen Positionen des Erfolgsdiskurses entlang einer Achse von etwa vier wichtigen zeitgeschichtlichen Zäsuren, die überwiegend an ökonomische Veränderungen der Gesellschaft gekoppelt sind und die vom achtzehnten bis in die Mitte des zwanzigsten Jahrhunderts reichen; es sind dies die Phase der *westward expansion*, das *Gilded Age*, die Wirtschaftskrise und schließlich die politisch und sozial unruhigen sechziger Jahre. Das Verlangen nach amerikanischer Selbstfindung jenseits der territorialen Grenzen und gesellschaftlichen Einschränkungen des alten Kontinents und das damit verbundene Ziel eines 'neuen' Identitätsentwurfs[5] haben sich mit dem Ende der *frontier* und ihrer geographisch definierten Freiheit schnell in eine sozial verstandene Mobilität gewandelt.[6] Während des *Gilded Age* und des frühen zwanzig-

---

nent sei geeignet, ein *Versuchsfeld für das beste Dasein* abzugeben."

4 Der Begriff *American Dream* taucht erstmals in den dreißiger Jahren inmitten der Wirtschaftskrise auf und wird von James Truslow Adams in seiner Studie *The Epic of America* (1932) benutzt.

5 Vgl. dazu die 1974 in Amerika erschienene Studie von Erik H. Erikson, *Dimensionen einer neuen Identität* (Frankfurt: 1975), in der er die Frage nach Identität dezidiert auf der Folie der amerikanischen 'Frontier'-Mentalität und der Entwicklung Amerikas von Jeffersons agrarischer Utopie zur urbanen Gesellschaft diskutiert.

6 Vgl. dazu auch den 1893 erschienenen Aufsatz von Frederick Jackson Turner, "The Significance of the Frontier in American History," in: Heffner, S. 183-191.

sten Jahrhunderts mündet das Erfolgsstreben dann endgültig in ein karriereorientiertes, leistungsabhängiges Konzept des *pursuit of success*, das sich auf Ziele wie Beruf, Status und Wohlstand konzentriert und das schließlich in den *booming twenties* erstmals massenhafte Popularität genießt. Dabei herrschen in den zwanziger Jahren noch die aus dem *Gilded Age* stammenden Erfolgsvorstellungen vor, die mit der überkommenen Charakterethik verbunden sind und die erst in der folgenden Wirtschaftskrise durch die *personality ethic*, den erfolgsethischen Überbau der Dienstleistungsgesellschaft, abgelöst werden.

Eine frühe, allerdings euphorische und wenig kritische literarische Verarbeitung des amerikanischen Erfolgstopos enthalten im neunzehnten Jahrhundert die Trivialromane des ursprünglich als Geistlicher tätigen Horatio Alger und die in ihnen angelegte Botschaft des *from-rags-to-riches*-Mythos. Wie sehr diese Vorstellungen, die im zwanzigsten Jahrhundert zu der Entwicklung eines breiten Mittelschichtsbewußtseins beitragen, bürgerlichen Ursprungs sind, zeigen schon die Protagonisten in Algers Romanen; in ihnen erleben oftmals verarmte Jugendliche, die aus der *middle class* und nicht aus einem Arbeitermilieu stammen, ihren plötzlichen sozialen Aufstieg.[7] Die amerikanische Gesellschaft scheint bis in das vergangene Jahrhundert hinein einfach zu sehr mit den Fragen materieller Reproduktion beschäftigt zu sein und den Faszinationen einer im Vergleich zur Alten Welt ungleich höher eingeschätzten, für jedermann aussichtsreich erscheinenden Chance zu Wohlstand und sozialer Mobilität zu erliegen, als daß die Reflexion auf die individuellen Folgeschäden und Schattenseiten des Erfolgsgedankens eines der vorrangigen Anliegen in der Literatur hätte sein können.

Vielmehr bestimmen zunächst noch die Kritik an der 'Maschine im Garten': an dem Verlust der Natur und dem Rückzug der unberühr-

---

[7] Weiss zitiert, S. 59, in diesem Zusammenhang aus dem Buch von Henry A. Wallace, *The Century of the Common Man* (1943): "Henry A. Wallace correctly identified Alger's dream as a vision of America 'not as a nation of propertyless workers but rather an America where all can become members of what has been called the >middle class,< where all can share in the benefits which that class has enyoyed in the past.'"

ten *territories* vor der unaufhaltsamen urbanen Kolonialisierung die Themen von Schriftstellern wie etwa James Fenimore Cooper. Während des letzten Drittels des vergangenen Jahrhunderts, dem *Gilded Age*, ist schließlich bei einer zunehmenden Anzahl von Romanen der Versuch erkennbar, die parallel zum Industrialisierungs- und Urbanisierungsprozeß der USA fragwürdiger werdenden Garantien von uneingeschränkter individueller Expressivität durch Leistung und Arbeit zu einem zentralen Gegenstand der Auseinandersetzung mit den vorherrschenden Erfolgsvorstellungen der ökonomischen Gründerzeit zu erheben. Eine erneute entscheidende historische Schwelle sowohl für die Evolution des außerliterarischen Erfolgsdiskurses als auch für die literarische Modellierung des Erfolgstopos bilden dann erst wieder die Jahre der großen Wirtschaftskrise nach dem Börsenkrach, die das gesamte tradierte leistungsbezogene amerikanische Selbstverständnis tiefgehend erschüttern.

Die Konfliktdarstellung bleibt nun nicht wie etwa in den naturalistischen Strömungen des endenden neunzehnten und des frühen zwanzigsten Jahrhundert einzig auf die Ungerechtigkeit und die uneingelösten Versprechungen des Erfolgsprinzips bezogen; das Leiden der Figuren ist fortan auch nicht mehr - wie etwa noch in den Stories der zwanziger Jahre - hauptsächlich das eines immer wieder um die Wirkung 'seines' verinnerlichten Erfolgscodes betrogenen *common man*, der, was er auch unternimmt, immer zu kurz kommt und mit dem Abschied der aus der alten *character ethic* stammenden Verhaltensweisen von harter Arbeit und Disziplin zu kämpfen hat. Der Schock millionenhafter Arbeitslosigkeit, der endgültige Eintritt Amerikas in eine kompliziert verflochtene 'Corporate Society' und die engmaschigen *white collar*-Hierarchien einer entstehenden Dienstleistungsgesellschaft scheinen den Blick frei zu machen auf ein Identitätsverständnis, in dem der einzelne auch unabhängig von den Anforderungen des *pursuit of success* wahrgenommen wird. Während in den Stories der untersuchten Textreihe von jetzt ab Ehe, Familie und Liebe, kurz, das Privatleben der Figuren in der Bedeutung eines gegenüber Arbeit und Leistung unabhängigen und schützenden Raums ein integraler Baustein der literarischen Modelle werden, läßt sich an den Aussagen der Erfolgsapostel in der *success literature* -

beginnend mit Dale Carnegies *How to Win Friends and Influence People* (1936) und *How to Stop Worrying and Start Living* (1948) bis zu Norman Vincent Peales *The Power of Positive Thinking* (1953) - ein entsprechender Umschlag in die strategische Defensive erkennen. Nicht das goldene Kalb 'Erfolg' in materieller und sozialer Hinsicht, sondern individuelles Krisenmanagement machen die Attraktivität der *How-to*-Bestseller aus. Diesem Rückzug auf das Selbst und auf die 'Sorge um sich' korrespondiert mit den späten fünfziger Jahren in der literarischen Erscheinungsform des Erfolgstopos zunehmend auch die Frage nach der Substanz und Tragfähigkeit der privaten Existenz außerhalb der von Leistung und Zwang regierten öffentlichen Bezüge.

Die während der vierziger Jahre in den Erzählungen kurzzeitig zu beobachtende Verklärung der privaten Sphäre - sicherlich auch Folge sowohl der innenpolitischen Verunsicherung durch das amerikanische Engagement im Zweiten Weltkrieg als auch der letzten Nachwehen der Wirtschaftskrise - weicht schon bald einer kritischen Auseinandersetzung mit dem aus der konservativen Eisenhower-Ära stammenden muffigen *cult of domesticity*:[8]

> The man of mass society regards his home as a base of operations; the base is, at least conventionally, thought to be constant, defined and reliable, whilst social contacts and social excursions are fortuitous, unpredictable.[9]

Vonneguts Mittelschichtssatire "The Foster Portfolio" (1951) oder Salingers Stories über die Glass-Familie "Franny" (1955) und "Zooey" (1957) deuten hier zusammen mit den Texten der *Beat*-Bewegung einen gegen die zumeist konfliktentschärfenden literarischen Modelle des etablierten Kanons gerichtete Aufbereitung des Erfolgstopos an; während in den literarischen Werken eines Cheever, Bellow oder

---

8 Auch diese Beobachtung kann auf das Romangenre übertragen werden.

9 Halmos, S. 119. Vgl. dazu auch Peter F. Drucker, "How to be an Employee," *Fortune* 45 (May 1952), S. 172 und 174: "It is also necessary that you have a meaningful life outside the job [...] it is important in this 'employee society' of ours to have a genuine interest outside the job [...] It will make you happier [...] it will give you resistance against the setbacks and the blows that are the lot of everyone [...]"

Malamud eine liberale Versöhnungsideologie sowohl mit dem individualitätsfeindlichen *pursuit of success* als auch mit der krisengeschüttelten Privatsphäre 'off the job' vorherrscht, lassen die nicht dem 'Kanon' des *mainstream* zugeschlagenen Texte eine ungeschminktere Wahrheit erkennen. Slocum in Joseph Hellers *Something Happened* (1974) schließlich ist die idealtypische Romanfigur, die sich wie schon der Protagonist in Robert Coovers Short Story "The Elevator" (1966) zwischen zwei unvereinbaren Polen aufreibt, ohne daß deren Gegensätzlichkeit harmonisiert erscheint: so bleibt Slocum ein Gefangener zwischen seinen Bedürfnissen nach risikofreier Sicherheit und nach individuellem Spielraum einerseits und der etagenweise organisierten, im Ganzen aber undurchschaubaren Arbeitswirklichkeit andererseits.

Ebenso wie Martin in "The Elevator" ist Slocum die persönliche Mitte verlorengegangen, da er weder im Guerilla-Krieg um Aufstiegsmöglichkeiten innerhalb eines verwirrenden Mammutkonzerns noch im Schoße seiner untereinander zerstrittenen Kleinfamilie mit einer neurotischen Frau und einer trotzigen Tochter 'Zuhause' sein kann. Während Martin sich in 'postmoderner' Attitüde das Prinzip des 'Anything goes' zu eigen macht und bei den Fahrstuhlfahrten zwischen den Stockwerken des Bürogebäudes in einen kaleidoskopisch aufgesplitterten, gleichsam anarchischen Gegenentwurf zum übermächtigen und einengenden Leistungsprinzip implodiert, versucht Slocum einfach nur 'mitzumachen', "denen ihr Spiel zu spielen"[10]; dies gelingt ihm allerdings nur um den Preis einer ständigen Angst vor dunklen innerbetrieblichen Machtintrigen, denen er sich schutzlos ausgeliefert fühlt.[11] Bob Slocum, dessen Sorgen sich aus einem unentwirrbaren Knäuel von familialem Streß und beruflichen Mißerfolgsängsten zusammensetzen, ist damit nur eine ausführlichere Ro-

---

10 Diedrich Diedrichsen, *Sexbeat.1972 bis heute.* (Köln: 1985), S. 83.

11 "I get the willies when I see closed doors. Even at work, where I am doing so well now, the sight of a closed door is sometimes enough to make me dread that something horrible is happening behind it, something that is going to affect me adversely." (Joseph Heller, *Something Happened*, London: 1988, S. 9.)

manversion der auch in "The Elevator" geschilderten Psychopathologie des *common man* der Nachkriegszeit.[12]

Rückblickend von Coovers Erzählung her, der letzten Story aus der 1920 einsetzenden und bis in die sechziger Jahre reichenden Reihenuntersuchung, wird erkennbar, daß die literarische Auseinandersetzung mit dem amerikanischen Erfolgstopos sich durch eine deutliche Niveausteigerung auszeichnet. Die literarischen Modelle gewinnen im Anschluß an die Entdeckung des Privaten als eines selbständigen Handlungsraums und mit der sich daraus ergebenden Aufspaltung der Figuren in ein 'eigentliches' und ein 'uneigentliches' Ich für das zweckbestimmte öffentliche (Arbeits)Leben kontinuierlich an Komplexität. Diese Beobachtung ist sicherlich tendenziell auch auf das Genre des Romans hochzurechnen. Abgesehen davon, daß die vornehmlich von Politikern und von den *apostles of success* aufrechterhaltene Erfolgsideologie vor der sogenannten 'klassischen Moderne' und dem kurzlebigen Naturalismus in der amerikanischen Literatur keinen wesentlichen Niederschlag in Form eines durchgehenden kritischen Anathemas gefunden hat, ist der Beginn einer ästhetisch reflektierten Aufnahme genuin amerikanischer gesellschaftlicher *issues* ohnehin erst mit Autoren wie Dos Passos und Dreiser oder Anderson, Hemingway, Faulkner und Fitzgerald zu verbinden; es ist bezeichnend, daß es dann aber ausgerechnet die Auseinandersetzung mit *the pursuit of success* und mit den damit verknüpften Versprechungen auf verwirklichte Individualität ist, welche die Autoren zu einem ihrer zentralen Themen machen - noch Ende des neunzehnten Jahrhunderts hatte sich Henry James nämlich über den Mangel an interessantem Stoffmaterial für einen Schriftsteller in Amerika beklagt, eben weil ihm nur die europäische Zivilisation und ihre Hervorbringungen zum Maßstab aller Stoffqualität ausreichte.[13]

---

12 Vgl. dazu auch das erste Kapitel in Sabina Lietzmanns Artikelsammlung *Das amerikanische Dilemma* (1989), in der die langjährige Amerikakorrespondentin der *FAZ* unter dem Titel "Aufruhr der Außenseiter" den Aufbruch der amerikanischen Gesellschaft aus dem konformitätsversessenen *Eisenhower equilibrium* in die politisch unruhigen sechziger Jahre dokumentiert.

13 Vgl. Henry James, *Hawthorne* (London: 1879), S. 43 und 85: "One might enumerate the items of high civilization, as it exists in other countries, which are absent from the texture of American

Im Unterschied etwa zur deutschen Kulturtradition, in der das literarische Ausdrucksmedium im achtzehnten[14] und auch noch bis in das vorherige Jahrhundert hinein ein wichtiges Ausdrucksforum sowohl für die Reflexion als auch für die Verschärfung und Dynamisierung von gesellschaftlichen Diskursen darstellt, hat die Literatur der Neuen Welt diese Position aber zu keiner Zeit einnehmen können. Existierte sie zunächst nur als 'Importgut' aus England und mußten sich die Autoren lange Zeit mit in Europa gewachsenen Prosaformen wie der des Gesellschafts-, Bildungs- und Schauerromans um spezifisch amerikanische Wirklichkeit(en) bemühen, so ist die erst im frühen zwanzigsten Jahrhundert national anerkannte 'eigene' literarische Öffentlichkeit in ihrer Entwicklung noch nicht so ausdifferenziert, wie der fortgeschrittene Stand der übrigen gesellschaftlichen Diskurse.[15] Zum Zeitpunkt der endgültigen Etablierung einer modernen amerikanischen Literatur ist diese bereits Teil einer ausdifferenzierten Industriegesellschaft, in der sie nur als zweit- oder drittrangiges Artikulationsmedium neben einer Vielzahl anderer diskursiver Formen der öffentlichen Meinungsbildung existiert.

Die im Hinblick auf Europa vergleichsweise kurze Evolution einer eigenen literarhistorischen Tradition und Ästhetik hat dabei aller-

---

life, until it should become a wonder to know what was left. [...] No sovereign, no court, [...] no aristocracy, [...] no palaces, no castles, [...] no Epsom nor Ascot." Diesen Zustand empfindet er als um so ausgeprägter noch etwa während Hawthornes frühen Jahren: "[...] In the United States, in those days, there were no great things to look out at [...] life was not in the least spectacular."

14 Das bürgerliche Trauerspiel hatte im achtzehnten Jahrhundert die zentrale Funktion eines Forums für die Durchsetzung einer genuin bürgerlichen Identität und eines gegen den Adel gerichteten modernen Liebesbegriffs. Vgl. dazu auch Jutta Greis.

15 Die Komplexität und Innovationskraft der Denkmuster in der amerikanischen Soziologie, Ökonomie und Psychologie stehen bis in die dreißiger Jahre hinein in keinem Verhältnis zu dem wenig differenzierten Stand der Wirklichkeitsaneignung, den ein großer Teil der hier untersuchten literarischen Modelle aufweist - diese Beobachtung läßt sich wiederum durchaus auch auf das Genre Roman übertragen, das mit der amerikanischen 'klassischen Moderne' gerade anfängt, hinsichtlich der 'Bausteine des Erzählens' wie denen der Erzählperspektive, der Montagetechnik und der Sujetentwicklung komplexere literarische Modelle zu entwickeln.

dings zur Folge, daß auch im Falle des literarischen Erfolgstopos die bestehenden gesellschaftlichen Vorstellungen über *failure* oder *success* eine geringe ästhetische Brechung erfahren. Erst mit dem Ende der *depression* und nach dem Zweiten Weltkrieg erscheinen sie in einen zunehmend komplexeren literarischen Verweisungszusammenhang integriert, der von größeren Differenzen zum zeitgenössischen außerliterarischen Erfolgsethos geprägt ist und der dem Erfolgstopos innerhalb der Erzählungen damit auch eine stärkere Eigendynamik verleiht. Dennoch stehen Lebenswelt und literarische Kultur daher aber anders als in Europa bis heute noch in einem weitaus unmittelbareren Verhältnis zueinander. Aufgrund der zentralen Stellung des Erfolgsgedankens im amerikanischen Selbstverständnis liest sich die Evolution seiner literarischen Aufnahme so als leicht zugänglicher Metadiskurs[16] des gesellschaftlichen Mentalitätenwandels und birgt direkten kulturgeschichtlichen Orientierungswert auch für alle westlichen Demokratien.

Insbesondere die Stories der 'Goldenen Zwanziger' weisen eine noch durchweg einfache Codierung der Erfolgsproblematik auf. Sie zeigen zumeist wenig von jener der Literatur eigenen Qualität, das allzu Bekannte - etwa den historisch herrschenden jeweiligen Konsens über den Erfolg - in ein erzählerisches Besonderes zu verwandeln, dem sinnstiftende Qualität über die zeitgeschichtliche Eingebundenheit hinaus zukommen könnte. Die Protagonisten treten als eindimensional konstruierte Persönlichkeiten auf, deren Hadern und Zagen sich einzig auf die Fragen des beruflichen und materiellen Fortkommens konzentriert; außerhalb des *pursuit of success*, etwa in der Liebe, Ehe und Familie, besitzen sie keine von den Fragen des materiellen und sozialen Fortkommens losgelöste Existenz, die einer eigenen Logik gehorchen könnte. Der Zweifel an der prinzipiellen Wahrheit der Erfolgseuphorie hat sich noch nicht eingeschlichen. Das Amerika der *booming twenties*, das unter dem Schlachtruf des 'Keeping-up-with-the-Joneses' die Anfänge des Konsums auch außerhalb der priviligierten *WASP*-Schicht begrüßt, zeitigt einen literarischen Erfolgstopos, dessen kritischer Gehalt einzig auf die anson-

[16] Zum Begriff 'Metadiskurs' vgl. Greis, das Kapitel zur Methodik.

sten verschwiegenen Mängel der tatsächlich vorhandenen Chancengleichheit des *common man* hinweist.

In den Stories schlägt sich der grundsätzliche Fortschrittsoptimismus dieser Zeit auch insofern nieder, als die Hauptfiguren sich unablässig einzig mit dem Problem der Adaption von neuen Verhaltensstrategien konfrontiert sehen. Die gleichsam unterhalb der Fabelebene erzählte 'zweite Geschichte' ist die über den erst in der Wirtschaftskrise beendeten erfolgsethischen Paradigmenwechsel von der *character ethic* über den *New Thougth* zur *personality ethic*. Noch lange bevor Dale Carnegies neues Handlungsmuster[17] des zwischenmenschlichen Taktierens und des persönlichen Image für das erfolgreiche Bestehen in einer Dienstleistungsgesellschaft die öffentliche Diskussion während der dreißiger Jahre beeinflußt, wird der literarische *white collar*-Angestellte also schon in den verschiedensten Anpassungskonflikten auf diesen kommenden Umschwung vorbereitet. Diese recht pragmatische Erscheinungsform des literarischen Erfolgstopos, der hauptsächlich Anwaltsfunktionen zum Schutze der *common man*-Interessen im unmittelbaren Verteilungskampf von Wohlstand und Kaufkraft zukommen,[18] ändert sich aber nachhaltig mit der tiefgreifenden Erschütterung des gesamten amerikanischen Erfolgsverständnisses durch die Wirtschaftskrise.

Wie schon im Falle des erfolgsstrategischen Umbruchs von der Charakter- zur Erfolgsethik vor der *depression* dokumentiert sich nun auch die Aufwertung des Privatlebens gegenüber dem beruflichen Erfolg während der dreißiger Jahre in den untersuchten literarischen Modellen weitaus eindeutiger und früher als in den Aussa-

---

17 Dale Carnegies Bestseller *How to Win Friends and Influence People* (1936).

18 Zumindest was die Kurzprosa betrifft, muß man feststellen, daß die Auseinandersetzung mit dem Erfolgsgedanken sich hier nicht auf der Ebene bewegt, auf der die Aussagen der von der Dollarjagd der Zwanziger erschreckten Kulturkritiker anzusiedeln sind - ein weiterer Beleg für die Inhomogenität der Strukturen innerhalb eines Diskurses, der die üblichen abstrahierenden Epochen- und Phasenbezeichnungen in Frage stellt. Vgl. dazu Huber S. 416: "The critics in Coolidge America were horrified that success literature all to well reflected American life. The lament of the 1920's was for social and intellectual freedom."

gen der *self-help-manuals.*[19] So hängt Dale Carnegie seine Gedanken über das häusliche Glück noch verschämt in Form eines kleinen Schlußkapitels seinem Bestseller *How to Win Friends and Influence People* hinten an; dagegen sind in den Stories die sich um Leib und Wohl ihres Mannes sorgende Frau und die als sicherer Hafen vor den Gefährdungen des Erfolgszwangs entdeckte Ehe schon ein konstitutiver Teil des narrativen Aufbaus.

Während dann auch der kommerzielle Erfolgsdiskurs in den folgenden Jahren mit Dale Carnegies *How to Stop Worrying and Start Living* und Norman Vincent Peales *The Power of Positive Thinking* den einzelnen in seiner zu stärkenden seelischen Dimension entdeckt, entwickelt sich die private Sphäre, das 'Zuhause' der Figuren jenseits des leistungsbestimmten öffentlichen Arbeitslebens in der Konfliktdarstellung des literarischen Erfolgstopos zu einem zweiten gleichberechtigten Handlungsfeld; indem das Terrain 'off the job' einen bisher nicht vorhandenen Bedeutungszuwachs für die sich 'on the job' inzwischen zunehmend prekärer darstellende Sicherung von Individualität erhält, werden die literarischen Modelle 'zweidimensional'. Sie reflektieren damit die moderne Form des bürgerlichen Pastorals,

> the daily and nightly retirement into solitude or the family circle shows up the only things which have remained really concrete and tangible to modern man: his freedom in privacy and his belonging to the family circle.[20]

Parallel zu dem florierenden gesellschaftlichen Boom der Psychologen erleiden die Protagonisten immer öfter den Zwiespalt zwischen dem, was sie 'eigentlich' an individuellen Bedürfnissen erleben, und

---

[19] Dies belegt einmal mehr die durchaus vorhandene thematische und auch strukturelle Ungleichzeitigkeit zwischen der Entwicklung außerliterarischer Diskurse und literarischer Themen. Die Betrachtung der Evolution des Erfolgsdiskurses und der des literarischen Erfolgstopos zeigt, wie die "Korrelierung der Spezialzeit der literarischen Evolution mit anderen Zeitabläufen im System der kulturellen Kommunikation" aussehen kann: Vgl. Hans Günther, "Literarische Evolution und Literaturgeschichte," in: Bernard Cerquiglini und Hans Ulrich Gumbrecht, (Hg.), *Der Diskurs der Literatur- und Sprachhistorie* (Frankfurt: 1983), S. 275.

[20] Halmos, S. 119.

dem, was sie an kollektiv legitimierten Leistungsvorgaben zu erfüllen haben - eine Differenzerfahrung, die für die Figurenentwürfe in den vorherigen Erzählungen der Kurzprosareihe zumeist keine Rolle gespielt hat. Ging es in den Stories der zwanziger Jahre noch vornehmlich um die praktischen Unwägbarkeiten mit dem 'Wie' des für jedermann in Aussicht gestellten materiellen Reüssierens, so wird die Erfahrung des Mißerfolgs oder des Scheiterns nun zum Anlaß genommen, die grundsätzlichere Frage nach dem Sinn eines *pursuit of success* in Szene zu setzen, der den gleichwohl garantierten *pursuit of happiness* aber beständig in Frage stellt. Gleich einem Reflex auf den Verlust der erfolgsethischen Unschuld verlieren die seit der Wirtschaftskrise an Komplexität gewinnenden literarischen Figuren ihre allein um Arbeit und Erfolg zentrierten Charakterprofile und werden um die Konstituente einer eigenständigen privaten Existenz erweitert.

Norman Vincent Peales zum reinen Krisenmanagement verkommener Selbsthilfe-Verkaufsschlager, in dem der Bericht über ein inbrünstig am Küchentisch um Gottes Hilfe bittendes Ehepaar fast zwanzig Jahre nach Carnegie bereits zum selbstverständlichen therapeutischen Duktus des beruflichen Erfolgshandbuchs gehört, spiegelt etwas von der nunmehr weniger als Chance denn als Bedrohung empfundenen Leistungsgesellschaft wider. Doch auch die vermeintlichen privaten Residuen, die nun die ganze Last des ansonsten nicht mehr gelingenden Glücks tragen sollen, können die im öffentlichen Handlungsraum von Leistung und Arbeit unerfüllt bleibenden Versprechungen auf freientfaltete Individualität ebensowenig einlösen. Der im wahrsten Sinne des Wortes hermetische *cult of domesticity*[21] der fünfziger Jahre, dessen latente Ideologie eines modernen Pastorals innerhalb begrünter *middle class*-Vorstädte sich bis in die literarischen Modelle des *mainstream* hinein vermittelt, zeugt selbst schon wieder von dem unsicheren Zwangscharakter auch dieses (wieder)entdeckten Refugiums. Mit der unaufhaltsamen Auflösung der gesellschaftlich institutionalisierten Garantie von Erfolg und individueller Selbstentfaltung sowohl im Arbeitsleben als auch in Ehe und Familie wird das

---

21 Vgl. dazu Christopher Laschs Studie, *Haven in a Heartless World* (New York: 1977), S. 105.

Szenario des literarischen Erfolgstopos nun zunehmend durch Figuren bestimmt, die unter der Notwendigkeit des freischwebenden *self-management* ohne jede Absicherung handeln müssen.

Das an seiner eigenen Praktikabilität scheiternde demokratisch inspirierte Erfolgskonzept, dessen offenkundige Mängel spätestens seit den sechziger Jahren selbst nicht mehr in einem erfüllten Leben 'off the job' ausgeglichen werden können, reflektiert die als 'postmodern' klassifizierte Literatur dabei lediglich am augenfälligsten. Im Unterschied zu den weiterhin bestehenden 'realistischen' Erzählformen wird in ihr die Vorstellung einer 'aufgehobenen Identität' dadurch zur Disposition gestellt, daß die Grenzen zwischen der Entlastung versprechenden privaten Sphäre und dem bedrohlichen öffentlichen (Arbeits)Leben - einschließlich der damit verbundenen Rollenzuweisungen - keine sujetorganisierende Bedeutung mehr haben und erzähltechnisch eingeebnet werden. Martin in Coovers Story "The Elevator", der einen Ausweg aus seinem monotonen und systemische Macht auf ihn ausübenden Büroalltag zu finden versucht und der in eine ebenso privatistische wie aber auch fragile Gegenwelt emigriert, steht für diesen Trend der literarischen Modellierung ebenso wie das entropische Szenario in Thomas Pynchons Kurzgeschichte "Entropy" (196o).[22] Hier wird der aus der Physik entliehene Begriff zur literarischen Chiffre für die Aufhebung der Trennung zweier unterschiedlicher Systeme; in "Entropy" verliert das künstlich konstant gehaltene Klima der Treibhauswelt des Callisto seine Schutzfunktion vor den Unwägbarkeiten des wechselhaften Wetters draußen, da auch die Temperaturen vor der Scheibe seines Glashauses seit Tagen unverändert bleiben - die Differenz zwischen dem bergenden Privaten und dem gefährlichen Öffentlichen existiert nicht mehr, und Callistos Freundin zerschlägt das Glas, damit sich beide der vermeintlich un-

---

22 Diese Entwicklung muß im Zusammenhang eines konkret beschreibbaren lebensweltlichen Wandels gesehen werden. Die ab den fünfziger Jahren zunehmend medial, besonders durch das Fernsehen produzierte Diversifikation von leicht konsumierbaren Wirklichkeiten und die damit einhergehende Vervielfachung der Wahrnehmung, welche die bis dahin fest gefügte Grenze zwischen 'wirklich' und 'nicht wirklich' verwischen, unterminieren noch zusätzlich die Substanz der Vorstellung von dem einen 'Ich' oder der einen 'Identität'.

abweisbaren Katastrophe einer entropischen Auflösung jeglicher (Lebens)Grenzen stellen.

Aber auch die nach konventionellem Muster erzählten literarischen Modelle - gleich, ob im Genre der Kurzprosa oder in dem des Romans - zeigen bis in die jüngste Gegenwart Protagonisten, die sich als gleichsam heimatlos gewordene, weder durch Erfolg im Arbeitsleben noch durch Geborgenheit im Privatleben ihrer selbst versichern können: So verkauft Ed Wolfe - ein Waise - in Stanley Elkins "I Look Out For Ed Wolfe" (1962) nach seiner überraschenden Kündigung seinen gesamten Haushalt, um an den Rändern der Konsumgemeinschaft zu überleben, und so laviert sich Herzog in Saul Bellows *Herzog* (1964) zwischen der gescheiterten Ehe und der darniederliegenden Karriere als Hochschullehrer mit endlosen Notizen und Briefen an seine Umwelt durch den Tiefpunkt seiner Biographie; Harry Angstrom in John Updikes *Rabbit Redux* (1971) wiederum droht die Wegrationalisierung seiner Anstellung als Drucker, während er sich gleichzeitig in einer 'wilden' Ehe über die ihn betrügende eigene Frau hinwegzutrösten versucht; in Tama Janowitz' Short-Story-Sammlung *The Slaves of New York* (1986) schließlich läuft eine ganze Generation jüngerer Künstler vergeblich dem großen Erfolg hinterher und handelt sich zudem noch in den abenteuerlichsten Liebesbeziehungen immer nur neue Enttäuschungen ein. Warum das Private und die Liebe keine sicheren und nach vertrauten Mustern funktionierenden Gefilde mehr sind, kann der Leser in Peter Camerons Roman *Leap Year* (1990) im hektischen Leben New Yorks nachverfolgen.

Ein Blick auf die Entwicklung des Erfolgstopos und des damit eng verknüpften Individualitätsverständnisses in den Verkaufsschlagern der *success literature* ab den frühen siebziger Jahren läßt dagegen das genaue Gegenteil von dem erkennen, was die literarischen Figuren durchleben. Nach der jahrelang unhinterfragten Dominanz von Anpassungstaktiken Carnegiescher Provenienz in einer Dienstleistungsgesellschaft, die auf dem vielfältig verflochtenen Netz zwischenmenschlicher Beziehungen beruht, entdecken die Erfolgsapostel nun (wieder) die kleinen Machtgelüste für den in seiner technokratisch durchgeplanten Bürowelt hoffnungslos gefangenen Angestellten - und zwar als bloßes Surrogat für den tatsächlich kaum mehr realisierbaren sozialen Aufstieg: "So gibt es den Versuch, die alte neue Identität zu bewahren, die, je brüchiger sie wird, um so grimmiger behauptet, daß man ein Selfmademan sein kann und muß, eine Do-it-yourself-Persönlichkeit im Sinne der amerikanischen Tradition".[23] Es ist dies eine neue 'Ich-Kultur', über deren entsolidarisierenden Charakter Christopher Lasch in seiner kulturkritischen Studie *The Culture of Narcissism* (1980) gegen eine Atomisierung der amerikanischen Gesellschaft Klage führt.[24] Der neue wesentlich von hilfloser Ohnmacht und trotziger Ellenbogenmentalität beeinflußte erfolgsethische Verhaltenscode propagiert die Renaissance des optimistischen *rugged individualism* im spätindustriellen Gewand;[25] die literarischen Figuren kämpfen dagegen nur noch darum, nicht zu zerbrechen, sie haben sich zu einem Gegenbild der herrschenden Propaganda vom starken Ich gewandelt. Der Erfolgsdiskurs und seine literarische Aufnahme stellen - anders als noch im neunzehnten oder im beginnenden zwanzigsten Jahrhundert - zwei gegensätzliche, ja unversöhnliche Versionen des amerikanischen Erfolgsethos dar.

Die Wiederauferstehung des radikalen Individalismus in der Rhetorik der Erfolgsapostel und in der politischen Programmatik unter den Präsidenten Reagan und Bush während der achtziger Jahre ist jedoch nur als die offizielle Propagandaseite eines ungeheuren Individualisierungsschubs zu verstehen, der seit etwa dreißig Jahren in allen westlichen Demokratien zu beobachten ist und speziell in Ame-

---

[23] Erikson, S. 118. Vgl. dazu auch Koch-Linde, das Kapitel "'The Powerseekers' - Der Leser auf dem Weg zur Macht", S. 109: "Das Machtmotiv ist hin und wieder mit dem Aufstiegsmotiv kombiniert [...] häufig jedoch steht das Machtmotiv für sich allein, d.h. seine Gratifikation ist in sich schon befriedigend, unabhängig von äußeren Belohnungen."

[24] Vgl. dazu auch Long, S. 174f.: "For example, at the end of *The Lonely Crowd* Riesman urged the modern Americans to embrace autonomy by 'choosing oneself' despite the pressure what others [...] wanted. [...] But twenty years later, critics felt that the new culture of the 'self' had transmitted freedom itself [...] into an ideological prop for a voracious materialism that threatened literally to destroy individuals and the social order."

[25] Vgl. Jürgen Habermas, *Die Neue Unübersichtlichkeit* (Frankfurt: 1985). Hier insbesondere den Aufsatz, "Die Kulturkritik der Neokonservativen in den USA und in der Bundesrepublik."

rika ungeahnte soziale Härten zur Folge hat; besonders aber die amerikanische Literatur der Nachkriegszeit und ihre Verarbeitung des modernen Erfolgscredos läßt an den Konflikten ihrer Protagonisten die ansonsten unausgesprochene Kehrseite des spätindustriellen *rugged individualism* deutlich werden. Sie macht eine andere Geschichte sichtbar. Anhand ihrer Version des kulturgeschichtlichen Wandlungsprozesses kann man verfolgen, wie und mit welchen Folgen dem einzelnen seit den Nachkriegsjahren eine im Vergleich zur Vergangenheit völlig neue Aufgabe aufgebürdet wird - nämlich trotz und entgegen der schwindenden Erfolgsgarantien und Selbstbestätigungssicherheiten innerhalb der zerfallenden traditionalen Lebenswelten von Arbeit und Liebe die eigene Biographie im permanenten *self-management* und vor allem möglichst 'in splendid isolation' zu organisieren.

Die darin versteckte Aufforderung zu einem in sozialgeschichtlicher Hinsicht anachronistischen *survival of the fittest* muß dabei überdies noch gegen kollektiv bedingte Problemkonstellationen in Ehe und Beruf verwirklicht werden, die das Individuum aus eigener Anstrengung gar nicht wirklich lösen kann.[26] Demgegenüber demonstriert die literarische Version des in Amerika so verhätschelten erfolgreichen *common man*-Ideals spätestens ab den sechziger Jahren die im öffentlichen Diskurs verschwiegenen Schattenseiten eines solchen Drahtseilaktes. Ihr gelingt es eher schlecht als recht, sich sowohl in der bedrohlich gewordenen Arbeitswelt als auch in den für sie nicht minder unsicheren Gefilden von Ehe, Liebe und Familie zu behaupten. Dabei ist es völlig unerheblich, ob dies nun in 'modernem' oder 'postmodernem' Gewande geschieht, da solche Etiketten - und dies belegt die vorliegende Untersuchungsreihe des literarischen Er-

---

26 Vgl. dazu Ulrich Beck und Elisabeth Beck-Gernsheim, *Das ganz normale Chaos der Liebe* (Frankfurt: 1990), S. 58 und 59: "In der individualisierten Gesellschaft muß der einzelne bei Strafe seiner permanenten Benachteiligung lernen, sich selbst als Handlungszentrum, als Planungsbüro in bezug auf die Möglichkeiten und Zwänge seines Lebenslaufes zu sehen. 'Gesellschaft' *muß* unter diesen Bedingungen des herzustellenden Lebenslaufes als eine 'Variable' begriffen werden, die individuell gehandhabt werden kann."

folgstopos - keinen erkenntnisfördernden Beschreibungswert für die reale Dynamik literarischer und kultureller Entwicklung haben.

Die Frage, die sich am Ende einer fast fünfzig Jahre abdeckenden literarischen Untersuchungsreihe des Erfolgstopos aufdrängt, ist die nach der Bedeutung von literarischer Analyse in der spätmodernen Gesellschaft überhaupt; dies auch deshalb, da selbst heute noch so wohl klingende und aus der Ästhetik des achtzehnten Jahrhunderts entliehene Werte wie das 'Schöne, Wahre und Gute' bemüht werden, um eine beruhigende Simplizität der Wirklichkeit zu suggerieren, die diese nicht mehr besitzt. Wenn also Literaturwissenschaft nicht nur zur exotischen Luxuswissenschaft im akademischen Niemandsland[27] verkümmern soll, dann könnte ein Weg darin bestehen, sie als kulturgeschichtliche Spurensicherung zu betreiben - und zwar weil die literarischen Texte die Eigenschaft von ästhetisch verdichteten Spiel- und Montageräumen für die verschiedensten Diskurse und sozialen Vorstellungsmuster besitzen. Indem sich in ihnen immer auch Reflexion auf lebensweltliche Komplexität ereignet, sind sie historische Sinnarchive ihrer Zeit. Dennoch sollte man sich immer bewußt bleiben, daß Literatur heute neben den allseits präsenten modernen Medien - trotz des Spektakels einer Frankfurter Buchmesse - nur noch den unscheinbaren Rang eines Nebenschauplatzes für die öffentliche Diskussion der Informationsgesellschaft einnimmt: das allerdings macht aber zugleich ihren Vorteil aus, da sie immer auch ein Lesen 'zwischen den Zeilen' ermöglicht.

---

27 Vgl. dazu Bernd Rasche, "Die Apathie der Geisteswissenschaften," *Englisch Amerikanische Studien*, 3/4 (1987), S. 357: "Die zukünftige Rolle der Geistes- und Gesellschaftswissenschaften wird wesentlich davon abhängen, inwieweit es ihnen gelingt, ihre Relevanz für den öffentlichen Diskurs neben den Naturwissenschaften deutlich zu machen - gelingt ihnen dies nicht, laufen sie Gefahr, der unbedeutende Luxus für einige wenige Fossilien aus einer humanistischen Tradition [...] zu werden."

LITERATURVERZEICHNIS

Texte der Kurzprosareihe

Albee, George. "Fame takes the J Car." In: Edward J. O'Brien. Hg. *The Best Short Stories of 1933 and the Yearbook of the American Short Story*. Boston und New York. Houghton Mifflin. 1933. S. 3-13.

Anderson, Sherwood. "Hands." In: Horace Gregory. Hg. *The Portable Sherwood Anderson*. Harmondsworth/Middlesex. Penguin. S. 47-53.

Asch, Nathan."Gertrude Donovan." In: Edward J. O'Brien. Hg. *The Best Short Stories of 1925 and the Yearbook of the American Short Story*. Boston. Small und Maynard. 1925. S. 39-52.

Barth, John. "Lost in the Funhouse." In: Barth. *Lost in the Funhouse*. New York. Bantam. 1981. S. 69-94.

Bellow, Saul. *Seize the Day*. New York. Avon. 1956.

Brecht, Harold W. "Vienna Roast." In: Edward J. O'Brien. Hg. *The Best Short Stories of 1927 and the Yearbook of the American Short Story*. New York. Mead. S. 59-71.

Brown, Cambray. "Episode in a Machine Age." In: Blanche Colton Williams. Vorr. *The O'Henry Memorial Award Prize Stories of 1928*. Garden City/N.Y. Doubleday und Doran. 1928. S. 134-147.

Burlingame, Roger. "In the Cage." In: Edward J. O'Brien. Hg. *The Best Short Stories of 1936 and the Yearbook of the American Short Story*. Boston und New York. Houghton Mifflin. 1936. S. 1-15.

Caldwell, Erskine. "Slow Death." In: Caldwell. *Jackpot. The Short Stories of Erskine Caldwell*. Garden City/N.Y. Sun Dial Press. 1943. S. 245-252.

Callaghan, Morley. "The Blue Kimono." In: Edward J. O'Brien. Hg. *The Best Short Stories of 1936 and the Yearbook of the American Short Story*. Boston und New York. Houghton Mifflin. 1936. S. 16-22.

Cheever, John. "The Housebreaker of Shady Hill." In: Cheever. *The Stories of John Cheever*. Harmondsworth/Middlesex. Penguin. 1982. S. 253-269.

Coover, Robert. "The Elevator." In: Joe David Bellamy. Hg. *Superfiction or the American Short Story Transformed. An Anthology*. New York. Random House. 1975. S. 40-53.

Elkin, Stanley. "I Look Out For Ed Wolfe." In Elkin. *Criers and Kibitzers, Kibitzers and Criers.* New York. New American Library. 1973. S. 37-66.

Farrell, James T. "Omar James." In: Farrell. *An Omnibus of Short Stories.* New York. Vanguard. 1956. S. 119-138.

Fineman, Morton. "Tell Him I Waited." In: Martha Foley. Hg. *The Best American Short Stories 1942 and the Yearbook of the American Short Story.* Boston. Houghton Mifflin. 1942. S. 105-115.

Fitzgerald, F. Scott. "May Day." In: Arthur Mizener. Hg. *The Fitzgerald Reader.* New York. Scribner's Sons. 1963. S. 3-53.

Freedman, David. "Mendel Marantz - Housewife." In: Edward J. O'Brien. Hg. *The Best Short Stories of 1922 and the Yearbook of the American Short Story.* Boston. Small und Maynard. 1923. S. 151-170.

Hemingway, Ernest. "Soldier's Home." In: Hemingway. *In Our Time.* New York. Scribner's Sons. 1958. S. 89-101.

James, Henry. "In the Cage." In: James. *The Novels and Tales of Henry James. New York Edition.* 11. New York. Scribner's. 1936. S. 367-507.

Porter, Katherine Anne. "A Day's Work." In: Porter. *The Leaning Tower and Other Stories.* New York. Dell. 1963. S. 87-112.

Powers, J. F. "The Old Bird, A Love Story." In: Powers. *Prince of Darkness and Other Stories.* New York. Doubleday. 1958 (1943). S. 140-151.

Purdy, James. "Man and Wife." In: Purdy. *Colour of Darkness. Eleven Stories and a Novella.* London. Secker und Warburg. 1961. S. 73-83.

Pynchon, Thomas. "Entropy." *Kenyon Review.* 22 (1960). S. 277-292.

Salinger, J. D. *Franny and Zooey.* Harmondsworth/Middlesex. Penguin. 1983.

Saroyan, William. "The Daring Young Man on the Flying Trapeze." In: Harry Hansen. Hg. *The O'Henry Memorial Award Prize Stories of 1934.* Boston: Doubleday und Doran. 1934. S. 45-51.

"I Can't Put Two and Two Together." In: Saroyan. *Inhale and Exhale.* New York. Random Hause. 1936. S. 217-221.

Seaver, Edwin. "The Jew." In: Edward J. O'Brien. Hg. *The Best Short Stories of 1928 and the Yearbook of the American Short Story.* New York. Mead. 1928. S. 258-261.

Tarkington, Booth. "The One Hundred Dollar Bill." In: Blanche Colton Williams. Vorr. *O'Henry* Memorial Award *Prize Stories of 1923.* Garden City/N.Y. Doubleday und Page. 1924. S. 211-228.

Vonnegut, Kurt. "The Foster Portfolio." In: Vonnegut. *Welcome to the Monkeyhouse. A Collection of Short Works.* [New York]. Delacorte Press. 1968. S. 53-66.

Warren, Robert Penn. "The Life and Work of Professor Roy Millen." In: Warren. *The Circus in the Attic and Other Stories.* New York. Dell. 1947. S. 201-208.

Forschungsliteratur

Aaron, Daniel. "An Approach to the Thirties." In: Luther S. Luedtke. Hg. *The Study of American. Contemporary Conflicts.* DeLand/Florida. Everett und Edwards. 1977. S. 1-17.

Adams, Henry. *The Education of Henry Adams.* Boston und New York. Houghton Mifflin. 1918.

Adorno, Theodor Wiesengrund. *Ästhetische Theorie.* Frankfurt. Suhrkamp. 4. Auflage. 1980.

Ahrends, Günter. *Die amerikanische Kurzgeschichte. Theorie und Entwicklung.* Stuttgart. Kohlhammer. 1980.

Alsen, Eberhard. *Salinger's Glass Stories as a Composite Novel.* Troy/N.Y. Whitston. 1983.

Andersen, Richard. *Robert Coover.* Boston. Twayne. 1981

Baker, Carlos. Hg. *Ernest Hemingway: Selected Letters. 1917-1961.* New York. Scribner's Sons. 1981.

Baltzell, Digby E. *The Protestant Establishment. Aristocracy and Caste in America.* New York. Knopf. 1966.

Banta, Martha. *Failure and Success in America. A Literary Debate.* Princeton/N.J. Princeton University Press. 1978.

Barton, Bruce. *The Man Nobody Knows. A Discovery of the Real Jesus.* Indianapolis. Bobbs-Merril. 1925.

Beck, Ulrich. *Risikogesellschaft. Auf dem Weg in eine andere Moderne.* Frankfurt. Suhrkamp. 1986.

Beck, Ulrich; Elisabeth Beck-Gernsheim. *Das ganz normale Chaos der Liebe.* Frankfurt: Suhrkamp. 1990.

Benson, Jackson. Hg. *The Short Stories of Ernest Hemingway: Critical Essays.* Durham/N.C. Duke University Press. 1975.

Bercovitch, Sacvan. Hg. *Reconstructing American Literary History.* Cambridge und London. Harvard University Press. 1986.

Berg, Ivar. "'They Won't Work': The End of the Protestant Ethic and All That." In: James O'Toole. Hg. *Work and the Quality of Life. Resource Papers for 'Work in America.'* Cambridge/Mass. Massachusetts Institute of Technology. 1974. S. 27-39.

Bischoff, Peter. *Saul Bellows Romane. Entfremdung und Suche.* Bonn. Bouvier. 1975.

"Thomas Pynchon, 'Entropy.'" In: Peter Freese. Hg. *Die amerikanische Kurzgeschichte der Gegenwart.* Berlin. Schmidt. 1976.

Boerner, Peter. "Utopia in der Neuen Welt: Von europäischen Träumen zum American Dream." In: Wilhelm Voßkamp. Hg. *Utopieforschung. Interdisziplinäre Studien zur neuzeitlichen Utopie.* 1. Frankfurt. Suhrkamp. 1985. S. 358-374.

Boyd, John D. "Hemingway's 'Soldier's Home.'" *Explicator.* 40,1 (1981). S. 51-53.

Bradbury, Malcom. "'The Nightmare in which I'm Trying to get a Good Night's Rest': Saul Bellow and Changing History." In: Edmond Schraepen. Hg. *Saul Bellow and His Work.* Brüssel. Centrum voor Taal-en Literatuurwetenschap. 1978. S. 11-29.

Bryer, Jackson R. Hg. *F.Scott Fitzgerald. The Critical Reception.* New York. Franklin. 1978.

Bush, Douglas. Hg. *Milton. Poetical Works.* London. Oxford University Press. 1969.

Carnegie, Dale. *How to Win Friends and Influence People.* New York. Simon und Schuster. 48. Auflage. 1945.

How to Stop Worrying and Start Living. New York. Simon und Schuster. 1984.

Cass, Colin S. "Fitzgerald's Second Thoughts about 'May Day': A Collation and Study." In: C. E. Frazer und Matthew J. Bruccoli. Hg. *Fitzgerald/Hemingway Annual 1970.* Washington/DC. Microcard. 1970. S. 69-82.

Cate, Curtis. "God and Success." *Atlantic Monthly.* 199 (1957). S. 74-76.

Cawelti, John G. *Apostles of the Self-Made Man.* Chicago und London. University of Chicago Press. 1965.

Chenoweth, Lawrence. *The American Dream of Success. The Search for the Self in the Twentieth Century.* North Scituate/Mass. Duxbury Press. 1974.

Christ, Ronald. "Forking Narrative." *Latin American Literary Review.* 7 (1979). S. 52-61.

Clark, James Jefferson. "The Theme of Success in American Literature 1914-1929." New York. Maschinenschriftliche Dissertation. 1958.

Coale, Samuel. *John Cheever.* New York. Ungar. 1977.

Collins, Robert G. Hg. *Critical Essays on John Cheever.* Boston: Hall 1982.

Conron, Brandon. *Morley Callaghan.* New York. Twayne. 1966.

Coolidge, Calvin. "Inaugural Address, March 4, 1925." In: *Inaugural Addresses of the Presidents of the United States.* Washington/D.C. United States Printing Office. 1974. S. 215-223.

Cotter, James Finn. "Religious Symbols in Salinger's Shorter Fiction." *Studies in Short Fiction.* 15 (1978). S. 121-132.

Crosby, W. C. "Acres of Diamonds." *American Mercury.* 14 (1928). S. 104-113.

Dippel, Horst. *Die Amerikanische Revolution: 1763-1787.* Frankfurt. Suhrkamp. 1985.

Disch, Robert; Barry N. Schwartz. Hg. *Hard Rains. Conflict and Conscience in America.* Englewood Cliffs/N.J. Prentice-Hall. 1970.

Drucker, Peter F. "How to be an Employee." *Fortune.* 45 (1952). S. 126, 127, 168, 170, 172, 174.

Duffus, Robert L. "1900 - 1925. The Twenty-Fifth Birthday of the Twentieth Century." *Century.* 109 (1925). S. 483-491.

Eco, Umberto. "Die ästhetische Botschaft." In: Dieter Henrich und Wolfgang Iser. Hg. *Theorien der Kunst.* Frankfurt. Suhrkamp. 2. Auflage. 1984. S. 404-426.

Eisenhower, Dwight D. "Inaugural Address, January 20, 1953." In: *Inaugural Addresses of the Presidents of the United States.* Washington/D.C. United States Printing Office. 1974. S. 257-262.

"Second Inaugural Address, January 21, 1957." In: *Inaugural Addresses of the Presidents of the United States.* Washington/D.C. United States Printing Office. 1974. S. 263-266.

Epstein, Joseph. *Ambition. The Secret Passion.* Harmondsworth/Middlesex: Penguin. 1982.

Erikson, Erik H. *Dimensionen einer neuen Identität.* Frankfurt. Suhrkamp. 1975.

Farjeon, Herbert. Hg. *The Complete Works of Shakespeare. 4: Poems. The Nonesuch Text Established 1929 by Herbert Farjeon with a New Introduction by Ivor Brown.* London. Nonesuch Press. New York. Random. 1953.

Fiedler, Leslie. "Up from Adolescence." *Partisan Review.* 29 (1982). S. 127-131.

What Was Literature? New York. Simon und Schuster. 1982.

Fohrmann, Jürgen; Harro Müller (Hg.). *Diskurstheorien und Literaturwissenschaft.* Frankfurt: Suhrkamp. 1988.

Foucault, Michel. *Archäologie des Wissens.* Frankfurt. Suhrkamp. 2. Auflage. 1986.

Schriften zur Literatur. Frankfurt. Fischer 1988.

Sexualität und Wahrheit. 3: *Die Sorge um Sich.* Frankfurt. Suhrkamp 1989.

Freese, Peter. *'America:' Dream or Nightmare.* Essen. Blaue Eule. 1990.

Die amerikanische Kurzgeschichte nach 1945. Frankfurt. Athenäum. 1974.

"Jerome David Salinger." In: Martin Christadler. Hg. *Amerikanische Literatur der Gegenwart in Einzeldarstellungen.* Stuttgart. Kröner. 1973. S. 43-68.

"J. D. Salinger's *Nine Stories*: Eine Deutung der frühen Glass-Geschichten." In: Paul G. Buchloh et alii. Hg. *Kieler Beiträge zur Anglistik und Amerikanistik.* 6. Neumünster. Wachholtz. 1968. S. 242-283.

"Die Story ist tot, es lebe die Story: Von der Short Story über die Anti-Story zur Meta-Story der Gegenwart." In: Hans Bungert. Hg. *Die amerikanische Literatur der Gegenwart. Aspekte und Tendenzen.* Stuttgart. Reklam. 1977.

French, Warren. *J.D. Salinger, Revisited.* Boston. Twayne. 1988.

Fromm, Erich. *Escape from Freedom.* New York. Holt, Rhinehart und Winston. 1941.

Fuchs, Daniel. *Saul Bellow: Vision and Revision.* Durham/N.C. Duke University Press. 1984.

Fürstenberg, Frank F. "Work Experience and Family Life." In: James O'Toole. Hg. *Work and the Quality of Life. Resource Papers for 'Work in America.'* Cambridge/Mass. Massachusetts Institute of Technology. 1974. S. 341-360.

Galloway, David. *The Absurd Hero in American Fiction.* Austin und London. University of Texas Press. 1971.

Gold, Mike. "The Second American Renaissance." In: Martin Christadler und Olaf Hansen. Hg. *Marxistische Literaturkritik in America.* Darmstadt. Wissenschaftliche Buchgesellschaft. 1982. S. 480-490.

Goldman, Eric F. *The Crucial Decade - and after. America, 1945-1960.* New York. Knopf. 1960.

Gordon, Lois. *The Universal Fictionmaking Process.* Carbondale und Evansville. Southern Illinois University Press. 1983.

Green, Arnold W. "Why Americans Feel Insecure. The Sense of Alienation is not Exclusively Jewish." *Commentary.* 6 (1948). S. 18-28.

Greis, Jutta. "Drama Liebe. Untersuchungen zur Pathogenese eines sozialen Problems - Untersuchungen zur Liebessemantik an den Dramen des achtzehnten Jahrhunderts." Münster. Maschinenschriftliche Dissertation. 1989. (Erscheint im Frühjahr 1991 im Metzler Verlag.)

Griswold, Alfred Whitney. "New Thought: A Cult of Success." *The American Journal of Sociology.* 40 (1934). S. 309-318.

Grob, Gerald N.; George Athan Billias. *From Progressivism to the Cold War: Historical Interpretations.* 3: *1896 to the Present.* New York. Free Press. 1972.

"Growing Better with Monsieur Coué." *Current Opinion.* 73 (1922). S. 586-587.

Günther, Hans. "Literarische Evolution und Literaturgeschichte." In: Bernard Cerquiglini und Hans Ulrich Gumbrecht. Hg. *Der Diskurs der Literatur- und Sprachhistorie.* Frankfurt. Suhrkamp. 1983. S. 265-279.

Gumbrecht, Hans Ulrich u.a. "Gespräch über Epochen am Freitag dem 13., 1984." In: Hans Ulrich Gumbrecht und Ursula Link-Heer. Hg. *Epochenschwellen und Epochenstrukturen im Diskurs der Literatur- und Sprachhistorie.* Frankfurt. Suhrkamp. 1985. S. 503-508.

"Posthistoire Now." In: Gumbrecht und Link-Heer. Hg. *Epochenschwellen und Epochenstrukturen im Diskurs der Literatur- und Sprachhistorie.* Frankfurt. Suhrkamp. 1985. S. 34-50.

Gurko, Leo. *Ernest Hemingway and the Pursuit of Heroism.* New York. Crowell Company. 1968.

Gutman, Herbert G. *Work, Culture and Society in Industrializing America. Essays in American Working-Class and Social History.* New York. Knopf. 1976.

Habermas, Jürgen. *Strukturwandel der Öffentlichkeit. Untersuchungen zu einer Kategorie der bürgerlichen Gesellschaft.* Darmstadt und Neuwied. Luchterhand. 17. Auflage. 1987.

Die neue Unübersichtlichkeit. Frankfurt: Suhrkamp. 1985.

Theorie des kommunikativen Handelns. 2. Frankfurt: Suhrkamp. 1988.

Hagopian, John V. *J.F. Powers.* New York. Twayne. 1968.

Halmos, Paul. *Solitude and Privacy. A Study of Social Isolation. Its Cause and Therapy.* London. Routledge und Kegan Paul. 1952.

Hansen, Arlen J. "The Celebration of Solipsism: A New Trend in American Fiction." *Modern Fiction Studies.* 19 (1973). S. 5-15.

Harding, Warren G. "Inaugural Address, March 4, 1921." In: *Inaugural Addresses of the Presidents of the United States.* Washington/D.C. United States Government Printing Office. 1974. S. 207-214.

Hasenclever, Walter. *Saul Bellow.* Köln. Kiepenheuer und Witsch. 1978.

Hearn, Charles R. *The American Dream and The Great Depression.* Westport/Conn. London. Greenwood Press. 1977.

Hermand, Jost. "Biedermeier und Restauration." In: Elfriede Niebuhr. Hg. *Begriffsbestimmung des literarischen Biedermeier.* Darmstadt. Wissenschaftliche Buchgesellschaft. 1974. *S.* 287-312.

Hirshfield, Robert: "The Success Ethic in America and Its Effect Upon Four American Novelists." Lincoln/Nebr. Maschinenschriftliche Dissertation. University of Nebraska. 1974.

Hoffman, Frederick: *The Twenties. American Writing in the Postwar Decade.* New York. Viking Press. 2.Aufl. 1968 (1955).

Hoffmann, Gerhard: *Raum, Situation, erzählte Wirklichkeit. Poetologische und historische Studien zum englischen und amerikanischen Roman.* Stuttgart. 1978.

Hoover, Herbert C. "Inaugural Address, March 4, 1929." In: *Inaugural Addresses of The Presidents of the United States.* Washington/D.C. United States Printing Office. 1974. S. 225-233.

Hornung, Alfred; Rüdiger Kunow: "Der amerikanische Gegenwartsroman und seine kulturelle Matrix." In: Gerhard Hoffmann. Hg. *Der zeitgenössische amerikanische Roman: Von der Moderne zur Postmoderne.* 1. München. Fink. 1988.

Hovey, Richard B. *Hemingway: The Inward Terrain.* Seattle und London. University of Washington Press. 1968.

Huber, Richard. *The American Idea of Success.* New York. McGraw-Hill. 1971.

Hughes, Everett C. "Work and the Self." In: John H. Rohrer und Muzafer Sherif. Hg. *Social Psychology at the Crossroads.* New York. Harper. 1951. S. 313-323.

Johnson, Lyndon B. "The 'Great Society' Speech, 1964." In: Richard D. Heffner. Hg. *A Documentary History of the United States.* New York. New American Library. 3. Auflage. 1976. S. 341-344.

Karl, Frederick R. *American Fictions. 1940/1980. A Comprehensive History and Critical Evaluation.* New York. Harper und Row. 1983.

Keil, Hartmut. *Die Funktion des 'American Dream' in der amerikanischen Gesellschaft.* München. Dissertation. 1969.

Kennedy, John F. "Inaugural Address, January 20, 1961." In: *Inaugural Addresses of the Presidents of the United States.* Washington/D.C. United States Printing Office. 1974. S. 267-270.

Klinkowitz, Jerome; John Somer. Hg. *The Vonnegut Statement.* New York. Dell. 1973.

Knoles, George Harmon. *The Jazz Age Revisited.* New York. AMS Press. 1968 (1955).

Koch-Linde, Brigitta. *Amerikanische Tagträume. Success und Self-Help Literatur der USA.* Frankfurt und New York. Campus. 1984.

Köhring, Klaus H. "American Dream of Success in der neueren amerikakundlichen Literatur der Bundesrepublik." *Englisch Amerikanische Studien.* 3 (1979). S. 351-36o.

Kraft, Herbert. *Um Schiller betrogen.* Pfullingen. Neske. 1982.

Krugmann, Malte C. "Zur Genese und Struktur des Amerikanismus." *Englisch Amerikanische Studien.* 3 (1979). S. 309-341.

Kruse, Horst. Hg. *From Rags to Riches.* München. Goldmann. o.J.

Laird, Donald A.; Eleanor C. Laird. *The Technique of Handling People.* New York und London. McGraw-Hill. 12. Auflage 1951 (1943).

Lapham, Lewis H. *Money and Class in America. Notes and Observations on the Civil Religion.* London. Pan Books. 1989.

Lasch, Christopher. *Haven in a Heartless World. The Family Besieged.* New York. Basic Books. 1977.

Latimer, J.v.D. "Putting the Psyche to Work." *American Mercury.* 14 (1928). S. 142-150.

Leuchtenburg, William E. *Franklin D. Roosevelt and the New Deal. 1932-194o.* New York, Evanston und London. Harper und Row. 1963.

Lietzmann, Sabina. *Das amerikanische Dilemma. Von Kennedy bis Reagan. Berichte aus 25 Jahren.* Bergisch Gladbach. Bastei-Lübbe. 1989.

Link, Jürgen. "Nocheinmal: Diskurs. Interdiskurs. Macht." *kulturrevolution.* 11 (1986). S. 4-7.

Littel, Robert. "Émile Coué." *The New Republic.* 33 (1923). S. 224-225.

Long, Elisabeth. *The American Dream and the Popular Novel.* Boston. Routledge Kegan und Paul. 1985.

Lorentz, Pare. "A Young Man Goes to Work." *Scribner's Magazine.* 89 (1931). S. 205-208.

Lotman, Jurij M. *Die Struktur literarischer Texte.* München. Fink. 2. Auflage 1981.

Löwenthal, Leo. "Biographies in Popular Magazines." In: Paul F. Lazarsfeld und Frank N. Stanton. Hg. *Radio Research. 1942-1943.* New York. Arno Press. 1979. S. 507-548.

Literature, Popular Culture, and Society. Palo Alto. Pacific Books. 1961.

Luhmann, Niklas. "Das Problem der Epochenbildung und die Evolutionstheorie." In: Gumbrecht und Link-Heer. Hg. *Epochenschwellen und Epochenstrukturen im Diskurs der Literatur- und Sprachhistorie.* Frankfurt. Suhrkamp. 1985. S. 11-33.

Lundquist, James. *J. D. Salinger.* New York. Ungar. 1979.

Lynd, Robert S.; Helen Merrell Lynd. *Middletown. A Study in American Culture.* New York. Harcourt und Brace. 1929.

Middletown in Transition. A Study in Cultural Conflicts. New York. Harcourt und Brace. 1937.

Lynn, Kenneth S. *The Dream of Success. A Study of the Modern American Imagination.* Boston. Little und Brown. 1955.

Hemingway. New York. Simon und Schuster. 1987.

Marcuse, Herbert. *Triebstruktur und Gesellschaft.* Frankfurt. Suhrkamp. 1984.

Marquard, Odo. *Abschied vom Prinzipiellen.* Stuttgart. Reklam. 1981.

"Die Unvermeidlichkeit der Geisteswissenschaften." *Universitas.* 1 (1987). S. 18-25.

Marx, Leo. *The Machine in the Garden. Technology and the Pastoral Ideal in America.* New York. Oxford University Press. 1964.

Maurer, Christiane. *Die Idee der Liebe: Die Frau in Saul Bellows Romanen.* Frankfurt. Lang. 1984.

Mazzella, Anthony J. "The Tension of Opposites in Fitzgerald's 'May Day.'" *Studies in Short Fiction.* 14,4 (1977). S. 379-385.

McMurry, Robert N. *Handling Personality Adjustment in Industry.* New York und London. Harper. 1944.

Meindl, Dieter. *Der amerikanische Roman zwischen Naturalismus und Postmoderne 1930-1960. Eine Entwicklungsstudie auf diskurstheoretischer Grundlage.* München. Fink. 1983.

Mencken, Henry L. "On Being an American." In: Mencken. *Prejudices. Third Series.* New York. Knopf. 1922. S. 9-64.

Miemietz, Rudolf. *Individuum und Organisation im amerikanischen Unternehmensroman.* Mannheim. Dissertation. 1981.

Miller, Arthur. *Timebends. A Life.* London. Methuen. 1988.

Miller, Henry. *The Airconditioned Nightmare.* 2: *Remember to Remember.* New York. New Directions. 1947.

Miller, William Lee. "Some Negative Thinking About Norman Vincent Peale." *Reporter.* 12 (1955). S. S. 19-24.

Mills, C. Wright. "The Competetive Personality." *Partisan Review.* 13 (1946). S. 433-441.

White Collar. The American Middle Classes. New York. Oxford University Press. 1975 (1951).

Monteiro, George. "Hemingway's 'Soldier's Home.'" *Explicator.* 40,1 (1981). S. 50-51.

Morahg, Gilead. "The Art of Dr. Tamkin: Matter and Manner in *Seize the Day.*" *Modern Fiction Studies.* 25,1 (1979). S. 103-116.

Müller, Harro. "Einige Giftpfeile wären nicht so schlecht. Zehn Entwürfe zum Zusammenhang von Geschichtstheorie, Hermeneutik, Literaturgeschichtsschreibung." Delfin. 4 (1984). S. 77-83.

Müller, Harro; Nikolaus Wegmann. "Tools for a Genealogical Historiography." *Poetics.* 14 (1985). S. 229-241.

Mukařovský, Jan. *Kapitel aus der Ästhetik.* Frankfurt. Suhrkamp. 4. Auflage. 1982.

O'Connor, Johnson. "Vocabulary and Success." *Atlantic Monthly.* 153 (1934). S. 160-166.

Ortseifen, Karl. *Kritische Rezeption und stilistische Interpretation von J. D. Salingers Erzählprosa. Studien zum Stil der frühen Kurz-*

geschichten und zu seinem Fortwirken im späteren Werk. Frankfurt. Lang. 1979.

Packard, Vance. *The Status Seekers. An Explanation of Class Behavior in America.* London. Longmans. 1959.

Panichas, George A. *J. D. Salinger and the Russian Pilgrim.* Antiquarischer Nachdruck aus: *The Greek Orthodox Theological Review.* 8, 1 und 2 (1962-1963). S. 111-126.

Parshley, H.M. "Heredety and the Uplift." *American Mercury.* 1 (1924). S. 221-226.

Peale, Norman Vincent. *The Power of Positive Thinking.* London. Cedar. 22. Auflage. 1989.

Piore, Michael J. "Upward Mobility, Job Monotony, and Labor Market Structure." In: James O'Toole. Hg. *Work and the Quality of Life. Resource Papers for 'Work in America.'* Cambridge/Mass. Massachusetts Institute of Technology. 1974. S. 73-87.

Porter, M. Gilbert. "Hitch Your Agony to a Star: Bellow's Transcendental Vision." In: Edmond Schraepen. Hg. *Saul Bellow and His Work.* Brüssel. Centrum voor Taal-en Literatuurwetenshap. 1978. S. 73-88.

"The Scene as Image: A Reading of *Seize the Day.*" In: Earl Rovit. Hg. *Saul Bellow. A Collection of Critical Essays.* Englewood Cliffs/N.J. Prentice-Hall. 1975. S. 52-71.

Rasche, Bernd. "Die Apathie der Geisteswissenschaften." *Englisch Amerikanische Studien.* 3/4 (1987). S. 354-357.

"Postmoderne und Neostrukturalismus. *Englisch Amerikanische Studien.* 2 (1988). S. 301-303.

"Tama Janowitz: 'Großstadtsklaven.'" *Englisch Amerikanische Studien.* 3/4 (1988). S. 521-523.

"Zufällig Schwarz. Eine Retrospektive auf das Werk des Fotografen Gordon Parks." *tageszeitung.* 12.9.89. S. 13.

Riese, Utz. *Zwischen Verinnerlichung und Protest.* Berlin. Akademie-Verlag. 1982.

Riesman, David. *The Lonely Crowd. A Study of the Changing American Character.* New Haven: Yale University Press. 5. Auflage. 1953.

"Leisure and Work in Post-Industrial Society." In: Eric Larrabee und Rolf Meyersohn. Hg. *Mass Leisure.* Glencoe/Ill. Free Press. 2. Auflage. 1960 (1958). S. 363-385.

Riley, Woodbridge. "The New Thought." *American Mercury.* 1 (1924). S. 105-108.

Roberts, John J. "In Defense of Krebs." *Studies in Short Fiction.* 13,4 (1976). S. 515-518.

Roosevelt, Franklin D. "Inaugural Address, March 4, 1933." In: *Inaugural Addresses of the Presidents of the United States.* Washington/D.C. United States Printing Office. 1974. S. 235-238.

Schatt, Stanley. *Kurt Vonnegut, JR.* Boston. Twayne. 1976.

Scheer-Schätzler, Brigitte. *Saul Bellow.* New York. Ungar. 1972.

Scheiber, Jane L.; Robert C. Elliott. *In Search of the American Dream.* New York: New American Library. 1974.

Schulte-Sasse, Jochen; Renate Werner. *Einführung in die Literaturwissenschaft.* München. Fink. 4. Auflage. 1986.

Semple, Robert B. "A Crisis of Spirit in U.S., Nixon Says." *New York Times.* February 4 (1968). S. 31.

Sennett, Richard. *The Fall of Public Man.* Cambridge/Mass. Random House. 1976.

Shaw, Bernard. *Bernard Shaw. Collected Plays with their Prefaces.* 4. London. Bodley Head. 1972.

Slotkin, Richard. *Regeneration Through Violence. The Mythology of the American Frontier, 1600-1860.* Middletown/Conn. Wesleyan University Press. 1973.

The Fatal Environment: The Myth of the Frontier in the Age of Industrialism, 1800-1890. Middletown/Conn.: Wesleyan University Press. 1985.

Smith, Henry Nash. *Virgin Land. The American West as Symbol and Myth.* New York. Vintage. 1957.

Stepf, Renate. *Die Entwicklung von J. D. Salingers Short Stories und Novelettes.* Frankfurt. Lang. 1975.

Stone, Arlington J. "The Dawn of a New Science." *American* Mercury. 14 (1928). S. 446-455.

Stone, I. F. *The Haunted Fifties.* Trowbridge/Wiltshire. Merlin Press. 1969.

Stott, William. *Documentary Expression and Thirties America.* New York. Oxford University Press. 1973.

Striedter, Jurij. Hg. *Russischer Formalismus.* München. Fink. 3. Aufl., 1981.

Titzmann, Manfred. *Strukturale Textanalyse.* München. Fink. 1977.

Turner, Frederick Jackson. "The Significance of the Frontier in American History." In: Richard D. Heffner. Hg. *A Documentary History of the United States.* New York. New American Library. 1976.

Vester, Heinz-Guenter. *Die Thematisierung des Selbst in der postmodernen Gesellschaft.* Bonn. Bouvier. 1984.

Wagner, Linda Welshimer. Hg. *Ernest Hemingway. Five Decades of Criticism.* [East Lansing]. Michigan State University Press. 1974.

Wagner, Wolf. "Die Bedeutung des *American Dream* für das heutige amerikanische Alltagsbewußtsein." *Englisch Amerikanische Studien.* 3 (1979). S. 341-350.

Walsh, Richard J. "The Doom of the Self-Made Man." *Century Magazine.* 109 (1924). S. 253-258.

"Bolstering Up the Business Man." *Century Magazine.* 109 (1924). S. 8-14.

Watts, Emily Stypes. *The Businessman in American Literature.* Athens/Ga. University of Georgia Press. 1982.

Way, Brian. *F. Scott Fitzgerald and the Art of Social Fiction.* London. Arnold. 1980.

Weber, Max. *Die Protestantische Ethik. I. Eine Aufsatzsammlung.* Gütersloh. Gütersloher Verlagshaus Mohn. 5. überarb. Aufl. 1979.

Weiss, Richard. *The American Myth of Success. From Horatio Alger to Norman Vincent Peale.* New York und London. Basic Books. 1969.

White, Ray Lewis. Hg. *Sherwood Anderson's Memoirs. A Critical Edition.* Chapel Hill. The University of North Carolina Press. 1969.

Whyte, William H. Jr. "The Outgoing Life." *Fortune.* 48 (1953). S. 84-88, 156-158, 160.

Wilson, Jonathan. *On Bellow's Planet. Readings from the Dark Side.* London und Toronto. Associated University Press. 1985.

Wilson, Woodrow. "Inaugural Address, March 4, 1913." In: *Inaugural Addresses of the Presidents of the United States.* Washington/D.C. United States Government Printing Office. 1974. S. 199-202.

Wright, Austin McGiffert. *The American Short Story in the Twenties.* Chicago und London. University of Chicago Press. 1961.

Yutang, Lin. *The Importance of Living.* New York. Reynal und Hitchcock. 14. Auflage. 1938.

Zesmer, David M. *Guide to Shakespeare.* New York. Barnes und Noble. 1976.